寰宇智慧投資 437

哥倫比亞商學院
必修投資課

Pitch the Perfect Investment:
The Essential Guide to
Winning on Wall Street

保羅·桑金（Paul D. Sonkin）& 保羅·喬森（Paul Johnson）—— 著

黃嘉斌 —— 譯

寰宇出版股份有限公司

目錄 Contents

Part 1 完美投資

2 Part
完美推薦

帶你走向達成完美投資的一步

台灣最大的基本面資訊平台與社群　財報狗

這是一本進階的價值投資書籍,《哥倫比亞商學院必修投資課》（原文書名:《*Pitch the Perfect Investment*》）,從書名就能了解到作者想告訴你什麼是完美投資機會的野心。本書是由哥倫比亞商學院教授所撰寫,他們在哥倫比亞大學開設進階價值投資課程時,因為找不到適合的教科書,兩位作者就決定自己推出教科書來授課。

這本書有三點我認為特別值得注意的地方。第一點是它能夠幫助你了解整個投資世界。大多價值投資書籍內容偏向方法論,告訴你投資該怎麼做,怎麼分析投資機會。但本書能告訴你價值投資以外的世界,帶你接觸其他的投資理論。例如,尤金‧法馬的效率市場理論,以及心理學衍伸出的行為經濟學,這兩套理論都是現今的主流,它們乍看之下互相違背,但其實這兩種方法都存在於真實世界上,並且同時有證據能證明這兩者同時存在。像這種價值投資以外的理論,這本書也會跟你一一介紹,並告訴你要如何利用它們。

第二個重點則是這本書告訴你,為什麼別人不用這套方法賺錢,而這點非常重要。

判斷一個投資有沒有效，可以分成三個層級來看。第一個層級是歷史上有沒有人或任何數據來證明投資有效。第二個層級是這些方法為什麼有效，有沒有一套合理的理論來證明、推論方法有效。探討前述兩種層級的書其實非常多，但是探討第三種層級的書籍卻少之又少。

那什麼是第三個層級呢？第三個層級是在說明如果一個投資方法有用，為什麼其他人不使用這種方法。大部分的書籍並沒有討論到別人為什麼不用某一種投資方法，也沒有解釋為什麼這些投資方法會存續。本書則解釋了價值投資為什麼能夠賺到超額報酬，超額報酬是怎麼出現的，其他人為什麼不用。

舉例來說，本書向讀者說明效率市場有什麼缺失，在什麼樣的時機點可能會出現問題。一旦你知道效率市場可能無效的時機，就能更有方向和系統地從發生缺失的地方找到機會。在研究新的投資時，也能有更系統化的方法找到機會存在的原因，檢視為什麼自己能有這個投資機會。

第三點是本書的一大重點，那就是教你怎麼和他人介紹自己的投資機會。這並不是每個人都有的需求，卻是一個值得深入學習的方法。因為當你寫下自己的投資方法時，不僅能報告給別人看，在整理的過程中，也能很有條理、很有邏輯的梳理自己的想法，進而更了解自己的想法。

我們所有的判斷標準與模型，都是由過去的資料和經驗建立，透過書寫的彙整，更能了解自己的模型是什麼，就能更有效率地尋找標的，檢查自己有沒有漏掉可能的風險。研究出好的標的，讓人能拿到好的報告，呈現好的分析及內容，自己和對方都能受惠。

由衷的希望接觸這本書的讀者，能從中了解投資的世界觀，並且建立一套自己的模型，時不時檢視自己的模型是否有缺漏，找到屬於自己的完美投資方法。

　　繪畫創作不能事先定稿。創作過程,畫作會隨著想法而變動。完成之後,畫作仍然會隨著觀賞者的心態而變動。就如同其他生物一樣,畫作有著自己的生命,內涵會隨著我們生活的變動而改變。這是理所當然的,因為畫作是透過觀賞者而展現生命。

——畢卡索(Pablo Picasso)[1]

　　上述引用畢卡索的評論,剛好反映我們對於這本書的感覺,因為三年的寫作過程中,本書內容持續因為我們的想法改變而變更。我們曾經多次向本書最有耐心的編輯比爾·法倫(Bill Falloon)解釋,我們為什麼又要錯過另一次截稿日期;但我們再三向他保證,「你會得到一本全然不同的書,內容絕對勝過簽約當時的約定。」

　　現在,本書終於完稿,我們覺得很興奮,將目睹所創造的作品「踏入大千世界」。就如同畢卡索的創作一樣,我們的書也會有自己的生命,我們呈現的概念將被仔細檢視與評估,有些會被接受,有些被拒絕。我們知道,書中的概念將因為讀者的「創造性破壞」,而繼續拓展或被捨棄。[2]關於此兩者,我們都張開雙手歡迎。

1　1935 年,與藝術史學家克利斯丁·澤爾沃(Christian Zervos)的談話,收錄在《畢卡索論藝術》(*Picasso on Art*, ed. Dore Ashton, New York: Viking, 1972)。

2　以保羅·薩繆爾森(Paul Samuelson)的話來說:「不精確的科學……將隨著一

本書寫作的宗旨，是在證券分析與基本投資領域裡教導與拓展人們的心智。但願本書就如同畢卡索的畫作一樣，長命萬歲。

如同保羅・桑金（Paul Sonkin）常說的，「撰寫書籍跟被列為共同作者，是全然不同的兩回事。」雖然我們兩人過去都曾經被列為共同作者，但這是我們真正撰寫的第一本書。多年以來，我們一直希望有機會能夠寫書，但總是會被一些事情干擾，始終沒有時間投入。2013 年夏天，在桑金的朋友雅利杭德拉（Alejandra）熱心鼓勵之下，我們終於決定寫這本書。

如同人生的許多事情一樣，諸多的偶然促成了我們之間的合作。2013 年 10 月 4 日星期五，在紐約市皮埃爾酒店（Pierre Hotel）舉辦的第 23 屆「葛拉漢與陶德年度早餐會」（Graham & Dodd Breakfast）會後，保羅・桑金與保羅・喬森閒聊著，桑金提到他正計畫寫一本書。喬森問：「書名是什麼？」桑金回答：「《完美推薦》（*The Perfect Pitch*）」。喬森表示：「很有意思。我一直想要寫一本叫作《完美投資》（*The Perfect Investment*）的書。」那天早晨回到辦公室之後，我們開始透過郵件溝通想法，而且很快就發現我們兩人的計畫彼此互補。桑金強調陳述與推薦在投資概念產生與運用的過程中所發揮的關鍵功能，喬森則專注於追尋值得推薦的投資概念。經過一番討論之後，我們發現這兩本書實際上是一個銅板的兩面，所以我們顯然應該合作寫一本書。

除了構想互補之外，我們兩人相識將近二十年，處理投資的方法相似，而且我們也彼此欣賞對方。還有，合作想必也很有趣。隨後幾個星期，這本書的架構逐漸成形，我們把計畫向出版商提案，並決定書名為《推薦完美的投資》（*Pitch the Perfect Investment*，編

場場的葬禮而進步。」

按：繁體中文版書名為《哥倫比亞商學院必修投資課》）。

我們之間友誼的醞釀，起始於 1994 年 9 月，桑金當時是哥倫比亞商學院的學生，選修了喬森開設的證券分析課程。桑金與其他二十位學生很喜歡喬森的講課內容與授課方式，所以他們試圖說服他下個學期重新開班。桑金前往和喬森溝通這件事時，喬森說：「我已經把我所有的東西都教給你們了。」桑金說：「沒關係，你可以把相同的東西再教一次。」當然，喬森重新準備了新教材，課程也深受歡迎。

隔年夏天，桑金成為喬森證券分析課程的助手，到了 1995 年秋天，他成為正式的助教。然後，1996 年春天，桑金晉升為副教授，而且在隨後 16 年期間繼續任教於哥倫比亞商學院，班級成員最後甚至超過 450 人。撰寫這本書時，喬森已經擔任副教授長達 25 年，曾經開設四十多門不同的投資課程，學生人數超過 2,000 人。

關於桑金撰寫這本書的歷程，應該要從他在 1995 年 5 月畢業開始說起，他先在微型股價值投資傳奇人物查克・銳思（Chuck Royce）的機構擔任研究分析師。上班的第一天，他就發現自己的準備不夠。他雖然覺得自己相當能夠掌握研究程序，卻不擅長陳述或表達相關資訊，以致無法說服投資組合經理人接受他的建議。另外，他很快就發現，他的許多同學也面臨相同處境。桑金記得自己曾經接到老同學的電話，告訴他：「我第一天上班，老闆過來打招呼，看看我是否待得習慣，然後丟了一份年度報告在我桌上，他說：『說說，你怎麼看？』我甚至還沒有機會提出任何問題之前，他就走了。我現在應該怎麼辦？」

為了應付這方面的缺失，桑金在 1996 年春天第一次開了一門

稱為「基本研究技巧高級研討」（Advanced Seminar in Fundamental Research techniques）的課，宗旨是教導學生擔任證券分析師工作必須具備的相關技巧。上課的第一天，他就告訴學生：「如同你進『頂尖技術學校』（Apex Technical School）是為了學習如何焊接，這個課程則是教導各位如何擔任證券分析師。這是個技職課程，教導你們如何做好這份工作。」最初，桑金的教材強調的是基本研究技巧，課程的期末作業則要求每位學生就他所認同與推薦的某支股票，提出 20 分鐘的心得簡報。這些簡報實在無聊透頂，尤其對桑金這個 5 歲的時候就被診斷罹患注意力缺失症的人來說，聆聽他們的報告根本就是難以忍受的煎熬。由於他缺乏耐性，經常等不到 1、2 分鐘就打斷同學們的簡報，開始提出問題。

基於這樣的經驗，桑金全面顛倒了整個課程的內容結構。期末作業仍然是簡報，但研究是為了輔助這場簡報的陳述和表達，而不是相反過來。桑金認為，學生們如果能夠提出具有說服力的陳述，就表示他們已經做了充分的研究。這個程序鞏固了桑金的信念：任何優秀的投資建議，其根基在於推薦陳述。

桑金如此調整他的授課內容，其實還有另一個影響因素。1995年秋天，桑金旁聽派特・達夫（Pat Duff）的「高級證券分析」（Advanced Security Analysis），[3]課程要求學生從指定的產業中挑選股票，而達夫邀請了一些投資組合經理人到課堂上，由學生向他們提出簡報。這些投資組合經理人，譬如傳奇投資人迪克・吉爾德（Dick Gilder），往往會不留情地挑剔學生簡報的陳述內容。桑金後

3　高級證券分析課程最初是由吉米・羅傑斯（Jimmy Rogers）負責授課，後來交給派特・達夫，然後加入約翰・葛利芬（John Griffin），最後交給大衛・葛林斯班（David Greenspan）。

來的證券分析課程也採納這個結構。到了 1999 年春天，桑金結合了達夫的課程，以及布魯斯・格林沃德（Bruce Greenwald）的價值投資課程，[4]把兩者的概念融入一門稱為「應用價值投資高級研討課」（Advanced Seminar in Applied Value Investing）的新課程；往後的 13 年，桑金持續開設這一門課。這個新課程的重點，是教導學生根據價值投資方法，陳述他們的投資構想。結果，應用價值投資成為哥倫比亞商學院最受歡迎的課程之一，每個學期教授課程中的幾個部分。

喬森的經歷不同。1992 年秋天，經由查理・吳爾夫（Charlie Wolf）的推薦，喬森擔任哥倫比亞商學院的副教授；他們兩人是過去在瑞士信貸第一波士頓（Credit Suisse First Boston）的同事。查理自從 1966 年以來就擔任哥倫比亞的終身教職，主講債務市場與信用交易工具方面的課程。自從班傑明・葛拉漢（Benjamin Graham）於 1956 年退休之後，羅傑・穆雷（Roger Murray）就接手哥倫比亞的證券分析課程。可是，穆雷在 1978 年退休後，哥倫比亞有好幾年時間沒有開設證券分析課程，直到商學院請求查理接手。查理當時 51 歲，為了深入瞭解股票分析師的工作而向學校申請休假一年，前往第一波士頓擔任新人分析師（第一波士頓隨後被瑞士信貸併購）。於是，查理展開了他在華爾街的新事業，他的第一份股票研究報告的對象是一家叫作蘋果電腦（Apple Computer）的小型科技公司。他深受華爾街的分析工作所吸引，決定放棄教職，而且再也沒有返回學術界。查理向大學承諾，他仍然會開設證券分析課程，通常安排在秋季上課，同時他會在華爾街招募另一位

4　保羅・桑金有好幾年擔任布魯斯・格林沃德價值投資課程的助教，並負責批改學生的期末報告，並在 1997 年因為格林沃德休假，他與保羅・喬森共同負責授課。

分析師，開設春季班課程。1992 年，他因事無法開班，於是找來了喬森，問他是否有興趣幫他代課。這是發生在 8 月初，而秋季班課程預定在四個星期之後就開課。喬森雖然想過將來要開設這類課程，但這一次臨時的邀約，他擔心自己沒有時間準備，而且當時也沒有足夠的教材。另外，喬森在前一年春天才剛取得 MBA 學位，所以也擔心沒有充分經驗可以帶領頂尖商學院的 MBA 學生。可是，查理頗具說服力，喬森最終同意幫他代課。結果，喬森愛上了這門課，隨後 25 年來持續開課，雖然中間偶有中斷。

喬森一直希望把上課的教材編寫為教科書出版，雖然他瞭解課堂筆記與完整教科書之間有很大的差異。喬森必須養家活口，忙於事業之餘，還要騰出時間寫作，實在是一大挑戰。2013 年底，在桑金鼓勵之下，他終於展開行動。

這本書的出版源於我們對現有教科書內容的不滿。我們在市面上找不到適合作為上課教材的教科書，沒有任何一本書能涵蓋我們在課程裡所講述的所有內容；我們希望能夠改善這個情況。我們有班傑明‧葛拉漢的《智慧型股票投資人》（*The Intelligent Investor*）、霍華‧馬克斯（Howard Marks）的《投資最重要的事》（*The Most Important Thing, Illuminated*）、喬爾‧葛林布萊特（Joel Greenblatt）的《你也可以成為股市天才》（*You Can Be a Stock Market Genius*）、還有賽斯‧卡拉曼（Seth Klarman）《安全邊際》（*Margin of Safety*）的翻印版，以及巴菲特合夥公司〈致股東信函〉的影印本；但是，我們欠缺內容完整的教科書作為上課輔助教材，或學生指定作業。事實上，喬森分發給學生的閱讀資料就有四百多頁，包括一些書籍摘錄章節的影印本、期刊論文、研究報告、剪報資料，還有他個人教學生涯收集的各種資料。

整個學術生涯裡，我們曾經閱讀數以千計的書籍、期刊論文，以及其他出版物。桑金教過的學生，人數超過 450 位，喬森則超過 2,000 位。我們各自聽過數以千計的股票推薦簡報，而且不侷限於學生的報告，也包括企業主管、投資公關、金融機構業務人員、賣方分析師，以及其他專業投資人。我們熟知推薦一項完美投資簡報所需要具備的各項元素，並且嘗試把這方面的知識與經驗整理為易於閱讀的單冊書籍。

我們當初不做多想，把這本書的讀者對象鎖定為華爾街業者。可是，等到實際著手寫作，才愈來愈發現這本書真正訴求的對象是我們的學生。多數資深業者已經學會本書闡述的內容，因此不會覺得這本書有什麼特別價值，但較缺乏經驗的年輕初學者則非如此。[5]於是，我們開始完全針對這個讀者群整理資料，如此也讓我們更專注於挑選最適合年輕分析師學習的教材內容。

華爾街基本上根本不適合訓練新進研究分析師；[6]因此，我們的目標是為那些想要開啟投資專業職涯的人寫一本「生存」手冊。我們想要以懷斯曼（John "Lofty" Wiseman）的百萬暢銷書《英國皇家特種部隊生存手冊》（*SAS Survival Handbook: The Ultimate Guide to Surviving Anywhere*）作為模範。懷斯曼的著作內容涵蓋廣泛，處理各種環境如城市或荒野、陸上或海上，以及各種氣候條件之下不同狀況。作者在導論中表示，「生存需要仰賴基本原則，將它們運用於當前狀況」，並討論求取生存的三個必要條件：生存意志、知識，以及一套「工具」。

---

5 這是客氣的說法，真正的意思是：老手非常頑固，早已固著在特定的行事作風之中。換言之，老狗學不會新把戲。

6 實際上，史蒂夫‧柯恩（Steve Cohen）就因為「華爾街缺乏人才」而設立自己的「Point72 大學」。

　　想在華爾街開創事業，就必須要擁有強烈的生存意志，因為這是個極具挑戰性的行業，你的生存意志經常會接受考驗。至於求生「工具」，懷斯曼說：「用最少的工具，但必須徹底瞭解其功能與用途。」以華爾街來說，工具包括電腦、電話還有譬如 CapitalIQ、Factset、彭博社，以及賣方研究與其他類似資源等的資訊來源。

　　而當中求取生存的關鍵，就是擁有知識；如同懷斯曼在手冊裡說的：「我們懂得愈多，就愈容易活下去。知識可以排除恐懼。觀察本地人，看他們如何生存。跟那些已經撐過來的人談談，向他們學習經驗。」懷斯曼還說：「我希望透過分享我和同事們從經驗之中汲取的生存知識，能夠協助各位擬定正確的決策。這些方法與技巧曾經協助我們活下去，應該也可以幫各位求取生存。」

　　秉持著這種精神，本書將為各位提供：華爾街分析師求取生存（與茁壯）的必要知識。

　　《英國皇家特種部隊生存手冊》的篇幅雖然有 672 頁，但我們的出版商告訴我們，這類書籍最適當的篇幅約 320 頁。本書英文版有 496 頁，顯然超出標準，但如果我們不加節制，篇幅大概會超出好多倍。篇幅限制迫使我們把內容侷限在「生存手冊」的最關鍵成分。通過這個刪減程序，我們希望整本書涵蓋的概念都能呈現得更平衡。舉例來說，我們早期的草稿花了 5 頁的篇幅討論 EBITDA

的侷限性。儘管這部分內容非常棒,對於我們想要表達的主題卻似乎有些小題大作,所以我們決定刪除。總之,請記住,這本書所討論的很多(實際上是全部)主題,都可以再大幅延伸。

因此,不同於《英國皇家特種部隊生存手冊》試圖處理各種可能情節,我們只處理重要的狀況,而非解釋所有例外、所有細節,或所有可能發生的結果。教書最棘手的是,幾乎每個班級都有某個這樣的傢伙——他(通常是男性)總會挑戰老師講的每句話,或許他只想聽到自己的聲音,想在教授或同學面前表現得與眾不同。桑金擔任喬森的助教時,他記得班上有一位同學特別偏執。喬森在課堂裡問大家:「人們為什麼要買股票?」答案當然是:「因為他們期待股價上漲。」人們如果認為會賠錢,當然就不會買股票。可是,某個學生不知道基於什麼緣故,就是堅持要找出「邊角案例」(corner case)[7]來證明喬森的說法錯誤。[8]這位學生和喬森辯論了十分鐘,提出各種情況,說明人們買進股票的動機可能不是為了賺錢。對於他提出的每種情況,喬森都很有耐心地說明箇中瑕疵,直到這位學生最後找到某個煞費苦心設計的選擇權避險案例,看起來似乎站得住腳。就這個例子來說,這位學生的論點雖然在技術上成立,但整個討論只不過是徒然浪費時間,因為投資人基本上就是為了期待股價上漲而買進股票的。

舉例來說,物理學通常將質量視為常數,這是大家約定成俗的說法。雖然質量會因為速度增加而出現變化,但除非速度超過每小

7　所謂邊角案例,是指發生在參數超出正常範圍以外的情形,尤其是好幾個變數同時出現極端值的時候所產生的情況。

8　這位學生顯然沒有讀過菲利普‧費雪(Phil Fisher)的《非常潛力股》(*Common Stocks and Uncommon Profits*),作者在該書中表示:「無論是基於哪種理由,無論是透過哪種方法,你都是為了賺錢而買進股票。」

時 360,000 英里，否則難以察覺質量的改變。我們不妨看看這種速度有多極端：口徑.338 的沙柯 TRG 42 拉普步槍（Sako TRG-42 Lapua rifle）擊發 250-grain 的子彈，速度為每小時 2,045 英里；太空梭離開地面的飛行速度為每小時 25,000 英里，脫離地球引力之後的飛行速度為 17,500 英里。所以，一般可以說質量為常數，不需特別強調極端速度條件。同理，我們討論的概念，只要適用於絕大多數情況，即使未必適用於每個極端例外情況，都可視為成立。

促使我們撰寫這本書的另一項動機是：大量相關的資訊可以從學術期刊取得，但資訊的內容過於複雜，不是多數投資人所能接受的。舉例來說，針對市場效率、行為金融學與風險等概念，我們想要採用大家都能瞭解的話語來解釋，同時也想保留這些概念蘊含的關鍵細節。不幸地，我們發現，當這種概念被「傳播」至主流投資社群時，經常會像「以訛傳訛的電話遊戲」那樣，嚴重扭曲作者的原意。另外，很多概念為了方便大眾瞭解而簡化，結果流失了許多原有的含意。讓我們看個最典型的案例，尤金・法馬（Eugene Fama）接受 CNBC 訪問時，被要求利用 30 秒時間簡單說明效率市場假說。這個讓法馬獲得經濟學諾貝爾獎的理論，[9]顯然不太可能在如此短暫的時間內說明清楚。

除了內容複雜之外，資訊浩瀚如海也絕對是棘手的問題，我們的篩選過程變得極具挑戰性。我們翻閱無數書籍、期刊論文，其中的某些句子、段落，或篇章，蘊含著重要洞察或論證，或擁有豐富的趣味性。我們必須整合這些啟示，以直接了當的手法在單冊書籍

---

9 本書雖然多次提到諾貝爾經濟學獎，但該獎項的正式名稱是「瑞典中央銀行紀念亞佛雷德・諾貝爾的經濟科學獎」（The Sveriges Riksbank Prize in Economic Sciences in Memory of Alfred Nobel）。1969 年到 2016 年之間，這個獎項曾經頒發 48 次，共 78 位受獎人。

裡呈現，這難度顯然堪比放牧貓群。可是，有時候為了達成這些目的，往往需要犧牲一些繁枝細節。雖然我們已盡量在正確性與簡潔之中取得平衡，但相信有些讀者還是會發現我們的選擇有所瑕疵。碰到這種情況，我們只能懇請他們接受：精確性與清晰易懂往往難以兩全其美。

有鑑於我們的背景、經歷與思考型態不同，這三年來一起寫作的過程中，我們曾經針對書中的概念，進行過無數次的深入討論。[10]再加上很多論點確實難以概念化，往往也不容易解釋，因此在爭論不下的時候，我們有好幾個章節寫了四十多份不同的草稿，最後甚至全部重寫好幾回。當然，還有很多材料直接進了垃圾桶。可是，我們相信，這些努力絕對有助於最後定稿的內容。

就像很多被「賜予」注意力缺失症的人一樣，桑金擅長於運用比喻，是個具有創意的視覺思考者。對喬森來說，這種創意有時候讓寫作過程充滿挫折[11]與挑戰，但永遠具有啟發功能，最終也會產生好結果。桑金負責提供「瘋狂點子」，喬森則負責把這些點子帶回現實。

桑金偏愛使用比喻的思考方式，總是在付諸於文字之前，先採用圖解與圖形呈現他的思緒中想要解釋的概念（你將在這本書裡看到許多這類圖像）。他經常透過郵件夾帶的附件，把這些圖像寄給喬森，並強調：「我想我可能掉進了『兔子洞』（rabbit hole），我想知道你對我的想法有什麼反應，先確定我的方向正確，免得我花

---

10 更精確的描述應該是糾纏不清的激烈爭論。

11 「有時候充滿挫折」是相當含蓄的說法。更精確的描述或許應該是：「對保羅‧喬森來說，為了應付保羅‧桑金這種頑固而雜亂無章的想法，他好幾次想伸手拿起電話，用電話線勒住他的脖子。」

費太多時間往下鑽。」結果證明圖形是進行討論、溝通想法、解決爭議的有效工具,最終得以釐清許多特別難以掌握的概念和重要見解。

關於概念的解釋,視覺表達方式經常遠優於文字描述。我們很快就發現,這本書的陳述也應該採用這種視覺輔助工具,因為圖像可能有助於讀者理解內容。桑金瞭解認知負荷(cognitive load)的概念,知道圖形與圖解對於抽象概念的解釋不僅勝過文字(所謂一圖勝千言),而且也可以讓讀者的腦部運作暫時獲得休息,降低認知負荷的累積。

圖像的構想雖然來自我們,但我們兩人都不是藝術家,所以運用圖像的時候便遇到了一個大麻煩——我們覺得書裡使用的所有影像,視覺上或感覺上都應該具有一致性。我們認為,唯有找個專業的插圖藝術家,才能做得到這一點。2016 年 3 月,桑金碰巧在 Instagram 認識插圖家查理・潘德葛拉福(Charlie Pendergraft,@drawmecharlie),他很有創意,收費也合理。所以,在隨後一年內,查理幫這本書繪製了三百多份圖像。

我們覺得,這本書的獨特之處,在於透過圖解與圖形,以相當易讀、易懂的方式傳達複雜的金融概念。我們知道,老套與巧思之間往往只有模糊的界線,因此不確定書中的這些圖形究竟屬於哪種類別——我們猜想,有些應該屬於前者,有些則屬於後者,但最後的裁決來自各位讀者。

德瑞克・湯普森(Derek Thompson)的著作《引爆瘋潮》(*Hit Makers*)討論新產品、新歌曲與新概念如何成為流行。以工業設計為例,某些產品之所以能夠走紅,一方面是因為符合雷蒙・洛威(Raymond Loewy)提出的概念:「最先進,又尚可接受」(most advanced, yet acceptable）。這可以被視為「熟悉的驚喜」；換言之，具有某種程度的「新穎」，但基本上又是人們所熟悉的。這本書的表達方式雖然新穎，但內容則令人頗為熟悉，因為所有的概念都源自於自然科學或縝密的金融理論。

　　如果我看得比別人更遠，那是因為我站在巨人的肩膀上。

——牛頓

　　我們必須強調，這本書陳述的概念，大多不是我們所獨創。多數情況下，我們只是整理人們過去已經徹底檢驗過的概念，但重新包裝為更容易瞭解的形式。如同桑金曾經說過的，不妨把這本書視為樂高積木。我們並沒有發明樂高積木，只是運用這些積木創造了某些獨特的東西。

　　這本書劃分為兩大部分。我們採用這種架構，因為專業分析師負有兩種全然不同的責任。分析師首先需要找到理想的投資對象，該資產的市場價格與內含價值之間存在顯著差異。關於這部分程序，分析師需要計算股票的內含價值，判斷該股票是否存在真正的定價錯誤，並且確認某種催化因素或事件，得以封閉股票價格與內含價值之間的缺口，因而糾正定價錯誤的現象。

　　第二部分是向投資組合經理人溝通（推銷）概念。這個步驟涉及全然不同的技巧。我們據此擬定這本書的架構，請參考圖 P.1。（請注意，圓圈內標示的數字，代表本書的章數。）

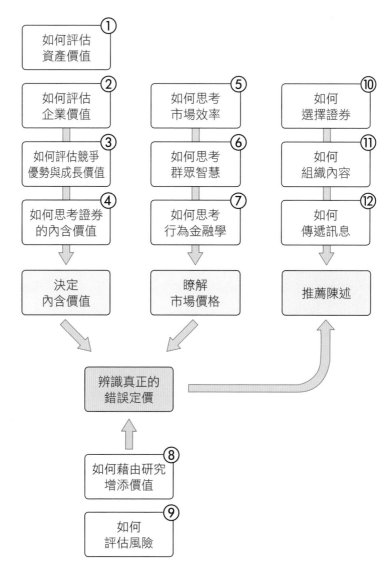

▶▶ 圖 P.1　推薦完美投資圖引

　　本書最初四章，說明評估企業內含價值的程序。第一章先解釋
如何運用現金流量折現模型，評估資產價值；第二章則運用這種方
法評估企業價值。企業的競爭優勢是決定成長價值的最關鍵因素，

所以第三章與第四章深入討論相關概念，運用這些工具評估證券價值。

最初四章的組成部分，奠定於華倫・巴菲特（Warren Buffett）、阿思沃斯・達摩德仁（Aswath Damodaran）、大衛・陶德（David Dodd）、馬里歐・嘉百利（Mario Gabelli）、班傑明・葛拉漢、布魯斯・格林沃德（Bruce Greenwald）、賽斯・卡拉曼（Seth Klarman）、麥可・莫布新（Michael Mauboussin）、羅傑・穆雷（Roger Murray）、約翰・伯爾・威廉斯（John Burr Williams）等人的作品。

然後，我們解釋投資人如何設定股票價格，這涉及市場效率的深入討論。第五章首先檢視尤金・法馬的效率市場假說，說明市場設定價格所遵循的法則。第六章討論群眾智慧，說明相關法則如何運用於市場。第七章討論行為金融學，解釋這些法則如何被扭曲或被破壞。

這三章的組成部分奠定於約翰・柏格（John Bogle）、諾蘭・達拉（Nolan Dalla）、尤金・法馬、法蘭西斯・高爾頓爵士（Sir Francis Galton）、丹尼爾・康納曼（Daniel Kahneman）、羅聞全（Andrew Lo）、麥可・莫布新、羅傑・穆雷（Roger Murray）、斯考特・佩奇（Scott Page）、威廉・夏普（William Sharpe）、羅伯・席勒（Robert Shiller）、安德烈・施萊費爾（Andrei Shleifer）、奈德・史密斯（Ned Smith）、詹姆斯・索羅維基（James Surowiecki）、阿莫斯・特沃斯基（Amos Tversky）、羅伯・維希尼（Robert Vishny）等人的著作。

第八章討論如何透過研究程序增加價值。我們強調，投資人必須發展資訊優勢、分析優勢或交易優勢，才能宣稱股票真正出現定

價錯誤。投資人如果不能說明其他投資人為何判斷錯誤，同時解釋自己為何正確，並清楚點出自己擁有的優勢所在，就不太可能辨識真正的定價錯誤。本章最後將界定何謂催化因素，這是指任何可以封閉股票價格與估計內含價值之間差距的事件。這個章節的組成元素，來自尤金·法馬與麥可·史坦哈特（Michael Steinhardt）。

第九章將說明風險與不確定性是兩個不同的概念，而多數投資人經常誤解兩者之間的差異。其次，我們將分析投資報酬的構成部分，並且強調：多數投資人著眼於內含價值的估計，卻經常低估時間因素的重要性。我們主張，投資人如果能夠兼顧內含價值與投資期限，即可提升估計的精確性與正確性，顯著降低風險。本章內容的基礎來自霍華·馬克斯（Howard Marks）與納希姆·塔雷伯（Nassim Nicholas Taleb）。

本書處理至此，我們已經說明如何評估完美的投資。第二部分將討論如何向投資組合經理人推薦相關投資。

第十章說明分析師選擇想要推薦（推銷）適當的證券之前，必須先瞭解投資組合經理人的篩選準則。請注意，除非相關投資提案符合經理人的篩選準則，否則他可能連聽都不聽，更別說實際採用了。第十一章談論如何組織投資推薦簡報的內容，以發揮最大的影響力。第十二章討論如何有效傳遞訊息，並且盡可能降低外界因素的干擾。

這三章內容主要取材自米洛·法蘭克（Milo Frank）、瑪莉安·拉法蘭斯（Marianne LaFrance）、約翰·馬洛伊（John T. Malloy）、亞弗雷·梅拉賓（Alfred Mehrabian）、史蒂芬·涂爾明（Stephen Toulmin）等人的作品。

還有另一些人的著作與概念，雖然說不上是這本書的基本構成元素，卻在某些概念的發展過程中發揮重要影響，有助於形塑我們的思考程序，或延伸我們的想法。這些人包括：皮爾·巴克（Per Bak）、狄迪爾·索奈特（Didier Sornette）、大衛·德萊曼（David Dreman）、南希·杜阿爾特（Nancy Durarte）、保羅·艾克曼（Paul Ekman）、大衛·艾波斯坦（David Epstein）、克雷格·法塞爾（D. Craig Fecel）、菲利普·費雪（Philip A. Fisher）、理查·蓋布瑞爾（Richard Gabriel）、麥爾坎·葛拉威爾（Malcom Gladwell）、史帝夫·約翰遜（Steve Johnson）、蓋瑞·克萊恩（Gary Klein）、柯爾·努斯鮑梅·克納弗利奇（Cole Nussbaumer Knaflic）、瑪莉亞·柯尼可娃（Maria Konnikova）、皮耶－西蒙·拉普拉斯（Pierre-Simon Laplace）、丹尼爾·列維廷（Daniel J. Levitin）、提姆·羅倫（Tim Loughran）、道格拉斯·拉文（Douglas S. Lavine）、大衛·松本（David Matsumoto）、亞弗雷德·拉帕伯特（Alfred Rappaport）、安東寧·史卡利亞（Antonin Scalia）、奈特·席佛（Nate Silver）、凱斯·史坦諾維奇（Keith E. Stanovitch）、菲利普·泰特洛克（Philip E. Tetlock）、理查·塞勒（Richard Thaler）、克里斯·佛斯（Chris Voss）、鄧肯·沃茲（Duncan Watts）、霍利·懷特（Holly White）、提摩西·威爾森（Timothy D. Wilson）等。

我們絕對無意搶奪任何他人作品的學術貢獻。前文提到的每個人，他們的研究貢獻都有助於我們瞭解這本書提及的概念。除了這些人，書中還包含了無數其他人的見解與主張。有一些引用，我們會在正文或註腳特別提及，但也有一些時候，我們可能在無意之中有所疏漏。任何疏漏都絕非故意，對於我們未臻周全的註解，向此致歉。我們整理了一份書籍與論文的參考清單，包括一些我們認為與這本書相關，而且讓我們在寫作過程中受益良多的作品，公開在

這本書的網站（www.pitchtheperfectinvestment.com）上供讀者下載，希望以此彌補上述疏漏。

朱德・卡恩（Judd Kahn）引用詩人塞繆爾・詹森（Samuel Johnson）的話說：「書是不可能寫完的，你只能停止撰寫。」我們原本還能繼續寫得更多，但終究必須在某一個點停止。請注意，我們不認為這本書是一個決定性的論證。反之，我們只是嘗試延伸討論，希望對既有的投資文獻做出一些補充。對於我們兩人來說，寫書的過程中所引發的問題，遠超過於被解答的問題，這讓我們既欣喜，又害怕。不妨把這個世界想像為一條長廊，兩邊各有一排門戶。對我們來說，每當敞開一扇門，都是一個過去所不知的嶄新世界，我們對此欣喜若狂。至於害怕的情緒，則是因為看到長廊上還有許許多多的門，卻礙於時間不夠而沒有機會打開。

還有很多主題無法在這本書充分探究，其中有一些將成為我們未來的書寫主題，其中包括訊號偵測理論（signal detection theory）、認知心理學（cognitive psychology）、狀態意識（situational awareness）、訊息尋覓（information foraging）、辯護學（trial advocacy），還有許多跟決策擬定、資訊理論與敘述等有關的領域，敬請關注。

本書作者所持的立場認為，每個人都流著相同顏色的血液，所以大家都平等。可是，基於環境理由（請參考下一段說明）、敘述的經濟效率，以及一致性等各方面的考量，我們主要採用男性代名詞。[12]雖然我們希望這本書從頭到尾都採用中性的單一代名詞，但

---

12 就美國而言，女性的投資組合經理人約占總數的 11%。這個比率在過去 20 年裡，始終相當穩定。這項比率偏低，實在很不幸，因為學術研究資料顯示女性通常比男性更適合從事投資。

這種選擇顯然不存在於英文。

　　關於這個決策，我們請讀者針對環境影響權衡得失。根據我們的估計，[13]如果我們採用「he or she」（他或她），而不是「he」（他），這本書的篇幅將增加 4 頁。假定這本著作最終買出 10 萬冊的紙本書（這個估計或許太過樂觀），則總共會增添 20 萬頁（包括正、反面）。以每頁紙張的重量約 1.8 公克計算，增加的用紙量相當於 800 磅。根據「山岳俱樂部」（Sierra Club）的計算，這些額外重量大約對等於 4 棵樹木。每棵樹每年平均製造 48 磅的二氧化碳（設想 48 磅的乾冰，也就是固態二氧化碳），並製造 260 磅的氧氣。另外，如果一棵樹平均可以活 75 年，4 棵樹則相當於 14,400 磅二氧化碳與 78,000 磅氧氣。對於這種選擇，我們有時候會陷入掙扎，但基於環境考量，我們有理由這麼做。這是最好的「認知失調」實例！

　　接下來，是有關一些常用字眼的說明。基於寫作的方便，我們主要採用「股票」代表所討論的任何金融資產；然而，相關討論也適用於任何其他金融資產，包括（但不侷限於）債券、選擇權、建築、土地、黃金、郵票、罕見水晶球等等。基於相同理由，當我們說「購買」或「買進」某支股票時，通常也可以取代為「賣出」或「放空」。在一些註腳裡，我們通常不會提供類似「http://www.youtube.com/watch?v=pz6ZwIlGfw4」的連結網址；相反的，我們會請讀者「搜尋『Clarence fifth Beatle』觀看完整的訪問」。我們覺得，這種方式讓讀者更方便搜尋資訊，也可避免連結失效或網址輸入錯誤的問題。書中的**重要字句**採用粗體字顯示。在某些章節，部

---

13 我們採用「費米推論」（Fermi estimation）技巧。這種技巧的典型案例，是估計芝加哥地區的鋼琴調音師人數。

分文字會根據圖形而採用對應的顏色。某些表格或數據的加總看似有誤，但這些「誤差」並非疏忽造成，而是因為四捨五入的調整所致。事實上，這些數據如果包含美分，就可以避免這類錯誤，但我們認為這種做法所提供的額外「精密度」，只會為原本就相當複雜的數據增添不必要的繁瑣。

處在一個好訴訟的社會裡，我們被迫做出下列免責聲明：本書乃表達作者個人的觀點、意見與解釋，未必代表其服務機構、相關人員或任何附屬單位的態度。

最後，如同一般的慣例，對於這本書內容存在的錯誤、疏忽與瑕疵，我們承擔全部的責任。

如果你是投資領域的新手，但願這本書能夠協助你處理即將碰到的各種狀況。諸位即將踏上這個永無終點的旅程。請繫好安全帶，享受這個旅程。

導論　Introduction

不論你是一個正在 CNBC 電視節目上推薦某支股票的投資組合經理人，或是一個剛走出校門，正在求職面試過程中示範推薦某支股票的新手分析師,[1]這都事關重大。投資行業裡的每個人，都希望能找出好的點子，然後推薦給他的聽眾，在華爾街獲取成功。

這本書的內容包含兩大部分——**完美投資**以及**完美推薦**。我們提供詳細的指引，協助你辨識好的投資點子，並教導你如何推薦這些投資點子，目標是讓你的聽眾採取行動。當然，如果沒有好點子，就沒什麼值得推薦的了。反之，如果有好點子，卻不知道如何溝通，你的推薦說詞就很難勾起聽者的興致。

擬定買賣決策的人，就是你想要推薦的人。這個人通常是投資組合經理，他的目標是擊敗市場。也就是說，他創造的投資報酬扣掉費用與風險調整之後，必須勝過市場報酬。投資組合經理最關心的，就是投資績效；想要創造優異績效，經理人就需要找到得以擊敗市場的**投資點子**。投資組合經理如果聽到好的推薦，只要他相信該點子可以勝過大盤市場，就會像巴夫洛夫（Pavlov）的狗一樣，口水流滿地。

1　請注意，投資領域的所有求職面試，基本上都是以推薦股票來進行。推薦股票的過程讓投資組合經理人大致瞭解你的想法，以及你是否勝任相關工作。面試的第一個問題可能是：「告訴我，你大學時最喜歡哪一門課。」可是，經理人只是在等待時機提出他最想問的問題：「所以，你有什麼好點子？」

推薦股票最理想的結果，就是你的投資點子不論就**內容**或**傳遞方式**都深得投資組合經理的心，讓他迫不及待先放下其他所有工作，依照你的推薦行事，深怕自己錯失擊敗市場的機會。

所有分析師面臨的主要挑戰，在於判定股票價值，也就是對整體企業一小部分所有權的價值。我們首先將說明如何評估資產的價值，討論現金流量的各項構成部分：**時間、存續期間、數量、成長**，以及**不確定性**，還有**金錢的時間價值**，每個部分都會影響資產價值（請參考圖 I.1）。

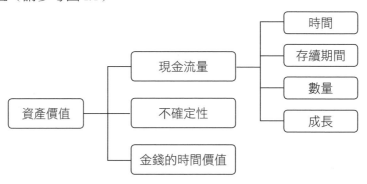

▶▶ 圖 I.1　**影響資產價值的因素**

然後，我們說明未來的現金流量如何折算為資產價值，這是評估企業價值的重要部分，請參考圖 I.2：

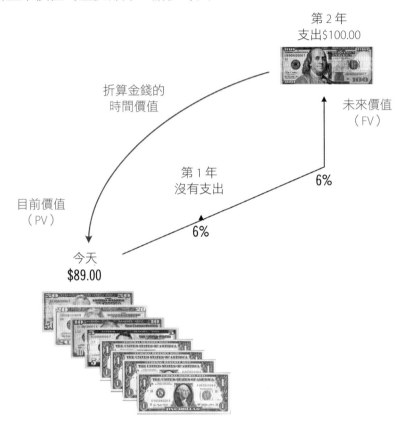

我們的最終目標是決定股票價值，不過首先考慮較簡單的案例，然後逐漸放寬約束條件，增添分析程序的複雜程度，直到建立現實世界的案例分析方法。所以，我們先採用簡單的「現金流量折現」（Discounted Cash Flow，DCF）模型，評估基本型（plain vanilla）債券的價值，然後考慮永久型債券，再來是納入一系列現金流量，如同圖 I.3 顯示。

Introduction　導論

031

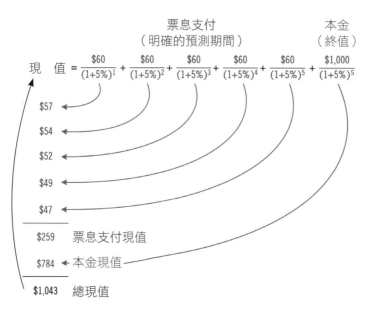

$$
現\ 值 = \frac{\$60}{(1+5\%)^1} + \frac{\$60}{(1+5\%)^2} + \frac{\$60}{(1+5\%)^3} + \frac{\$60}{(1+5\%)^4} + \frac{\$60}{(1+5\%)^5} + \frac{\$1,000}{(1+5\%)^5}
$$

票息支付
（明確的預測期間）

本金
（終值）

$57
$54
$52
$49
$47

———

$259　票息支付現值

$784　← 本金現值

———

$1,043　總現值

▶▶ 圖 I.3　**基本型債券的現值**

運用這套工具（換言之，DCF），我們嘗試計算某家簡單的事業，例如社區飲料攤子（參考下圖）的價值。我們假定飲料攤不會成長，而且不需面臨市場競爭，因此起始價值的計算更簡單。

可是，處在現實世界裡，所有事業都必須面臨競爭，所以需要放寬這些假設，評估企業擁有的競爭優勢，這是估計事業未來現金流量、確定成長價值的關鍵成分。如果不存在明確的門檻阻擾其他業者進場競爭，同業競爭壓力就會侵蝕飲料攤賺取的超額報酬，對未來現金流量與整體評估價值構成顯著的負面影響，請參考圖I.4。

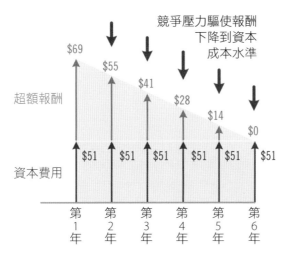

▶▶ 圖 I.4　競爭壓力導致超額報酬為零

解釋了競爭優勢如何影響企業的未來現金流量與資本報酬之後，我們接下來要面對的實質挑戰是：如何評估成長價值。多數人相信，所有的成長都是好的。我們想要強調，人們眼中認為成長所帶來的價值，可能不正確，因為有些成長並不會創造實際價值。我們將透過幾個例子，說明好的成長、壞的成長，以及沒有價值的成長之間的差異，有些讀者可能為此感到驚訝。

關於價值評估的討論，我們最後會談到內含價值，並且引用華倫‧巴菲特、羅傑‧穆雷教授、賽斯‧卡拉曼等人的主張，解釋我們為什麼應該把股票的內含價值，視為某種價值區間，而不是單一估計量或數值。

證券分析
羅傑・穆雷教授

飲料攤子
的價值區間

　　我們發現，多數分析師花費很多時間嘗試進行最徹底的研究，他們認為目標就是要為企業內含價值找到一個精確的估計值。然後，他們比較公司的估計價值與實際市場價格，兩者之間如果存在顯著差異，就認定該證券定價錯誤，並因此聲稱這是個賺錢的大好機會。當分析師向投資組合經理人推薦這支股票卻被拒絕時，他們一臉驚愕，不知道自己的推薦究竟出了什麼問題，更搞不清楚投資組合經理為什麼不接受他們的推薦。

不完整資訊

　　最近舉行的一場股票推薦競賽，桑金與喬森擔任裁判。整個比賽總共有四場簡報，參賽學生顯然都很努力，徹底研究了自己推薦的股票，成功展示他們估計的內含價值為何正確。根據他們設定的目標價格，每項投資建議都可以賺取顯著的報酬。

　　然而，對於每位分析師所做的推薦，桑金與喬森都覺得頗有疑慮。為什麼呢？簡報過程中，他們兩人多次私下表示：「嗯，聽起來確實不錯，股價似乎便宜，但真的是定價錯誤嗎？究竟是其他投資人疏忽了什麼？或者是我們疏忽了什麼？」

分析師如果不能明確指出股票為什麼定價錯誤，再好的研究分析也沒有用。分析師或許可以提出有效的論證，以支持他對股票價值的估計；但是，如果投資組合經理人不知道其他投資人究竟疏忽了什麼，就不太可能安心接受相關建議。

　　為此，我們先討論市場效率，瞭解市場如何訂定股票價格，判斷定價錯誤的現象是否真正存在。首先，我們強調投資人很難擊敗市場，討論效率市場假說，解釋何謂股票的有效定價。這個架構強調資訊在效率市場裡所扮演的角色，說明有效定價意味著股票價格「充分反映既有資訊」。由此，我們確認市場效率所需要的條件或規則（請參考圖 I.5）。

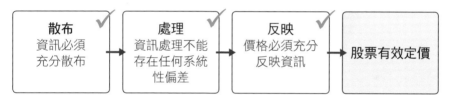

▶▶ 圖 I.5　市場效率的三項規則

　　然後，我們指出群眾智慧是維繫市場效率原則的機制。雖然很多投資人自以為瞭解群眾智慧，但他們對這個概念的瞭解通常僅限於：「相較於個人，群眾歸納的觀點較正確。」這種過分簡化的結論，無法掌握那些讓群眾表現精明，或讓群眾陷入瘋狂的關鍵元素。我們提供幾個案例，藉由幾個不同層面解釋群眾智慧如何發揮功能。我們利用披頭四（Beatles）被遺忘的唱片《來自夏威夷的祝福》（*Aloha from Hawaii*），成員包括惡名昭彰的所謂「披頭四第五人」克拉倫斯・沃克（Clarence Walker），[2]顯示群眾不需要太多資

2　沒有看過《週六夜現場》（*Saturday Night Live*）節目的人，可能不知道克拉倫

訊，就可以歸納正確的答案，儘管我們指出虛假或錯誤的資訊也可能扭曲結果，導致系統性錯誤。

明確瞭解群眾智慧之後，我們討論這個程序如何運用於股票市場。我們將解釋，這種（群眾）共識必須滿足下列四個條件，才能提供精確的價值估計：

1. 必須有足夠數量的投資人掌握相關資訊。
2. 投資人族群必須分散。
3. 投資人的行動必須彼此獨立。
4. 投資人不能遭受顯著的交易障礙，否則股票價格不能適當反映資訊。

斯‧沃克實際上就是披頭四第五位成員。讀者只要上網搜尋「Clarence fifth Beatle」，就可以看到完整訪問談論他的故事。

請注意，資訊的**散布**、**處理**與**反映**，任何一個環節出錯，或整體出現差池，群眾對股票價值產生的共識就可能不正確，因此發生定價錯誤。

　　然後，我們的討論重點轉移到行為金融學，很多人將此視為效率市場假說的替代理論。我們探討人類行為如何把群眾智慧轉變為群眾瘋狂，這種現象只有在市場失去多元性，或投資人失去獨立性而導致集體行為呈現系統性錯誤的情況下才會發生；多元性與獨立性是群眾展現智慧的關鍵條件。我們也會解釋，人類行為如何限制價格反映資訊，這也可能造成股票定價錯誤。

　　本書論證至此，我們列舉了市場呈現效率的前提規則，也指出市場智慧如何實現這些規則。我們將說明人類行為（行為金融學）如何搞砸這些運作，導致群眾智慧失效。本篇最後將證明，**行為金融學並不是取代效率市場假說的替代理論，而是效率市場假說的一部分**，請參考圖I.6。

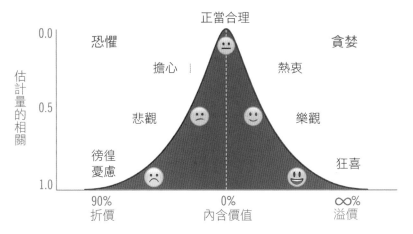

▶▶ 圖I.6　**市場效率與行為金融學並存**

從這些洞見出發，我們將說明分析師該如何開始研究，直到最後找到真正定價錯誤的股票。這本書強調差別認知（variant perspective）的重要性，這是傳奇投資人麥可·史坦哈特創造的概念。我們指出，培養不同的觀點有助於分析師辨識定價錯誤的來源，讓他們在市場上建立某種優勢。這部分的討論將闡述投資人可以發展的三種潛在優勢，而這三種優勢對應市場效率的三大原則：

1. **資訊優勢：**對於尚未充分散布在市場上的資訊，投資人比其他市場參與者更快取得。享有資訊優勢的投資人可以說出：「我知道這會發生。」
2. **分析優勢：**面對相同一組資料時，投資人能看到別人看不到的東西。不過，具備分析優勢的投資人只能說出：「我相信這會發生。」
3. **交易優勢：**投資人可以在其他投資人不能或不願意持有部位的情況下，進場交易或持有該證券部位。[3]

我們也會討論**催化因素**的概念，這是指任何糾正股票定價錯誤的事件。完成這一篇的章節之後，讀者將握有一系列工具，協助判斷自己是否具備真正的差別認知，所發現的定價錯誤是否屬實，是否具備其他投資人所沒有的優勢。

接著，我們轉而討論風險。在金融投資領域裡，**風險**與**不確定性**經常互用，兩者的意義往往被誤解。我們將探討這兩個名詞之間的差別：**不確定性**是指我們不能確定可能發生的結局，**風險**則是指發生損失或傷害的可能性。我們強調，唯有投入了資本，才有財務

3　很多投資人誤以為第三種優勢屬於行為上的優勢。實際不然。根據其他投資人的行為而歸納出不同的結論，這顯然屬於分析優勢。

風險；因為唯有這種時候才有可能發生財物損失。我們進一步主張，資本的投入可能發生兩種型態的風險：一、錯誤估計內含價值；二、錯誤評估定價錯誤被糾正的時間點。請參考圖 I.7。

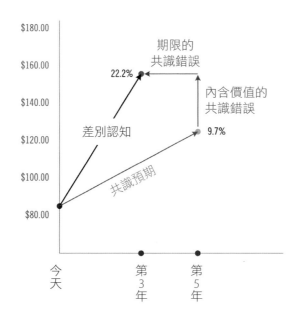

我們也強調，分析師如果能夠提升價值與時間估計的精密度（precision）與準確度（accuracy），就能夠緩和這些風險。圖 I.8 利用靶標說明精密度與準確度之間的差異；圖 I.9 則說明，精密度與準確度的提升如何降低投資風險。

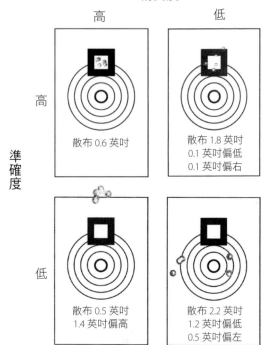

▶▶ 圖 1.8　準確度與精密度

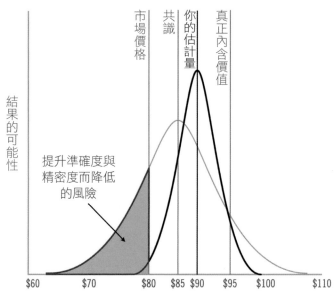

▶▶ 圖 1.9　精密度與準確度可以顯著降低潛在風險

本書闡述至此，已經可以完成下列事項：

1. 計算股票內含價值的區間。
2. 確定股票定價錯誤的理由。
3. 判定自己是否擁有差別認知，或具備其他投資人所沒有的優勢。
4. 評估投資的風險水準。

換言之，你已經具備了審視完美投資的所有必要工具。

接下來，重點將轉移到投資推薦的部分。我們將說明，投資組合經理人接受任何投資點子的推薦而實際採取行動之前，通常需要先回答四個關鍵的投資問題。當投資組合經理人聽到某個點子，最先被誘發的直覺情緒，就是貪婪，他的腦海裡想到的問題是：「我能賺多少錢？」可是，他的問題將從「賺多少錢」轉變成第二個需要回答的問題，也就是：「我可能虧多少錢？」這時候，他也開始產生了恐懼的情緒。

即使投資點子在特定風險水準下能夠提供充裕的報酬，投資經理仍然需要處理第三個問題。他可能認為這個機會好得太不真實，不禁自問：「老天爺！為什麼是我？」[4]分析師必須說服經理人相信定價確實錯誤，才能讓他通過這道問題。

這方面的疑慮一旦平息，投資組合經理很可能會再提出最後一個問題：「其他人如何，或何時會發現？」他知道，除非其他投資人發現並且糾正定價錯誤的問題，否則他就不能賺錢。

除非四個問題能夠獲得滿意的解答，否則經理人通常不會採納

---

4 每當朱德・卡恩想要挑戰保羅・桑金的投資點子時，總是會提出這個問題。

這個投資點子。我們將闡述如何運用史坦哈特的架構來處理經理人的這四個關鍵問題，由此達成一次完美的推薦，請參考圖 I.10。

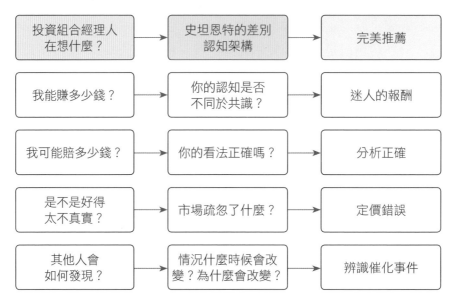

▶▶ 圖 I.10　達成完美推薦的關鍵問題

　　投資組合經理人期待分析師提供令人難以抗拒的投資機會，所以分析師的主要工作就是尋找、推薦那些可以擊敗市場的投資點子。

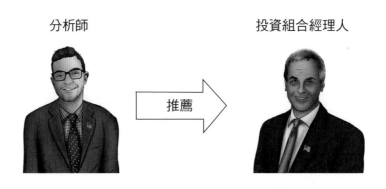

可是，投資組合經理人的成功與否，幾乎完全取決於投資績效，所以為自己的投資組合選取投資構想時，通常都極端挑剔；對於任何新點子，絕對會嚴格審視，想盡辦法找出其中缺陷。分析師必須懂得為自己的推薦辯護，才禁得起盤問。

投資組合經理人非常忙碌，必須處理無數的資訊，整天都有人向他們推薦股票，所以總是覺得時間不夠用。對投資組合經理人來說，時間是有限資源，也是他最珍貴的資產。所以，他們對時間配置也極端挑剔；分析師如果有機會向他們推薦想法，程序必須簡潔、快速，而且具有說服力。[5]

為了因應這些挑戰，我們提供了必要的武器。我們把最有效的股票推薦程序，整理成三個環節：**30 秒的誘餌、2 分鐘的闡述、較長時間的問答**。釣餌必須簡單、扼要，深具吸引力。30 秒誘餌的目的在於吸引投資組合經理人的注意，讓他想多聽聽相關點子，於是自然銜接到隨後的 2 分鐘闡述。在這 2 分鐘之內，分析師闡述他的主要論證，回答經理人的那四個問題，然後再進一步凸顯相關構想的魅力所在。這 2 分鐘的闡述如果成功，自然會吸引投資組合經理人提出問題，因此也就來到第三部分的問答環節，讓經理人可以提出分析師在前述兩個部分沒有提及的議題。根據我們的經驗，由這三大環節構成的程序，讓投資經理人的時間運用發揮最大效益，也讓分析師推薦的構想最有機會被採納。

對於任何新的投資構想，多數投資組合經理人都會採取防範、戒備的態度。不妨設想他們的腦海裡住著一個高度警戒、有點偏

---

5 普萊威迪（Lindsay Previdi）專門負責幫億萬富豪投資人史蒂文‧熊斐德（Steven Sconfeld）篩選投資人才，他發現絕大部分接受面試的人在陳述他們的投資概念時，都無法開門見山說出重點。所以，他建議：「不要埋藏你的要點！」

執，而且全副武裝[6]的防守衛士；他會保護經理人免於受到浮濫投資概念的干擾，或避開那些徒然浪費他們時間的人。我們姑且稱這個衛士為「No 博士」。[7]分析師推薦的構想如果想要被採納，就必須克服障礙，突破這層防衛。

我們將說明，推薦程序主要由三個部分構成：**證券選擇、訊息內容**，以及**訊息傳遞**。

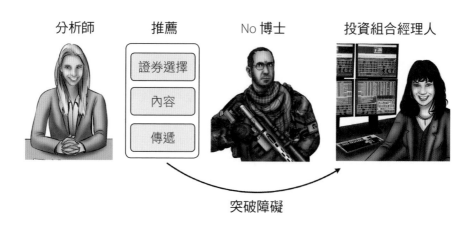

分析師　　　推薦　　　No 博士　　　投資組合經理人

- 證券選擇
- 內容
- 傳遞

突破障礙

典型的股票推薦程序，就如同電影《華爾街》的情節，年輕經紀人巴德・福克斯想盡辦法溜進葛登・蓋柯（Gordon Gekko）的辦公室，幫自己爭取到幾分鐘的時間。蓋柯很快就直指問題核心，他看著福克斯說：「你究竟想說什麼？好兄弟，我為什麼要聽你說？」

6　事實上，這個衛士手持長距離射擊比賽用槍 Eliseo RTS Tubegun，內裝 6.5x47 Lapua 規格的子彈，也就是圖 I.8 採用的射擊用槍。

7　對於任何新的投資構想，投資組合經理人預設態度就是「no」。如同保羅・桑金在銳思（Royce）的同事克利斯・弗林（Chris Flynn）所說的：「擁有股票，通常是我希望避免的痛苦事情。我會做最嚴謹的研究，找出我不應該買進該股票的理由。最後，如果實在找不到不擁有該股票的理由，我才會勉為其難地買進。」比爾・艾克曼（Bill Ackman）曾經說過，他會預先設想所有可能發生的差錯，除非可能的差錯只剩下核子大戰，他才會買進股票。

福克斯很快推銷他的第一個構想：「這支股票，走勢圖在這裡向上突破。本益比偏低，盈餘爆發成長。股價低於帳面價值 30％，現金流量充裕，管理完善，好幾個股東持有 5％。」蓋柯直接打了他回票：「這個沒用，還有別的嗎？小子！」[8]

　　有趣的是，藝術是人生的寫照，電影的這一幕也反映了投資領域的情況。福克斯對相關股票可能做了深入研究，但顯然沒有搔到蓋柯的癢處。

　　對於何謂完美的投資，每位投資組合經理人的心中，通常都有各自的樣版，稱為**基模**（schema）。基模是一種心智模型，其中包含該經理人對投資所設定的條件清單。經理人的投資基模是由**特定領域的知識**（domain-specific knowledge）所塑造——這些知識也就是經理人過去遭逢的經驗與事實的累積總和。

8　《華爾街》（*Wall Street*）是二十世紀福斯電影公司在 1987 年發行的電影，導演是奧利佛・史東（Oliver Stone）。

評估新概念時，投資組合經理人會啟動**型態辨識**（pattern recognition）程序，[9]針對相關概念與既有基模進行比較，由此決定新概念是否符合他所偏好的模式，或應該被拒絕。

　　分析師關鍵的第一步，就是找到某個與投資組合經理人的基模相符的點子。評估某個投資點子是否能夠得到投資組合經理人的青睞，就像在確認培根聖代[10]是否符合這位投資經理人的口味。針對完美投資概念，經理人擁有一套基模；同樣的，他對完美的聖代可能也有一個特定的基模。當某個人向經理人推薦一個像培根聖代那樣的「新概念」，他們就會運用自己的「聖代基模」來評估這種新聖代是否適合他們的口味，情況如圖 I.11 所示。

　　我們在這本書裡從頭到尾一直強調，分析師應該尋找符合投資組合經理人基模的點子。許多年輕分析師經常犯下一種不難理解的錯誤，他們往往會尋找自己喜歡的東西，而不是投資經理人喜歡的概念。這種心態就像是說：「我喜歡培根聖代，所以投資組合經理人也應該會喜歡。」可是，你究竟喜不喜歡培根或培根聖代，根本無關緊要。你唯一需要考慮的問題是：「投資組合經理人是否喜歡培根聖代？」這樣的洞見，強調分析師必須知道與瞭解投資組合經理人基模中的構成準則，如圖 I.12 所示；然後再挑選符合該基模的適當股票。

9　真正的程序稱為「識別主導決策法」（Recognition-Primed Decision-Making），人們運用經驗塑造型態。擬定決策時，人們會試著將當前狀況對比過去的學習與經驗所形塑的型態。透過這樣的對比，人們能夠迅速做成決策。這套理論是由蓋瑞・克萊恩（Gary A. Klein）在 1980 年代提出，相關討論請參考他的著作《力量之泉：人如何做決定》（*Sources of Power: How People Make Decisions*）。

10　這不是我們憑空捏造的。2012 年夏天，漢堡王推出新產品培根聖代，在香草冰淇淋上面擺上乳脂軟糖、焦糖、碎培根，還有一片培根。兩位作者都沒有嚐過。

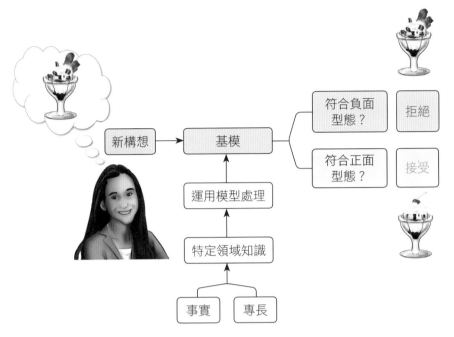

▶▶ 圖 I.11　評估培根聖代所使用的基模

▶▶ 圖 I.12　投資組合經理人表明的準則

不幸地，想要取得這種程度的洞察力，顯然不簡單。我們知道，有些經理人的準則很**客觀**，而且表達清楚；但也有另一些經理人的準則往往太過**主觀**，而且模稜兩可。更麻煩的是，經理人通常還有一些**沒有明確說明**的額外準則。這些沒有清楚表明的主觀準則，往往讓分析師無所適從，不知如何滿足經理人基模中的要求。總之，不清不楚的準則，讓工作變得更棘手。

經驗豐富的投資組合經理人，心中的基模可能隨著數十年經驗的累積而持續調整，最終結構往往顯得異常複雜、微妙，整套投資準則也根深蒂固在腦海裡，甚至成了習性，幾乎已經無法清楚說明。

投資準則一旦變成習性，就很難明確寫成清單，投資點子無從核對；反之，所謂的準則，已經變成某種「感覺」。因此，很多資深投資組合經理人往往不能清楚說明他的投資準則。以下引用自傳奇投資人里昂・庫伯曼（Leon Cooperman）的一段話，精準體現了這種狀況：

> 我們嘗試尋找某些促使我們採取行動的統計量。我經常採用的比喻是，當你走到超級市場販售啤酒的區域時，你看到 25 種不同品牌的啤酒。但總是有某種理由讓你選取特定品牌。以股票市場的術語來說，股票報酬率、成長率、本益比、股息殖利率、資產價值等等數值的某種組合，會促使我們採取行動。[11]

11 "Lee Cooperman—Buying Straw hats in the Winter," *Graham & Doddville*, Fall 2011, 5.

分析師推薦的概念如果符合投資組合經理人的客觀準則，至少能夠讓他聽取簡報，但相關概念如果不符合他的主觀準則，或滿足不了那些沒有明確說明的其他準則，點子還是會被拒絕（請參考圖I.13）。我們說明分析師應該如何評估不同的準則，尤其是主觀的部分，才能讓投資組合經理人採納他所推薦的點子。

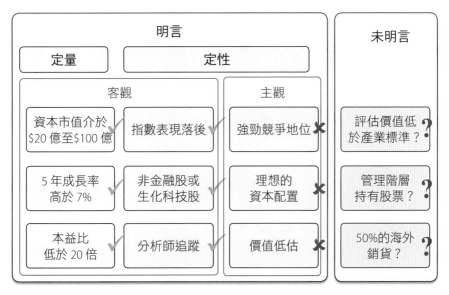

▶▶ 圖 I.13 　點子不符合主觀準則，未明言的準則無從得知

　　分析師一旦選定適合投資組合經理人的概念，完成所有必要的研究，這時候需要謹慎組織相關資訊，建構成為傳遞**內容**。透過涂爾明（Stephen Toulmin）的論證模型，我們說明如何將資訊架構成具有說服力的論證。然後，藉由最有效的方式進行壓力測試後再進行陳述，盡可能讓這些論證被呈現時發揮最大影響力。

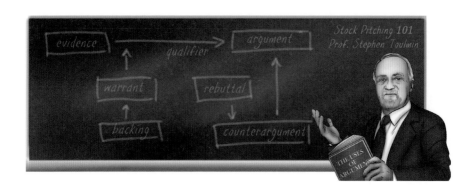

最後，當分析師組織了所有的資訊，建構相關論證，完成看似無懈可擊的內容之後，就可以準備進行簡報了。

我們重複強調，簡報內容必須盡可能簡潔，務必專注於回答投資組合經理人關注的四大關鍵問題。我們也指出，研究過程所收集的絕大部分資訊，都與推薦沒有關連，或根本沒有必要。儘管如此，多數分析師準備的簡報投影片，還是會擠入太多內容。他們或許想要炫耀自己所做的研究多麼深入、周全，或者根本搞不清哪一些資訊跟他們的推薦有關。在這種情況下，分析師經常會「見樹不見林」，讓主要論證迷失在無窮的資料之中。不幸地，簡報如果包含太多不必要的資訊，將平添投資組合經理人的認知負荷，迫使他們自行整理、擷取有關的資料。面對這種雜亂無章、資料浩瀚如海的簡報，多數經理人只能舉手投降，不太可能繼續對相關點子保持興趣。

我們強調，「一心多用」純屬神話，投資組合經理人在任何時候都只能專注於一件事。所以，當經理人耗費精神去消化簡報投影片上的資訊時，自然就不太可能專注於分析師的論證，簡報的效果也會大打折扣。所以，分析師應該慎選資訊，務必保持投影片的簡潔，直指最關鍵的內容，如圖 I.14 所示。請特別留意朱德・卡恩

（Judd Kahn）的睿智建議：「少即是多」。

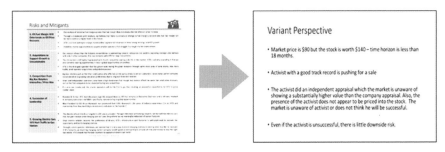

　　分析師是訊息內容的傳遞者，他給人的印象，將顯著影響投資組合經理人對其建議的接受程度。我們用下列兩種信封作為例子。假設經理人要求你在會議之前提供分析的書面報告，而你有以下兩種信封可選擇。為了給人好印象，請問你會選擇哪一個信封？

　　你可能會問：「信封有什麼關係？兩個信封裡的內容完全相同。重點難道不在訊息內容嗎？」而這裡的回答是：「話雖然沒錯，但……」

　　這兩個信封，何者給人的印象較好，答案很明顯。我們用這個

例子來說明，很多非言語因素可能影響投資組合經理人對分析師與其推薦的接受程度。這些額外因素或許和資訊內容無關，但可能影響經理人對分析師的能力與可信度的看法。我們會討論許多重要因素，包括眼神交流、肢體語言、態度、衣著、髮型，甚至可能是一些你從沒想過的事，比如戴眼鏡如何影響他人對你的印象。就下面這三個人來說，如果訊息內容完全相同，你會接受誰的建議？

　　現在，讓我們展開旅程。但願這本書有助於你在華爾街闖出一番成功事業。

Part 1 完美投資

本書第 1 篇的宗旨，在於如何辨識完美的投資，也就是如何尋找定價錯誤的股票。另外，我們也說明，投資人必須辨識定價錯誤的股票如何進行修正，尋找其過程的賺錢機會。想要判斷某股票的定價是否錯誤，分析師需要計算股票的內含價值，這也是本書前四章準備討論的主題。

　　本書第一章界定資產的價值，說明如何運用現金流量折現模型評估資產價值。然後，第二章運用這套方法，評估企業價值。想要評估企業成長潛能的價值，就必須評估企業競爭優勢的價值，第三章準備深入討論這個主題。最後，運用前述各項工具，第四章將說明如何評估證券的內含價值。

　　想要判斷定價錯誤現象是否真正存在，我們需要知道在哪些條件下，股票才能有效定價，這需要詳細討論市場效率。第五章首先解釋尤金・法馬的效率市場假說，說明市場遵循哪些法則設定價格。接著，第六章討論群眾智慧，說明市場執行前述法則所運用的機制。第七章將討論行為金融學，說明群眾觀點如果受到系統性錯誤的扭曲，前述法則可能鈍化或失效。

　　想要判斷真正的定價錯誤，投資人必須具備資訊優勢、分析優勢或技術優勢。投資人如果不能明確辨識其他投資人的見解為何錯誤，還有自己為什麼正確，並明確說明自己具備什麼優勢，就不太可能判斷某股票真正定價錯誤。第八章將討論這些主題，並界定催化事件，也就是使得股票與估計內含價值之差距趨於封閉的事件。

　　第九章說明風險與不確定性是不相同的兩回事，人們經常誤解兩者之間的差別。然後，我們將討論投資報酬的三個構成部分——股票價格，內含價值估計，以及投資期限估計。根據兩位作者的經驗，投資人大多把精力擺在如何估計股票的內含價值，卻沒有適當

重視投資期限估計。我們覺得這種態度顯然不正確，因為時間是決定最終投資報酬的關鍵要素。然後，我們準備討論，投資人如何透過研究程序，顯著提升內含價值與投資期限估計量的精密度與準確度，藉以顯著降低風險。

第 1 篇最後，我們將說明如何審視完美的投資。

CHAPTER 1

如何評估資產價值

智慧結晶
評估資產價值是一種相對單純的概念：任何資產的價值，是該資產使用期限內所創造之現金流量的總和，但需要根據該現金流量收取之不確定性，以及資金的時間價值折算成為現值。

價值的三個主要成分

　　本章準備討論計算資產價值所必要考慮的三個主要成分：現金流量、收取現金流量之不確定性，以及金錢的時間價值。圖 1.1 顯示這些成分。

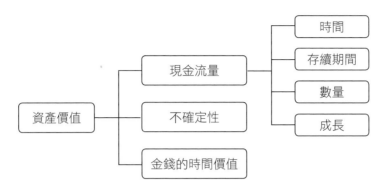

▶▶ 圖 1.1　資產價值的主要成分

◆ 現金流量的四個構成部分

相關定義的第一部分,「該資產使用期限內所創造之現金流量」包括四個構成部分:時間、存續期間、數量與成長,請參考圖 1.2。

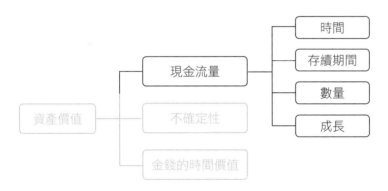

▶▶ 圖 1.2　四個現金流量構成部分

第一個構成部分為**時間**,所處理的問題是:現金什麼時候發生?今年發生或 5 年後發生?請參考圖 1.3 的 A 與 B,現金流量金額雖然相同,但 A 發生的時間早於 B。假定其他條件相同,現金發生時間愈早,價值愈高。

▶▶ 圖 1.3　現金流量發生得愈早愈好

　　第二個構成部分為**存續期間**（duration），所處理的問題是：現金流量持續多久？**存續期間**[1]可以被視為「資產估計的使用期限」。舉例來說，某年金每年支付，連續 8 年，其價值將超過連續支付 4 年，請參考圖 1.4。現金流量的存續期間愈長，價值愈高。

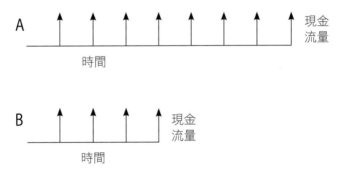

▶▶ 圖 1.4　現金流量存續期間愈長愈好

　　第三個構成部分為**數量**（magnitude），所處理的問題是：現金數量是多少？圖 1.5 顯示每期\$4 與每期\$2 的現金流量。現金流量的每期數量顯然愈大愈好。

1　存續期間是指現金流量會持續多久，請不要與債券價值評估的「存續期間」混淆。

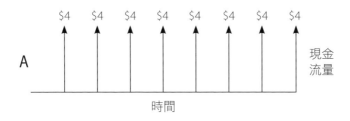

▶▶ 圖 1.5　現金流量的每期數量愈大愈好

　　第四個構成部分為**成長**（growth），所處理的問題是：現金流量是否會隨著時間經過而成長？成長速度有多快？成長的現金流量，其價值高於不成長的對應現金流量，請參考圖 1.6。

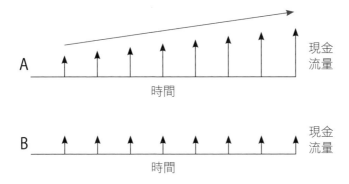

▶▶ 圖 1.6　成長的現金流量較有價值

　　假定其他條件相同，成長速度快的現金流量，價值較高，請參考圖 1.7。

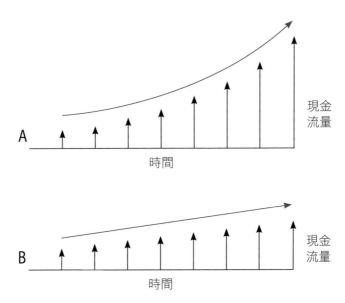

▶▶ 圖 1.7　成長速度快的現金流量較有價值

　　穩定的現金流量，其價值高於負成長的對應現金流量，請參考
圖 1.8。（B 圖的部分現金流量箭頭向下，代表現金流出或虧損。）

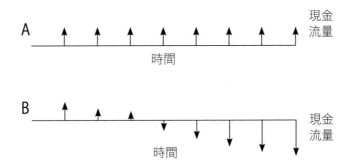

▶▶ 圖 1.8　穩定的現金流量，價值高於負成長現金流量

　　請注意，計算資產的未來現金流量，必須考慮所有四個構成部
分：**時間、存續期間、數量與成長。**

◆ 不確定性

關於資產價值評估，相關定義的後續部分提到「……但需要根據該現金流量收取之不確定性……折算成為現值」。截至目前為止，我們的討論始終假定未來現金流量屬於保證發生的已知事件（類似於美國財政部發行公債的票息支付）。可是，資產創造的現金流量，通常會取決於未來發生的事件，而未來事件涉及不確定性，因此我們必須把**不確定性**納入考慮：「未來發生的現金流量，確定程度如何？」

請注意，此處考慮的不確定性，將影響現金流量的所有四個構成部分，請參考圖 1.9。

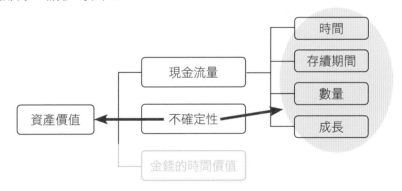

▶▶ **圖 1.9　資產價值將受到其現金流量四個構成部分的不確定性影響**

可是，即使是最可靠的未來現金流量，也存在某種程度的不確定性。所以，對於任何現金流量的計算，都是考慮現金流量的**估計值**或**期望值**，不是保證發生的數量。

繼續進行討論之前，我們需要根據前述觀察，稍微更改資產價值的定義：

任何資產的估計價值，是該資產使用期限內預期創造之現金流量的總和，但需要根據該現金流量收取之不確定性，以及資金的時間價值折算成為現值。

關於未來發生的現金流量，不應該將其視為單一數據（如同圖1.10 顯示），而應該視為某個估計區間。

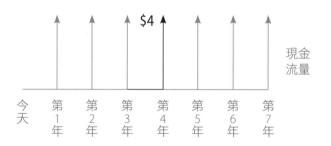

▶▶ 圖 1.10　現金流量單點估計

就目前這個例子來說，我們預期第 4 年的現金流量為$4，但到時候實際發生的現金流量，可能大於或小於$4，預測區間為$2～$6，請參考圖 1.11。

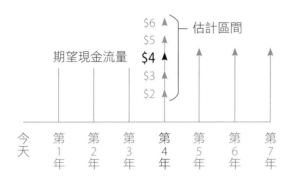

▶▶ 圖 1.11　現金流量估計區間

　　估計未來現金流量可能數量的另一種方式，是考慮現金流量估計值的潛在**分配**。請參考圖 1.12，這份圖形顯示現金流量的可能金額與發生機率，其中$4 的發生機率最高，兩邊尾端$2 與$6 附近的發生機率較低。

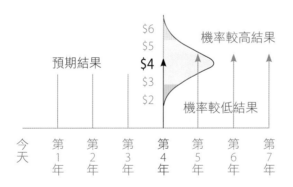

▶▶ 圖 1.12　現金流量估計分配

　　未來的情況究竟如何，往往很難預測。圖 1.13 顯示各種可能結果的分配，距離目前愈遠的現金流量，期望估計點愈不確定（百元鈔票看起來愈模糊），潛在可能區間範圍也愈寬。

　　（附註：我們可以把這份圖形看成三維空間的影像，z 軸代表機率分配，x 軸代表時間，y 軸代表現金流量。）

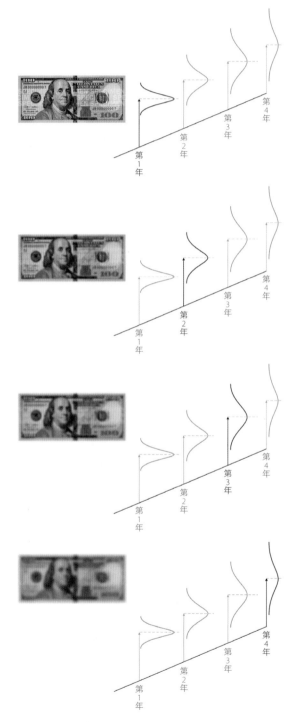

▶▶ 圖 1.13　未來現金流量估計愈來愈不確定

圖 1.14 把圖 1.13 的個別現金流量分配，結合成為單一圖形，顯示未來愈長期的估計現金流量，情況愈不確定。

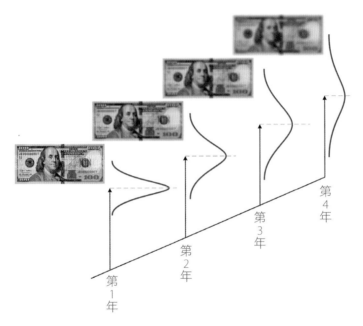

▶▶ 圖 1.14　未來現金流量估計區間愈來愈寬

◆ **金錢的時間價值**

　　資產價值定義的最後部分提到「需要根據……資金的時間價值折算為現值」。根據時間折算現值的概念很單純：目前的$1，價值超過未來發生的$1，或「一鳥在手，勝過兩鳥在林」。[2] 目前現金流

2　身為財務學教授，總覺得這種説法相當有意思。「一鳥在手」的價值如果要勝過「兩鳥在林」，這意味著折算程度很大，或代表未來的高度不確定性。另外，這種説法也可能代表我們很難捕捉小鳥。所以，這句話蘊含的折現率很高，可能是恰當的。

量的價值，稱為**現值**（present value）。

對於多數人來說，先討論金錢隨著**複利**（compounding）成長的**未來價值**，往往有助於理解金錢的**現值**概念。舉例來說，年度報酬 6%，目前的$100 在 1 年後將成長為$106，2 年後將成長為$112.36，請參考圖 1.15。

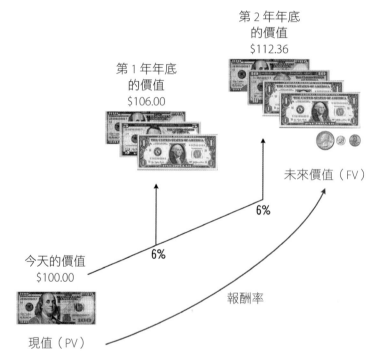

▶▶ 圖 1.15　$100 **的未來價值**

$100 在一年之後的價值，是按照 6%進行複利，計算程序如下：

第 1 年年底的未來價值 = $100.00* (1+6%) = $106.00

第 2 年年底的未來價值，計算方式相同，也就是運用第 1 年年底價值按照 6%進行複利計算如下：

第 2 年年底的未來價值 = \$106.00* (1+6%) = \$112.36

我們也運用起始現金流量\$100，表示第 1 年年底的未來價值計算，也就是把上述式子的\$106.00 表示為\$100.00*(1+6%)，所以：

第 2 年年底的未來價值 = \$100.00* (1+6%)*(1+6%) = \$112.36

下列公式可以計算任何起始金額的未來價值：

第 1 年年底的未來價值 = $\$_1$ = $\$_0$* $(1+i)$

第 2 年年底的未來價值 = $\$_2$ = $\$_1$* $(1+i)$

或者：

第 2 年年底的未來價值 = $\$_2$ = $\$_0$* $(1+i)*(1+i)$

運用較簡潔的方式表達則為：

第 2 年年底的未來價值 = $\$_2$ = $\$_0$* $(1+i)^2$

其中：

$\$_0$ 為目前現金價值

$\$_1$ 為第 1 年年底現金價值

$\$_2$ 為第 2 年年底現金價值

i 代表投資報酬率

想要計算未來\$100 支出的**現值**，我們需要將未來金額折算為

目前價值，基本上也就是反向計算複利。為了單純起見，利率仍然假設為 6%。然後把第 1 年年底發生的$100，按照 6%折算為目前價值為$94.34，請參考圖 1.16。

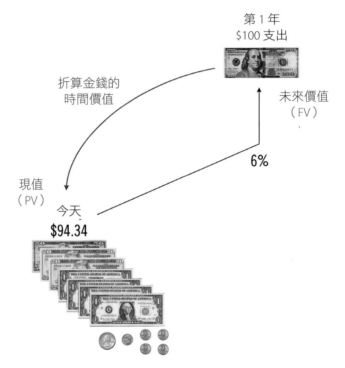

▶▶ 圖 1.16　未來一年後$100 的現值

把未來支出折算為現值的計算公式，相當類似於未來價值的計算公式，只需要稍做整理：

$$現值（PV）= \frac{\$_1}{(1+i)^1} + \frac{\$_2}{(1+i)^2}$$

所以，$100 按照折現率 6%計算的現值為：

$$現值（PV）= \frac{\$100.00}{(1+6\%)^1}$$

$$= \frac{\$100.00}{1.06} = \$94.34$$

依此推論，兩年後的現金支出$100，按照利率 6%折算的現值
為$89.00，請參考圖 1.17。

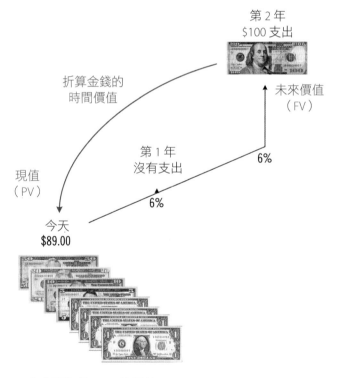

▶▶ 圖 1.17　未來兩年後$100 的現值

運用先前相同的公式：

$$現值（PV）= \frac{\$100.00}{(1+6\%)^2}$$

$$= \frac{\$100.00}{1.124} = \$89.00$$

另外，我們也可以假設第 2 年支出$100，第 1 年沒有支出，如此可以運用稍微複雜的公式，計算兩筆支出按照利率 6%折算的現值總和也是$89.00：

$$現值（PV）= \frac{\$_1}{(1+i)^1} + \frac{\$_2}{(1+i)^2}$$

$$= \frac{\$100.00}{(1+6\%)^1} + \frac{\$100.00}{(1+6\%)^2}$$

$$= \frac{\$100.00}{1.06} + \frac{\$100.00}{1.124}$$

$$= \$0.00 + \$89.00 = \$89.00$$

如果要計算未來一系列現金流量的現值，則需要分別折算預期支出，情況就如同計算兩期的支出。圖 1.18 顯示 4 期的年度支出現金流量如何進行折算。

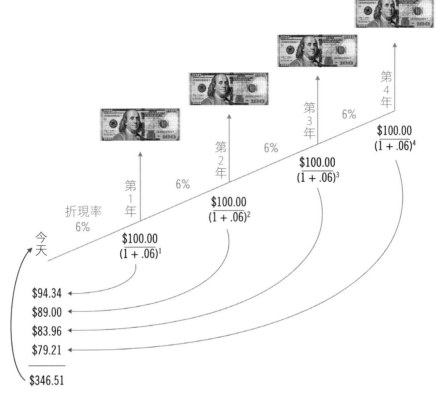

▶▶ 圖 1.18　一系列$100 流量的現值

計算程序相同，只是涉及的現金流量筆數較多：

$$現值（PV）= \frac{\$_1}{(1+i)^1} + \frac{\$_2}{(1+i)^2} + \frac{\$_3}{(1+i)^3} + \frac{\$_4}{(1+i)^4}$$

$$= \frac{\$100.00}{(1+6\%)^1} + \frac{\$100.00}{(1+6\%)^2} + \frac{\$100.00}{(1+6\%)^3} + \frac{\$100.00}{(1+6\%)^4}$$

$$= \frac{\$100.00}{1.06} + \frac{\$100.00}{1.124} + \frac{\$100.00}{1.19} + \frac{\$100.00}{1.26}$$

$$= \$94.34 + \$89.00 + \$83.96 + \$79.21 = \$346.51$$

前述討論採用「未來現金支出」說明複利與現值折算。未來現金支出很容易就可以被取代為資產的未來現金流量，未來 4 年現金流量的現值計算如下：

$$現值（PV）= \frac{CF_1}{(1+i)^1} + \frac{CF_2}{(1+i)^2} + \frac{CF_3}{(1+i)^3} + \frac{CF_4}{(1+i)^4}$$

其中：

CF_1 為第 1 年現金流量（cash flow）

CF_2 為第 2 年現金流量

CF_3 為第 3 年現金流量

CF_4 為第 4 年現金流量

i 代表折現率

某些人認為，現金流量的**時間**，以及**金錢的時間價值**，兩者是相同一回事。就某種意義層面上來說，我們雖然同意這種見解，但分別討論這兩個概念，還是有其意義，因為對於未來現金流量的評估，兩者扮演的角色不同。[3]**時間**是指現金流量發生的時間，舉例

---

3 我們尊敬的兩位人士——麥可・莫布新與朱德・卡恩——認為沒有必要區別這兩種概念，因為金錢的時間價值已經蘊含了現金流量的時間性。我們雖然同意這種見解，但分別討論這兩個概念，應該會更清楚。

來說，現金發生在明年或 5 年後。至於金錢的時間價值，關鍵是把未來現金折算為**現值**的折現率。

　　現在，我們已經知道如何評估資產的價值，下一章討論將增添複雜程度，運用這些工具評估簡單事業的價值：也就是鄰家的飲料攤。

▶▶ 圖　佐伊檸檬飲料攤

　　佐伊並不是單獨經營這個飲料攤，她會得到傳奇投資人比爾·艾克曼的協助，他是飲料攤的財務專家。[4]

4　讀者可以上網搜尋「Bill Ackman lemonade stand」，如此可以找到 Floating University 製作的影片：「威廉·艾克曼：一個小時搞懂金融投資」（William Ackman: Everything You Need to Know about Finance and Investing in under an Hour）。

- 評估資產價值的概念相對單純：資產價值是其使用期限內所創造之現金流量的總和，但需要根據該現金流量收取之不確定性，以及資金的時間價值折算成為現值。

- 關於現金流量：
  - 現金發生得愈早愈好。
  - 現金流量的存續期間愈長愈好。
  - 現金流量愈大愈好。
  - 現金流量成長速度愈快愈好。
  - 現金流量能夠成長，勝過不能成長。
  - 成長穩定的現金流量，勝過負成長現金流量。

- 不確定性會影響現金流量的四個構成部分，所以也會影響資產價值。

- 資產價值的定義可以修改，藉以納入未來現金流量的不確定性：資產估計價值是該資產使用期限內預期創造之現金流量的總和，但需要根據該現金流量收取之不確定性，以及資金的時間價值折算成為現值。
  - 距離現在愈遠的未來，其現金流量愈難以預測。
  - 資產創造的現金流量，需要根據「金錢的時間價值進行折現。」根據時間折算現值的概念很單純：目前的$1，價值超過未來發生的$1，或「一鳥在手，勝過兩鳥在林」。目前現金流量的價值，稱為**現值**。

CHAPTER 2

如何評估企業價值

想要估計佐伊檸檬飲料攤的目前價值（**現值**），我們需要估計這個攤子在其期限所能夠創造的現金流量，並且將這些未來現金流量折算為現值，過程需要考慮金錢的時間價值，以及現金流量估計量的不確定性，所以：

$$現值（PV）= \frac{CF_1}{(1+i)^1} + \frac{CF_2}{(1+i)^2} + \frac{CF_3}{(1+i)^3} + \frac{CF_4}{(1+i)^4}$$

現金流量定義

首先，我們必須界定企業所創造之現金流量的意義。不幸地，就如同其他財務金融術語一樣，這個名詞並沒有大家公認的定義。為了單純起見，我們採納華倫‧巴菲特的定義，他稱此為**業主盈餘**（owner earnings），其意義如同 1986 年波克夏‧海瑟威董事長〈致股東信函〉提到的：

淨利（Net Income）

＋折舊與攤銷（Depreciation and amortization）

－維修資本支出（Maintenance capital expenditure）

＝業主盈餘

　　想要計算佐伊飲料攤的淨利，我們需要針對其事業建立一套財務模型。這個程序讓我們得以預測銷貨金額、銷貨成本、SG&A（銷售及行政開支費用）、折舊與稅金。整個預測期間內，我們必須每年進行這方面計算（我們的例子是 4 年，如同表 2.1 顯示）。為了簡化處理，我們的例子不準備預測營業收入的任何成長。

▶▶ 表 2.1　損益表：佐伊飲料攤

	第 1 年	第 2 年	第 3 年	第 4 年
營業收入	1,200	1,200	1,200	1,200
銷貨成本	-540	-540	-540	-540
毛利	660	660	660	660
銷售與行政開支費用	-492	-492	-492	-492
營業收益	168	168	168	168
所得稅	-59	-59	-59	-59
淨利	109	109	109	109
折舊與攤銷	63	63	63	63
維修資本支出	-52	-52	-52	-52
業主盈餘	120	120	120	120

EBITDA 為何不是自由現金流量

EBITDA（扣除稅金、利息、折舊、攤銷前盈餘）雖然是華爾街最常使用的財務術語之一，卻是相對新穎的名詞。1980 年代，槓桿收購（LBO）活動盛行，EBITDA 才成為運用普遍的財務衡量。所謂的槓桿收購，是由一群投資人（譬如：私人股本公司）進行的金融財務交易，運用少量的股本，以及大量的債務，買進在外流通股票而取得某上市公司（或其部門）。為了贏得競價拍賣，收購投資人需要決定併購對象所能支持的債務數量，藉以最大化他們對於標的公司的最高出價。由於 EBITDA 適合用以估計公司所能夠清償——至少在短期之內——的債務水準，因此很快就成為私有股本產業最常用的財務衡量之一，並且從此之後就和槓桿收購交易難脫關連。

EBITDA 雖然有其功能，但通常並不是衡量企業財務健全程度的有效指標，如果用來估計企業的價值，更可能造成誤導。如同下文討論的，就這兩方面作用來說，業主盈餘是更精確的衡量。

表 2.2 比較佐伊飲料攤的業主盈餘與 EBITDA，說明運用此兩者衡量的財務績效有何差異。如同比較結果顯示的，佐伊飲料攤該年創造的業主盈餘為$120，這代表該事業創造的自由現金流量，也就是在不至於影響該事業未來營運的條件下，佐伊可以從該事業提領的現金。反之，佐伊飲料攤創造的 EBITDA 顯著超過業主盈餘。可是，金額高達$231 的 EBITDA 並不代表該事業的自由現金流量，佐伊如果提領這種程度的現金，將顯著傷害該事業的未來營運。舉例來說，佐伊如果花掉設備維修費用（維修資本支出），飲料攤可能不堪使用。飲料攤如果舉債經營，利息也是實際會發生的費用，如果不能如期支付利息，銀行可能查封攤子。最後，佐伊如果不支付稅金，可能鋃鐺入獄。總之，EBITDA 沒有考慮所有這些現金支出，雖然這些都是實際的花費，否則會招致嚴重後果。

▶▶ 表 2.2　第 1 年業主盈餘 vs.EBITDA：佐伊飲料攤

	業主盈餘	EBITDA
營業收入	1,200	1,200
銷貨成本	-540	-540
毛利	660	660
銷售與行政開支費用	-492	-492
營業收益	168	168
所得稅	-59	
淨利	109	
折舊與攤銷	63	63
維修資本支出	-52	
業主盈餘	120	231

　　EBITDA 雖然可以有效衡量企業最大的舉債能力（實際上也是其當初設計上的用途），但不適合精確衡量真正的財務表現，因為沒有考慮企業為了維持營運所不可避免發生的重要現金費用。反之，業主盈餘更能反映事業考慮所有費用（假定沒有成長）之後所創造的現金，也就是在不影響事業正常營運狀況下，可以提領的現金（或再投資於事業），因此也適合用以計算事業價值。

如何運用現金流量折現模型計算現值

　　我們運用 8.5% 的折現率（包含不確定性與金錢的時間價值在內）計算佐伊飲料攤估計現金流量的現值，請參考圖 2.1。

$$現\ 值 = \frac{\$120}{(1+8.5\%)^1} + \frac{\$120}{(1+8.5\%)^2} + \frac{\$120}{(1+8.5\%)^3} + \frac{\$120}{(1+8.5\%)^4}$$

$111

$102

$94

$87

―――

$393

$$現值（PV）= \frac{CF_1}{(1+i)^1} + \frac{CF_2}{(1+i)^2} + \frac{CF_3}{(1+i)^3} + \frac{CF_4}{(1+i)^4}$$

佐伊飲料攤的現值＝$393

▶▶ 圖 2.1　佐伊飲料攤 4 年期現金流量的現值

　　這些計算雖然相對單純，但也引發幾個問題。為什麼只考慮 4 年的現金流量？這個飲料攤為何在 4 年之後就不能繼續創造現金流量呢？除非這個飲料攤只想經營 4 年，否則就應該納入第 5 年的現金流量。同樣的道理，也應該考慮第 6 年。圖 2.2 額外考慮第 5 年與第 6 年的現金流量。

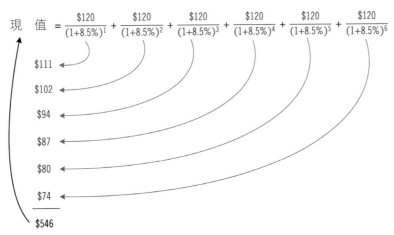

$$現\ 值 = \frac{\$120}{(1+8.5\%)^1} + \frac{\$120}{(1+8.5\%)^2} + \frac{\$120}{(1+8.5\%)^3} + \frac{\$120}{(1+8.5\%)^4} + \frac{\$120}{(1+8.5\%)^5} + \frac{\$120}{(1+8.5\%)^6}$$

$111

$102

$94

$87

$80

$74

―――

$546

▶▶ 圖 2.2　佐伊飲料攤 6 年期現金流量的現值

$$現值（PV）= \frac{CF_1}{(1+i)^1} + \frac{CF_2}{(1+i)^2} + \frac{CF_3}{(1+i)^3} + \frac{CF_4}{(1+i)^4} + \frac{CF_5}{(1+i)^5} + \frac{CF_6}{(1+i)^6}$$

佐伊飲料攤的現值＝$546

事實上，評估任何企業的價值，應該考慮該企業整個經營期限內所創造的全部現金流量。所以，我們需要延伸預測期間，包含所有的未來年份，我們姑且假定這是第 n 年。

$$PV = \frac{CF_1}{(1+i)^1} + \frac{CF_2}{(1+i)^2} + \frac{CF_3}{(1+i)^3} + \frac{CF_4}{(1+i)^4} + \frac{CF_5}{(1+i)^5} + \frac{CF_6}{(1+i)^6} + ... + \frac{CF_n}{(1+i)^n}$$

現金折現模型通常採用的抽象公式如下：

$$現值（PV）= \sum_{t=0}^{T} \frac{CF_t}{(1+i)^t}$$

這個公式看起來雖然令人肅然起敬，實際上只是說：**現值**等於企業在經營期限內所創造之全部現金流量折現值的總和。請注意，這個公式的期限是延伸到第 T 年，理論上也就是所有時間的終結。

這個公式雖然很單純，但如何估計所需要的未來現金流量，才是最棘手的挑戰。如同前一章討論的，估計未來現金流量需要考慮四個構成部分——**時間、存續期間、數量與成長**。另外，請注意，我們需要估計未來很多年的現金流量。事實上，企業如果假定為永續經營，這個公式就需要估計未來無限期的現金流量。

另外，我們還需要考慮金錢的時間價值，以及估計現金流量面臨的不確定性。不幸地，折現率並不是在報紙上就可以查閱的數值。概念雖然很單純——如同前文討論的，今天的$1，價值大於明天的$1——關鍵是如何決定適當的折現率。

關於折現率的選擇，分析師通常都會採用美國財政部發行的固定收益證券殖利率，大多選擇 10 年期債券，因為存續期間大約對應企業現金流量的存續期間。

至於未來現金流量的不確定性，處理上就相當棘手了。現金流量愈難以預測，所計算之現值的參考價值當然愈低；所以，這種情況下，我們會採用較高的折現率。可是，折現率最終究竟如何設定，則需要仰賴相關企業的特定領域知識，以及未來現金流量的不確定程度。

理論上，現金流量折現（DCF）模型雖然是估計企業價值的正確方法，但實務運用上存在許多困難，因為價值估計程序涉及 6 項獨立成分——時間、存續期間、數量、成長、不確定性與金錢的時間價值（折現率）。因此，很少投資人使用完整版本的 DCF 模型，通常都使用簡潔版本（本章稍後討論）。

可是，我不是這麼做！

多數專業投資組合經理人並不認同 DCF 模型，不會運用於他們的投資分析，常見的反應是：「可是，我不是這麼做——這不符合股票市場的實際運作方式。」事實上，投資組合經理人不論採用哪種價值評估方法，他們實際上都隱含採用 DCF 計算，只是自己不知道而已。

舉例來說，基金經理人如果說，「蘋果電腦價格便宜，因為股價是 2018 年盈餘的 6 倍（換言之，本益比 6 倍），」他實際上是進行現金流量折現分析（參考稍後說明）。他如果說，「GM 股價是 2017 年 EBITDA 的 7 倍，很便宜，」他也是進行現金流量折現分析。他如果是根據清算價值、分類加總估計法（sum of the parts）或破產清算價值（breakup value）評估企業，他也是進行現金流量

折現分析。他如果是根據私有市場價值（Private Market Value，PMV）[1] 評估企業價值——內行業者購買類似性質之資產所支付的價值——也是進行現金流量折現分析。

　　投資組合經理人如果說，「某公司是理想的併購對象，」意味著他認為直接購買標的公司的成本，低於建立另一家類似企業（換言之，「購買」對上「建立」的決策）。這種情況下，投資組合經理人實際是根據私有市場價值估計企業價值，本質上也是 DCF 模型。投資組合經理人如果採用本益比、EBITDA 倍數、盈餘殖利率、資本化比率（cap rate）等評估證券價值，實際上就是採用現金流量折現模型。經理人雖然宣稱自己沒有採用 DCF 模型，實際上卻是，因為所有這些比率都是運用企業市場價值的某種代表數據，除以現金流量的某種代表數據，這等同於計算一系列永續現金流量的現值（也就是我們稍早談到的簡潔版 DCF 模型）。

　　投資分析最常用的兩種比率——本益比與 EBITDA 倍數——只不過是修改版本的永續債券現值，也就是固定現金流量除以所需折現率。

　　永續債券現值的計算公式如下：

$$永續債券現值 = \frac{CF}{i} = 企業市場價值$$

其中 i ＝折現率

本益比只要稍做整理，就可以表示為永續債券：

$$本益比 = \frac{股票價格}{每股盈餘} = \frac{P}{E}$$

1　「私有市場價值」是由馬里歐・嘉百利（Mario J. Gabelli）創造的名詞，相關討論請參考第三章。

$$盈餘殖利率 = \frac{E}{P} = i$$

關於這個說明案例，我們假設每股盈餘為$8.66，股價為$117.16：

$$盈餘殖利率 = \frac{E}{P} = \frac{\$8.66}{\$117.16} = 7.4\%$$

$$永續債券現值 = \frac{CF}{i} = \frac{\$8.66}{7.4\%} = \$117.16$$

$$\frac{P}{E} = \frac{股票價格}{每股盈餘} = \frac{企業市場價值}{現金流量}$$

EBITDA 倍數只不過是修改版本的本益比，所以是運用另一種方式表達的企業價值除以企業現金流量：

$$EBITDA\,倍數 = \frac{企業價值}{EBITDA} = \frac{企業價值}{現金流量}$$

前述價值評估程序都假定現金流量——每股盈餘（EPS）與EBITDA——永遠持續發生，這和永續債券的價值評估假設相同，因此也就是 DCF 模型。

投資組合經理人如果根據破產清算價值、一般清算價值，或重置成本估計企業價值，他等於是假定資產將來會透過清算程序轉換為現金，或由第三方併購或合併該企業。這種情況下，併購者認定該公司所能夠創造的現金流量，應該足以彌補購買價格。由於這方面價值估計是假設某人願意購買該企業，所以價值評估——歸根究底——還是採用 DCF 模型。

即使投資組合經理人是根據投資人預期的變動而進行投資，他也是仰賴某人評估該企業未來現金流量的價值，因此也適用我

們稍早的論證：價值評估基本上是採用 DCF 模型。

　　不論投資組合經理人宣稱其偏愛的價值評估方法為何 —— 企業價值 / EBITDA 比率、本益比、股價 / 銷貨金額比率、資本化比率、私有市場價值、分類加總估計法，或清算價值 —— 本質上都是直接或間接採用現金流量折現分析，不論他們自己是否承認。

預測未來不簡單

　　預測未來事件很困難，這也是運用 DCF 模型評估企業價值的最大挑戰之一。未來事件究竟如何發展，分析師無法明確掌握，因此有關未來現金流量的預測，必須擬定種種假設。舉例來說，即使是性質非常單純的佐伊飲料攤，也會碰到幾近於無限多種可能發展，發生機率各自不同，所預測的現金流量自然也會有差異。

　　舉例來說，糖價短期之內可能急遽上漲，而佐伊沒有辦法把成本轉嫁給消費者。因此，她的毛利會受到擠壓，導致未來現金流量減少。另外，夏天的週末如果都下雨，路上行走的人潮也會減少，檸檬飲料銷售量將會降低。還有，如果販售攤子損壞需要修理，又會發生維修費用。未來幾乎有無限多種可能發生的事件，各有發生機率，因此很難可靠預測未來的現金流量。請參考圖 2.3，其中顯示許多可能影響未來現金流量的外部因素。

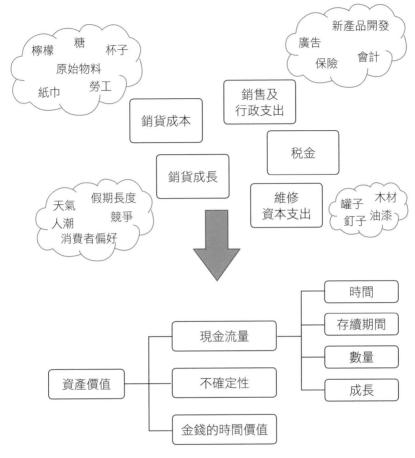

　　即使是飲料攤的簡單事業，預測未來現金流量都是嚴苛挑戰，因此更別提想要預測結構更複雜事業的未來現金流量。我們首先解釋如何預測最單純的「普通」債券，然後探討如何估計營運事業的價值。說明程序的目標，是要解釋如何運用 DCF 模型有效估計企業價值，不過要體認這套模型本質上存在的限制。

如何計算債券的現值

想要運用 DCF 模型評估「普通」（plain vanilla）債券，我們需要下列資訊：

- 時間──票息支付時間，本金清償時間
- 存續期間──支付次數（債券到期時間）
- 數量──票息支付金額
- 成長──不適用於此，因為票息不會成長
- 不確定性──違約機率（支付能力）
- 金錢的時間價值

債券價值評估相當單純，因為大多數變數都有契約規範：支付時間為固定；存續期間固定（票息支付次數）；數量固定（票息支付金額）；成長不適用於此，因為整體債券期間的票息金額都固定（就目前這個例子來說）。折現率蘊含了金錢的時間價值，不確定性是指發行機構支付票息與到期清償本金的能力。這個例子採用下列參數：

- 時間──票息每年支付一次；本金到期清償
- 存續期間──支付次數：5 年
- 數量──票息利率 6%
- 成長──不適用：支付金額固定
- 不確定性──違約機率：這個案例很低
- 金錢的時間價值──折現率 5%[2]

2　請注意，此處採用 5%並沒有什麼特別理由。重點是概念，實際數據並不重要。

由於我們知道前述列舉的每個成分，我們可以使用 5 年期 DCF 模型計算現金流量現值，藉以決定債券價值，請參考圖 2.4。

$$PV = \frac{CF_1}{(1+i)^1} + \frac{CF_2}{(1+i)^2} + \frac{CF_3}{(1+i)^3} + \frac{CF_4}{(1+i)^4} + \frac{CF_5}{(1+i)^5} + \frac{本金}{(1+i)^5}$$

或

$$現值 = \sum_{t=0}^{5} \frac{CF_t}{(1+i)^t} + \frac{本金}{(1+i)^5}$$

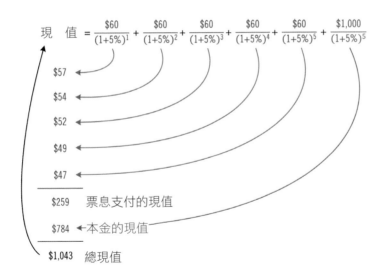

現值＝票息支付的現值＋本金的現值

債券現值＝$259 + $784

＝$1,043

▶▶ 圖 2.4 「普通」債券的現值

這個例子顯示普通債券的現值計算，程序和佐伊飲料攤的現值計算相仿，請參考圖 2.2，唯一差別只在於存續期間，一為 5 年，另一為 6 年。而債券最後一年的現金流量，包含兩筆款項，一為第 5 年的票息支付，另一則為債券到期清償的本金。

如何計算永續債券的現值

　　債券永遠沒有到期日，這種債券稱為永續債券（perpetual bonds）。如同一般債券，永續債券支付固定的票息，但──顧名思義──永遠不會到期。所以，票息將永遠支付，也永遠不會到期清償本金。由於永續債券永遠不會到期，所以存續期間為無限大。我們運用下列參數值評估永續債券的價值：

- 時間──票息每年支付一次
- 存續期間──支付次數：無限
- 數量──票息利率 6%
- 成長──不適用：支付金額固定
- 不確定性──違約機率：這個案例很低
- 金錢的時間價值──折現率 5%

　　很有趣地，相較於標準債券，永續債券的價值計算程序更簡單，因為現金流量不會到期。計算公式如下：

$$永續債券現值 = \frac{CF}{i}$$

$$= \frac{\$60}{5\%}$$

永續債券現值＝$1,200

如何計算企業的現值

企業的價值評估，類似於評估永續債券價值，因為企業創造的現金流量也是無限延伸（至少理論上是如此，因為企業通常號稱永續經營），因此存續期間和永續債券相同。所以，就第一步驟來說，我們將採用永續債券價值評估公式估計企業價值。可是，永續債券與典型企業之間存在一項重要差別，債券的票息支付（現金流量）是由契約規定，包括永續債券也是如此，每期的支付金額通常相同（換言之，不會成長）。可是，一般事業的情況並非如此，包括前文討論的飲料攤在內，因為企業的未來現金流量每年都會波動，甚至波動劇烈。

請參考表 2.3，其中顯示我們採用 DCF 評估標準債券、永續債券與營運事業等對象，模型採用的參數值差異。

▶▶ 表 2.3　參數比較：普通債券、永續債券、佐伊飲料攤之價值主要構成部分

	普通債券	永續債券	飲料攤
時間：支付頻率	年度	年度	不確定
存續期間：支付次數	5 年	無限	不確定
數量：票息利率	6%	6%	不確定
成長	不適用，金額固定	不適用，金額固定	不確定
不確定性：違約機率	極低	極低	不確定
時間價值	5%	5%	不確定

　　根據表 2.3，我們看到普通債券與永續債券的很多變數，其數值由契約規範，但營運事業的情況則非如此，所有的價值評估參數通常都是不可知或不確定。

　　任何資產想要採用永續債券公式評估價值，必要條件之一是現金流量不會隨著時間經過而變動。對於多數企業來說，這個假設顯然不切實際，但這方面程序卻有助於我們最終瞭解如何評估永續經營事業的價值。我們把永續債券的票息支付，取代為企業的現金流量，就能直接運用永續債券的價值評估公式。

$$永續債券現值 = \frac{CF}{i}$$

其中：

CF＝估計年度現金流量

i＝折現率

　　如同表 2.1 顯示，佐伊的飲料攤每年創造的現金流量為\$120。運用永續債券公式計算的企業價值（折現率假定為 8.5%）等於\$1,412：

$$佐伊飲料攤的現值 = \frac{\$120}{8.5\%} = \$1,412$$

　　這項計算反映了前一章討論的 6 個價值評估成分。舉例來說，此處採用的估計現金流量被設定為每年相同，反映了**時間**與**數量**。另外，我們假定該事業將來每年都會創造現金流量，直到永遠，所以這反映了**存續期間**與**不確定性**。折現率反映了**金錢的時間價值**。這個公式唯一沒有反映的成分是**成長**，我們準備在下一節詳細討

論。

如何運用兩階段 DCF 模型，計算現金流量成長的現值

截至目前為止，我們採用的價值評估程序都相對單純，因為我們曉得 DCF 模型的所有輸入變數，或做了單純化的假設。對於所處理的每種情況，我們都忽略了成長部分。可是，幾乎所有的經營事業都會試圖成長，所以成長是評估企業價值或計算其現值的重要考量。不幸地，價值評估一旦納入成長因素，情況會變得非常複雜，因為評估成長價值的任何公式，對於所採用的相關假設都高度敏感。

關於成長的價值評估，標準處理方法是把現金流量分割為幾個階段，使得分析師得以對於每個階段都採用不同的成長率，然後針對每個階段分別評估價值。最常用的方法，是兩個階段的模型。就兩階段模型來說，第一個階段裡——稱為**明確預測期間**——我們估計每年的現金流量，再把這些現金流量分別折算為現值，這部分程序就如同前文討論的處理方式。第二個階段是處理**終值**（terminal value），這部分總括明確預測期間所沒有包含的全部現金流量，然後也把終值折算為現值。

我們先利用標準債券說明兩階段模型的運作方式。請參考圖 2.5，債券的票息支付代表明確預測期間每年發生的現金流量，債券到期清償的本金，則代表終值。當然，如此計算的結果，必定等於先前結構較簡單的 DCF 模型。

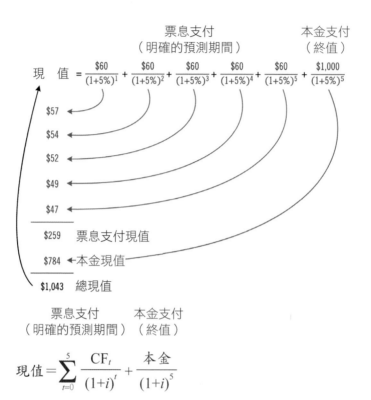

票息支付（明確的預測期間）　本金支付（終值）

$$\text{現 值} = \frac{\$60}{(1+5\%)^1} + \frac{\$60}{(1+5\%)^2} + \frac{\$60}{(1+5\%)^3} + \frac{\$60}{(1+5\%)^4} + \frac{\$60}{(1+5\%)^5} + \frac{\$1,000}{(1+5\%)^5}$$

$57

$54

$52

$49

$47

——

$259　票息支付現值

$784　本金現值

——

$1,043　總現值

票息支付（明確的預測期間）　本金支付（終值）

$$\text{現值} = \sum_{t=0}^{5} \frac{\text{CF}_t}{(1+i)^t} + \frac{\text{本金}}{(1+i)^5}$$

▶▶ **圖 2.5　評估債券價值使用的現值公式**

　　根據圖 2.5 顯示的債券價值評估程序，可以推論企業的現值，將等於明確預測期間現金流量的現值，加上終值的現值，也就是下列公式顯示者：

　　現值（PV）＝明確預測期間現金流量現值＋終值現值

　　飲料攤的明確預測期間現金流量，取代了債券的票息支付，飲料攤的終值，則取代了債券到期清償的本金支付。如同圖 2.6 顯示，對於所有的案例，我們計算第一階段現金流量的現值，然後運用永續債券公式計算飲料攤的終值。

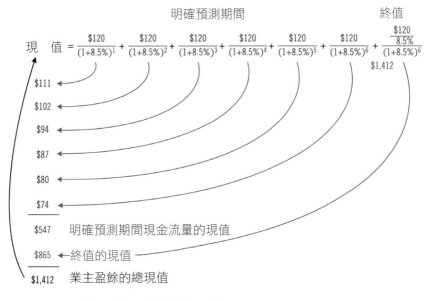

$$現值 = \frac{\$120}{(1+8.5\%)^1} + \frac{\$120}{(1+8.5\%)^2} + \frac{\$120}{(1+8.5\%)^3} + \frac{\$120}{(1+8.5\%)^4} + \frac{\$120}{(1+8.5\%)^5} + \frac{\$120}{(1+8.5\%)^6} + \frac{\frac{\$120}{8.5\%}}{(1+8.5\%)^6}$$

明確預測期間　　　　　　　　　　　　　終值

$1,412

$111
$102
$94
$87
$80
$74
―――
$547　明確預測期間現金流量的現值

$865　←終值的現值
―――
$1,412　業主盈餘的總現值

現金流量　　永續現金流量
（明確預測期間）　（終值）

$$現值 = \sum_{t=0}^{5} \frac{CF_t}{(1+i)^t} + \frac{\frac{CF}{i}}{(1+i)^5}$$

▶▶ 圖 2.6　評估企業價值使用的現值公式

　　關於後續 3 個例子，我們準備採用兩階段的模型評估價值。第一階段明確預測期間的成長率，第 1 個案例假設沒有成長，第 2 個案例假設 10％成長，第 3 個案例假設 15％成長。至於終值，3 個例子都假設不成長。

◆ 兩階段 DCF 模型，沒有成長

　　第 1 個案例假設最初 6 年的明確預測期間，現金流量沒有成長，請參考表 2.4。

▶▶ 表 2.4　佐伊飲料攤業主盈餘的 6 年期預測，沒有成長

	第 1 年	第 2 年	第 3 年	第 4 年	第 5 年	第 6 年
營業收入	1,200	1,200	1,200	1,200	1,200	1,200
淨利	109	109	109	109	109	109
業主盈餘	120	120	120	120	120	120

　　我們可以運用 DCF 模型計算個別現金流量與終值的現值，如同圖 2.7 顯示。根據相關計算資料觀察，6 年明確預測期間現金流量的總和為$547，終值的現值為$865，所以佐伊飲料攤的現值——假設沒有成長——總計為$1,412。

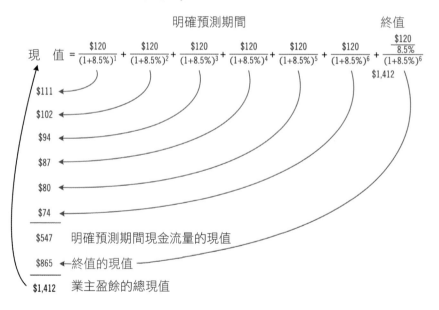

PV＝明確預測期間現金流量現值＋終值的現值

佐伊飲料攤的現值（沒有成長）＝$547 + $865

＝$1,412

▶▶ 圖 2.7　評估佐伊飲料攤的現值，沒有成長

就這個例子來說，由於事業營運期間內的現金流量始終都是常數$120，所以兩階段模型的結果與永續公式相同：

$$現值（PV）= \frac{CF}{i}$$

$$佐伊飲料攤的現值（沒有成長）= \frac{\$120}{8.5\%} = \$1,412$$

◆ 兩階段 DCF 模型，10% 成長

第 2 個案例假設最初 6 年的明確預測期間，假定現金流量呈現 10% 成長，請參考表 2.5，而且往後的永續現金流量沒有成長。

▶▶ 表 2.5　佐伊飲料攤業主盈餘的 6 年期預測，10% 年度成長

	第1年	第2年	第3年	第4年	第5年	第6年
營業收入	1,200	1,320	1,452	1,597	1,757	1,933
淨利	109	120	132	145	160	175
業主盈餘	120	132	145	160	176	193

我們可以計算最初 6 年明確預測期間現金流量的現值為$687，以及終值的現值為$1,394。兩者的加總和為$2,081，這是佐伊飲料攤的總現值，請參考圖 2.8。

在現金流量呈現 10% 成長的情況下，飲料攤的現值當然超過沒有成長的情況，因為企業成長愈高，價值也愈高，如同本書第一章談到的。

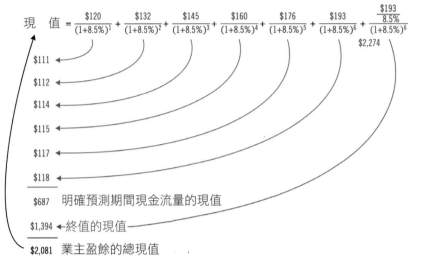

明確預測期間　　　　　　　　　　終值

$$現\ 值 = \frac{\$120}{(1+8.5\%)^1} + \frac{\$132}{(1+8.5\%)^2} + \frac{\$145}{(1+8.5\%)^3} + \frac{\$160}{(1+8.5\%)^4} + \frac{\$176}{(1+8.5\%)^5} + \frac{\$193}{(1+8.5\%)^6} + \frac{\frac{\$193}{8.5\%}}{(1+8.5\%)^6}$$

$2,274

$111

$112

$114

$115

$117

$118

$687　明確預測期間現金流量的現值

$1,394　終值的現值

$2,081　業主盈餘的總現值

PV＝明確預測期間現金流量現值＋終值的現值

佐伊飲料攤的現值＝$687 + $1,394

＝$2,081

▶▶ 圖 2.8　**評估佐伊飲料攤的現值**，10%年度成長

◆ 兩階段 DCF 模型，15%成長

第 3 個案例假設最初 6 年的明確預測期間，假定現金流量呈現
15%成長，請參考表 2.6，而且往後的永續現金流量沒有成長。

我們可以計算最初 6 年明確預測期間現金流量的現值為$772，
以及終值的現值為$1,739。兩者的加總和為$2,511，這是佐伊飲料
攤的總現值，請參考圖 2.9。

	第1年	第2年	第3年	第4年	第5年	第6年
營業收入	1,200	1,380	1,587	1,825	2,099	2,414
淨利	109	126	144	166	191	219
業主盈餘	120	138	159	183	210	241

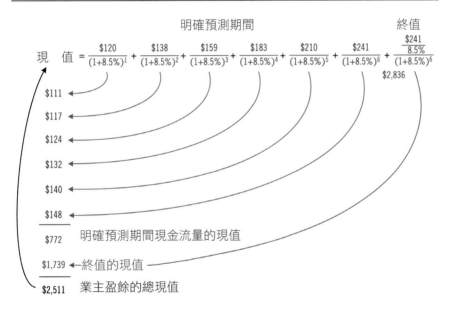

$$PV = 明確預測期間現金流量現值 + 終值的現值$$

$$佐伊飲料攤的現值 = \$772 + \$1,739$$

$$= \$2,511$$

▶▶ 圖 2.9 　評估佐伊飲料攤的現值，15%年度成長

相較於先前討論的兩個例子，年度成長 15％的佐伊飲料攤現值較高，因為企業成長愈高，價值也愈高，如同本書第一章談到的。

關於折現率

截至目前為止，我們的例子都採用 8.5％的折現率。可是，我們需要回答一個問題：「8.5是否代表適當的折現率？」或者，我們甚至應該考慮：「我們如何決定適當的折現率？」

深入討論折現率，恐怕已經超越本書準備處理的範圍，因為金融學術界與投資專業人士已經發表數以百計的專書，以及數以千計的期刊論文探討這個議題。本書只準備說明我們認為適當的折現率。

計算資金成本

折現程序採用的「正確」折現率，應該是企業的**資金成本**（cost of capital），也是投資人的**機會成本**（opportunity cost），此兩種報酬率是銅板的兩面。**資金成本**是投資人進行投資所要求的報酬，**機會成本**則是投資人進行某投資所必須放棄的其他投資報酬。企業的資金成本包含三個主要成分：

1. 債務與股票融資之間的比率
2. 企業借款的稅後利率（債務成本）
3. 股票成本

企業的資金成本需要根據債務與股票之比率進行加權，所以稱

為「加權平均資金成本」（Weighted Average Cost of Capital，WACC），計算公式如下：

$$WACC = \frac{Debt}{Debt+Equity}(r_{debt})*(1\text{-}t) + \frac{Equity}{Debt+Equity}(r_{equity})$$

其中：

Debt＝債務價值

Equity＝股票市場價值

r_{debt}＝債務成本

r_{equity}＝股票成本

t＝公司稅率

　　關於企業的債務成本，計算相當單純，如同本章稍後將討論的。至於企業的股票成本，情況較為複雜，需要深入解釋。企業的股票成本，包括個人投資該企業所需要獲得補償的報酬，以及投資人持有股票所期望獲得的報酬。這項報酬需要補償個人的**時間價值**，以及公司未來財務表現蘊含的**不確定性**。換言之，**企業的股票成本，是吸引投資人願意購買該公司股票所需要的報酬。**

資本資產定價模型（**The Capital Asset Pricing Model**，簡稱 **CAPM**）[3]

資本資產定價模型是理論金融學用以計算股票期望報酬所採用的基本模型，因此也代表企業的股票成本，最初是由威廉‧夏普（William Sharpe）與約翰‧林特爾（John Litner）在 1960 年代倡導，表達為數學公式如下：

$$r_e = r_f + \beta(r_m - r_f)$$

其中：

$r_e =$ 期望報酬

$r_f =$ 無風險報酬

$\beta =$ 股票 Beta 值

$r_m =$ 期望市場報酬

$(r_m - r_f) =$ 市場溢價——超過無風險報酬的市場報酬

這個公式看起來雖然有些嚇人，但 CAPM 只是說：證券期望報酬，等於無風險報酬，加上某風險溢價。無風險報酬部份是補償投資人金錢的時間價值，習慣上是採用美國政府長期公債殖利率，方程式的剩餘部份，則用以補償投資人對於企業承受的不確定性，

---

3 附註：兩位作者希望強調，他們不認為運用 CAPM 模型是決定企業股票成本的適當方法。由於整個投資界（尤其是投資銀行）普遍運用 β 的概念，這種現象幾乎已經達到無所不在的程度，因此作者覺得有必要將其納入資金成本的相關討論。除非充分瞭解此概念，否則很難不予理會。事實上，保羅‧薩繆爾森（Paul Samuelson）曾經說過，「不精確的科學……將隨著一場場的葬禮而進步。」兩位作者認為，邪魔歪道的 β 概念應該隨著時代進步而完全捨棄。

這部份可能需要進一步解釋。

Beta 錯覺[4]

根據金融學術界的說法，股票 Beta（β）是衡量股票相對於市場的價格波動率，代表股票市場相關的風險。市場溢價是投資人持有股票，除了取得政府公債之類無風險資產的報酬之外，所期待額外取得的報酬。CAPM 結合了股票 β 值與市場溢價，藉以計算股票相對於市場價格波動率的期望報酬，這也是資本資產定價模型界定企業股票成本的方式。

β 不是精確的風險衡量（不管別人怎麼告訴你）

β 值衡量個別股票相對於整體股票市場的價格波動率，金融學術界以此衡量股票風險。股票的 β 值如果大於 1，代表股價波動程度大於整體市場，因此被視為風險較高的資產，至少金融學術界的看法是如此；另一方面，β 如果小於 1，意味著股價波動程度小於整體市場，該股票被視為風險較低的資產。

金融學術人士主張，β 很重要，因為這代表股票相關於市場的風險，而市場風險無法透過分散投資而降低，因此這也是投資人持有股票，除了無風險報酬之外，所應該取得的報償。金融理論進一步主張，由於股票 β 是適當的風險衡量，所以資本資產定價模型可以用來決定公司股票的期望報酬，後者對等於企業的股票成本。

---

4 請參考理查德‧道金斯（Richard Dawkins）的《上帝錯覺》（*The God Delusion*）。

專業投資人通常不認為，股票價格波動率代表公司股票投資的主要風險，因此不認為 β 是投資相關的衡量，其計算完全沒有考慮企業的經濟基本面。賽斯‧卡拉曼在他的著作《安全邊際》（*Margin of Safety*）內強調，「我認為這很荒謬，運用某種只反映過去價格波動的數據，竟然就可以充分代表持有該證券的風險。β 值只由市場價格的立場看待風險，完全沒有考慮特定企業的基本狀況或經濟發展。事實上，證券過去的價格波動率，絕對不能可靠預測未來的投資表現（或未來的價格波動率），因此是一種差勁的風險衡量。」[5]

◆ 計算科聚亞公司的加權平均資金成本

以下利用特殊化工事業科聚亞（Chemtura）做為例子，說明如何運用 CAPM 計算上市公司的加權平均資金成本。企業的債務成本，計算程序相對單純。就本文撰寫當時的 2016 年，科聚亞只有發行一種公司債，2021 年 7 月份到期，在外流通金額為\$4.5 億，利率為 5.93%，此外還有長期債務\$8,200 萬，利率為 3.78%。債務成本是計算稅後數據，[6]因為利息費用可以扣抵稅金（金額單位為\$百萬）。科聚亞的稅後債務成本為 3.6%，詳細資料請參考下列運算：

利息費用＝(\$450*5.93%) + (\$82*3.78%)＝\$26.7 + \$3.1＝\$29.8

5　請參考 Seth A. Klarman, *Margin of Safety: Risk-Averse Value Investing Strategies for the Thoughtful Investor* (New York: HarperCollins, 1991)。

6　本章一律假定稅率為 35%，我們相信這可以代表美國在本書撰寫當時（2016 年 5 月）的合理情況。

$$r_{debt} = \frac{利息費用*(1-稅率)}{總債務}$$

$$= \frac{\$29.8*(1-35\%)}{\$450 + \$82}$$

$$= \frac{\$19.3}{\$532}$$

$$= 3.6\%$$

　　科聚亞的股票成本計算起來就麻煩多了。科聚亞的債務雖然有明確的利率，但該公司股票的情況並非如此。我們可以利用資本資產定價模型估計該公司的股票成本。關於無風險報酬，我們選擇美國財政部發行的 10 年期公債殖利率，本文撰寫當時（2016 年 5月）的殖利率為 2.2%；S&P 500 指數的長期歷史平均報酬為9.7%，這代表整體股票市場的期望報酬；至於科聚亞的 β 值則採用「雅虎金融」（Yahoo! Finance）的數據。[7]

$$r_{equity} = r_f + \beta(r_m - r_f)$$

$$= 2.2\% + 1.2(9.7\%-2.2\%)$$

$$= 2.2\% + 1.2(7.5\%)$$

$$= 2.2\% + 9.0\%$$

$$= 11.2\%$$

PART

1

完
美
投
資

7　我們不知道雅虎如何計算其所公布的 β 值，也不知道數據是否精確。不過，此處討論的目的是說明概念，數據精確與否並不重要。

我們採用債務成本 3.6%與股票成本 11.2%計算「加權平均資金成本」（WACC）（金額單位為$10 億）：

$$WACC = \frac{Debt}{Debt+Equity}(r_{debt}) + \frac{Equity}{Debt+Equity}(r_{equity})$$

$$= \frac{\$0.532}{\$2.532}(3.6\%) + \frac{\$2.0}{\$2.532}(11.2\%)$$

$$= 21.0\%(3.6\%) + 79.0\%(11.2\%)$$

$$= 0.8\% + 8.8\% = 9.6\%$$

這個公式看起來或許令人肅然起敬，尤其是數據顯得精確，但我們必須注意，前述計算所採用的基本面資訊，只有科聚亞的**資本結構**。企業經營展望、市場競爭程度、管理素質，以及其他基本面因素都沒有考慮在內，這也是為什麼多數專業投資組合經理人不太採用 CAPM 計算企業資金成本的原因。分析師雖然有必要瞭解企業界和投資人究竟如何想的，以及如何估計企業的加權平均資金成本，**但務必體認運用 CAPM 的標準方法，存在顯著的缺失。**

◆ 折現率堆疊

想要決定企業的資金成本，除了股票的相對價格波動率之外，還需要考慮許多因素。圖 2.10 為折現率堆疊的主要因素。

折現率堆疊並不是公式，而是有關不確定性的某種核對清單，當我們估計企業股票成本時或許需要參考。

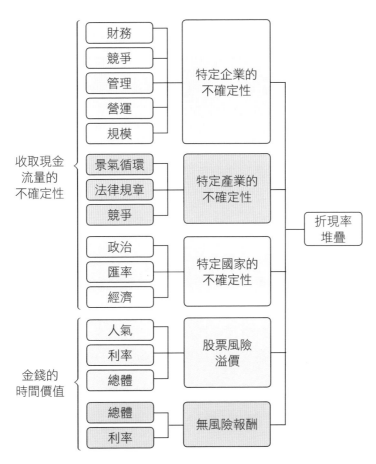

▶▶ 圖 2.10　折現率堆疊的主要因素

◆ 如果有所懷疑，折現率設定為 10%

　　企業主管想要擬定投資決策，資金成本通常都是極端重要的參考，但想要計算絕對精確的股票成本，幾乎是不可能的任務，因此投資人或企業經理人往往只能接受不太精準的估計量。

華倫‧巴菲特與查理‧蒙格（Charlie Munger）是有史以來最偉大的兩位投資人，他們似乎也同意前一段的看法，因為這反映在他們於 2003 年波克夏‧海瑟威股東大會發表的評論：

巴菲特：查理和我不知道我們公司的資金成本。商學院雖然有教，但我們相當懷疑。我們只是做些看起來最明智的事情，讓資金做最合理的運用。我們針對其他每種替代方案進行衡量和比較。我從來沒有見過我覺得合理的資金成本計算。查理，你看過嗎？

蒙格：從來沒有。各位如果讀過曼丘（Gregory Mankiw）寫的經濟學教科書，他說聰明人是依據機會成本來擬定決策——換言之，重點在於替代選擇對象。這也是我們擬定決策的方式。其他情況都有些滑稽——甚至還有所謂的股票資金成本——簡直可以說是神經病了。[8]

　　巴菲特與蒙格認為，計算企業的資金成本，頂多只是不精確的藝術，不太可能有精確的估計量。

　　我們猜想，讀者這個時候必定會問，如果多數專業投資人——包括巴菲特和蒙格在內——都覺得 β 值和 CAPM 並不是計算企業股票成本的完善方法，我們為什麼要那麼麻煩去計算科聚亞的 WACC 呢？我們之所以談論這個例子，理由有二。第一，我們想讓大家知道全世界多數商學院就是教導這套方法。第二，我們看到學術界教導的這套方法，看起來確實非常精確，但最終所計算的科聚亞 WACC 等於 9.6%，這基本上就等於 S&P 的長期年度報酬

8　請參考 Whitney Tilson. "Notes from the 2003 Berkshire Hathaway Annual Meeting." 2003 年 5 月 3 日在內布拉斯加奧馬哈舉行的波克夏‧海瑟威公司股東會議。

9.7%，而我們相信這是投資人長期**機會成本**的絕佳代表。

布魯斯・格林沃德教授（Professor Bruce Greenwald）指示其價值投資課堂的學生們，「就採用 10%。這已經夠精確了，而且可以讓運算變得更簡單。」我們同意，關於企業價值估計，把資金成本估計值設定為 10%，應該是相當安全的作法。分析者永遠可以根據其判斷企業所面對的不確定性，向上或向下做調整。

重點摘要

- EBITDA 雖然有其功能，但通常並不是衡量企業財務健全程度的有效指標，如果用來估計企業的價值，更可能造成誤導。業主盈餘是更精確的衡量。

- 理論上，現金流量折現（DCF）模型雖然是估計企業價值的正確方法，但實務運用上存在許多困難，因為價值估計程序涉及 6 項獨立成分。因此，很少投資人使用完整版本的 DCF 模型，通常都使用簡潔版本。

- 不論投資組合經理人宣稱其偏愛的價值評估方法為何——企業價值 / EBITDA 比率、本益比、股價 / 銷貨金額比率、資本化比率、私有市場價值、分類加總估計法，或清算價值——本質上都是直接或間接採用現金流量折現分析，不論他們自己是否承認。

- 關於企業的債務成本，計算相當單純。至於企業的股票成本，情況較為複雜，需要深入解釋。企業的股票成本，包括

個人投資該企業所需要獲得補償的報酬,以及投資人持有股票所期望獲得的報酬。這項報酬需要補償個人的時間價值,以及公司未來財務表現蘊含的不確定性。換言之,企業的股票成本,是吸引投資人願意購買該公司股票所需要的報酬。

- 專業投資人通常不認為,股票價格波動率代表公司股票投資的主要風險,因此不認為 β 是投資相關的衡量,其計算完全沒有考慮企業的經濟基本面。

- 企業主管想要擬定投資決策,資金成本通常都是極端重要的參考,但想要計算絕對精確的股票成本,幾乎是不可能的任務,因此投資人或企業經理人往往只能接受不太精準的估計量。

  - 最終,哥倫比亞商學院教授布魯斯·格林沃德說,「就採用 10%。這已經夠精確了,而且可以讓運算變得更簡單。」

CHAPTER 3

如何評估競爭優勢
與成長的價值

本書截至目前為止處理的例子,一律假定相關事業是**永續經營**,根據未來的現金流量估計值計算企業價值。正常情況下,企業會基於創造現金流量的目的而營運其資產,但有時候也會藉由**出售資產**創造現金流量,請參考圖 3.1。

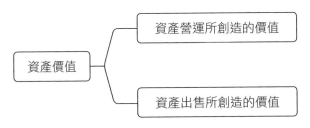

▶▶ 圖 3.1　資產營運與資產出售所創造的現金流量

⚙ 藉由出售資產創造現金流量

某些情況下,企業可能決定停止營運而出售其資產,並藉由這個程序創造現金。這個時候,分析師估計企業清算資產,將可以收取多少現金。這種分析是估計企業的**清算價值**(liquidation value)。

一張桌子有多少價值？

保羅・桑金經營的投資合夥事業叫做「蜂鳥價值基金」（Hummingbird Value Fund），他和朱德・卡恩的辦公室座落在紐約曼哈頓市中心花旗大樓第 55 樓。他在這裡遇到傳奇投資人傑夫・多伊。[1] 有一天，多伊跑到桑金的辦公室，對他說，「我們正在重新裝潢辦公室，所有的桌子都打算換新，你是否有興趣買下我們的舊家具？」桑金雖然蠻喜歡目前使用的桌子，但心想瞧瞧也不妨。他對傑夫說，「出於好奇心，你打算賣多少錢？」傑夫回答，「$300。」桑金回答，「聽起來確實不錯，但我很滿意目前使用的桌子。」於是傑夫說，「$100 怎麼樣？」桑金說，「謝謝，但我還是不要。」然後，傑夫說，「這樣吧，如果你想要，你可以免費搬走。」桑金想了想，還是決定使用目前的桌子，於是對傑夫說，「你為什麼不捐給 XX 慈善機構，讓他們來搬走呢？」傑夫說，「我打過電話，但他們要求每張桌子還要另外捐$300，因為他們必須使用大樓的搬運器材，價格相當昂貴。如果我要丟棄，大樓管理員也要收取類似的費用。」

這個故事告訴我們，一項資產的價值，乃取決於它所能夠創造的現金流量，有時候甚至是負數，譬如傑夫的舊桌子。

某些情況下，企業可能決定出售部分或全部營運資產，給予金融性或策略性買家。根據這類潛在買家的立場評估企業價值，稱為**私有市場價值**（Private Market Value）。圖 3.2 顯示前述兩種可能形式。

1　對於這個故事來說，傑夫的真實名字並不重要，雖然他知道自己是誰。

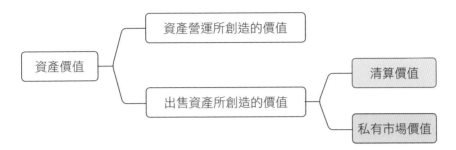

▶▶ 圖 3.2　資產出售價值：清算價值與私有市場價值

　　我們可以藉由簡單的案例，說明營運資產和出售資產創造現金流量之間的差別。蒙他拿波茲曼的背包製造廠家「大師農莊」擁有許多縫紉機。公司創辦人德納‧葛莉森可以運用這些縫紉機──或許是 Juki 1541S──製造背包，然後賣給客戶，創造公司營運收入現金流量。或者該公司可以透過 eBay 賣出這些縫紉機，藉由清算程序變現。請參考圖 3.3。

營運資產創造現金流量

出售資產創造現金流量

▶▶ 圖 3.3　創造現金流量：營運或出售資產

　　為了計算縫紉機的**清算價值**，我們需要做些研究，瞭解其他二手 Juki 1541S 縫紉機的價格。根據這方面資訊，我們可能估計大師

農莊的縫紉機每台售價為$1,300。

公司如果決定清算所有的資產，我們需要分別計算每項資產的清算價值，就如同先前估計二手 Juki 縫紉機一樣，盤算公司資產的整體清算價值。

◆ 清算價值

為了更清楚敘述整個程序，我們將舉例說明如何清算 Sevcon, Inc.，這是一家上市公司，專門生產摩托車、汽車、堆高機等電動機控制器。為了進行清算，我們需要估計公司每項資產的清算價值。對於某些流動資產，譬如現金與有價證券，應該可以每$1 收到 100 美分，[2]因為這類資產很容易變現，其價值大概就等於面值。另一方面，某些比較欠缺流動性的資產，譬如像存貨與應收帳款，清算價值可能就要打折扣。舉例來說，完成品存貨的清算價值很可能接近面值，但半成品與線材、磁鐵、電源供應器材等，清算價值可能較殘值好不了多少。另外，對於持續經營的事業，應收帳款大概可以完整回收，但對於即將清算的事業來說，恐怕很難說服**過去**的每家客戶都清償欠款，除非支付額外的費用。反之，公司即使結束營業，仍然必須支付應該支付的債務與欠款，所以這些負債必須從資產出售價值之中扣除，才能估計淨額或清算現金流量。請參考表 3.1，其中顯示三種估計清算價值。

---

2 譬如現金之類的流動資產，每$1 價值雖然應該接近 100 美分，但發生在現實世界裡，情況往往未必如此。舉例來說，就蘋果電腦公司來說，2016 年 3 月份的資產負債表顯示現金餘額有$2,330 億。可是，這些現金絕大部分都存放於美國境外，如果要匯回美國，就需要支付稅金。所以，就理論上來說，蘋果雖然擁有$2,330 億現金，但其清算價值非常不可能有$2,330 億，至少就美元計值而言並非如此。

Sevcon 公司資產負債表 2015 年 7 月 4 日		清算價值					
		低		基準		高	
	7/4	%	價值	%	價值	%	價值
現金與約當現金	8,548	95%	8,121	100%	8,548	100%	8,548
應收帳款	8,328	70%	5,830	80%	6,662	90%	7,495
存貨	6,596	30%	1,979	40%	2,638	50%	3,298
預付費用與其他流動資產	2,573	5%	129	10%	257	15%	386
總流動資產	26,045						
長期資產	7,821	10%	782	20%	1,564	30%	2,346
總資產	33,866		16,840		19,670		22,073
流動負債	7,112	100%	7,112	90%	6,401	80%	5,690
退休給付負債	8,674	62%	5,378	62%	5,378	62%	5,378
其他長期負債	500	100%	500	90%	450	80%	400
總負債	16,286		12,990		12,229		11,467
股東權益	17,492						
少數股東權益	88						
總負債與股東權益	33,866						
淨清算價值			3,850		7,442		10,606
發行股票			4,959		4,959		4,959
每股淨清算價值			$ 0.78		$ 1.50		$ 2.14

我們可以根據表 3.1 的三項估計清算價值，繪製可能的清算價值機率分配，請參考圖 3.4。請注意，即使是在最樂觀的情況下，出售 Sevcon 所有資產的每股清算價值，仍然遠低於 2015 年 8 月的股票價格$7.60。

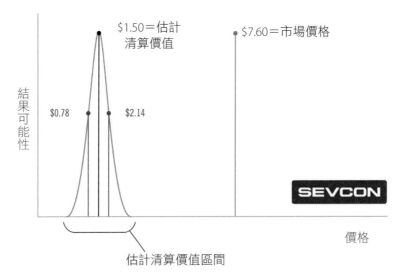

▶▶ 圖 3.4　Sevcon **清算價值**

請注意，除非企業真的準備出售其全部或部分資產，否則清算分析並沒有什麼實際上的用途。可是，計算清算價值可以幫助我們瞭解企業如果不繼續營運的話，起碼具備多少價值。

◆ 私有市場價值

企業也可以出售部分或全部資產，給予某希望繼續經營該企業的買家。這種情況下，分析師評估的價值，稱為**私有市場價值**（PMV），這是馬里歐・嘉百利（Mario J. Gabelli）創造的名詞，他

在 1977 年創立他自己的公司。企業的私有市場價值，代表內行實業家（理性買家）為了控制該企業資產所願意支付的價格。

嘉百利在 1982 年 3 月 5 日第一次參加路易．路凱瑟（Louis Rukeyser）主持的電視節目 *Wall \$treet Week*，他說：

> 談到企業的私有市場價值，不是從盈餘角度評估，而是考慮某內行實業家對於該企業所願意支付的價格……。

> 我是採用由下而上的方法。這個房間裡，我們如果和 10 位實業家坐在一起，我對他們說，「如果有出價一次的機會，贏家將可以拿走一切，你們願意用多少錢買下這家公司？我可以取得多少價款？」我會把公司拆解開來，一件一件資產評估價值，看看公司相較於公開市場報價的私有市場價格如何。[3]

---

3 1982 年 3 月 5 日，馬里歐．嘉百利接受馬里蘭州 Owings Mills 馬里蘭公共電視

當投資人說，「這家公司是理想的併購對象，」他應該是針對該公司的 PMV 而言，雖然他未必知道。

在 1993 年初進行的講座上，羅傑・穆雷（Roger Murray）提出有關私有市場價值更完整的定義：

> 我如果自行琢磨著，如何界定私有市場價值的意義，我認為自己會將其設定為內含價值，加上潛在的控制溢價（controlling premium），因為根據定義，對於私有事業，我可以把我的事業轉化為私有實體，而且我可以採用更長的期限，遠超過那些荒謬的分析師與股東們所願意給我的。所以，價值具有潛在的控制溢價，而且還可能涉及耐心因素。我們準備談談這點。美國企業市場定價的最大缺失，就是缺乏耐心。所以，對於私有企業，我們有更好的機會發揮耐心。

> 可是，這也涉及一項負面因素。我總是極力推崇企業在公開市場進行融資所具備的彈性和效力，我喜歡自己能夠輕鬆接觸資本市場。我甚至可以在 24 小時之內登記鉅額的債券，不需進行協商，不必簽署貸款協議或接受某些限制條款。所以，我會把這方面視為扣分。[4]

根據穆雷的解釋，私有市場價值被定義為企業價值，加上控制溢價與「耐心因素」，但需要減掉公開市場管道。[5]

節目 *Wall $treet Week* 主持人路易・路凱瑟訪問。

4　請參考 Roger F. Murray, and Gabelli Asset Management Company "Lecture #1. Value Versus Price." Roger F. Murray lecture series, Museum of Television & Radio, New York, January 22, 1993。

5　讓我們更進一步解釋，「控制溢價」是指買方為了取得相關資產的控制權，他

私有市場買家大體上可以劃分為兩類：金融買家與策略買家，前者如同「柯爾柏格—克拉維斯—羅伯茲」（Kohlberg Kravis and Roberts，KKR）與「黑石集團」（Blackstone Group）等私有股本企業，後者則包括「儒博實業」（Roper Technologies）與「伊利諾工具公司」（Illinois Tool Works）等公開上市公司，屬於活躍的併購者。

金融買家鎖定他們認為價值受到低估的公開上市公司，而且相信他們得以改善某些特定狀況，並因此可以提升公司的財務表現與公司價值。這些買家通常會先讓標的公司下市，方便他們運用穆雷所謂的耐心因素，顯著改善企業的營運效率，但整個程序所耗費的時間，可能遠超過上市公司允許擁有的時間。金融買家相信，他們所採行的這些行為，可以顯著提升公司的價值，並因此讓他們受惠。

另一方面，策略買家可能是既有的同業競爭者，或是想要進入該市場的其他業者，他們通常面臨「併購既有公司或建立新公司」的決策。這種情況下，併購者必須決定他們要複製既有業者的資產，或單純收購既有業者。潛在併購者需要評估哪種方法比較合乎經濟，但評估相關成本的過程，必須考慮時間因素。一般來說，業者只要願意花時間，就可以複製資產，但時效往往很重要；這類交易所涉及的控制溢價，就是因為併購者希望節省進入市場的時間。

所必須支付的溢價。穆雷所謂的「耐心因素」是指管理者擬定決策不需接受公開市場股東嚴格監視，因此享有時間方面的餘裕。「公開市場管道」是指上市公司相較於私有企業，更方便透過市場發行股票或債務工具，藉以募集資金。

⚙ 營運資產所創造的現金流量：投入資本報酬、資金成本與超額報酬

想要創造現金流量，基本上就不免要有資本支出，因為企業如果沒有先做資本投資，通常就很難創造正數的現金流量。企業的資本支出，通常稱為企業的**投入資本**（invested capital），這部份投資的報酬，稱為**投入資本報酬**（return on invested capital，**ROIC**）。如同本書第二章討論的，投入資本也會涉及成本，這通常稱為企業的**資金成本**（cost of capital）。

企業的投入資本報酬（ROIC）如果大於資金成本（WACC），就能創造經濟學家所謂的超額報酬（excess return）。 吸引競爭者的東西，是超額報酬，不是現金流量，因為其他業者知道他們必須投入資本，才能創造現金流量。因此，潛在競爭者除非相信他們所做的額外投資，其所創造的額外現金流量報酬將大於該投資之資金成本，他們才會進行投資。

想要判斷某企業是否能夠賺取超額報酬，我們需要知道兩項數據：該公司的**資金成本**，以及**投入資本報酬率**。

舉例來說，佐伊決定投資她的飲料攤，所需要的資金勢必來自某處，或是她過去的儲蓄，或是透過借款融通資金。如果她的儲蓄原本投資於查理·德雷法斯（Charlie Dreifus）管理的「銳思特殊股票基金」（Royce Special Equity Fund，就本文撰寫當時的 2017 年 3 月，該基金過去 10 年的平均年度報酬為 8.5%），她為了投資飲料攤，就必須放棄基金投資。[6] 一般來說，佐伊當然希望自己的資

6　我們假定該基金將來的年度報酬仍然為 8.5%。

金能夠賺取最高的報酬。所以，她如果決定投資飲料攤，想必認為飲料攤創造的報酬，將高於目前的基金投資；否則的話，她就應該繼續投資該基金。佐伊投資飲料攤所必須放棄的基金報酬，就是這項投資的**機會成本**；根據第二章的說明，這也就是飲料攤的**資金成本**。

　　佐伊需要比較她投資飲料攤的潛在報酬，以及她的資金成本8.5%，然後才能判斷這項投資是否合理。換言之，佐伊需要計算飲料攤的期望 ROIC，藉以判斷是否應該進行該投資。飲料攤的投入資本報酬率如果超過她的資金成本，這項投資從財務角度考量就合理。

　　投入資本報酬率的計算，程序和任何其他投資報酬計算相同。

舉例來說，佐伊如果投資$1,000 於三重免稅債券，[7]每年收到的票息報酬支票為$40，[8]則這項投資的報酬為 4%，計算程序如下：

$$投資報酬 = \frac{稅後所得}{投入資本}$$

$$= \frac{\$40}{\$1,000} = 4\%$$

同理，飲料攤的投入資本報酬，等於該事業創造之現金，除以該事業的投入資本：

$$投入資本報酬（ROIC） = \frac{業主盈餘}{投入資本}$$

第二章曾經討論業主盈餘的意義，此處不再贅述。可是，我們需要更清楚解釋**投入資本**的意思。

關於免稅債券投資，佐伊非常清楚自己的投資金額，所以很容易計算投入資本的報酬。至於經營事業的投入資本，觀念上雖然和投資免稅債券相同，但實務處理上卻更棘手。為了單純起見，投入資本可以視同投資事業所投入的現金數量，就佐伊的案例來說，就是經營飲料攤所需要購買的各種東西。從比較正式的角度來說，投入資本的定義如下：[9]

7　不需繳納聯邦、州政府與地方政府的稅金。

8　市政債券的票息實際上是每半年付息一次，所以佐伊每年會收到兩筆$20 的支票。

9　關於投入資本報酬計算的錯綜複雜考量與技術細節，基本上已經超過本書的處理範圍。讀者如果有興趣瞭解，初步資料可以參考麥可・莫布新（Michael Mauboussin）於 2014 年 6 月 4 日發表的報告「計算投入資本報酬」（*Calculating*

投入資本＝流動資產－流動負債＋不動產與廠房設備淨額

佐伊飲料攤的投入資本，請參考表 3.2。

▶▶ 表 3.2　佐伊飲料攤資產負債表

零錢	50.00	
存貨		
檸檬 3 袋	21.00	
16 盎司杯子 100 個	21.94	
彩色吸管 250 根	3.04	
糖 4 磅	4.19	
總存貨	50.17	
總流動資產	$　100.17	
應付帳款	18.19	
應計薪資與費用	35.00	
總流動負債	$　53.19	
營運資本淨額		**$　46.98**

（接下頁）

Return on Invested Capital）。 請 上 網 搜 尋「Mauboussin calculating return on invested capital」，就可以取得相關報告。

固定資產

製造飲料攤成本	398.96	
大罐子 2 個	28.16	
冰塊盤	8.94	
收銀機	63.99	
28 夸脱冷卻器	38.99	
不鏽鋼榨汁器	13.98	

不動產與廠房設備淨額	$ 553.02	$ 553.02
總投入資本		$ 600.00

本書前一章曾經提到，佐伊估計飲料攤最初一年營業創造的業主盈餘為$120，這意味著該事業的投入資本報酬為 20.0%，計算程序如下：

$$投入資本報酬（ROIC）= \frac{業主盈餘}{投入資本}$$

$$= \frac{\$120}{\$600} = 20.0\%$$

佐伊對於銳思特殊股票基金的投資，也可以作類似的分析：

$$銳思特殊股票基金投入資本報酬 = \frac{投資報酬}{投入資本}$$

$$= \frac{\$51}{\$600} = 8.5\%$$

如同前文提到的，銳思基金的期望投資報酬，代表佐伊的**機會成本**，也是飲料攤的**資金成本**，根據計算，這等於$600 投資金額

的 8.5%，也就是每年\$51。以下分析將計算佐伊投資飲料攤的超額報酬，包括百分率與金額。

> 註：在這個章節，我們將超額報酬表示為橘色、資金成本表示為紫色、成長則表示為綠色。

我們先計算飲料攤的超額報酬率：

超額報酬率＝投入資本報酬-資金成本

$$=ROIC-WACC$$

$$=20.0\%-8.5\%=11.5\%$$

我們也可以計算超額報酬金額，這等於超額報酬率乘以投入資本：

超額報酬金額＝（投入資本報酬-資金成本）＊投入資本

$$=（20.0\%-8.5\%）＊\$600$$

$$=11.5\%＊\$600=\$69$$

前文的 ROIC 公式稍做整理，就可以把業主盈餘表示為投入資本報酬的函數：

$$投入資本報酬（ROIC）=\frac{業主盈餘}{投入資本}$$

業主盈餘＝ROIC＊投入資本

就飲料攤來說：

業主盈餘＝20.0%＊\$600＝\$120

業主盈餘可以分解為兩部分：超額報酬金額與資金成本金額。

業主盈餘＝ROIC* 投入資本

　　　　＝(超額報酬+資金成本)* 投入資本

　　　　＝(超額報酬* 投入資本)+(資金成本* 投入資本)

　　　　＝(20.0%* $600)＝(11.5%* $600)+(8.5%* $600)

　　　　＝$120＝$69+$51

資金成本金額稱為**資本計提**（capital charge），這等於資金成本乘以投入資本。資本計提是飲料攤為了彌補資金成本所必須創造的現金流量。根據前述分析顯示，佐伊投資飲料攤，預期每年賺取$69 的超額報酬。

資本計提究竟是什麼？

想要瞭解本章後續的案例，務必要瞭解資本計提。

資本計提（capital charge）就是資金成本金額，也是資金成本乘以投入資本。舉例來說，佐伊飲料攤的資金成本是 8.5%（本書一律假設如此），則佐伊投資$600 的資本計提就是$51。

佐伊經營飲料攤的資金，如果完全是透過利率 8.5%貸款取得融通，則其資金成本將是實際的現金費用，因此很容易被認定為資本計提，因為利息費用是損益表的一個科目。

反之，佐伊的創業資金如果全部來自股票，仍然會發生資本計提。可是，不同於利息費用，股權資本計提屬於非現金的費用，而且損益表上沒有明確的科目顯示這項支出。雖然股權存在明顯的財務成本，但很多投資人（以及多數資深經理人）不太能夠體會其重要性，因為這方面資本計提沒有涉及實際的現金，也沒有明確的對應會計費用科目。

◆ 享有超額報酬的企業會吸引競爭

可是，飲料攤的投入資本報酬高達 20.0％，很可能吸引其他競爭者。舉例來說，假定夏天最初幾個星期的天氣很好，檸檬水生意興隆。事實上，佐伊的生意很好，使得她在經營一個月之後，賺取的利潤就足以購買一輛新腳踏車。住在對街的夏洛特發現佐伊最近發了小財，心中不免嘀咕著，「我也想買輛新腳踏車。既然佐伊可以很快就賺錢，我想我也可以搞個飲料攤。」

由於佐伊原本經營附近唯一的飲料攤，因此在某種程度上獨占了市場。她所販售的產品，顧客沒辦法在附近找到其他的賣家，所以能夠賺取高達 20.0％ 的利潤（請參考表 3.3）。

▶▶ 表 3.3　佐伊飲料攤：獨占市場的報酬

	佐伊
銷售杯數	600
每杯價格	$ 2.00
營業收入	1,200
成本	1,080
業主盈餘	120
投入資本	600
ROIC	20.0%

可是，獨占地位很難長期維持，因為其他競爭者遲早會弄清楚如何複製相關產品，然後進入市場參與競爭。產品具備的獨特性，通常不能長期維持。除非佐伊有什麼辦法可以防止夏洛特或其他人進入她的市場，否則夏洛特一旦也開始販售檸檬飲料，就會瓜分佐

伊原來的營業收入與利潤，使得佐伊原來享有的投入資本報酬下降。舉例來說，夏洛特如果瓜分了佐伊的半數市場，佐伊的投入資本報酬將下降到 10.0％，請參考表 3.4。

▶▶ 表 3.4　佐伊飲料攤：缺乏競爭優勢

	佐伊	夏洛特
銷售杯數	300	300
每杯價格	$ 2.00	$ 2.00
營業收入	600	600
成本	540	540
業主盈餘	60	60
投入資本	600	600
ROIC	10.0%	10.0%

為了防止夏洛特參與市場競爭而影響獲利能力，佐伊需要具備某種**競爭優勢**（competitive advantage）。[10]

◆ 競爭優勢：定義

觀察 ROIC 的計算公式可以發現，任何企業想要其所創造的投入資本報酬，顯著高於資金成本，只能盡量提高產品價格、降低成本，或更有效運用資本，請參考表 3.5。

▶▶ 表 3.5　超額報酬來源

		第 1 年	
	營業收入	1200	←──較高價格
	銷貨成本	-535	
	毛利	665	較低成本
	銷售及行政開支費用	-453	
	營業收益	212	
業主盈餘	所得稅	-80	
	淨利	131	
	＋折舊與攤銷	52	
	－維修資本支出	-63	
	＝業主盈餘	**120**	
投入資本報酬＝			
	流動資產	100	
	流動負債	-53	較有效運用資本
投入資本	營運資金淨額	47	
	不動產與廠房設備淨額	553	
	投入資本	**600**	

舉例來說，請參考表 3.6 的價格優勢，佐伊可以創造較高的資本報酬，因為佐伊的檸檬飲料每杯售價高於夏洛特。

▶▶ 表 3.6　佐伊飲料攤：價格優勢

	佐伊	夏洛特
銷售杯數	300	300
每杯價格	**$ 3.00**	**$ 2.00**
營業收入	900	600
成本	810	540
業主盈餘	90	60
投入資本	600	600
ROIC	**15.0%**	**10.0%**

另一方面，表 3.7 顯示佐伊享有的**成本優勢**，使得佐伊創造的資本報酬高於夏洛特，因為佐伊的營運成本較低。

▶▶ 表 3.7　佐伊飲料攤：成本優勢

	佐伊	夏洛特
銷售杯數	300	300
每杯價格	$ 2.00	$ 2.00
營業收入	600	600
成本	**450**	**540**
業主盈餘	150	60
投入資本	600	600
ROIC	**25.0%**	**10.0%**

最後，表 3.8 顯示較有效運用資本的影響，佐伊得以創造較高的資本報酬，因為其事業能夠更有效運用資本。

▶▶ 表 3.8　佐伊飲料攤：資本效率

	佐伊	夏洛特
銷售杯數	300	300
每杯價格	$ 2.00	$ 2.00
營業收入	600	600
成本	540	540
業主盈餘	60	60
投入資本	**295**	**600**
ROIC	**25.3%**	**10.0%**

10 此處有關競爭優勢的討論，只能視為初步介紹，因為深入探討這個主題已經超越本書的處理範圍。目前市面上有無數討論這個主題的書籍與論文，但我們認為布魯斯‧格林沃德與朱德‧卡恩的《競爭解密》（*Competition Demystified*）是我們最推薦的完整討論。

◆ 競爭優勢：來源

競爭優勢主要可能來自於四個方面：面對顧客的優勢、生產優勢、效率優勢，以及因為政府政策而產生的優勢。

競爭優勢是指企業創造超額報酬的能力。持續性競爭優勢是企業能夠長期創造超額報酬，這需要藉由某些障礙防止業者進入市場參與競爭而瓜分超額報酬。

競爭優勢如果允許業者設定較高的產品價格，通常就享有**面對顧客的優勢**（customer-facing advantages），這意味著顧客寧可支付較高價格與既有業者往來，不會為了支付較低價格而變換往來業者。這種優勢之所以存在，通常是因為顧客面臨搜尋成本、轉換成本，或受到消費習慣牽制。

顧客對於既有產品的忠誠，如果是因為**搜尋成本**而產生，通常意味著顧客不能或不願花時間比較其他的競爭性產品／服務。這類行為通常發生在不經常消費的產品／服務，或涉及至關重要的決策。舉例來說，車子如果在狂風暴雨的夜晚，在荒郊野外拋錨，你恐怕就不會打 4、5 個電話尋找最便宜的拖吊業者。

顧客對於既有產品的忠誠，如果是因為**轉換成本**而產生，通常是因為轉換產品／服務將涉及昂貴的時間或金錢成本。舉例來說，

你如果已經習慣和大通銀行往來，所有的代繳款項都由大通銀行的帳戶繳納，你熟知大通銀行的上網操作程序，以及附近所有的大通銀行 ATM，這種情況下，你恐怕就不會輕易轉換到花旗銀行，因為轉換銀行需要花很多時間重新做各項安排，學習新的網路操作程序。

如果搜尋成本與轉換成本都很低，而顧客仍然對於既有產品／服務保有顯著忠誠，通常是因為根深蒂固的**消費習慣**使然，尤其是經常性消費產品，譬如：洗髮精、牙膏、洗衣精、香菸等。

很多人認為**品牌**是一種競爭優勢來源。可是，除非品牌能夠強化搜尋成本、轉換成本或消費習慣，否則品牌本身並不屬於競爭優勢。事實上，幾乎所有的產品都有品牌，包括家喻戶曉的產品在內，譬如全食超市（Whole Foods）的「每日最划算系列」（365 Everyday Value）也是如此。既然每種產品幾乎都有品牌，就很難主張品牌本身是競爭優勢的來源。另一方面，有些品牌確實代表競爭優勢，最明顯的案例莫過於止痛藥「泰諾」（Tylenol）。你如果覺得頭疼而走入 CVS 藥局，你可以選擇價格$6 的 CVS 品牌乙醯胺酚，或花費$9 購買相同份量的泰諾。雖然兩者的化學成分完全相同，但多數人就是願意花費較高價格購買泰諾。

建立在**顧客忠誠**基礎上的優勢，經常會隨著時間經過而消失，因為個人品味、需求、慾望會發生變化。消費者偏好也可能隨著社會常規、流行文化、健康安全新資訊，或產品／服務效能的變動而轉化。另外，新技術進步快速，市面上不斷推出創新的產品／服務，經常讓舊有產品很快就被淘汰，即使這些產品過去享有強烈的顧客忠誠程度。最後，資訊傳遞速度也會減弱顧客為基礎的優勢，因為新資訊可能改變顧客的消費決策。舉例來說，網路允許消費者

快速而深入地搜尋資訊，更容易比較各種不同的產品。

生產優勢（production advantage）讓企業享有低於競爭對手的生產成本。享有成本優勢的企業，可以訂定和競爭對手相同的產品價格，卻能創造較高的利潤與資本報酬；或者可以訂定較競爭對手低的產品價格，協助爭取較高的市占率，而且還能維持獲利能力和偏高的資本報酬。

表 3.9 顯示這兩種選擇產生的財務結果。如同這個例子說明的，表格左側部分，顯示佐伊設定的產品價格和夏洛特相同，雖然她的投入資本報酬較高，經營成本較低。表格的右邊部分，佐伊降低產品價格，但投入資本報酬仍然高於夏洛特，因為她的成本較低。

生產優勢主要有三個來源：專屬的生產技術、較低的輸入要素成本，以及較佳的經銷系統。

▶▶ 表 3.9　佐伊飲料攤：定價選擇

	佐伊	夏洛特		佐伊	夏洛特
銷售杯數	300	300	銷售杯數	300	300
每杯價格	$ 2.00	$ 2.00	每杯價格	$ 1.25	$ 1.25
營業收入	600	600	營業收入	375	375
成本	450	540	成本	281	338
成本占營業收入的%	75%	90%	**成本占營業收入的%**	75%	90%
業主盈餘	150	60	業主盈餘	94	38
投入資本	600	600	投入資本	600	600
ROIC	25.0%	10.0%	**ROIC**	15.6%	6.3%

企業擁有**專屬生產技術**，所製造的產品讓競爭者難以複製。舉例來說，英特爾以其所擁有的高級生產技術生產的微處理器，讓其他半導體業者難以複製生產，使得英特爾享有較其他同業更高的資本報酬。

可是，生產優勢大多會隨著時間經過而消失，因為任何企業都很難長久維持其專屬技術，同業競爭者遲早會成功複製或創造類似的技術。

企業如果擁有**較低的輸入要素成本**或**特有資源**，就享有**結構性成本優勢**（structural cost advantage）。舉例來說，佐伊家的後院如果擁有附近唯一的檸檬樹，因此可以免費取得檸檬，她就享有製造檸檬飲料的成本優勢。

可是，長期而言，超額報酬將歸於特有資源供應商，不是資源使用者，因為供應商可以對於有限產品索取較高的價格。舉例來說，如果佐伊的隔鄰擁有檸檬樹，則這位鄰居將創造超額報酬，不是佐伊。讓我們看看「現實世界」的例子：FRP 控股公司（FRP Holdings），該公司在佛羅里達擁有龐大的礦產，出租給渥肯建材公司（Vulcan Materials）、馬丁瑪莉埃塔材料公司（Martin Marietta Materials）、西麥斯集團（Cemex）等，由這些業者支付特許費開採骨料。FRP 的礦產賺取了優異的投入資本報酬，因為骨料長距離運輸費用極高，而該公司的礦產擁有絕佳的地理位置。

最後，企業如果可以運用其他競爭同業所沒有的**經銷網絡**，將享有成本優勢，因為可以按照偏低的運輸成本，把產品／服務交到顧客手中。舉例來說，思樂寶（Snapple）如果打算引進新口味的檸檬茶，由於該公司已經和主要經銷商保持很好的關係，所以必定可以獲得零售商店提供最佳的貨架空間。反之，佐伊如果想要把產

品打入零售市場，擴大事業經營，恐怕很難取得理想的貨架空間，或起碼要花費高昂的行銷成本，克服各方面的挑戰。

企業如果在事業營運的某些方面享有經濟規模，就擁有**效率優勢**（efficiency advantage）。規模的來源，大概可以劃分為三類：**學習曲線**（learning curve）、**規模經濟**（economies of scale），以及**網絡效應**（network effects）。

任何程序如果可以隨著時間經過，藉由一般所謂的**學習**或**經驗曲線**，持續累積學習效益，就會展現更高的成本效率。企業學習如何讓生產程序變得更有效率，或更減少浪費，就可以逐漸降低單位生產成本。

第二種規模來源，是企業的產量如果增加，每單位產量分攤的固定成本就會變得更少。這方面的優勢稱為**規模經濟**。舉例來說，可口可樂的銷售量龐大，行銷費用因此享有規模經濟，因為每瓶可樂所分攤的廣告成本遠低於其他競爭對手。同業競爭者如果想進入市場，恐怕很難創造類似的產量需求，因為這些業者所花費的單位產品廣告費用與營運成本將遠高於可口可樂。類似的規模經濟效應，也會發生在固定生產成本、研究開發費用，以及企業經銷網絡的營運成本。這些費用通常屬於固定成本，至少在短期之內是如此。因此，公司的產量愈大，就享有愈顯著的成本優勢，因為固定成本會分攤到更多的個別單位。

規模的第三種潛在來源，是**網絡效應**；換言之，使用者人數愈多，消費者所能夠取得的產品／服務價值愈高。這類產品通常會造成贏家取得大的市場，因為網絡效應偏好單一供應商。就最近的案例來說，享有網絡效應優勢的事業包括：臉書（Facebook）、領英（LinkedIn）、愛彼迎（Airbnb）、優步（Uber）等。

然而，如果是處在龐大的市場，則企業很難維持相對規模。事實上，除了網絡效應的優勢之外，規模優勢經常侷限於區域性或明確的市場。規模很少能夠維持靜態，想要維持，就必須保有競爭優勢。另外，處在成長狀態的市場，任何企業都很難維持龐大的相對規模，因為需求成長會創造新客戶，提供機會讓競爭者得以進場，攫取市占率，並創造規模。

　　競爭優勢的最後一種潛在來源，是**來自政府政策的優勢**。某些情況下，政府會限制業者進入某些特定市場。這方面的進場障礙，使得既有業者享有競爭優勢，而且這種優勢將繼續存在，直到法規發生變動為止。政府透過政策手段干預競爭，理由通常涉及獨占、區域劃分、環保議題、專利、關稅、配額及補貼。這類優勢的典型案例，包括美國專利制度，以及政府對於電力公司的規範。政府法規提供的競爭優勢，可能因為法規變動而立即消失。至於專利，這方面優勢也可能在一天之內不復存在，因為專利從發行當天起算，17年就失效。

　　圖 3.6 摘要競爭優勢的四種潛在來源。

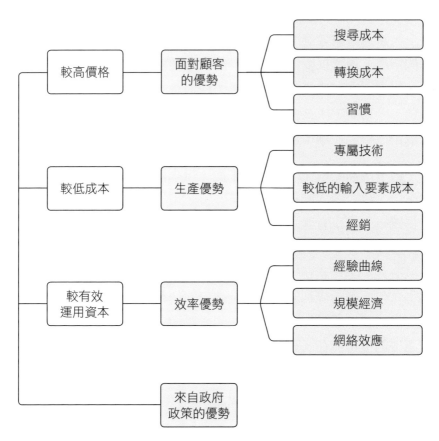

◆ **持續性競爭優勢**

　　我們發現，企業如果想保有持續性競爭優勢，就必須要擁有真正的顧客優勢，再配合某種規模性質的優勢。擁有穩固的顧客優勢，競爭對手很難搶走顧客，而享有規模性質的優勢，既有業者的營運成本相對偏低。這兩種優勢彼此強化，使得新進業者很難成功參與競爭。

以上對於競爭優勢的討論大致告一段落，接下來準備說明如何評估一家藉由資產營運創造現金流量之企業的價值。此處需要考慮三個層次——不具備競爭優勢之資產的價值、具備競爭優勢之資產的價值，以及增值成長之企業的價值，請參考圖 3.7。

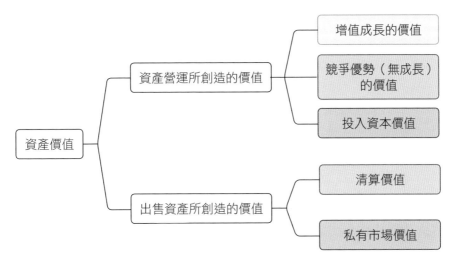

◆ 競爭優勢如何影響價值？[11]

　　想要判斷競爭優勢如何影響價值評估，我們先從資產估計價值的定義著手：

> 資產的估計價值，等於該資產在使用期限內，所創造

PART
1
完美投資

11　本書第 1 篇採用許多現金流量折現（DCF）模型。雖然某些讀者可能會覺得這
　　有點太過偏向學術理論，但我們運用 DCF 為基礎的分析，有效解釋了核心概
　　念。我們曾經在第二章的方塊文章「可是，我不是這麼做！」強調，所有的價
　　值評估方法，都是衍生自 DCF 模型。因此，本章的分析很適合轉化為其他價值
　　評估方法。

137

之期望現金流量的總和，但需要根據該現金流量收取之不確定性，以及資金的時間價值折算成為現值。

上述定義還需要增添競爭優勢的定義：

　　企業具備競爭優勢，是指業者有能力持續創造與維繫超額報酬。

一家具備競爭優勢之企業，其價值是：

　　企業的競爭優勢，其估計價值，等於該企業藉由其超額報酬所創造之估計現金流量的總和，但需要根據該現金流量收取之不確定性，以及資金的時間價值折算成為現值。

◆ 佐伊飲料攤的價值（沒有成長）

想要估計佐伊飲料攤競爭優勢的價值，我們需要計算飲料攤有多少現金流量是來自超額報酬。

情節 1：估計佐伊飲料攤的價值，假定 ROIC 大於資金成本，但沒有成長

第二章曾經計算飲料攤的現值，當時假設投入資本報酬率為 20%，營運沒有成長，圖 3.8 複製其計算程序。

這部分計算雖然正確，但沒有辨識來自超額報酬之現金流量的現值，而我們需要這部分數據，才能顯示競爭優勢對於企業價值的影響。

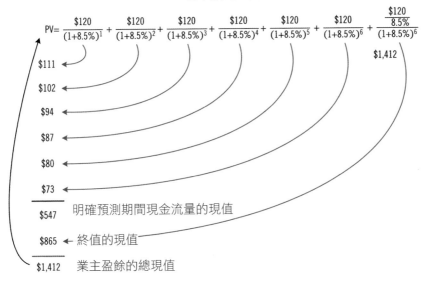

▶▶ 圖 3.8　佐伊飲料攤的現值（沒有成長）

為了進行這方面分析，我們需要把飲料攤的盈餘，劃分為超額報酬金額，以及配置為資本計提的現金流量。我們稍早曾經說明：

業主盈餘＝(超額報酬+資金成本)* 投入資本

　　　　　＝(超額報酬* 投入資本)+(資金成本* 投入資本)

　　　　　＝(20.0%* $600)＝(11.5%* $600)+(8.5%* $600)

　　　　　＝$120＝$69+$51

根據前述分析顯示，飲料攤的年度業主盈餘為$120，其中包含超額報酬$69，資本計提$51。我們可以運用圖形方式標示這部分分析。請參考圖 3.9，圖形左側箭頭代表整個年度業主盈餘，右側箭頭則分解為兩部分：超額報酬（每個期間$69），資本計提（每個期間$51）。

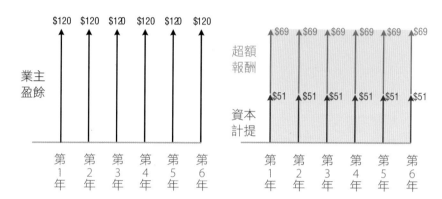

▶▶ 圖 3.9　業主盈餘＝超額報酬+資本計提

運用下列公式，我們可以決定飲料攤的現值，有多少部分來自超額報酬：

$$業主盈餘現值 = \frac{\$120}{(1+8.5\%)^1} + \frac{\$120}{(1+8.5\%)^2} + \frac{\$120}{(1+8.5\%)^3} + \frac{\$120}{(1+8.5\%)^4}$$

$$+ \frac{\$120}{(1+8.5\%)^5} + \frac{\$120}{(1+8.5\%)^6} + \frac{\dfrac{\$120}{8.5\%}}{(1+8.5\%)^6}$$

由於：

$$業主盈餘 = \$120 = \$69 + \$51$$

所以，上述公式的業主盈餘（$120）可以分解為兩部分，包括超額報酬金額（$69），以及資本計提（$51）。

$$業主盈餘現值 = \frac{\$69+\$51}{(1+8.5\%)^1} + \frac{\$69+\$51}{(1+8.5\%)^2} + \frac{\$69+\$51}{(1+8.5\%)^3} + \frac{\$69+\$51}{(1+8.5\%)^4}$$

$$+\frac{\$69+\$51}{(1+8.5\%)^5}+\frac{\$69+\$51}{(1+8.5\%)^6}+\frac{\dfrac{\$69+\$51}{8.5\%}}{(1+8.5\%)^6}$$

其中的超額報酬現值部分可以表示為標準的 DCF：

$$超額報酬現值=\frac{\$69}{(1+8.5\%)^1}+\frac{\$69}{(1+8.5\%)^2}+\frac{\$69}{(1+8.5\%)^3}+\frac{\$69}{(1+8.5\%)^4}$$

$$+\frac{\$69}{(1+8.5\%)^5}+\frac{\$69}{(1+8.5\%)^6}+\frac{\dfrac{\$69}{8.5\%}}{(1+8.5\%)^6}$$

　　圖 3.10 顯示超額報酬的每期現金流量與終值，如何計算為超額報酬的現值：

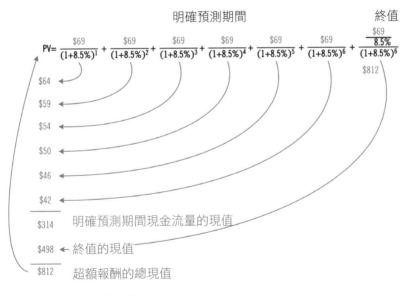

▶▶ 圖 3.10　**超額報酬現值**

同理，我們也可以把資本計提表示為下列公式：

$$資本計提現值 = \frac{\$51}{(1+8.5\%)^1} + \frac{\$51}{(1+8.5\%)^2} + \frac{\$51}{(1+8.5\%)^3} + \frac{\$51}{(1+8.5\%)^4}$$

$$+ \frac{\$51}{(1+8.5\%)^5} + \frac{\$51}{(1+8.5\%)^6} + \frac{\frac{\$51}{8.5\%}}{(1+8.5\%)^6}$$

圖 3.11 顯示資本計提的每期現金流量與終值，如何計算為資本計提的現值：

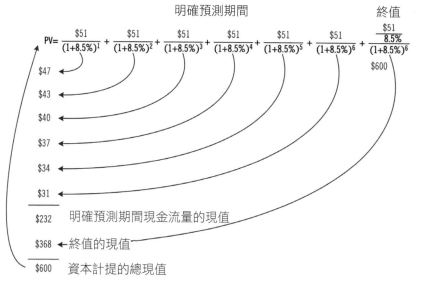

▶▶ **圖** 3.11　**資本計提現值**

前述分析顯示，超額報酬的現值為$812，資本計提的現值為$600，兩者加總為$1,412，也代表整個飲料攤的總現值。這可以透過下列公式做確認：

佐伊飲料攤的現值＝超額報酬現值+資本計提現值

$$= \$812 + \$600$$

$$= \$1,412$$

請注意，飲料攤的現值有$812 是來自超額報酬。由於我們把**競爭優勢**定義為企業創造超額報酬的能力，而佐伊飲料攤的超額報酬價值為$812。因此，飲料攤擁有競爭優勢，這可以從超額報酬獲得證明，所以佐伊應該投資飲料攤，而不該繼續進行儲蓄。

情節 2：估計佐伊飲料攤的價值，假定 ROIC 等於資金成本，但沒有成長

我們如果假定佐伊飲料攤不具備競爭優勢，則投入資本報酬將等於資金成本，該事業沒有超額報酬，如同下列計算顯示：

超額報酬$\% = $ ROIC-WACC

$$= 8.5\% - 8.5\% = 0.0\%$$

我們也可以顯示，飲料攤的業主盈餘如果分解為兩個構成部分，將沒有超額報酬：

業主盈餘金額$=$ ROIC* 投入資本

$$= (超額報酬* 投入資本) + (資金成本* 投入資本)$$

$$= (0.0\%* \$600) + (8.5\%* \$600) = (8.5\%* \$600)$$

$$= \$0 + \$51 = \$51$$

圖 3.12 顯示個別現金流量，但其中沒有超額報酬，因為業主盈餘等於資本計提。

PART

1

完美投資

143

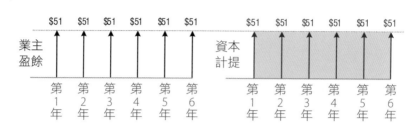

▶▶ 圖 3.12　**業主盈餘等於資本計提，沒有競爭優勢**

　　為了說明這點，我們可以按照先前例子的處理情況，把飲料攤的業主盈餘分解為超額報酬金額與年度資本計提。

業主盈餘金額＝$0+$51＝$51

然後，仍然運用先前的處理方式，計算兩個分解部分的現值：

$$業主盈餘現值 = \frac{\$0+\$51}{(1+8.5\%)^1} + \frac{\$0+\$51}{(1+8.5\%)^2} + \frac{\$0+\$51}{(1+8.5\%)^3} + \frac{\$0+\$51}{(1+8.5\%)^4}$$

$$+ \frac{\$0+\$51}{(1+8.5\%)^5} + \frac{\$0+\$51}{(1+8.5\%)^6} + \frac{\dfrac{\$0+\$51}{8.5\%}}{(1+8.5\%)^6}$$

　　雖然下列式子並無必要，因為飲料攤不能創造超額報酬，但我們仍然可以計算超額報酬金額的現值：

$$超額報酬現值 = \frac{\$0}{(1+8.5\%)^1} + \frac{\$0}{(1+8.5\%)^2} + \frac{\$0}{(1+8.5\%)^3} + \frac{\$0}{(1+8.5\%)^4}$$

$$+ \frac{\$0}{(1+8.5\%)^5} + \frac{\$0}{(1+8.5\%)^6} + \frac{\dfrac{\$0}{8.5\%}}{(1+8.5\%)^6}$$

$$= \$0$$

根據先前的例子，我們知道資本計提的現值為\$600。

資本計提現值＝\$600

飲料攤如果不能創造超額報酬，我們可以利用下列公式把企業現值表示為\$600：

佐伊飲料攤的現值＝超額報酬現值＋資本計提現值

＝\$0+\$600

＝\$600

就這個例子來說，由於飲料攤沒有創造超額報酬，所以不具備競爭優勢。這種情況下，飲料攤的價值，等於投入資本價值（也等於年度資本計提現值）。佐伊應該繼續進行儲蓄，不該投資該企業，因為飲料攤不能創造超額報酬。

情節3：估計佐伊飲料攤的價值，假定 ROIC 小於資金成本，但沒有成長

如果投入資本報酬少於資金成本，飲料攤的價值將如何？舉例來說，假定該事業創造的投入資本報酬只有 6.4%，但資金成本為 8.5%。

這種情況下，飲料攤創造的超額報酬將是負數，該企業的價值將少於投入資本價值，就如同下列分析顯示：

超額報酬%＝ROIC-WACC

＝6.4%-8.5%＝-2.1%

如同先前例子的情況一樣，飲料攤的業主盈餘如果分解為兩個構成部分，我們可以顯示負數的超額報酬：

業主盈餘金額＝ROIC* 投入資本

＝(超額報酬* 投入資本)+(資金成本* 投入資本)

＝(-2.1%* $600)+(8.5%* $600)＝(6.4%* $600)

＝-$13+$51＝$38

圖 3.13 比較業主盈餘$38 與資本計提$51。

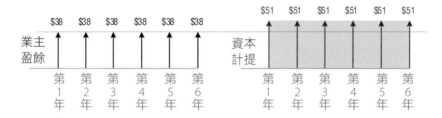

▶▶ 圖 3.13　**業主盈餘少於資本計提**

圖 3.14 顯示負數超額報酬-$13：

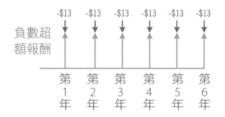

▶▶ 圖 3.14　**負數超額報酬破壞價值**

我們仍然運用先前例子的分析方式，藉以顯示負數超額報酬破壞了飲料攤的價值：

$$業主盈餘現值 = \frac{\$38}{(1+8.5\%)^1} + \frac{\$38}{(1+8.5\%)^2} + \frac{\$38}{(1+8.5\%)^3} + \frac{\$38}{(1+8.5\%)^4}$$

$$+ \frac{\$38}{(1+8.5\%)^5} + \frac{\$38}{(1+8.5\%)^6} + \frac{\dfrac{\$38}{8.5\%}}{(1+8.5\%)^6}$$

$$= \$452$$

同樣地，業主盈餘分解為兩個構成部分：

業主盈餘金額＝-$13+$51＝$38

將這個關係代入前述公式：

$$業主盈餘現值 = \frac{-\$13+\$51}{(1+8.5\%)^1} + \frac{-\$13+\$51}{(1+8.5\%)^2} + \frac{-\$13+\$51}{(1+8.5\%)^3}$$

$$+ \frac{-\$13+\$51}{(1+8.5\%)^4} + \frac{-\$13+\$51}{(1+8.5\%)^5} + \frac{-\$13+\$51}{(1+8.5\%)^6}$$

$$+ \frac{\dfrac{-\$13+\$51}{8.5\%}}{(1+8.5\%)^6}$$

由於年度超額報酬金額為負數，所以超額報酬的現值也是負數，如同下列計算顯示：

$$超額報酬現值 = \frac{-\$13}{(1+8.5\%)^1} + \frac{-\$13}{(1+8.5\%)^2} + \frac{-\$13}{(1+8.5\%)^3} + \frac{-\$13}{(1+8.5\%)^4}$$

$$+\frac{-\$13}{(1+8.5\%)^5}+\frac{-\$13}{(1+8.5\%)^6}+\frac{\dfrac{-\$13}{8.5\%}}{(1+8.5\%)^6}$$

$$=-\$148$$

先前的例子顯示資本計提的現值為：

資本計提現值＝$600

我們可以把飲料攤的現值分解為兩個構成部分：

佐伊飲料攤的現值＝超額報酬現值＋資本計提現值

$$=-\$148+\$600$$

$$=\$452$$

這項分析確認負數超額報酬將破壞價值。佐伊最好還是繼續做儲蓄，不要投資飲料攤，因為該事業的價值低於投入資本。

情節 4：估計佐伊飲料攤的價值，假定 ROIC 下降而等於資金成本，但沒有成長

佐伊的鄰居夏洛特如果參與競爭，結果將會如何呢？除非佐伊擁有持續性競爭優勢，讓夏洛特沒辦法搶奪其顧客，否則佐伊飲料攤的現金流量將下降，超額報酬也會逐漸消失，因為投入資本報酬會慢慢下降到資金成本。舉例來說，夏洛特參與競爭之前，假定飲料攤的投入資本報酬為 20%，但由於競爭的緣故，從第 6 年開始，投入資本報酬下降到資金成本。表 3.10 顯示飲料攤的業主盈餘逐年下降的情況。

▶▶ 表 3.10　負數超額報酬破壞價值

	第1年	第2年	第3年	第4年	第5年	第6年	終值
業主盈餘	120	106	92	79	65	51	600
業主盈餘現值	111	90	72	57	43	31	368
業主盈餘總現值　772							

　　圖 3.15 顯示夏洛特進入市場，競爭壓力使得飲料攤的超額報酬逐漸消失。

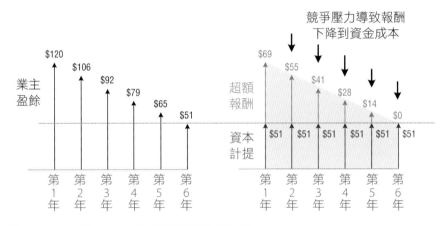

▶▶ 圖 3.15　競爭壓力導致超額報酬下降到零

　　表 3.11 顯示圖 3.15 之現金流量的相關計算。

▶▶ 表 3.11　競爭壓力之下的業主盈餘來源

	第1年	第2年	第3年	第4年	第5年	第6年	終值
業主盈餘	120	106	92	79	65	51	600
業主盈餘現值	111	90	72	57	43	31	368
業主盈餘總現值　772							

	第1年	第2年	第3年	第4年	第5年	第6年	終值
超額報酬	69	55	41	28	14	0	0
超額報酬現值	64	47	32	20	9	0	0
超額報酬總現值 172							
資本計提	51	51	51	51	51	51	600
資本計提現值	47	43	40	37	34	31	368
資本計提總現值 600							

　　我們有必要進一步強調這個重點。由於競爭壓力的緣故，投入資本報酬逐漸被壓低到資金成本的水準，使得飲料攤的超額報酬不復存在。該企業最初幾年雖然享有超額報酬而創造額外價值，但等到超額報酬完全消失之後，飲料攤的價值最終只等於投入資本。

　　我們可以把飲料攤的未來現金流量折算為現值，藉以計算業主盈餘的價值：

$$業主盈餘現值 = \frac{\$120}{(1+8.5\%)^1} + \frac{\$106}{(1+8.5\%)^2} + \frac{\$92}{(1+8.5\%)^3} + \frac{\$79}{(1+8.5\%)^4}$$

$$+ \frac{\$65}{(1+8.5\%)^5} + \frac{\$51}{(1+8.5\%)^6} + \frac{\dfrac{\$51}{8.5\%}}{(1+8.5\%)^6}$$

$$= \$772$$

　　如同先前的例子一樣，我們可以把每年的業主盈餘分解為兩個構成部分：

$$業主盈餘現值 = \frac{\$69+\$51}{(1+8.5\%)^1} + \frac{\$55+\$51}{(1+8.5\%)^2} + \frac{\$41+\$51}{(1+8.5\%)^3} + \frac{\$28+\$51}{(1+8.5\%)^4}$$

$$+ \frac{\$14+\$51}{(1+8.5\%)^5} + \frac{\$0+\$51}{(1+8.5\%)^6} + \frac{\dfrac{\$0+\$51}{8.5\%}}{(1+8.5\%)^6}$$

然後，我們可以計算每個構成部分的現值：

超額報酬現值＝$172

資本計提現值＝$600

下列方程式顯示這兩個構成部分如何影響飲料攤的價值：

佐伊飲料攤的現值＝超額報酬現值+資本計提現值

　　　　　　　＝$172+$600

　　　　　　　＝$772

　　飲料攤的價值超過投入資本價值，佐伊投資該事業，財務狀況變得更好。可是，該事業最初雖然能夠創造超額報酬，但佐伊無法維繫競爭優勢。飲料攤在 6 年期間內雖然創造$172 的價值，但該事業只能在這段期間創造超額報酬。

◆ 成長如何影響價值評估

　　如同前述例子顯示的，企業並不能只因為提供業主盈餘而幫業主創造價值；企業唯有提供超額報酬（超過資金成本的報酬），才能創造價值。

可是，討論成長時，我們的用詞需要更精確。業主盈餘成長除非能夠創造正數超額報酬，否則不能增添價值。由於所有的成長，幾乎都需要額外的投資，業主盈餘的任何增值成長，都必須考慮促成該成長之額外投資的資本計提。

因此，表面上看到的成長價值可能造成誤導，因為——違反直覺——業主盈餘名目上的增值成長，未必可以增添企業的價值，請參考下列案例。

◆ 名目成長：虛幻的進步

設想你準備搭飛機前往倫敦。到達機場，通過安全檢查之後，走向登機門。你發現前往登機門必須走上一大段路，於是你決定踏上移動走道，藉以加快速度。大約走到半途，移動走道突然停下來，然後開始倒退移動，速度是每秒 8.5 英尺。

如果站著不動，你最終將回到當初的起點。如果按照每秒 3 英尺的速度慢慢往前走，表面上雖然是向前移動，實際上是按照每秒 5.5 英尺的速度向後移動，因為你沒辦法克服每秒 8.5 英尺的反向運動。你加快速度，開始按照每秒鐘 8.5 英尺的速度向前小跑步。可是，如此並不能讓你實際向前移動，因為移動走道是按照相同速度反向運動。所以，你決定向前快跑，速度為每秒鐘 20 英尺。你雖然是按照每秒鐘 20 英尺向前跑，實際上的移動速度只有每秒 11.5 英尺，因為移動走道的反向運動速度為每秒 8.5 英尺。最後，你終於來到走道盡頭，登上飛機。

你的運動可以從名目與實質角度觀察。舉例來說，你移動的名目速度可能是每秒鐘 3、8.5 與 20 英尺，但實質速度卻是-5.5、0 與 11.5 英尺，因為你的名目速度被移動走道的反向運動抵銷，請

參考表 3.12。

	名目速度	走道速度	實質速度	
名目速度＜走道	3.0	-8.5	-5.5	後退
名目速度＝走道	8.5	-8.5	0.0	停止
名目速度＞走道	20.0	-8.5	11.5	前進

　　我們可以運用前述機場的比喻，探討成長的各種成分。由於所有的成長幾乎都需要額外投資，「增額投入資本報酬」（return on incremental invested capital，簡稱 ROIIC）可以視為名目速度，其對應的資本計提（WACC*增額投入資本）可以視為反向運動的走道速度。ROIIC 與對應資金成本（WACC）之間的差值，可以視為實質速度，也就是前進的淨運動，對於事業經營來說，這是成長創造的增額價值，請參考表 3.13。

	ROIIC	WACC	增額價值	
ROIIC<WACC	3.0%	8.5%	-5.5%	負數增額價值
ROIIC=WACC	8.5%	8.5%	0.0%	沒有增額價值
ROIIC>WACC	20.0%	8.5%	11.5%	正數增額報酬

　　如同上述表格顯示，名目 ROIIC 與 WACC 之間的差值，就代表實質報酬或超額報酬；如果 ROIIC 大於 WACC，超額報酬為正數；如果 ROIIC 等於 WACC，超額報酬為零；如果 ROIIC 小於 WACC，超額報酬為負數。所以，增額投資報酬如果只有 3%，企

PART

1

完美投資

業的增額價值為負數；增額投資報酬如果是 8.5%，增額價值為零；增額投資報酬如果有 20%，增額價值為正數。

◆ 實質成長：剔除虛幻

如同本章稍早顯示的，佐伊飲料攤的價值（基準事業；換言之，還沒有考慮成長之前的事業），等於業主盈餘的現值，業主盈餘則是由超額報酬與資本計提構成：

佐伊飲料攤業主盈餘現值（基準事業）

＝超額報酬現值+資本計提現值

我們可以運用相同的公式，計算業主盈餘的名目增值成長：

佐伊飲料攤業主盈餘增值成長名目現值

＝增額超額報酬現值+增額資本計提現值

納入成長部分，我們可以計算佐伊飲料攤的總名目現值，這是由兩個部分構成：基準事業的現值，以及增值成長的名目現值：

佐伊飲料攤的總名目現值

＝佐伊飲料攤業主盈餘現值（基準事業）+增值成長名目現值

以下三個例子，我們根據表 3.13 的三種不同情節計算成長：ROIIC 等於 WACC、ROIIC 小於 WACC、ROIIC 大於 WACC。我們將看到，業主盈餘增值成長，雖然能夠讓飲料攤的名目價值增加，卻未必能夠讓實質價值增加。

情節 5：佐伊飲料攤的實質價值，假定成長的 ROIIC 等於資金成本

佐伊決定在住家 10 條街之外增設一個規模較小的飲料攤，為了這部分成長，每年多投入 10%的資本。換言之，第 1 年的增額投資為$60，相當於原來投入資本$600 的 10%。第 2 年的增額投資為$66，相當於前一年投入資本$660 的 10%，如此繼續增額投資，直到第 6 年，請參考表 3.14。

▶▶ 表 3.14　佐伊飲料攤的增額資本計提：假定投入資本每年成長 10%

	第1年	第2年	第3年	第4年	第5年	第6年	終值
成長所需的增額投入資本	60	126	199	278	366	463	
資金成本		8.5%	8.5%	8.5%	8.5%	8.5%	
增額資本計提		5	11	17	24	31	366
增額資本計提現值		4	8	12	16	19	225
增額資本計提總現值　284							

結果，新設立的飲料攤經營績效不如預期，銷售量減少，營運成本較高，獲利水準較差，各方面的績效都不如佐伊本來的飲料攤，增額投入資本的報酬只有 8.5%，剛好等於飲料攤的資金成本。就機場移動走道的例子來說，向前的名目速度為每秒鐘 8.5 英尺，剛好等於移動走道相反方向的運動速度每秒鐘 8.5 英尺。這種情況下，我們知道佐伊的飲料攤不會產生增額價值。

對於整個 6 年期間，我們計算每年的業主盈餘增值成長名目價值，以及增值成長的總名目現值，請參考表 3.15。

▶▶ 表 3.15　增值成長的總名目現值

	第1年	第2年	第3年	第4年	第5年	第6年	終值
成長所需的增額投入資本	60	126	199	278	366	463	
名目 ROIIC		8.5%	8.5%	8.5%	8.5%	8.5%	
名目增值成長		5	11	17	24	31	366
年度增值成長的名目現值		4	8	12	16	19	225
增值成長的總名目現值　284							

如同稍早的解釋，增值成長的名目現值包含兩個成分——增額超額報酬的現值，以及增額資本計提的現值，請參考表 3.16：

▶▶ 表 3.16　增值成長的總名目現值，以及超額報酬與資本計提

	第1年	第2年	第3年	第4年	第5年	第6年	終值
業主盈餘的名目增值成長	0	5	11	17	24	31	366
業主盈餘增值成長的名目現值	0	4	8	12	16	19	225
業主盈餘增值成長的總名目現值　284							
增額超額報酬	0	0	0	0	0	0	0
增額超額報酬現值	0	0	0	0	0	0	0
增額超額報酬總現值　0							
增額資本計提	0	5	11	17	24	31	366
增額資本計提的現值	0	4	8	12	16	19	225
增額資本計提總現值　284							

我們運用下列公式計算名目現值：

增值成長的名目現值

＝增額超額報酬現值+增額資本計提現值

＝\$0+\$284＝\$284

前述計算顯示增值成長的名目現值為\$284。

想要計算佐伊飲料攤的總名目價值，我們把前述增值成長名目現值\$284，加上先前計算（沒有成長）的價值\$1,412，結果是\$1,696：

佐伊飲料攤加上增值成長的名目現值＝\$1,412+(\$0+\$284)

$$＝\$1,412+\$284＝\$1,696$$

表面上看起來，這個例子的成長，使得佐伊飲料攤的價值增加\$284，但這部分計算忽略了增額的資本計提。想要計算實質的增值成長現值，我們還需要扣掉資本計提的現值，才能決定業主盈餘的名目成長是否實際產生增值，請參考下列計算：

佐伊飲料攤加上增值成長的總實質現值

＝佐伊飲料攤加上增值成長的名目現值-增額的資本計提現值

＝\$1,696-\$284＝\$1,412

由於這個例子的總價值為\$1,412，剛好等於飲料攤（沒有成長）的價值，所以增額投資沒有產生任何價值。關於這個結果，請參考圖 3.16A，我們看到業主盈餘的名目增值成長，等於所增加的資本計提。

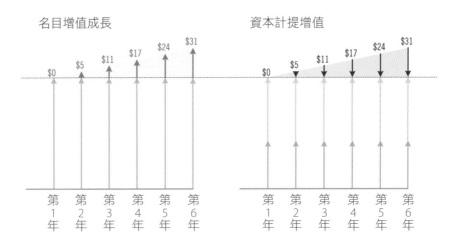

名目增值成長　　　　　　　資本計提增值

▶▶ 圖 3.16A　業主盈餘名目增值，等於資本計提增值

　　所以，額外投資並沒有創造實質增值，因為超額報酬沒有增加，請參考圖 3.16B。

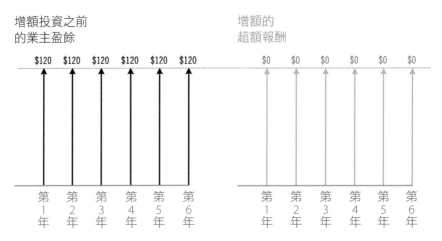

增額投資之前　　　　　　　增額的
的業主盈餘　　　　　　　　超額報酬

▶▶ 圖 3.16B　成長沒有產生超額報酬，就不會創造價值

　　前述分析顯示，如果增值成長的 ROIIC 等於 WACC，佐伊飲料攤的實質現值，將等同於投資成長之前的飲料攤現值。**就這個例**

子來說，由於增值成長沒有產生增值，擴張營運不會讓佐伊的事業變得更有價值。

情節 6：佐伊飲料攤的實質價值，假定成長的 ROIIC 小於資金成本

佐伊打算把飲料事業擴張到城鎮的另外一邊，而不是住家附近。現在，除了經營成本變得更高之外，她還準備低價吸引新顧客。因此，增額投入資本的報酬只有 3.0%，低於飲料攤的資金成本。

我們計算 6 年預測期間每年增額投資的業主盈餘名目增額成長，結果如同表 3.17 顯示。

▶▶ 表 3.17　增值成長的名目現值

	第1年	第2年	第3年	第4年	第5年	第6年	終值
成長所需的增額投入資本	60	126	199	278	366	463	
名目 ROIIC		3.0%	3.0%	3.0%	3.0%	3.0%	
名目增值成長		2	4	6	8	11	129
年度增值成長的名目現值		2	3	4	6	7	79
增值成長的總名目現值　100							

增值成長的名目現值計算如下：

增值成長的名目現值＝增額超額報酬現值+增額資本計提現值

$$= -\$184 + \$284 = \$100$$

前述計算顯示，增值成長的名目現值為$100。

如同先前討論，增值成長的名目現值包含兩個成分——增額超額報酬的現值，以及增額資本計提的現值，請參考表 3.18：

▶▶ 表 3.18　增值成長的名目現值，以及超額報酬與資本計提

	第1年	第2年	第3年	第4年	第5年	第6年	終值
名目增值成長	0	2	4	6	8	11	129
增值成長的名目現值	0	2	3	4	6	7	79
增值成長的總名目現值　100							
增額超額報酬	0	-3	-7	-11	-15	-20	-237
增額超額報酬現值	0	-3	-5	-8	-10	-12	-145
增額超額報酬總現值　-184							
增額資本計提	0	5	11	17	24	31	366
增額資本計提的現值	0	4	8	12	16	19	225
增額資本計提總現值　284							

為了計算這個例子的飲料攤總名目價值，我們把增值成長名目現值$100，加到先前計算（沒有成長）的價值$1,412，結果是$1,512：

佐伊飲料攤增值成長的名目現值＝$1,412+(-$184+$284)

＝$1,412+$100＝$1,512

表面上看起來，這個例子的成長，使得佐伊飲料攤的價值增加$100，但這部分計算（再次）忽略了增額的資本計提。另外，由於新飲料攤產生負數超額報酬，使得業主盈餘的增值成長破壞了價值。這種情況就像機場移動走道的例子，向前的名目速度為每秒鐘

3 英尺，但實質速度卻為每秒-5.5 英尺，因為移動走道的反向運動速度為每秒鐘 8.5 英尺。

為了計算增值成長的實質現值，我們需要把業主盈餘的名目成長，減掉資本計提的現值：

佐伊飲料攤加上增值成長的總實質現值

＝佐伊飲料攤加上增值成長的名目現值-增額的資本計提現值

＝\$1,512-\$284＝\$1,228

由於這個例子的總價值\$1,228 少於原來價值（沒有成長）\$1,412，代表增額投資破壞了價值，佐伊的事業因為進行這項投資而變得更差。

圖 3.17A 顯示飲料攤的業主盈餘增值成長，少於該投資的增額資本計提，使得增值成長破壞了飲料攤的價值，因為增值成長產生了負數超額報酬，證明了成長未必會增添事業價值。

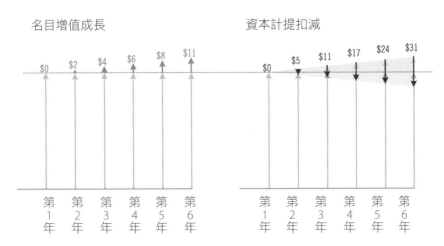

▶▶ 圖 3.17A　業主盈餘名目增值，小於資本計提增值

所以，額外投資並沒有創造實質增值，因為超額報酬為負數，請參考圖 3.17B。

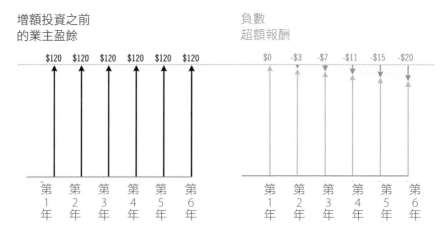

增額投資之前
的業主盈餘

負數
超額報酬

$120　$120　$120　$120　$120　$120

$0　-$3　-$7　-$11　-$15　-$20

第1年　第2年　第3年　第4年　第5年　第6年

第1年　第2年　第3年　第4年　第5年　第6年

▶▶ 圖 3.17B　**成長產生負數超額報酬，破壞價值**

這個例子的分析顯示，成長對於佐伊飲料攤的現值，如果考慮了增額投資的資本計提，反而造成了負面影響；換言之，成長的結果，反而不如不成長。重複強調，**業主盈餘成長將破壞飲料攤子的價值，因為增值投入資本報酬，小於增額資金成本。**

所以，佐伊如果不擴張營運，經營績效反而更好，因為增額投資會破壞價值。

情節 7：佐伊飲料攤的實質價值，假定成長的 ROIIC 大於資金成本

假定佐伊既不是在幾條街之外開設規模較小的飲料攤，也不是在城鎮的另一端開闢新據點，而是擴張目前的營運，藉以因應愈來愈多的市場需求。由於缺乏競爭，我們假設其擴大營運仍然可以獲取相同的利潤，增額投入資本報酬（ROIIC）也是 20.0%。

請參考表 3.19，我們計算 6 年預測期間內，增額投資造成的業
主盈餘增加數量。

▶▶ 表 3.19　融通成長所需要的每年增額投資變動

	第1年	第2年	第3年	第4年	第5年	第6年	終值
成長所需的增額投入資本	60	126	199	278	366	463	
名目 ROIIC		20.0%	20.0%	20.0%	20.0%	20.0%	
名目增值成長		12	25	40	56	73	862
年度增值成長的名目現值		10	20	29	37	45	528
增值成長的總名目現值　669							

如同先前案例顯示的，增額成長名目現值是由兩部分構成——
增額超額報酬現值與增額資本計提現值，請參考表 3.20：

▶▶ 表 3.20　增值成長的名目現值，以及超額報酬與資本計提

	第1年	第2年	第3年	第4年	第5年	第6年	終值
名目增值成長	0	12	25	40	56	73	862
增值成長的名目現值	0	10	20	29	37	45	528
增值成長的總名目現值　669							
增額超額報酬	0	7	14	23	32	42	496
增額超額報酬現值	0	6	11	16	21	26	304
增額超額報酬總現值　385							
增額資本計提	0	5	11	17	24	31	366
增額資本計提的現值	0	4	8	12	16	19	225
增額資本計提總現值　284							

為了計算這個例子的飲料攤總名目價值，我們運用下列公式：

增值成長的名目現值＝增額超額報酬現值+增額資本計提現值

$$=\$385+\$284=\$669$$

這部分計算顯示增值成長的名目現值為$669。

想要計算佐伊飲料攤成長創造的名目現值，我們把增值成長的名目現值$669，加上先前計算沒有成長情況下的飲料攤價值$1,412，結果是$2,081：

佐伊飲料攤增值成長的名目現值＝$1,412+($385+$284)

$$=\$1,412+\$669=\$2,081$$

表面上看起來，這個例子的成長，使得佐伊飲料攤的價值增加$669，但這部分計算忽略了增額的資本計提，就如同先前的例子一樣。想要計算增值成長的實質現值，業主盈餘的名目成長需要扣減資本計提的現值，才能看到投資產生的增額價值：

佐伊飲料攤加上增值成長的總實質現值

＝佐伊飲料攤加上增值成長的名目現值-增額資本計提現值

＝$2,081-$284＝$1,797

由於這個總價值$1,797，大於飲料攤沒有成長的原始價值$1,412，意味著投資產生增值效應，佐伊的營運狀況因為投資與擴張經營而變得更好。

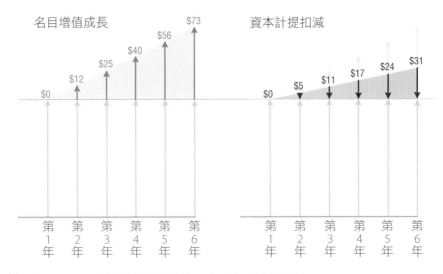

名目增值成長

資本計提扣減

▶▶ 圖 3.18A　業主盈餘名目增值，大於資本計提增值

　　所以，就這個例子來說，由於飲料攤的擴張經營，產生正值的增額超額報酬，額外投資創造了實質增額成長，請參考圖 3.18B。

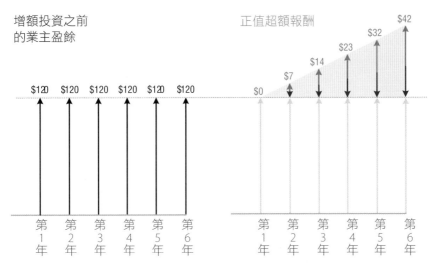

增額投資之前
的業主盈餘

正值超額報酬

▶▶ 圖 3.18B　成長產生正值超額報酬，創造價值

唯有當投入資本創造的報酬，得以超過相關的資金成本，成長才能增添企業價值。成長所帶動的報酬，如果等於或小於相關的資金成本，則不會產生價值，或者會破壞價值。除非企業能夠繼續秉持其競爭優勢，成長才能創造價值；除此之外，沒有任何其他成長可以創造價值，有些甚至會破壞價值。

◆ 現實世界的案例——味好美公司

投資人可以運用這些工具，分析現實世界的企業。舉例來說，關於企業的年度資本計提計算，可以直接把企業的加權平均資金成本（WACC），乘以投入資本。類似如「味好美公司」（McCormick Inc.）等企業，很容易進行這方面分析，因為它們提供輔助性財務資料給投資人，請參考表 3.21（所有數量的計值單位為美元）：

同理，想要計算企業超額報酬創造的現金流量，可以把公司的 ROIC 和 WACC 差值，乘以相同的投入資本（換言之，[ROIC-WACC]* 投入資本）。同樣地，味好美公司提供的資訊，使得這方面計算很簡單，請參考表 3.22。

▶▶ 表 3.21　味好美公司：資本計提計算*

	2016
流動債務	393
長期債務	1,054
股東權益	1,638
總資本	3,085
平均總資本	3,083
加權平均資金成本（WACC）	8.0%
資本計提	247

* "Other Information—ROIC." McCormick's Investor Relations 網站，2017 年 2 月 4 日擷取。

▶▶ 表 3.22　味好美公司：計算 ROIC

	2016
淨利	472
利息費用，扣減稅金的淨額	41
稅後營業淨利	514
平均總資本	3,083
ROIC	16.7%

業主盈餘＝ROIC* 投入資本

2016 年超額報酬金額

＝(ROIC* 投入資本)-(資金成本* 投入資本)

＝(16.7%* $3,083)-(8.0%* $3,083)

＝$514-$247＝$267

前述計算顯示，味好美公司在 2016 年創造的年度現金流量 $514 包含兩部分：超額報酬的現金流量$267，抵補資本計提的現金流量$247。來自超額報酬之現金流量所占的比率愈高，代表該公司享有愈強勁的競爭優勢。

假定味好美享有持續性競爭優勢，就可以採用永續債券的價值評估公式，計算每年$267 之超額報酬的現值為$3,338：

$$超額報酬現值 = \frac{超額報酬}{WACC}$$

$$= \frac{\$267}{8.0\%}$$

$$= \$3,338$$

每年$247 之資本計提的現值為$3,083：

$$資本計提現值 = \frac{資本計提}{WACC}$$

$$= \frac{\$247}{8.0\%}$$

$$= \$3,083$$

運用這方面分析，我們可以把味好美公司的現金流量來源，銜接到評估價值。舉例來說，假定該公司不具備競爭優勢，年度資本計提的現值等於投入資本，而且此數值代表味好美公司沒有成長、穩定狀態下的價值。

該公司如果具備持續性競爭優勢，將來得以繼續維持其超額報酬，則超額報酬創造之現金流量的現值，代表該公司所具備競爭優勢的價值。如果進一步假設該超額報酬將來不會發生變動，則可以採用永續價值評估公式計算超額報酬創造之現金流量的現值，這等於該公司所具備之競爭優勢的現值。

$$競爭優勢的現值（沒有成長）= \frac{超額報酬現金流量}{WACC}$$

$$= \frac{\$267}{8.0\%}$$

$$= \$3,338$$

最後，我們可以運用下列方法，計算投資人估計的企業成長現值，或**市場隱含的成長價值**（market implied value of growth）。首先，計算味好美公司的企業價值，請參考表 3.23。

▶▶ 表 3.23　味好美公司：企業價值計算

股價（2017-02-04）	$95.86
發行股數	125
股票市場價值	11,983
－現金	118
＋債務	1,456
＝企業價值	13,321

根據 2016 年 11 月份的資產負債表

其次，把企業價值減掉資本計提的現值（也就是公司的投入資

本），再減掉公司競爭優勢的現值，結果將是市場隱含的企業成長價值，請參考表 3.24。

▶▶ 表 3.24　味好美公司：市場隱含的成長價值

企業價值	13,321
－投入資本（資本計提的現值）	3,083
－競爭優勢的現值（沒有成長）	3,338
市場隱含的成長價值	6,900

　　企業價值加回現金，減掉債務，其數值除以發行股數，結果將是表 3.25 顯示的每股價格。

▶▶ 表 3.25　味好美公司：股票的價值來源

	每股	價值%
股價（2017-02-04）	$95.86	100%
－投入資本（資本計提的現值）	$22.19	23%
－競爭優勢的現值（沒有成長）	$24.02	25%
＝股價（沒有成長）	$46.21	48%
市場隱含的成長價值	$49.65	52%

　　味好美公司市場隱含的成長價值為每股$49.65，占股價的比率超過 50％。

　　除非擁有持續性競爭優勢，企業才能長期創造超額報酬，而且唯有當增額投資報酬超過該增額投資的資金成本，成長才能創造價值。因此，超額報酬的現金流量，以及成長所創造的任何價值，它

們都與企業競爭優勢之間保持正向關係。請參考表 3.26，我們看到味好美公司有高達 77％的市場價值，來自超額報酬現值，以及市場隱含的成長價值。

▶▶ 表 3.26　味好美公司：來自競爭優勢與成長的價值

	每股	價值%
股價（2017-02-04）	$95.86	100%
－投入資本（資本計提的現值）	$22.19	23%
－競爭優勢的現值（沒有成長）	$24.02	25%
＝股價（沒有成長）	$46.21	48%
市場隱含的成長價值	$49.65	52%

77%

我們把前述分析結果表示為圖 3.19，顯示味好美公司的市場價格可以歸因的每種價值來源。這方面分析強調，想要計算公司的價值，必須瞭解公司競爭優勢的來源，因為——如同味好美公司的情況——企業的一大部分價值是和競爭優勢之間保持正向關係。

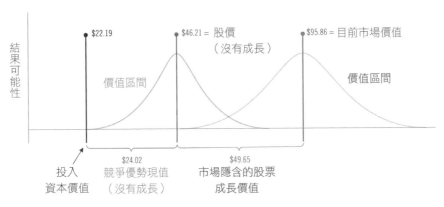

▶▶ 圖 3.19　味好美公司：價值來源的區間

- 企業可能決定停止營運而出售其資產,並藉由這個程序創造現金。這個時候,分析師估計企業清算資產,將可以收取多少現金。這種分析是估計企業的清算價值。

- 企業可以出售部分或全部資產,給予某意欲繼續經營該企業的買家。這種情況下,分析師評估的價值,稱為**私有市場價值**,這代表內行實業家(理性買家)為了控制該企業資產所願意支付的價格。羅傑・穆雷教授把**私有市場價值**定義為企業價值,加上控制溢價與「耐心因素」,但需要減掉公開市場管道。

- 企業的投入資本報酬如果大於資金成本,就能創造超額報酬。

- 投入資本報酬顯著高於資金成本,這並不能保證企業擁有真正的競爭優勢。因為超額報酬會吸引競爭者,如果競爭者成功進入市場,既有業者的優異財務表現可能迅速衰退。因此,優勢如果要具有真正的障礙,必須要能夠長期維繫。

- **競爭優勢**是指企業創造超額報酬的能力。**持續性競爭優勢**是企業能夠長期創造超額報酬,這需要藉由某些**障礙**防止業者進入市場參與競爭而瓜分超額報酬。

- 競爭優勢有四種主要來源:
  - **顧客優勢**意味著顧客寧可支付較高價格與既有業者往來,不會為了支付較低價格而變換往來業者。
  - **生產優勢**讓企業享有低於競爭對手的生產成本。

- **效率優勢**意味著事業營運的某些方面享有經濟規模。
- **來自政府政策的優勢**會限制業者進入某些特定市場。

- 評估競爭優勢的價值:
  - 企業如果不具備競爭優勢,則 ROIC＝WACC,不能創造超額報酬,不能幫業主創造價值。
  - 企業如果具備持續性競爭優勢,則 ROIC>WACC,可以創造超額報酬,得以幫業主創造價值。
  - 企業的 ROIC<WACC,則會創造負值超額報酬,破壞業主的價值。

- 評估增值成長的價值:
  - 如果企業的 ROIIC＝WACC,則成長不能創造價值,因為該成長不能創造超額報酬,增額的業主盈餘等於增額的資本計提。
  - 如果企業的 ROIIC>WACC,則成長將創造價值,因為該成長可以產生超額報酬,增額的業主盈餘大於增額的資本計提。
  - 如果企業的 ROIIC<WACC,則成長將破壞價值,因為該成長將創造負值超額報酬,增額的業主盈餘小於增額的資本計提。

CHAPTER 4

如何思考證券的內含價值

本書第一章說明如何運用現金流量折現模型評估資產價值，第二章則運用這套模型評估單純企業的價值。第三章說明如何評估企業的競爭優勢價值，適當評估成長的價值。關於這方面分析，我們最後提出企業價值的單一數值估計量。本章準備說明，尋找企業的單一價值估計量，恐怕不太務實，而應該把企業內含價值視為某**價值區間**。可是，進一步討論之前，我們需要先界定內含價值的意義。

何謂「內含價值」？

讀者可能會問：「內含價值難道不就是企業價值嗎？」是，也不是。班傑明・葛拉漢與大衛・陶德在 1934 年出版的經典著作《證券分析》（*Security Analysis*）內，雖然引進內含價值的概念，但相當令人意外地，兩位作者並沒有提出明確的定義。

反之，他們是從更廣義的角度，討論此概念。舉例來說，他們是在著作的第 16 頁，首度[1]談到內含價值：

1　嚴格說來，這是兩位作者在本書之中第二次使用這個名詞。第一次是發生在第

　　〔1922 年〕「萊特航空公司」（Wright Aeronautical
Corporation）在紐約證交所掛牌股票的交易價格只有$8，
雖然該股票支付$1 的股利，而且有一段期間的每股盈餘
都超過$2，現金資產每股就超過$8。就這個案例的分析來
說，很容易就可以認定**內含價值**顯著超過市場價格。[2]

　　葛拉漢為何不提供明確的定義呢？我們猜測這是故意的決定，
因為葛拉漢可能希望讀者根據自己的想法發展相關概念。[3]因此，

---

12 頁的「導論」，不過當時是在不同背景狀況下使用這個名詞，用以比較基本
面與行為因素。

2　請參考 Benjamin Graham and David L. Dodd. *Security Analysis* (New York: The McGraw-
Hill Companies, Inc. 1934), 17。

3　雖然沒有提供明確的定義，但根據內容描述，可以輕易判斷萊特航空公司的內
含價值超過交易價格$8。假定每股盈餘為$2，本益比即使是顯著偏低的 5 倍，
企業價值等於$10。如果加上資產負債表上的超額現金$8，內含價值起碼也應
該是每股$18。所以，雖然沒有明確界定內含價值的意義，讀者應該清楚相關
描述的含意，雖然有點抽象，

葛拉漢沒有提供精確的定義，而是相當抽象地討論內含價值：

> 證券分析的根本重點，並不是決定某證券精準的內含價值。分析程序只需要確定價值充分——譬如：足以保障債券或股票買進——或判定價值顯著高於或顯著低於市場價格。**就這方面目的來說，對於內含價值的不確定或概略衡量就已經足夠了。**運用日常的比喻來說，觀察某女人的外表，就知道她的年齡是否有投票資格，並不需要知道確切的年紀，或某位男士的體重是否超過正常標準，而不需要知道確切體重。[4]

葛拉漢也強調，內含價值的計算並不簡單：

> 可是，我們必須體認，內含價值是個相當難以掌握的概念。大體上來說，這是指價值有著明確的事實做為支撐後盾，譬如：資產、盈餘、股利，〔以及公司的〕明確展望…千萬不要誤以為內含價值會如同市場價格一樣明確或可測定。[5]

如同人生許多事物一樣，《證券分析》出版已經超過 80 年，許多繁枝細節內容在轉述過程已經流失。我們可以推測葛拉漢從來都沒想把內含價值想成單一數值的點估計。反之，他是將其想成某種價值概念。事實上，在《證券分析》的第 19 頁，他曾經談到「內含價值概念的彈性」是「**一種深具假設意義的『價值約估區間』，其範圍會隨著情況變得更不確定而加寬**」[6]

4　請參考 Graham and Dodd, *Security Analysis*, 1934。

5　同上。

6　同上。

賽斯・卡拉曼（Seth Klarman）在其著作《安全邊際》（*Margin of Safety*）也提出類似的解釋，同樣不主張尋找精確的內含價值估計量，但表達方式稍微不同：

> 　　很多投資人試圖在不精確的世界尋找精確，堅持對於他們的投資賦予明確價值，但事業價值不可能精確判定。[7]

　　葛拉漢最著名的學生華倫・巴菲特也在《波克夏用戶手冊》呼應這種概念：

> 　　內含價值的計算雖然不是很單純。如同我們定義建議的，內含價值是個估計量，不是明確的數字，並且這方面的估計還會因為利率或未來現金流量預測變動而調整。還有，即使是相同一組數據，兩個人——甚至包括查理和我在內——評估的內含價值也會稍有差異。[8]

　　在波克夏・海瑟威 2014 年的〈致股東信函〉中，巴菲特暗示很難估計單一數據：

> 　　就查理和我談論的事業內含價值，我們無法針對波克夏股票（事實上，任何股票都是如此）提供精確的數據。[9]

　　根據這些敘述可以歸納：

7　請參考 Seth A. Klarman, *Margin of Safety: Risk-Averse Value Investing Strategies for the Thoughtful Investor* (New York: HarperCollins, 1991)。

8　請參考 Warren E. Buffett, "An Owner's Manual: A Message from Warren E. Buffett, Chairman and CEO." Berkshire Hathaway Inc., January 1999。

9　波克夏・海瑟威的 2014 年年度報告。

1. 葛拉漢從來都沒想把內含價值想成單一數值的點估計。反之，他是將其想成某種價值概念。
2. 事業價值沒辦法精確決定。[10]
3. 推演內含價值**單一數值估計量**的作法如果不切實際，那麼目標就應該設定為約估數值的區間。

現在，我們有兩種選擇。我們可以讓內含價值概念故意保持模糊，或者設法找到某個盡可能符合實務用途的定義。我們選擇第二條路徑。可是，提供明確定義之前，我們希望先檢視巴菲特、卡拉曼、穆雷等人的評論。

巴菲特在 1999 年的《波克夏用戶手冊》針對內含價值提出簡潔的定義：

> 讓我們從內含價值開始，這是評估投資或事業相對吸引力的唯一合理、也是最重要概念。內含價值可以單純地被定義為：企業在剩餘期限內，所能夠取出之所有現金的折現值。[11]

卡拉曼在《安全邊際》一書也有類似的陳述：

> 我們雖然可以透過許多不同方法評估企業價值，但我發現只有三種真正有用。第一種是持續經營事業的分析，也就是淨現值（NPV）分析。NPV 是指企業未來預期創造之現金流量的折現值。[12]

---

10 我們相信某些讀者可能不能認同這項陳述的絕對性。可是，我們贊成巴菲特與卡拉曼的看法——如果他們說事業價值不能精確決定，那就不能精確決定。

11 請參考 Buffett, An Owner's Manual。

12 請參考 Seth Klarman, *Margin of Safety*。另外兩種價值評估方法，是清算價值與

羅傑・穆雷[13]討論的內含價值，方法雖然類似，但存在有趣的差異。1993 年紐約市，穆雷在馬里歐・嘉百利主持的「電視與收音機博物館講座」（Museum of Television & Radio）[14]發表評論：

> 　　使用內含價值這個名詞時，我們所談論的，是我們對於一家企業估計的經濟價值⋯⋯內含價值是理性世界裡的一塊磁石⋯⋯持續拉扯市場價格向其靠攏。如果願意的話，我們可以稱呼這種現象為靠向內含價值，或回歸均值（regression to the mean），這意味著——至少在某種程度上——內含價值代表企業價值評估的真實、根本、中央趨向⋯⋯
>
> 　　我不在意此處談論的是房地產股權或某企業，給予實質資產價值之財務術語的要素必定相同。我們所談論的，是資產於未來期間所創造之報酬，以及報酬流量的性質。

破產清算價值，請參考第二章的專欄「可是，我不是這麼做！」。

13 羅傑・穆雷在華爾街闖下傑出的事業之後，在 1956 年開始擔任哥倫比亞商學院的副院長。等到葛拉漢於 1956 年退休，穆雷接替他在商學院教導證券分析課程，直到 1977 年為止，穆雷也是 1988 年發行之第 5 版《證券分析》的共同作者，其他作者還包括 Sidney Cottle 與 Frank Block。

14 這個系列的講座，是由馬里歐・嘉百利負責整理，他是穆雷最傑出的學生之一。布魯斯・格林沃德在早幾年加入哥倫比亞商學院，他是由 Meyer Feldberg 院長招募參與這個課程。聽取穆雷的講座之後，格林沃德說，「如同在我之前數個世代的投資人一樣，我受到葛拉漢方法令人嘆服的邏輯吸引。由於這些講座的關係，到了 1993 年，我強迫羅傑・穆雷與我一起重新開設修正版本的價值投資課程。」從此之後，價值投資課程就成為哥倫比亞金融課程的基石。

穆雷的評論之所以讓我們感到有趣，是他採用磁石比喻市場價格持續受到內含價值吸引，這部份內容將在本書第七章更深入討論。

巴菲特、穆雷與卡拉曼的評論，觀點和本書前幾章談論的定義相符：

任何資產的價值，是該資產使用期限內所創造之期望現金流量的總和，但需要根據該現金流量收取之不確定性，以及資金的時間價值折算成為現值。

關於內含價值，如果要找到某個符合實務用途的定義，我們只要在先前的資產價值定義加上「內含」即可：

任何資產的內含價值，是該資產使用期限內所創造之期望現金流量的總和，但需要根據該現金流量收取之不確定性，以及資金的時間價值折算成為現值。

- 內含價值更像是概念性架構，而不是精確的計算。
- 由於企業價值不可能精確決定，所以試圖推演單一數值的內含價值估計量，顯然是不切實際的作法。
- 內含價值不該被視為單一數值的估計量，而應該是「一種深具假設意義的『價值約估區間』」，其範圍會隨著情況變得更不確定而加寬。」

內含價值視為價值區間

前文建議的定義雖然將內含價值設定為單一數據，但我們堅決相信目標是設定「**約估價值區間**」。

如同第一章討論的，現金流量可預測性愈高的資產，優於現金流量可預測性較低的對應資產。葛拉漢認為內含價值是「一種深具假設意義的『價值約估區間』，其範圍會隨著情況變得更不確定而加寬，」我們認同這種說法，因此理所當然認為，企業的現金流量可預測性（確定性）愈低，其估計內含價值的分配也愈寬，就如同圖 4.1A 與 4.1B 顯示。[15]

---

15 請注意，圖 4.1A 與 4.1B 下側的圖形，表達方式與先前圖形不同，此處把先前圖形朝逆時鐘方向旋轉 90 度，使得 y 軸代表結果發生可能性，x 軸代表價格金額，z 軸代表時間。

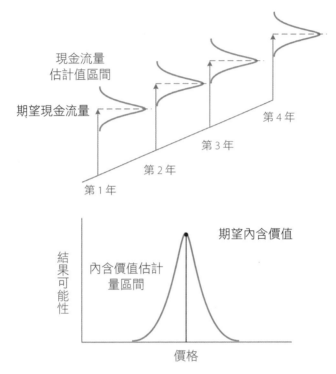

現金流量
估計值區間

期望現金流量

第 1 年
第 2 年
第 3 年
第 4 年

結果可能性

內含價值估計量區間

期望內含價值

價格

▶▶ 圖 4.1A　現金流量分配愈窄，代表愈可預測

　　為了處理未來本質上存在的不確定性質，分析師預測企業未來的現金流量，計算其內含價值的過程，需要考慮各種可能情節。藉由**敏感性分析**，假定某個或數個未來現金流量成分將隨著時間經過而改變，分析師可以估計潛在內含價值的區間。每個情節都會產生不同的離散現值估計量，分析師可以藉此建構內含價值的可能區間。

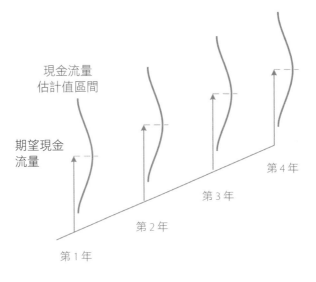

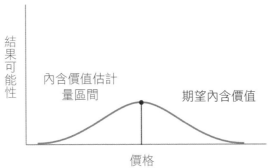

▶▶ **圖** 4.1B　**現金流量分配愈寬，代表愈不可預測**

　　就佐伊飲料攤為例，我們可以計算第三章考慮的 7 種不同情節，每種情節都會產生不同的內含價值估計量。表 4.1 顯示 3 種情節的現值，結果除以發行股數 150 股，[16]顯示每股數據。

---

16 我們預設佐伊飲料攤發行 150 股。

▶▶ 表 4.1　佐伊飲料攤不同情節假設之下的現值與每股估計值

	現金流量現值	每股價值
情節 5：沒有成長，ROIIC = WACC	$772	$5.15
情節 1：沒有成長，ROIC > WACC	$1,412	$9.41
情節 7：成長，ROIIC > WACC	$1,797	$11.98

　　圖 4.2 顯示情節 1 之下的佐伊飲料攤內含價值的單一數值估計量：

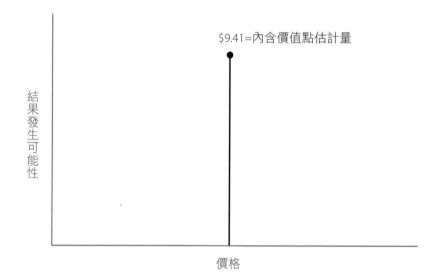

▶▶ 圖 4.2　佐伊飲料攤內含價值單一數值估計量

　　首先，我們可以利用表 4.1 的情節 5 與情節 7 分別產生的單一數值估計量，將這 2 個估計量，加到圖 4.1 的單一數值估計量，情況如同圖 4.3 顯示，開始建構潛在內含價值估計量的**區間**。

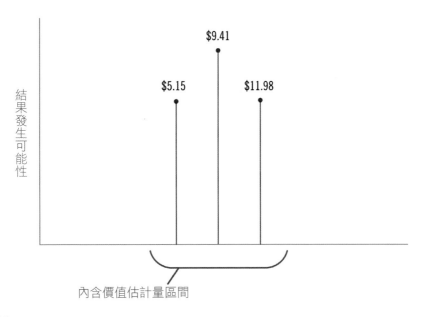

$9.41

$5.15 $11.98

結果發生可能性

內含價值估計量區間

▶▶ 圖 4.3　佐伊飲料攤不同情節之下的內含價值單一數值估計量

　　分析師可以根據其他成長情節進行敏感性分析，產生額外的內含價值可能估計值。請參考表 4.2 顯示這套方法產生的不同內含價值：[17]

▶▶ 表 4.2　佐伊飲料攤根據不同年度成長率計算的內含價值估計量

成長率	現金流量現值	每股價值
-20.0%	$605	$4.03
-17.5%	$690	$4.60
-15.0%	$777	$5.18
-12.5%	$858	$5.72

17 請注意，就目前這個例子來說，我們是根據情節 1 為基礎（沒有成長，ROIC>WACC），然後逐次變更成長率±250 個基點。

成長率	現金流量現值	每股價值
-10.0%	$948	$6.32
-7.5%	$1,048	$6.99
-5.0%	$1,158	$7.72
-2.5%	$1,279	$8.53
0.0%	$1,412	$9.41
2.5%	$1,495	$9.97
5.0%	$1,587	$10.58
7.5%	$1,687	$11.25
10.0%	$1,797	$11.97
12.5%	$1,915	$12.77
15.0%	$2,044	$13.63
17.5%	$2,184	$14.56
20.0%	$2,336	$15.57

　　表 4.2 顯示各種不同成長情節計算的內含價值估計量，分別加到圖 4.3 之後，將形成更寬廣的潛在內含價值區間，情況就如同圖 4.4 顯示。請注意，分析師之所以計算潛在內含價值區間，是因為他不確定哪種情節會實際發生，而且在未來實際情況發生之前，他無法得知佐伊飲料攤的真實價值。

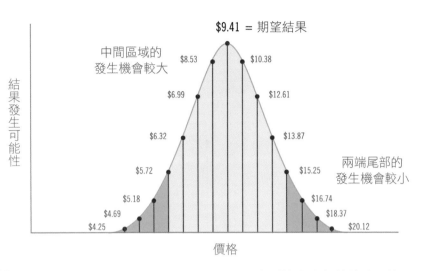

$9.41 =$ 期望結果

中間區域的
發生機會較大

8.53 10.38

6.99 12.61

6.32 13.87

5.72 15.25

兩端尾部的
發生機會較小

5.18 16.74

4.69 18.37

4.25 20.12

結果發生可能性

價格

▶▶ 圖 4.4　各種不同年度成長率假設下，佐伊飲料攤內含價值估計量的分配

　　價值愈接近中心點，意味著分析師相信該估計量代表公司真正內含價值的可能性（機率）愈高，至於兩端尾部的估計量，分析師認為相關情節發生的可能性較低。由橫軸向上衡量的垂直距離，代表分析師相信該估計量即是真正內含價值的可能性。舉例來說，這份圖形顯示分析師相信最可能發生的情節，是沒有成長的情節，也就是飲料攤的內含價值估計量為每股$9.41。

　　我們可以運用簡單的例子，說明分配區間（以及分配曲線的形狀）可能會不相同。假定該公司只擁有一種資產：面值$1,000的美國 10 年期公債，目前價格為$995.31。該公司內含價值的最佳估計量也是$995.31，正是該債券的目前價格。

　　就目前這個例子來說，該公司的內含價值很容易估計。我們所需要知道的唯一資訊就是該債券的價格，[18]因為這是該公司僅有的

---

18 這批公債（CUSIP 912828XB1）是在 2015 年 5 月 13 日拍賣，2015 年 8 月 17 日的買進報價為$995.31。

資產。圖 4.5 還包括其他內含價值的可能區間，這是考慮利率變動可能影響公債價格，並影響企業的內含價值。可是，此處的機率分配相當集中，因為利率在短期間之內不太可能出現重大變化。

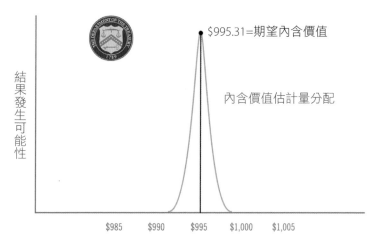

$995.31=期望內含價值

內含價值估計量分配

結果發生可能性

$985　　$990　　$995　　$1,000　　$1,005

▶▶ 圖 4.5　擁有公債單一資產之企業的估計內含價值分配

　　圖 4.5 雖然採用常態分配表示可能的內含價值區間，但並不代表這個或任何其他分配必定屬於常態。我們採用這個圖形，只是為了說明方便起見。[19]

　　我們可以採用電動車製造商「特斯拉」（Tesla）做為例子，說明如何決定內含價值區間的重要性。特斯拉雖然屬於歷史悠久的汽車製造業，但該公司本身是一家規模相對有限的企業，採用全然不同的嶄新生產技術，未來展望高度**不確定**。汽車的價格、功能、可靠性等，都會顯著影響產品需求，進而影響公司的營業收入與現金

19　圖 4.5 採用「期望內含價值」這個名詞，這並不等同於該數值代表相關分配的
　　期望值（換言之，不等同於機率理論的術語「期望值」）。我們只是以此代表
　　分析師相信此情節為公債最可能發生的情節。

流量。所以，不意外地，分析師對於該公司內含價值的估價值差異極大。

公司未來展望高度不確定，這項性質也反映在特斯拉股票目標價格（內含價值估計量）[20]的區間，圖 4.6 顯示 15 位賣方分析師所公布的預測。估計區間下限為每股$178，上限為每股$400，1 年期平均估計值為$293（代表市場價格共識）。2015 年 8 月，這些估計值公布當時，特斯拉股票交易價格為每股$245。

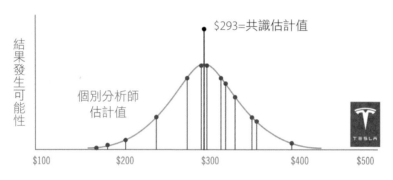

▶▶ 圖 4.6　特斯拉：個人分析師估計的 1 年期目標價格與平均估計值

價格估計值相當分散，顯示特斯拉未來現金流量的**時間**、**存續期間**、**數量**與**成長**等要素的看法高度不確定。估計值區間顯示，分析師對於特斯拉未來展望的看法存在重大差異，他們分析既有資料，但對於公司內含價值估計量的計算方法不同。如同巴菲特評論的，「即使是相同一組數據，兩個人評估的內含價值也會稍有差異。」估計值分配拉得很開，也意味著任何單一估計量接近實際內含價值的可能性很低，內含價值顯著高於或低於平均值（共識）估計量的可能性很高。

20　目前這個例子採用 1 年期估計目標價格代表內含價值。

我們不準備比較特斯拉與某間擁有長期公債資產的公司，此處準備比較其與另一家營運事業，如此應該會更有意義。我們選擇味好美公司（McCormick），該公司的歷史長達 125 年，生產各種烹飪香料。相較於特斯拉，就經營事業的性質來說，味好美的未來現金流量應該會顯著更穩定、可預測性更高，這也反映在內含價值估計量的分配上（請參考圖 4.7）。

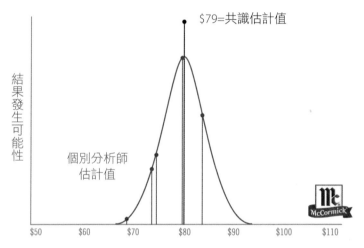

▶▶ 圖 4.7　味好美：個人分析師估計的 1 年期目標價格

如果把先前三個內含價值估計量分配重疊並列，更能凸顯三者的差異，請參考圖 4.8。

如同圖 4.8 顯示，分析師對於味好美目標價格的預測，其分配比較類似美國公債，但顯著不同於特斯拉的分配。

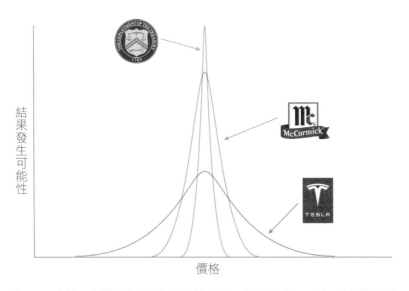

結果發生可能性

價格

▶▶ 圖 4.8　比較 1 年期目標價格估計值分配：美國公債、味好美與特斯拉

　　味好美公司販售數以百計的不同產品，顧客包括數以百萬計的消費者；相較於特斯拉，味好美的營運顯著更穩定，現金流量的可預測性更高。人們的烹調，經常運用肉桂、豆蔻等香料，而且一般人使用香料，種類通常會愈來愈多。碰到經濟不景氣的期間，人們的香料消費量可能會稍微減少，但不至於出現重大變動，所以味好美的長期營業收益應該相當穩定。這種情況下，該公司內含價值的估計量分配應該相當集中。換言之，2017 年 1 月，味好美股票交易價格為每股$95，不太可能在短期之內暴漲到$140。

　　另一方面，特斯拉的情況則顯然不同於味好美，因為消費者對於該公司生產的電動車需求波動劇烈，因此特斯拉的財務表現差異也極大。所以，特斯拉股價在一年之內上漲或下跌 50%，並不會特別讓人覺得意外。

　　第三章最後曾經計算味好美企業價值的來源如下：

▶▶ 表 4.3　味好美公司：股票的價值來源

	每股	價值%
股價（2017-02-04）	$95.86	100%
－投入資本（資本計提的現值）	$21.86	23%
－競爭優勢的現值（沒有成長）	$24.02	25%
＝股價（沒有成長）	$45.88	48%
市場隱含的成長價值	$49.98	52%

　　我們把圖 4.7 的分析師估計值分配，和表 4.3 的數值區間重疊並列，結果形成圖 4.9。

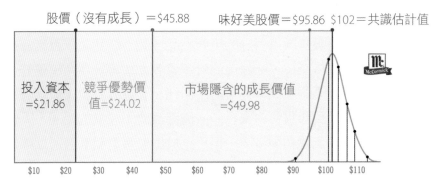

▶▶ 圖 4.9　味好美公司的股票價值來源（圖形表示）

　　這份圖形顯示，分析師對於味好美內含價值的估計值區間，落在成長價值區域，這意味著所有的分析師都預期該公司未來將繼續成長，但對於成長速度的看法不同。

- 關於如何估計公司的內含價值，我們可以歸納巴菲特、穆雷與卡拉曼等人的評論，整理出一系列重要因素：
  - 內含價值更像是概念性架構，而不是精確的計算。
  - 歸根究底，內含價值是資產所創造之現金流量的折現值，就如同本書從頭到尾所討論的。
  - 內含價值必須有事實──資產、盈餘，以及公司的未來展望──做為根據。
  - 內含價值應該表示為約估價值的區間，而不是單一數值估計量。
  - 可能的內含價值區間將因為不確定性增加而擴大。

- 內含價值的定義如下：任何資產的內含價值，是該資產使用期限內創造之現金流量的總和，但需要根據該現金流量收取之不確定性，以及資金的時間價值折算成為現值。

如何思考市場效率

　　市場效率（market efficiency）是投資的核心概念，也是這本書的關鍵基礎之一。市場效率的相關討論，構成本書內容的主幹，貫穿所有其他的討論主題。遺憾的是，我們無法透過僅僅一、兩頁的篇幅，陳述市場效率的基本法則，然後說明這些法則在所有可能狀況中的運用（這不同於歐幾里德幾何學，首先列舉各項公理，然後進行各種推理演繹）。反之，我們需要慢慢解釋市場效率，從最重要的基本構成開始，然後擴大討論層面，逐步增添複雜程度。

我們關心市場效率，理由看起來似乎有些諷刺——我們必須仰賴市場效率來創造 α（alpha）值。我們如果發現某種錯誤，譬如暫時性缺乏效率或定價錯誤，這類錯誤最終必須仰賴市場效率才能被糾正。換言之，市場必須意識到錯誤的存在，然後試圖糾正；唯有如此，投資人的表現才能超越市場。否則，市場的定價錯誤將永遠持續。處在那樣的世界裡，沒有人的表現可以穩定勝過市場。

市場效率更像是一種概念，而不是一套法則

　　理查・費曼（Richard Feynman）是我們崇拜的知識英雄之一。他雖然沒有展現金融投資方面的知識或興趣，但非常關心整體知識的發展、學習與教育。費曼是理論物理學家，特別擅長量子力學領域的研究，並以這方面的成就獲得 1965 年的諾貝爾物理學獎。他是一位教授、作家、保險箱專家、藝術家，而且熱衷於邦哥鼓（bongo）演奏。第二次世界大戰期間，他曾經參與原子彈開發，也是「挑戰者號」太空梭災難的調查小組成員之一。他有時候被稱為「偉大的解說家」（the Great Explainer），寫下《費曼物理學講義》（*The Feynman Lectures on Physics*）；這本書被稱為「紅皮書」（the Red Books）的著作，是最暢銷的物理學教科書之一。

理查・費曼教授

時間

　　費曼在「紅皮書」內曾經說過一段話，內容與市場效率的性質相仿：

自然界整體的每個部分或物件，永遠都只是完整真理──或我們截至目前所瞭解的完整真理──的**約估**。事實上，我們知道的每件東西，都只是某種形式的約估，因為我們知道**我們還沒有知道全部的法則**。因此，我們只能忘掉過去所學的東西，或更正確地說，糾正過去所學，才能學習事物。

　　舉例來說，物體的質量看起來似乎從來不會變動：快速旋轉的陀螺，其重量與靜止狀態的陀螺相同。因此，我們發明一項「法則」：質量為固定，不因速度而改變。現在，我們發現這個「法則」錯誤：質量會隨著速度而增加，但速度必須接近光速，才能具體感受質量增加。正確法則是：物體運動的速度如果不超過每秒鐘100萬英里，質量變動不會超過百萬分之一。就某種約估形式來說，這個法則正確。所以，就實務上來說，我們可能認為新法則沒有造成顯著差異。嗯，這種說法正確，但也錯誤。在正常速度之下，我們確實可以不理會新法則，把質量不變法則視為不錯的約估。可是，在高速狀態下，質量不變法則是錯誤的，而且速度愈快，錯誤的程度愈大。[1]

　市場效率類似於質量的概念。舉例來說，如同費曼的解釋，質量固定法則通常成立，除非碰到特殊狀況。同樣的動態也適用於市場效率──效率市場假設的法則通常成立，除非碰上特殊狀況。我們將說明這些法則什麼時候成立，碰到哪些狀況則不成立。

1　Richard P. Feynman, Robert B. Leighton, and Matthew L. Sands, *The Feynman Lectures on Physics* (New York: Basic Books, 2010).

讓我們回到費曼針對質量法則的討論：

　　所以，我們應該先學習什麼呢？我們是否應該先教導正確但大家卻很陌生的法則，如相對論、四維空間與時間等等，以及其中蘊含的各種古怪、難懂的概念？或者，我們是否應該先教導簡單的「質量不變」法則，雖然只代表約估真理，但不需要牽涉各種非常困難的概念？第一個選擇可能更刺激、更神奇、更有趣，但第二個選擇更容易上手，而且是真正瞭解第一個概念的首要步驟。這種情況經常發生在物理學的教學過程。在不同的情況下，我們必須採取不同的解決方法；但是，在每個階段，我們都必須知道目前所學會的是什麼；這些概念有多精確；如何連結到其他的部分；以及，當我們學習更多的時候，這些知識將會產生什麼改變。[2]

我們遵循費曼的方法，先討論市場效率的某些層面：那些「更容易上手」，而且「是真正瞭解第一個概念的首要步驟」。可是，不要擔心，我們不會放過那些費曼所說的「更刺激、更神奇、更有趣」的內容。費曼按部就班地傳授他的概念，我們也跟他一樣，把市場效率的討論劃分為幾個部分。首先，我們討論**效率市場假說**（efficient market hypothesis），瞭解市場效率的相關法則。其次，我們說明**群眾智慧**就是市場效率法則在股票市場發揮作用的機制。第三，人類行為一旦拉扯和扭曲市場價格，導致市場效率法則承受壓力，將會出現怎麼樣的局面。最後，我們討論投資人如何辨識、運用定價錯誤的機會，創造超越市場的績效。我們採取的程序如下：

2　同上。

- 第五章「如何思考市場效率」：市場效率法則。
- 第六章「如何思考群眾智慧」：效率市場法則作用於股票市場的機制。
- 第七章「如何思考行為金融學」：人類行為如何破壞群眾智慧，造成市場價格錯誤。
- 第八章「如何藉由研究增添價值」：投資人如何掌握市場扭曲所提供的機會，取得績效「優勢」。

⚙️ 資金管理的聖杯：創造 α

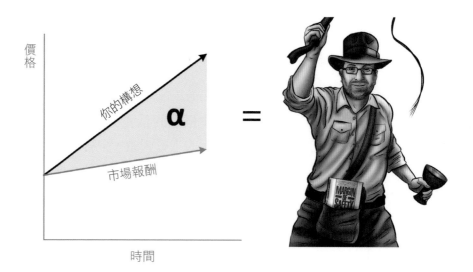

基金經理人的唯一目標，就是投資報酬經過風險調整之後超越市場水準，這也就是業界所謂的「創造 α」。基金經理人所創造的績效，扣除基金費用之後，如果不能超越市場，則投資人不如把資金投資於低成本的指數型基金。華爾街對投資成功與否的衡量，不僅在於創造正數報酬，而且報酬還要超過大盤市場或特定**參考基準**

（benchmark）。對於多數投資人來說，所謂的參考基準，通常就是某種大盤指數，譬如 S&P 500、道瓊工業指數、羅素微型股價值指數等。任何投資績效如果能夠長期超越市場，就等於取得了投資的聖杯，**歷史資料顯示鮮有專業基金經理人能夠達到這個目標。**

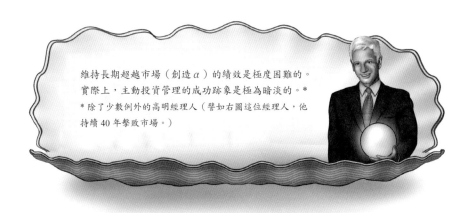

維持長期超越市場（創造 α）的績效是極度困難的。實際上，主動投資管理的成功跡象是極為暗淡的。*
*除了少數例外的高明經理人（譬如右圖這位經理人，他持續 40 年擊敗市場。）

強調基金管理績效很難超越市場的最早期論文之一，是亞弗雷德・考利斯三世（Alfred Cowles III）在 1933 年發表的〈股票市場預言家真的能夠預測嗎？〉（Can Stock Market Forecasters Forecast?）。作者追蹤 20 家火災保險公司、16 家金融服務機構，以及 24 家金融刊物的推薦，觀察這些專家的投資表現是否能夠超越市場。結果，火災保險公司與金融服務機構的表現落後大盤市場，幅度分別為-4.72%與-1.43%。24 家金融刊物的推薦，總計超過 3,300 項預測，也同樣令人失望；在整個四年半期間，每年平均落後-4%。

至於較近期的資料，先鋒基金（Vanguard）於 2015 年 3 月發布的報告顯示，以五年期表現來說，85%左右的管理型基金績效落後對應的股票市場。根據標普道瓊指數公司（S&P Dow Jones Indices）於 2016 年底公布的「SPIVA 美國計分卡」（SPIVA U.S.

Scorecard，S&P 指數相較於美國主動管理型基金的計分卡），截至 2016 年 12 月底為止的 15 年期表現，「有 92.2%的大型股、95.4% 的中型股，以及 93.1%的小型股基金經理人的績效落後對應的參考基準。」[3]另一份標題為〈過去績效是否重要？〉（Does Past Performance Matter?）的報告顯示，美國國內五年期表現最佳的 703 家共同基金，沒有任何一家成功在五年後繼續保持在四分位的最高排序區間。[4]

發人省思的建議

2017 年春天，在紐約州立大學奧爾巴尼分校（SUNY Albany），桑金為大衛·史密斯（David Smith）教授的 35 位大學部金融系資優學生講課。桑金問課堂裡的學生們：「你們有多少人想幫別人管理資金？請舉手。」大部分學生都舉手。於是，桑金說：「各位開始投入這個行業之前，或許應該要知道一些統計資料。」

「我猜，你們目前的年紀大約在 21 歲左右。我想任何精神健全的人，現在大概都不會把錢財交給各位管理，除非你們有了 10 年以上的工作經驗。所以，你們的操作績效紀錄將從 30 歲出頭開始。各位如果在 75 歲左右退休——沒有人會拖到這個時候才退休——這代表你們大概有 40 年的績效紀錄。不妨想想，在這 40 年期間裡，你們當中有多少人的表現可以勝過大盤市場至少 300 個基點以上？10 人？50 人？200 人？我不知道會有多少人，但我相信屈指可數。

3　Aye M. Soe, CFA, and Ryan Poirer, FRM, "SPIVA U.S. Scorecard" Year-End 2016. S&P Dow Jones Indices, McGraw Hill Financial, Inc.

4　Aye M. Soe, CFA, "Does Past Performance Matter? The persistence Scorecard." June 2014. S&P Dow Jones Indices, McGraw Hill Financial, Inc.

「請記住，過去 40 年裡，只有少數人的表現超越大盤市場，而且他們所處的環境，跟你們未來即將面對的世界截然不同。今天，新科技隨處可見，譬如衛星監控的停車場、電腦程式分析的信用卡『耗盡』程度並掌握種種『大數據』、電腦進行自然語言處理、退役 CIA 人員監聽語音通訊並進行聲壓分析，還有各種說不盡的新技術。請注意，科技並非靜態不動，進步會愈來愈快。

　　「未來 40 年裡，你們將會跟怎麼樣的人競爭？在新手階段，你的競爭對手可能會更多。這些人不僅精明、飢渴、擁有強烈的動機，而且還接受過非常完善、充分的訓練。奧爾巴尼分校在 20 年前是否開了這門課？沒有！目前全國各地的大學，是否開了很多類似這樣的課程？是的，很多！現今，大多數學校都成立了學生管理的投資基金，而且有附設的課程。

　　「還有，這些人需要分析多少家公司？1995 年，美國集中市場掛牌交易的上市公司大約有 7,000 家。目前，大約只有 3,500 家。所以，市場裡有愈來愈多訓練有素的分析師，而他們的分析對象卻只有 20 年前的一半。

　　「綜合這些事實：更多人擁有更高的科技，針對較少的公司進行分析，各位認為未來 40 年期間內，市場會變得更有效率，還是更缺乏效率？想必應該會更有效率，甚至達到極高的效率。

　　「面對這些挑戰，將來會不會有更多人的績效表現超越市場？可能不會。

　　「對於你們正在追求的夢想，我並不想潑冷水，但大家務必要睜開雙眼。投入這個行業，是因為你對分析的工作懷有熱情，而不是為了大撈一筆。另外，如果你的目標是超越市場，請別忘了這個目標在過去有多困難，而將來只會變得更具挑戰性。」

創造 α 是一場零和賽局

　　擊敗市場為什麼會這麼困難？首先，想要在股票市場創造 α，是一場**零和賽局**，[5]也就是說，某位玩家的獲利必然是來自其他玩家的對等損失。引用電影《華爾街》主角葛登・蓋柯（Gordon Gekko）的說法：

> 在所謂的零和賽局，某些人贏錢，就有另一些人輸錢。金錢本身不會多出來，也不會變少，只是從某個人的口袋轉移到另一個人的手中。[6]

　　星期五晚上，幾個朋友之間進行的撲克賭局，就是最單純的零和賽局。四個人，每人拿出\$250，總共\$1,000，大家坐下來進行一場友誼賽局。最後，如果某個人贏得全部的\$1,000，這代表他的三個朋友都各自輸掉了\$250。所有的賭資就是\$1,000，既沒有變多，也沒有變少。撲克賭局是零和賽局。就這個例子來說，其中一人贏了，三個人輸了，金錢雖然移轉，但沒有變得更多或更少。

　　威廉・夏普以他的金融資產定價理論，獲頒 1990 年諾貝爾經濟學獎；他曾經在《金融分析師雜誌》（*Financial Analysts' Journal*）發表一篇標題為〈主動管理的算術〉（The Arithmetic of Active Management）的文章，主張股票市場屬於零和賽局，就跟星期五晚上的撲克賭局一樣。

5　股票市場究竟是否屬於零和賽局，雖然有所爭論，但創造 α 確實是場零和賽局。

6　《華爾街》（*Wall Street*）是二十世紀福斯電影公司在 1987 年發行的電影，導演是奧利佛・史東（Oliver Stone）。

　　夏普的論證從簡單的觀察開始：任何市場都是由所有參與投資的人共同構成。換言之，把所有投資人聚合在一起，就是市場。因此，只要有任何投資人賺錢，必定有至少一個投資人賠錢。整體而言，投資人不可能集體擊敗市場。

　　事實上，積極管理型投資的結果，甚至還不如零和賽局，實際上是**負和賽局**，因為客戶還必須承擔交易成本與管理費用。讓我們再回頭觀察星期五晚間的撲克賭局，假定四個人決定前往當地的鄉村俱樂部，俱樂部房間收費每晚$100（每人$25）。在這種情況下，總彩金只剩下$900，而不是當初的$1,000。如果把房間收費考慮在內，這場遊戲就成了負和賽局，因為四個人即使平分彩金，每個人也只有$225，而不是當初拿出來的$250。每個人能夠創造的最大 α，就是$675。可是，某個人贏錢，其他人就必須輸錢，更因為**收費的關係，大家總共拿走的錢將少於當初拿進來的錢**。

> 由於股票市場是零和賽局（嚴格來說，其實是負和賽局），再加上許多動機強烈、極端精明的投資人參與競爭，任何人想要長期勝過大盤市場，恐怕非常困難。擊敗市場的唯一方法，就是系統性且連續性地有效辨識市場裡證券定價錯誤的情況。然而，想要知道市場的運作什麼時候發生障礙，就需要先知道市場如何發揮正常功能。

投資人想要創造 α 並擊敗市場，還必須面臨另一方面的挑戰——他必須和專業投資人進行激烈的競爭。金融市場充滿許多最精明、受過高等教育、充滿鬥志的投資人，他們掌握充裕的資源，每個人都想勝過其他人。身為股票市場的新進者，你的競爭對手不是業餘玩家，而是跟這個領域最頂尖的專家爭食。這就像是參加世界撲克大賽，每個對手都擁有足以贏得撲克大賽冠軍的技巧。

在賭場與股票市場與鯊魚共舞

2014 年 2 月 12 日，《撲克新聞》（*PokerNews*）刊載了一篇文章，作者諾蘭·達拉（Nolan Dalla）提出下列問題：「撲克已經贏不了嗎？」他在文章開頭就表示，「和一些在這個圈子裡混過一段期間的撲克玩家談一談，多數人會告訴你，錢現在已經不像過去那般容易賺了。這場賽局變得愈來愈艱難。」這篇文章評論了很多有關當時撲克世界的動態，達拉提出幾種論證，說明他覺得撲克變得愈來愈難以被擊敗的原因，而我們相信這些洞見也為投資人帶來重要啟示。

稍微回頭看看，第一本有關撲克策略的嚴肅著作，出版於1970年代末期，促進了人們對這種賭局細節的瞭解。新世代的撲克玩家接受更精巧策略的薰陶。[7] 如同我們所預期的，玩家之間的競爭程度急遽攀升。新手們可以接觸精巧的策略，可以上網不斷磨練牌技。因此，撲克賽局的競爭愈來愈劇烈，比賽更難以獲勝。達拉在文章裡談到：

> 基本策略不再有效。每個人都可以接觸資訊；到處可以找到書籍、訓練網站、線上論壇，大家可以公開交換概念，以及關於賽局的重要想法，情況全然不同於過去。任何人想要在這個領域快速成為頂尖好手，已經變得不那麼困難，尤其是當你願意投入時間的話。因此，最頂尖的撲克好手發現排名裡出現了許多足以匹敵的競爭對手，金字塔的頂端已經布滿鯊魚。那些幾年前看起來懂得最多奧秘、瞭解最尖端撲克戰略的超級菁英階層，發現自己與對手之間的資訊缺口已經顯著縮小，這一切讓這場賽局變得更艱難，利潤更少。[8]

達拉提到，人們可以普遍接觸資訊，所有玩家技巧普遍提升，導致利潤減少。我們認為這些觀察相當有趣，而且也適用於股票市場，儘管我們必須稍微修改陳述的用詞：人們可以普遍接

---

7 我們發現華爾街也出現相同的趨勢，某些最頂尖的基金經理人撰寫書籍，譬如賽斯・卡拉曼的《安全邊際》(*Margin of Safety*, 1991)，以及喬爾・葛林布萊特 (Joel Greenblatt) 的《你也可以成為股市天才》(*You Can Be a Stock Market Genius*, 1997)，把他們的知識傳授給大眾，使這場「賽局」明顯變得更難以獲勝。(編按：中文版《你也可以成為股市天才》於2015年由寰宇出版。)

8 Nolan Dalla, "Nolan Dalla Asks, has Poker Become Unbeatable?" PokerNews.com, iBus Media Ltd., June 23, 2015.

觸資訊，玩家技巧提升，結果導致「績效更難超越市場（創造α）」。

達拉在撲克領域所觀察到的軍備競賽，也就是我們在華爾街看到的現象。首先，他說：「〔隨著〕愈來愈多的撲克玩家逐漸掌握了撲克知識的聖杯，發展到最後，可能再也沒有任何玩家可以享有明顯的優勢，撲克賭局因此成為純粹的運氣遊戲，除非人們相信心理因素本身是可以被利用的。」（重點標示為本書作者所加）我們特別留意他所說的「除非人們相信心理因素本身是可以被利用的」，因為這呼應我們下一章準備討論的議題，也就是關於效率市場理論與行為金融學之間的互動。

其次，達拉說：「頂尖玩家琢磨出致勝之道，並嚴格遵循，當大家都慢慢跟上之後，利潤就枯竭了。」這種情況就類似股票市場裡專業投資人技巧的普遍提升。

最後，達拉看到，「現在正在發生一種……我所謂的『聚束因子』（bunching factor）。過去，全世界最頂尖的撲克玩家屈指可數，一間房間就足以容納。現在則有數以百計，甚至是數以千計的高手，他們都可以列入超級菁英階層，至少在他們表現特別好的時候足以達到菁英層次。因此，這些菁英玩家想出了深具創意的新方法，看看到底誰才是最拔尖的。」

在華爾街，所謂的頂尖，是指人們可以穩定擊敗市場。達拉的評論也同樣適用於投資，只需要稍做修正──菁英投資人「想出了深具創意的新方法，看看到底誰」才能超越市場。

這篇文章或許應該以達拉的洞見作為結論：「……我們應該記住，撲克賭桌上的最主要獲利，並非來自我們的過人才智，而是來自其他人犯下的錯誤。」凡是零和賽局，某個人犯錯時，另一個人就能賺錢。

可是，投資人現在普遍擁有較優異的技巧，犯下的過錯也減少了，利用笨拙投資人的機會日益減少。過去，專業投資人或許

可以利用散戶投資人，較世故的投資人也可以利用菜鳥投資人，但如今情況已經不同以往。這些年來，投資人的結構已經顯著改變，專業投資人所占的比例愈來愈高，那些缺乏經驗的小散戶則慢慢消失。

哈弗分析機構（Haver Analytics）根據 Fed 資料整理的統計數據顯示，[9] 個人（散戶）投資人擁有股票所占的比例顯著降低，從 1945 年的高點 95%，減少到 2015 年的 40%（請參考圖 5.1）。這種發展結果意味著企業股權主要由法人機構持有，今天的情況不再是數以百萬或千萬的個人投資者針對股票價值擬定買賣決策，而是由數以萬計的專業投資經理人[10] 在擬定這些決策。

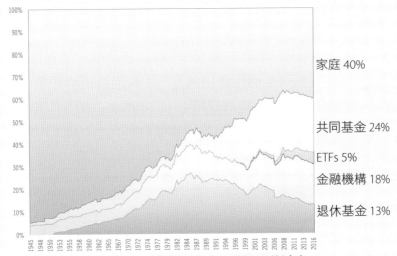

家庭 40%

共同基金 24%

ETFs 5%

金融機構 18%

退休基金 13%

▶▶ 圖 5.1　**過去 70 年來，散戶投資人的持股顯著減少**

9　感謝哈弗分析機構的派翠克・沙威克（Patrick Sawick）慷慨提供這份資料。

10 根據Ipreo資料庫的名單顯示，美國地區有23,000位積極（相對於被動）管理型股票經理人。

達拉發現撲克世界的競爭愈來愈劇烈，華爾街也有類似的狀況，弱者持續消失，只剩下精明的玩家；這種現象經常被稱為「技巧悖論」（paradox of skill）。[11] 在投資世界裡，鯊魚已經沒有足夠的魚群可吞噬，基於生存的必要，牠們被迫彼此競爭。不幸的是，不論在撲克賭桌或投資世界，可供剝削的傻子已經愈來愈少。

市場效率的定義

市場效率[12]主張，在任何特定時刻，股票的價格將適當反映有關該公司的全部資訊，也是該公司當時內含價值的最佳估計量。這套理論在概念上很容易瞭解，但在現實世界的運用卻是一團糟。

2013 年，芝加哥金融學教授尤金・法馬因為**市場效率**理論的劃時代貢獻而獲頒諾貝爾經濟學獎；「市場效率」這個名詞也是他在 1965 年所創造的。這個概念的後續學術研究，引發了一場長達 50 年的辯論。這場爭論的細節並不在本書的討論範圍內，[13]但我們

---

11 麥可・莫布新針對這個主題寫了一篇內容精彩的論文〈α 與技巧悖論〉（Alpha and the Paradox of Skill: Results Reflect Your Skill and the Game You Are Playing），發表日期為2013年7月15日。

12 請注意，本書討論的市場效率，僅侷限於**個別證券**的定價效率，而不是針對整體股票市場而言。因此，我們所謂的「資訊」，是指有關某個特定證券的資訊。當我們提到群眾、團體或集體，都是指觀察、交易特定股票，或對於特定股票發表意見的投資人。雖然這些投資團體的構成可能隨著時間經過而改變（新投資人加入、既有投資人離開），但就任何特定時間而言，這個團體的成分是固定的。

13 對於這場有關市場效率的辯論，我們並不想選邊站，但實際上就各種層面而言，我們認為市場具有高度效率。

將在這個理論的基礎上，為市場效率提出一個務實的定義。法馬在1991年的論文〈效率資本市場 II〉（Efficient Capital Markets II）中表示：

> 我所謂的效率市場假說，簡單地說，指的就是證券價格將充分反映所有可得的資訊。[14]

請特別注意，法馬完全沒有在這個陳述中提到價值評估。事實上，他完全沒有提到證券價格所反映的是哪一些資訊。他也沒有說，所謂「充分反映所有可得的資訊」的價格，是否就是合理價格！

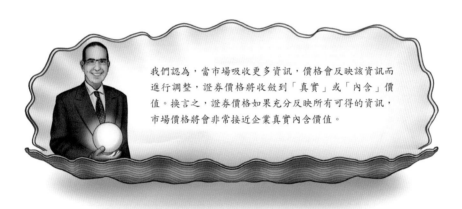

我們認為，當市場吸收更多資訊，價格會反映該資訊而進行調整，證券價格將收斂到「真實」或「內含」價值。換言之，證券價格如果充分反映所有可得的資訊，市場價格將會非常接近企業真實內含價值。

我們可以透過佐伊飲料攤的案例，說明這個論點。根據第四章的分析，假設攤子沒有成長，投入資本報酬為 20%，估計的價值是$1,412，等於每股價值$9.41。如果佐伊飲料攤的普通股充分反映所有可得的資訊，股票應該呈現有效定價，價格大約等於內含價值：

---

14 E.F. Fama, "Efficient Capital Markets II," *Journal of Finance* 46 (1991):1575.

市場價格＝內含價值＝$9.41

在這個情況下，由於市場價格等於內含價值，不存在定價錯誤的現象，買進投票的投資人無法創造 α。為了估計佐伊飲料攤的內含價值，我們將各種因素如檸檬價格、天氣、銷售杯數等的相關資訊納入考量。我們假定市場掌握跟這些因素相關的**所有可得資訊**，而且證券價格**充分反映**這些資訊，那麼，根據法馬的論證，佐伊飲料攤的股票將呈現效率市場價格。

法馬的理論中有兩個重要議題需要進一步解釋。第一、我們需要知道何謂「所有可得的資訊」；第二、我們怎麼知道相關資訊已經「充分反映」在股票價格上？

為了界定何謂「所有可得的資訊」，我們首先需要釐清何謂「**資訊**」；另外，我們還需要討論某些詞語的用法，避免混淆。

免責聲明。使用非公開資訊、材料的合法性問題，不在本書的內容範圍內，因此不做討論。以下討論並不是法律建議，也不該被視為法律建議，文中內容未必精確或即時。有關非公開資訊與內線交易的法律規定[15]經常變動，投資人務必深切理解。

---

15 或許過度強調，但我們不得不指出，美國證管會有各種規定和法條，州政府與聯邦政府也有相關法律，投資人絕對有必要瞭解並遵循這些法規。各種限制會隨著新法律的制定或法院判例而持續變動。這是個相當混淆的領域，因此也超出了本書的內容範圍。儘管如此，保羅・桑金從他過去在美國證管會和高盛公司（Goldman Sachs）法遵部門的工作經驗出發，認為這個議題很重要，所以他在哥倫比亞商學院開設證券分析課程的時候，曾經邀請他的好朋友傑佛瑞・普洛特金（Jeffrey Plotkin）擔任客座講師；普洛特金過去曾經擔任美國證管會律師，他在課堂上與學生們討論內線交易、分析師職務，以及各種法遵相關的議題。雖然在課堂上早已提出警告，但保羅・桑金的某個學生在畢業好幾年之後，仍然因為內線交易而被定罪。

◆ 何謂資訊

我們從「資訊」這個名詞開始，採納美國證管會在 2000 年 8 月公布的「公平披露規則」（Regulation FD）的定義。[16]

根據公平披露規定，「資訊的傳遞如果不能讓一般投資人取得，即屬於非公開性質。」[17]來自企業的資訊一旦透過通訊社公開發布新聞，或向美國證管會申報（並且刊載於證管會網站），此類資訊通常都被視為**充分傳播**（adequately disseminated）。另外，如果有**充分數量**的參與者得知相關資訊，則該資訊也可被視為充分傳播。

根據公平披露規定，「當『某個理智的股東極有可能認為某些資訊對投資決策的擬定很重要』時，該資訊即被視為重大資訊。唯有當某個事實有相當的可能性『被明智的投資人認為會顯著改變當前可得資訊的「綜合」』，這項事實才會符合重大資訊的構成條件。」[18]根據我們的看法，判斷資訊**重要性**（materiality）的適當方法，就是檢視該資訊是否相當確定會顯著影響公司證券價格。如同我們在下列註腳提及的，這項陳述在法律上雖然不正確，但我們認為這是適當的討論方式。[19]

---

16 FD 是 full disclosure（公平披露）的縮寫。讀者可上網搜尋「SEC Final Rule: Selective Disclosure and Insider Trading」，取得更詳盡資訊。

17 SEC Regulation FD, § 17 CFR 243.100-243.103 (2000).

18 同上。

19 2011 年的「Marixx Initiatives, Inc. vs. Siracusano」案件，美國最高法院拒絕使用統計顯著性的明線測試（bright-line test）（股票價格是否因為該新聞而上漲）作為該披露資訊是否重要的判斷依據。（*Marixx Initiatives, Inc. vs. Siracusano*, 131 S.Ct. 1309 (2011)）

至於何謂非重大的非公開資訊（non-material, nonpublic information），儘管公平披露規定沒有提出明確定義，但我們可以如此推論：該資訊未被傳播，而且即使公開發布，資訊本身既不會影響理智投資人的投資決策，也不會顯著影響該公司的證券價格。

舉例來說，你知道某家公司即將公布令人失望的盈餘報告，或聽到公司執行長提到某個尚未公開的收購報價，那麼，根據上述定義，你確實擁有了重大的非公開資訊。[20]顯而易見地，這兩種資訊一旦公開，勢必會顯著影響股票價格。反之，如果某家公司的股東報告早已顯示營業收入增加，你從公司的執行長得知他們將因此增添人手，並且準備擴建停車場，這些資訊大概就屬於非重大的非公開資訊。想要知道某個消息是否屬於重大資訊，最簡單的測試方法，就是提出以下問題：「這個新聞會不會影響股票價格？」一般來說，答案如果是肯定的，這個消息就是重大資訊。如同保羅・桑金的好友傑夫・普洛特金（Jeff Plotkin）在課堂上所說的：「如果掌握了重大的非公開資訊，你會知道。心裡會癢癢的，就是那種感覺。」

特定證券的所有相關資訊，都由三種不同類型的資訊所構成，如圖 5.2 所示。

---

20 這麼說或許有些吹毛求疵，根據一般認定的標準（本書撰寫時的 2016 年 6 月），擁有重大的非公開資訊本身並不違法，但據此進行交易則屬犯法。個人如果擁有重大的非公開資訊，他有兩種選擇：避免據此進行相關交易，或公布該資訊。

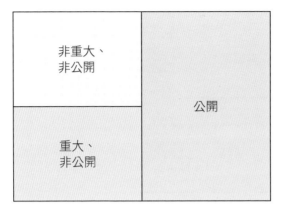

▶▶ 圖 5.2　不同類型資訊

◆ 重大的非公開資訊一旦發布，會發生什麼事？

　　根據美國證管會的定義，所謂重大資訊，是「理智股東極可能認為重要」的資訊。[21]重大資訊包括（但不侷限於）盈餘報告、贏得或喪失某個重要客戶、取得或放棄某項重要資產，或其他重要的企業行動或發展。當企業公布新資訊，該資訊會散播或傳遞至所有關係者。雖然資訊最初可能只限於局部傳播，但投資人一旦察覺其重要性，就會迅速散布開來。可是，除非相當數量的市場參與者都已得知，否則相關資訊就不能被視為充分傳播。就當今的狀況來說，資訊的傳播速度往往非常快速，因為多數企業都透過全國性新聞機構，即時向所有利害關係者發布企業的重大新聞。資訊一旦充分傳播，就屬於**公開資訊**的一部分，如圖 5.3 所示。

21　SEC Regulation FD, § 17 CFR 243.100-243.103 (2000).

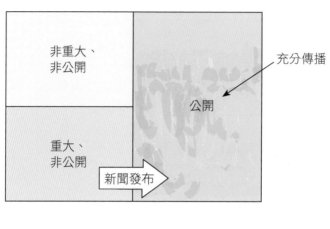

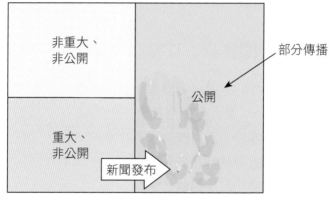

▶▶ **圖** 5.3 **資訊傳播至市場**

◆ 何謂「所有可獲得的資訊」

　　關於**資訊**，我們現在已經有一個合理且可行的定義，接下來要討論的是：何謂「**可獲得的資訊**」（available information）。根據定義，所有**公開**資訊都是可獲得的資訊。可是，有些資訊雖然可供大眾運用，卻通常很難取得，或取得成本高昂。我們稱這類資訊為**半公開資訊**（quasi-public information），[22]因為這類資訊在技術上雖

---

22 這不是「正式」的名詞，而是我們自行編造的。

然是公開資訊，卻有許多與非重大的非公開資訊相同的特質。這類資訊包括衛星擷取影像、網路數據採集軟體的使用、[23]消費者調查報告、根據資訊自由法（Freedom of Information Act）申請的公司資訊公開、[24]法庭文件，或其他類似來源的資訊。公眾雖然可以獲得這些資訊，但需要付出成本，所圖 5.4 所示。

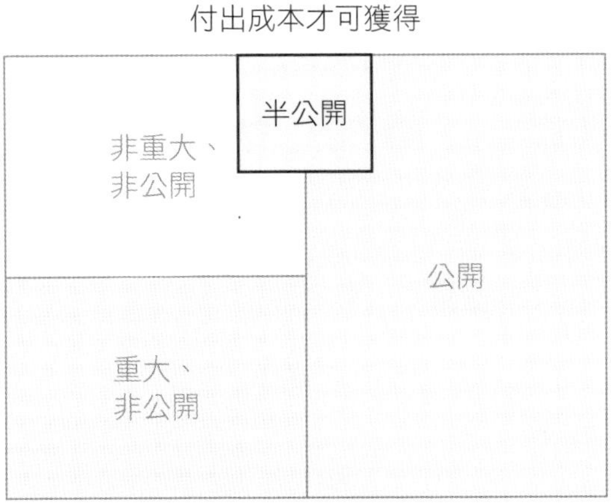

付出成本才可獲得

▶▶ 圖 5.4　付出成本才可獲得的半公開資訊

另外，還有一部分的非重大、非公開資訊只提供給某些投資人，並非所有人都可獲得。這類資訊的取得往往需要付出時間成本，而不是金錢。舉例來說，有些投資人擁有管道可接觸某些公司的管理團隊、競爭對手、客戶、供應商，乃至於其他產業專家，因

23　網路數據採集軟體的一個使用例子，是利用程式機器人向某個連鎖飯店預定房間，藉以判定飯店的住房率。

24　資訊自由法是 1967 年開始實施的法案，賦予公眾權利取得任何聯邦政府機關的紀錄，但同時也規定當事人必須披露所取得的任何資訊，前提是該資訊不會傷害美國政府或私人利益。要取得更深入的相關資料，可以閱讀 Gargano, Rossi 與 Wermers 於 2015 年發表的傑出論文「The Freedom of Information Act and the Race Towards Information Acquisition」。

為他們投入了時間在業界長期耕耘。經紀商舉辦的投資研討會就是很典型的例子，只有該經紀商的往來客戶才有機會參加企業管理層的簡報，或面對面和企業高級主管談話。唯有經紀商的顧客才享有這些特權，其他人則被排除在外。任何人都可以付錢參加這類研討會，然而，如果跟企業管理層維持長久的關係，顯然更容易在這類討論中受惠，因為彼此之間的關係奠定在交情與信任之上，這是花錢買不到的。取得這類資訊所需要支付的代價，通常是時間。

根據公平披露規定，任何情況下都必須無選擇性地披露重大資訊，但這項規定並沒有禁止任何非重大資訊的披露，而這類聚會所傳遞的大多數資訊都屬於這類性質。請參考圖 5.5，其中顯示非重大的非公開與半公開資訊。

▶▶ 圖 5.5　非重大的非公開資訊也有相應的取得成本

圖 5.6 顯示所有的重大非公開資訊都被關在柵欄後面，強調這類資訊所涉及的法律限制（以及據此進行交易可能遭致的後果）。我們把一部分非重大資訊放置在鐵絲網後面，表示這類資訊不容易取得（儘管某些資源豐富的投資人願意花費金錢與精力，設法取得

這些資訊）。[25]

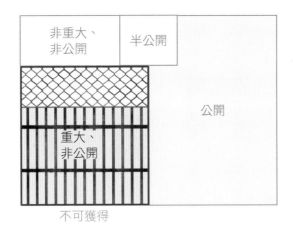

▶▶ 圖 5.6　不可獲得的重大、非公開資訊

最後，圖 5.7 顯示法馬理論中完整的**所有可獲得的資訊**。

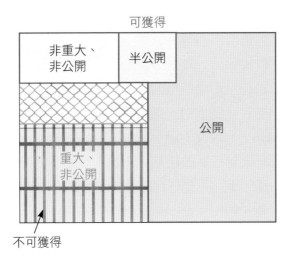

▶▶ 圖 5.7　法馬所謂的「可獲得的資訊」

25 請記住，這些類別的劃分是流動且隨著時間經過而變動的。舉例來說，今天不可獲得的資訊，可能會因為解禁或公布而變得公眾可獲得的資訊。

現在，我們已經界定了「**所有可獲得的資訊**」，接下來就可以轉向另一道問題：相關資訊是否已經**充分反映**在股票價格上？

市場效率法則

當下列三個條件成立，市場裡**所有可獲得的資訊**才算**充分反映**在股票價格上：

1. 所有可獲得的資訊已經**傳遞**至充分數量的投資人。
2. 充分數量的投資人已經**處理**相關資訊，而且沒有發生任何系統性錯誤。
3. 交易相關證券的充分數量投資人，已經把該資訊**納入**市場價格考量。

雖然我們把這些原則稱為法則，但實際上卻是相當隱晦的。如同羅傑‧穆雷教授說的，效率市場假說可以被視為「理性世界裡的一塊磁石，持續拉扯市場價格向內含價值靠攏。」效率市場假說反映的是一種自主、自然且非意圖的秩序。引用亞當‧福格森（Adam Ferguson）在《文明社會史》（*The History of Civil Society*）的論證，法則是人類行為的結果，不是人類設計的結果。跟十誡不一樣的是，市場效率並不是任何實體或神聖力量所主宰，而是自主形成的法則。圖 5.8 顯示這三項法則的進程。

▶▶ 圖 5.8　**市場效率的三個法則**

請注意，市場效率的每一項法則是否成立，都取決於**充分數量**的投資人。至於何謂充分數量，並沒有簡單的衡量標準，但下列比喻應該可以提供一些啟示。

藥理學把**低限劑量**（threshold dose）定義為藥物能夠產生期待結果的最低數量。舉例來說，你為了準備明天的考試，必須保持清醒幾個小時。你需要飲用足量的咖啡，但又不能過量，免得過度興奮。在正常情況下，每杯咖啡大約含有 95 毫克的咖啡因，一杯咖啡大約有 16 小口，所以每小口大約含有 6 毫克咖啡因。你知道喝一口咖啡不足以提神。藥理學家會告訴你，低限劑量就是能夠讓你保持清醒的最低咖啡因攝取量。

我們借用低限劑量的概念來討論市場效率——「低限劑量」就是讓資訊能夠充分傳遞、被適當處理，而且被充分納入股票價格所需要的最低投資人數量。我們往往無從得知市場在什麼時候達到了這個閾值，更不知道多少個投資人才能滿足這個條件；不過，我們將在下一章闡述，伴隨著投資人數量的增加，市場將如何逐步逼近這個低限門檻。

以下探討這些原則不成立的時候將會出現的情況，預先概述了後續幾個章節即將涵蓋的主題：

法則一：傳遞

所有可獲得的資訊必須**傳遞**至充分數量的市場參與者，市場才能達到效率價格。這項法則所預設的條件是：投資人必須掌握相關資訊，或清楚知道相關資訊的存在。如果重大資訊不能充分傳遞，股票價格可能定價錯誤。

法則二：處理

市場參與者需要**處理**資訊，評估該資訊對股票內含價值造成的影響。處理資訊的過程不能發生普遍性的**系統性錯誤**，否則這項法則無法成立。雖然大多數投資人已經處理了相關資訊，也各自評估了股票內含價值，但這些估計值還沒有反映在股票價格上，直到資訊被**納入**為止。如果處理相關資訊的投資人數量不足，造成某種形式的資訊疏漏，則股價可能定價錯誤。另外，即使處理相關資訊的投資人數量足夠，但他們對內含價值的估計普遍存在相似的**偏差**，而且這種偏差被納入股價，同樣可能導致定價錯誤。

法則三：納入

投資人必須在市場表達他們認定的內含價值估計量，資訊才能充分被納入並反映在股票價格上。唯有透過交易活動，估計值才能被納入股票價格，我們將在後續章節更完整闡述這一點。舉例來說，有一份研究報告建議買進或賣出某支股票，或某個人透過電視、部落格或投資網站，表達他對特定公司的看法；在這種情況下，唯有當市場參與者根據相關資訊而採取行動，或進行交易，這些觀點才會被納入股價。如果存在某種障礙阻擾投資人交易該股票，因而無從納入他們的估計值，股票可能就會定價錯誤。如果投資人沒有在市場上表達他們的估計值，則包含在估計值裡的資訊就無法被納入股價。

市場效率法則完美運作的時刻

我們運用下列例子，說明前述三項市場效率法則的實務運作。2016 年 2 月 23 日，「萬機儀器」（MKS Instruments）在股市開盤前宣布該公司打算併購「理波公司」（Newport Corporation），每股現金價格為$23.00，併購價格遠超過理波公司前一天的收盤價每股$15.04。併購價格公布之前，理波公司股票的交易並沒有出現異常的價格或成交量變動，意味著該消息並沒有事先洩漏。這類出其不意的併購活動，顯然屬於重大、非公開資訊，所有的投資人想必都會認為這項資訊一旦公布，將顯著影響股價。

萬機儀器在美國東部時間早上 7 點公布預定交易的細節資料，股票市場在 9 點 30 分開盤之後，理波公司股票立即**重新定價**，請參考圖 5.9。

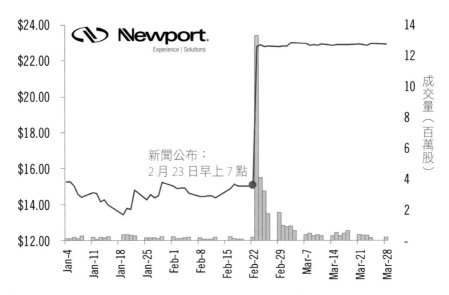

▶▶ 圖 5.9　併購消息公布之後，理波公司股票立即重新定價

萬機儀器發布的新聞被**充分傳遞**，滿足了市場效率的第一項法則。充分數量的市場參與者**處理**了新資訊，而且沒有發生任何系統性偏差，所以滿足了第二項法則。投資人嘗試賺取市場價格與併購價格之間的差價，新資訊幾乎立即被**納入**股價，因此滿足了第三項法則。

市場效率法則的運作機制

雖然我們敘述了市場效率的法則，但沒有解釋這些法則發揮作用而產生效率市場價格的機制。

◆ 個人的處理

實務上，個人買進股票的原因，在於他們相信股價將來會上漲，這也意味著他們估計的內含價值大於市場價格。對於股票的內含價值，投資人必定擁有一個自己心目中的估計值，因此才會決定買進股票。

圖 5.10 說明個人投資者評估股票內含價值的基本程序。我們將在後續章節裡更詳細討論這個模型。

如圖 5.10 的模型所顯示，投資人首先觀察某家公司的事件發展，可能是最近發布的新聞、公司執行長接受採訪、新聞部落格提供的資訊，或透過其他管道取得該公司基本面相關的資訊。然後，投資人運用某種模型[26]處理相關資訊，取得公司價值的估計量。接

---

26 所謂模型，指的是主導個人決策程序的信念體系、法則組合、因果關係等。特

著，取決於股票目前價格與估計內含價值之間的落差，投資人可能採取對應的行動。一旦進行證券交易，就表示他對市場表達了他對該股票的看法，他的看法也就被納入了股票價格。

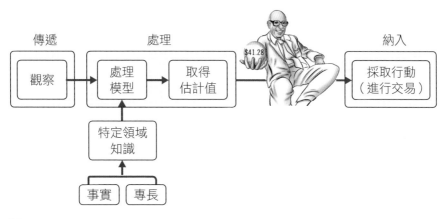

▶▶ 圖 5.10　個人估計內含價值的程序

◆ 個體的聚合

股票市場會**整合**所有個別交易，這些交易可能來自全世界各地的無數投資人（我們稱他們為*集體*或*群眾*），其中每一筆交易對股票內含價值所持有的意見都不一樣，而他們的估計值將被整合成為單一市場價格，代表整體市場對於企業價值的共識估計量。當效率市場假說的原則被滿足，這個集體就創造一個有效率的股票價格，如圖 5.11 所示。

這個**集體程序**就是主導市場效率三大原則的機制。這個程序如果運作得當，股票價格就會呈現市場效率，排除任何定價錯誤，導

定知識領域所包含的事實、專長與經驗等因素將塑造或影響個人的模型。

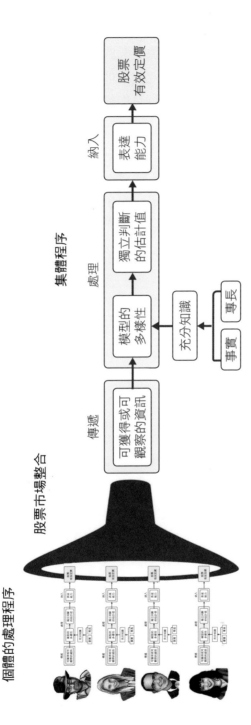

▲ 圖 5.11 個體的程序被整合成集體程序

致投資人的績效無法超越市場，無從創造 α。

　　這個主導機制被稱為**群眾智慧**。我們將在下一章解釋這套理論的運作，並且說明群眾如何讓效率市場法則發揮作用，進而產生效率股票價格。

重點摘要

- 市場必須具備效率，才能創造 α（alpha）。暫時性缺乏效率或定價錯誤的現象，最終必須仰賴市場效率，才能被糾正。否則，市場將繼續維持定價錯誤，任何人都無法在這種情況下穩定創造 α 並擊敗市場。

- 基金經理人的唯一目標，就是賺取的投資報酬經過風險調整之後，能夠超越市場水準。基金經理人創造的報酬如果在扣除基金費用之後不能超越市場，則投資人寧可投資低成本的指數型基金。在華爾街，衡量投資成就的標準不僅在於創造正數報酬，還必須創造超越大盤市場或特定參考基準的報酬。

- 績效極難長期超越市場。對於積極管理型的投資來說，成功的跡象微乎其微。

- 由於股票市場是零和賽局（嚴格來說，其實是負和賽局），再加上許多動機強烈、極端精明的投資人參與競爭，任何人想要長期勝過大盤市場，恐怕非常困難。擊敗市場的唯一方法，就是系統性且持續性地有效辨識市場上證券定價錯誤的現象。

- 證券價格如果充分反映所有可獲得的資訊，價格將具備效率，於是市場價格將等於公司的內含價值。

- 下列三個原則必須成立，市場裡所有可獲得的資訊才算充分反映在股票價格上：

   1. 所有可獲得的資訊已經**傳遞**至充分數量的投資人。

   2. 充分數量的投資人已經**處理**相關資訊，而且沒有出現任何系統性偏誤。

   3. 交易相關證券的充分數量投資人，已經把該資訊**納入**市場價格。

CHAPTER

如何思考群眾智慧

奧斯卡獎得主是……

　　保羅‧喬森在哥倫比亞商學院開設的 1994 年秋季班證券分析課程結束之後，保羅‧桑金與其他 21 位同班同學，慫恿喬森另外開設 1995 年春季班的進階投資課程。

　　過去幾年來，保羅‧桑金的朋友裘蒂‧海勒（Jodi Heller）總會舉辦奧斯卡年度頒獎的派對，她讓賓客們猜測誰會得到那幾個備受矚目的獎項。為了增添競賽的趣味，裘蒂讓每位賓客下注到獎金池裡，最後猜得最準確的人將獲得獎金。

當時距離第 67 屆奧斯卡獎頒獎典禮只剩下幾個星期的時間，桑金也想在喬森的課堂裡舉辦類似競賽，不是為了評比預測能力，只是為了消遣。桑金建議採用裘蒂的競賽方法。

　　巧合的是，喬森剛剛讀了一篇傑克·崔諾爾（Jack Treynor）[1]的文章，討論他在南加州大學投資課堂上進行的一場競賽；他把一個裝著豆子的玻璃罐在課堂上傳遞，讓學生猜測罐子裡的豆子數量。根據這篇文章，崔諾爾進行了兩次實驗。第一次，罐子裡的豆子數量為 810 顆。學生猜測豆子數量的平均數為 841 顆，全班 46 人之中，只有 2 個答案的準確度超越平均值。第二次實驗，罐子裡裝著 850 顆豆子。學生們猜測豆子數量的平均數為 871 顆，只有 1 位的精確度超越平均值。崔諾爾在文章裡歸納出以下洞見：

> 　　學生們顯然不需要具備任何豆子、玻璃罐或包裝相關的知識，就能相當準確地預測玻璃罐裡的豆子數量。這一切需要的只是**獨立性**。[2]

　　喬森的興趣被勾起了，他嘗試複製崔諾爾的豆子玻璃罐實驗，但採用 1995 年的奧斯卡獎作為他的豆子罐。實驗過程中，喬森要求學生們挑選 12 個獎項之中他們各自認為最有可能得獎的贏家。

　　除了記錄每個學生挑選的 12 個贏家，喬森還標示每個獎項中最多學生挑選的贏家；這 12 位最多學生挑選的得獎候選人名單，被視為「群體選擇」，也代表班上的共識。奧斯卡獎頒獎典禮結束

1　傑克·崔諾爾是個成績斐然的投資專家，也是備受推崇的金融理論家，更是多產的金融論文作者。他曾經擔任 CFA 協會刊物《金融分析師期刊》（*Financial Analysts Journal*）的編輯長達十幾年。

2　Jack. L. Treynor, "Market Efficiency and the Bean Jar Experiment," *Financial Analysts Journal* 43, no.3 (1987): 50-53.

後，喬森宣布班上的贏家，頒發獎金。這項競賽的結果，符合崔諾爾實驗的結論：共識擊敗個體。

表 6.1 顯示，在 12 個獎項之中，共識猜中了其中 9 個獎項的得主，準確率高達 75%。表現最好的學生，準確度也僅僅與共識相同，同樣猜中 12 項當中的 9 項；其他學生的猜測結果都不如共識。第二名的學生在 12 項之中猜中 8 項，準確率為 67%；排除第一名與第二名之後的所有學生，在 12 項之中平均只猜中 5 項，準確率是 43%。

▶▶ 表 6.1　奧斯卡獎競賽結果

	共識	個人		
		第一名	第二名	平均
正確猜測	12 項猜中 9 項	12 項猜中 9 項	12 項猜中 8 項	12 項猜中 5 項
準確率	75%	75%	67%	43%

隔年的春季班，喬森又進行了一次相同的競賽，參賽學生更多，規則相同，結果也很類似。這一年的共識與第一名的成績，都是 12 項當中猜中 8 項，準確率為 67%；第二名的學生在 12 項之中猜中 7 項，準確率 58%；其餘學生的平均準確率只有 38%。

喬森清楚瞭解崔諾爾豆子罐實驗、奧斯卡得獎競賽，以及股票市場共識之間的關連。這些早期獲得的啟示，激發了喬森的興趣，亟欲釐清效率市場假說以及他身為股票市場賣方分析師的個人經驗，兩者之間看似存在的矛盾。

後續幾年，喬森在每一年開設的春季班課程都會進行這項奧斯卡得獎者競賽，並且邀請麥可・莫布新（哥倫比亞大學的客座教

授）與保羅・史蒂芬斯（Paul Stevens，喬森的同事，在加州大學柏克萊分校開設投資學課程）於 1997 年在他們的課堂裡進行相同的實驗。這三個課堂實驗的結果很相似，共識的準確度最高，勝過所有參賽者。喬森在 1998 年發表一篇短文[3]講述這些實驗結果，論證獨立行動的個體如何形成可靠的群體，並且說明這項論證對市場效率的意涵。

喬森的「奧斯卡文章」在華爾街流傳了幾年。2001 年，《紐約客》的特約撰稿人吉姆・索羅維基（Jim Surowiecki）在他的專欄〈財經版〉（The Financial Page）提到喬森的奧斯卡得獎者競賽。索羅維基在他的文章裡解釋，大眾媒體的外來評論如何影響股票市場共識：

> 這兩天觀賞 CNBC 的節目，得到一項啟示：如此鉅細靡遺評論股票市場的每分鐘走勢，實在毫無意義——原本立場分歧、獨立思考的投資群眾將被誤導，形成羊群效應，進而展現為單一思維的群體，因此扭曲了市場的運作。[4]

對於喬森的競賽，索羅維基表示：「群眾的選擇總是比個人選擇更準確，即使預測能力最強的個人也會被擊敗，而且屢試不爽。」接著他又補充說：「沒錯，這項結果再次證明了市場比專家更聰明。可是，意義不僅如此。喬森的學生們是獨立擬定決策的。」他如此總結：「所有這些獨立決策的集體結果，幾近於完

---

3 保羅・喬森的論文最初以草稿形式在 1998 年 9 月傳閱，標題是〈奧斯卡獎、莎朗史東與市場效率〉（Academy Awards, Sharon Stone and Market Efficiency）。

4 Jim Surowiecki "The Financial Page: manic Monday (and Other Popular Delusions)," *The New Yorker*, March 26, 2001.

美。這正是市場正常狀況下的運作方式。」

　　索羅維基持續熱衷於這個主題的研究，最後在 2005 年 8 月出版《群眾智慧》（*The Wisdom of Crowds*）一書。書名中的「群眾智慧」是索羅維基的原創，也是來自查爾斯・馬凱（Charles Mackay）1841 年 的 著 作《 異 常 流 行 幻 象 與 群 眾 瘋 狂 》（*Extraordinary Popular Delusions and the Madness of Crowds*）的啟發。

　　索羅維基的著作將「群眾智慧」的概念引進大眾的視野，但早在他的書出版的 10 年前，也就是 1995 年，美國密西根大學經濟學教授史考特・佩奇（Scott Page）已經開始研究以多樣性為基礎的模型（diversity-based model）。[5]他的研究成果後來匯集成 2007 年 2 月出版的傑出著作《差異》（*The Difference*）；這部作品又啟發了麥可・莫布新在 2007 年 3 月寫下了一篇精彩的文章〈關於群眾智慧，以及多樣性邏輯的運用〉（Explaining the Wisdom of Crowds, Applying the Logic of Diversity）。[6]

　　回顧過去這二十幾年，我們覺得事態的發展實在太神奇了——原本只是個教授與學生們之間的競賽遊戲，竟然跟群眾行為研究的領域沾上了邊，後來還激發了無數論文、書籍與學術研究計畫，甚至正式催生了一個解釋群眾智慧的模型，為股票市場的運作帶來更深入的洞見。一個了不起的點子，總會匯集各家貢獻。

PART

PART

1

完美投資

231

5　雖然佩奇沒有特別提到奧斯卡獎，但這裡的討論如果沒有提及他，顯然就是嚴重疏忽；關於群眾智慧的主題，他所發表的學術論文比任何人都多，也是這個領域的權威。

6　這篇文章刊載於《莫布新論策略》（*Mauboussin on Strategy*, Legg Mason Capital Markets, March 20, 2007）。

群眾智慧是市場效率的關鍵

我們在前一章提到，支配市場效率三大原則的機制如果運作得當，股票就會呈現效率定價。我們為什麼要如此強調群眾智慧的重要性呢？因為群眾智慧就是其中的統籌機制，支配著市場效率的三大原則發揮作用。

我們稍後將會解釋，群眾智慧在怎麼樣的情況之下才稱得上正常運作：

- 資訊將充分**傳遞**：市場參與者觀察、擷取並整合資訊。
- 資訊將被**處理**：市場參與者會評估價值，無偏差地進行估計。
- 資訊將被**表達**、**整合**，並且在沒有任何重大干擾的情況下，透過交易而被**納入**股票價格。

以上情況一旦成立，價格就會**充分反映所有可獲得的資訊**，符合尤金·法馬的市場效率定義。

群眾智慧如何實現市場效率法則

本章將延伸討論市場效率的基本原理，說明群眾智慧如何實現市場效率法則，進而產生有效率的股票價格。投資人更深入瞭解這個機制之後，就能夠有效辨識市場效率基本原則失能而產生定價錯誤的狀況。投資人也因此掌握了優勢，可以趁機利用這些暫時性錯誤所引發的錯誤定價現象。

股票分析師需要瞭解這種群眾智慧的運作機制，才有能力辨識效率缺失的型態，並且瞭解那些效率缺失的現象將會如何被糾正；這樣的洞察讓分析師穩定創造 α，掌握投資的聖杯。

◆ 群眾智慧的三大原則

　　我們把市場效率的三個原則，分解為下列六種條件，藉以說明群眾智慧如何實現這三大原則。必須留意的是，下列的每一個環節，只要有**充分**或**低限**數量的投資人參與其中，該條件即可成立。

傳遞

　　1. 群眾**可獲得**並且能夠**觀察**相關資訊。

處理

　　2. 群眾必須具備充分的**特定領域知識**，掌握相關事實或具備專長。

　　3. 群眾必須多元。

　　4. 投資人的行為必須彼此**獨立**。

納入

　　5. 投資人不能遭遇重大交易障礙，否則無從**表達**、**整合**他們的價值估計量，並且將之**納入**股票價格。

　　6. 個人必須懷有**動機**，促使他們尋找自己認為正確的估計值。

　　以上六個條件一旦成立，群眾就能產生準確的答案，個體也就幾乎不可能擊敗群眾。圖 6.1 顯示群眾智慧六大條件的其中五個。[7]

7　華爾街提供了相當充分的動機，所以我們認為沒有必要在這個集體化程序的模型裡處理動機的面向。

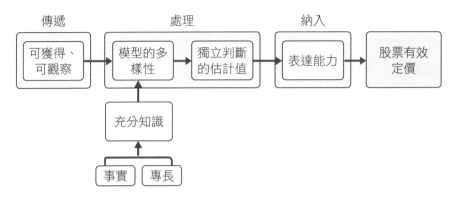

傳遞　　　　　處理　　　　　納入

可獲得、可觀察 → 模型的多樣性 → 獨立判斷的估計值 → 表達能力 → 股票有效定價

充分知識

事實　專長

▶▶ 圖 6.1　集體化程序發揮適當功能，藉以產生效率價格

為了產生效率股價，資訊必須可獲得、可觀察；相關資訊必須經由各種不同模型的處理，而且每個模型都具備充分知識，有能力產生獨立（沒有偏差）的估計值，並且在沒有重大交易障礙的情況下，在市場上透過交易來表達各自的估計值。唯有當前述程序中的任何一個環節失能，股票才會出現定價錯誤的現象。

　　日本有句古老的諺語，直指群眾智慧的核心：「沒有個體會比群體聰明。」當群體中的每個成員都僅僅掌握部分或有限的知識時，群體又如何提供準確的答案呢？

⚙ 原則一：資訊傳遞

讓群眾智慧產生精確估計值的第一個條件是：充分數量的投資人**可獲得**並且能夠**觀察**相關資訊。可獲得的資訊如果被忽略、漠視，或沒有經過適當傳遞，投資人就不能、也不會在他們的模型中運用該資訊，可能因此導致定價錯誤，如圖 6.2 所示。

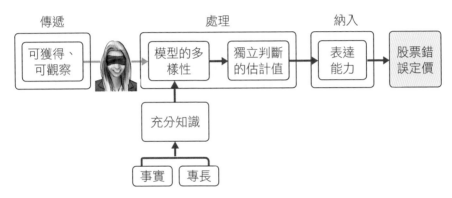

▶▶ **圖** 6.2 **資訊傳遞不充分，導致股票錯誤定價**

第一個條件符合了效率市場假說的第一個法則：所有可獲得的資訊已傳遞至充分數量的投資人，如圖 6.3 所示。

▶▶ **圖** 6.3 **符合市場效率第一法則**

⚙️ 原則二：資訊處理

　　要讓群眾智慧發揮正常作用，就必須有充分數量的投資人處理資訊，而且處理過程中不能存在任何系統性偏差，這意味著群眾的構成必須**多元**而彼此**獨立**。第二個條件要求充分數量的投資人具備**特定領域知識**，知識的程度必須足以建構他們用來處理資訊的心智模型。換言之，如果群眾之中沒有人搞得清楚狀況，群眾智慧就不能產生準確的答案。

　　史考特・佩奇在他的著作《差異》裡透過一個簡單的例子說明了這一點。如果請 10,000 位小學一年級的學生猜測波音 747 的重量，大概沒有人會期待他們的集體估計值將接近飛機的實際重量，理由很簡單：這些小孩根本沒有概念，也無從利用任何參考點來猜測波音 747 的重量。這個群眾的集體猜測不可能準確，因為當中沒有人具備特定領域知識。事實上，有些小孩甚至可能以為波音 747 是玩具，重量頂多一、兩磅！

　　另一方面，設想被要求猜測飛機重量的是一群專門駕駛波音 747 的商用飛機駕駛員，而不是一群小學生。這些駕駛員具備 747 飛機相關的特定領域知識，我們會預設他們大致瞭解這種飛機的重量。或者，想像另一群航太工程師，他們可能不知道 747 飛機的重量，但具備這個領域的專業知識，因此有能力合理估計飛機的重量。我們稍後將會提到，群眾成員並不需要具備飛行員或航太工程師那種程度的特定知識，也可以做出準確的估計。

　　群眾即使是由各行各業的成年人所組成，當中可能有醫生、律師、印地安酋長、補鍋匠、裁縫師、士兵、間諜、肉販、烘焙師、蠟燭工匠等等，他們仍然可以提出準確的估計值。這些人雖然不像

飛行員或工程師那樣具備相關的專業知識，但他們確實掌握了特定領域的知識，知道各種物品如卡車或貨船的重量。運用這類知識，他們可能在合理範圍內猜測 747 飛機的重量。假設不存在系統性偏差，將一個結構多元之群體的個別估計值平均之後，即便這個群體「知識相對不足」，其對 747 飛機重量的共識估計，也可能達到令人驚異的準確度。

然而，儘管不需具備精確的資訊，但群眾之中如果沒有足夠數量的個體擁有必要程度的特定領域知識，則這個程序將產生一個次優的答案，就像前述那群一年級學生試圖猜測 747 飛機重量的情況，請參考圖 6.4。

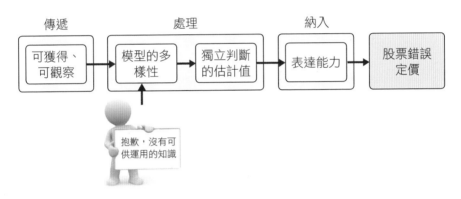

▶▶ 圖 6.4　群體中缺乏特定領域知識，導致股票錯誤定價

私有資訊

　　個人擁有的特定領域知識，也稱為**私有資訊**（private information）。經濟學的**資訊不對稱**（information asymmetry）理論所指的是，交易雙方的某一方比他的對手具備更多、更佳的資訊。1970 年，喬治·阿克洛夫（George Akerlof）針對這個主題寫了一篇帶來巨大影響的學術論文〈檸檬市場〉（The Market for Lemons），後來獲得 2001 年的諾貝爾經濟學獎。阿克洛夫舉二手

車市場作為例子，二手車的賣方通常比買方掌握更多的資訊。在阿克洛夫的例子裡，買方知道市場裡有好車與壞車（桃子與檸檬），但沒有足夠的資訊區分兩者。另一方面，賣方則擁有買方所沒有的**私有資訊**。在這個例子裡，賣方是**知情**的一方，因為他們瞭解自己的車子，掌握較多資訊，知道自己手裡握著的是桃子或檸檬；買方則**不知情**，因為他不知道有關車子品質的珍貴資訊。

個體掌握的私有資訊包括所有跟事實和經驗有關的知識，這些資訊也就代表他的特定領域知識，形成資訊處理模型，如圖 6.5 所示。

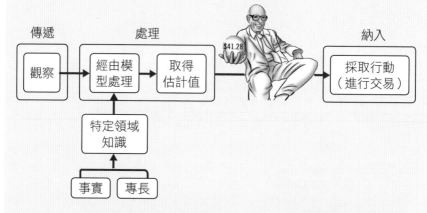

▶▶ **圖 6.5　特定領域知識包含建構個人處理模型所需要的事實與專長**

每位投資人都掌握各自的私有資訊，其中包括不同的知識與經驗，這些私有資訊影響著每個個體對公司內含價值的判斷。舉例來說，某些投資人只擁有公開資訊，另一些人可能還擁有半公開資訊、非重大的非公開資訊，以及重大的非公開資訊。圖 6.6 顯示三位不同的市場參與者各自擁有的資訊組合：公司執行長、一位消息靈通投資人，以及一位消息不靈通投資人。[8]

8　也稱為「雜訊交易者」（noise trader）。

| 公司執行長 | 消息靈通的投資人 | 消息不靈通的投資人 |

▶▶ 圖 6.6　**個體掌握的私有資訊**

　　我們將在第八章提到，有野心的投資人往往試圖結合公開、半公開，以及非重大的非公開資訊，以此形成優異的私有資訊，進而建立**資訊優勢**。接著，他們將自己的分析程序運用於那些優異的私有資訊，歸納出重大、非公開，卻**合法**的結論。

　　第三個條件是**多元性**，群眾裡必須有充分數量的成員各自擁有不同的背景、教育、經驗、分析方法，並且運用不同的模型處理資訊。我們已經說過，內在心智模型是由個體擁有的特定領域知識所形塑的，而這些知識包括他們所掌握的事實與專業能力。

　　圖 6.7 以汽車模型代表不同的心智模型。在華爾街，所謂不同的模型，可能包括現金流量折現分析、技術分析、占星學、[9]總體分析、基本面研究，以及其他投資方法。

9　沒錯，占星學。占星家基金（Astrologers Fund, Inc.）董事亨利‧溫加騰（Henry Weingarten）從 1988 年以來就引用金融占星學從事投資，他也是《星座投資：占星學在金融市場的運用》（*Investing by the Stars: Using Astrology in the Financial Markets*）的作者。

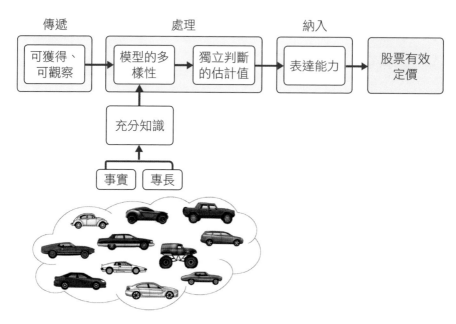

▶▶ 圖 6.7　模型的多樣性產生效率價格

如果群眾的成員一概採用相同的事實，擁有相同的經驗，或運用相同的心智模型從事思考，就會失去群眾的多元性。在缺乏多元性的情況下，群眾裡的個體將會產生彼此類似的答案，群眾共識與個人的答案相去不遠，於是群體共識就僅僅代表個別觀點。結果，群眾的答案再也無法享有多元性所帶來的效益，股票價格也可能因此定價錯誤。[10]圖 6.8 裡的每個人都駕駛相同款式的汽車，代表這種欠缺多元性的現象。

---

10 當然，除非每個人採用的模型都是「正確」模型。舉例來說，如果每個人各自引用不同的方法估計某個房間的面積，這意味著大家採用的模型彼此分歧。反之，假定每個人都使用相同的量尺測度房間大小；在這種情況下，他們雖然採用相同的模型或方法，但測量結果還是正確的。撇開這種例外不談，在股票市場之類的複雜情境裡，所謂的「正確」模型是罕見的。儘管我們不得不特別說明這種例外情況，但這通常不適用於股票價值評估。

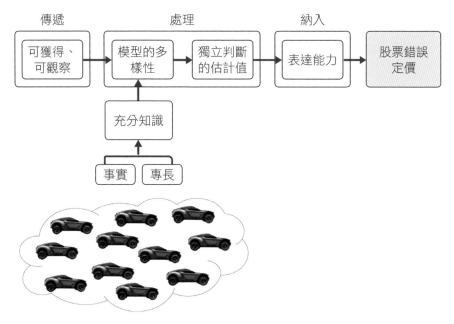

▶▶ 圖 6.8　缺乏多元化，導致錯誤定價

　　第四個條件是**獨立**，群眾裡必須有充分數量的成員能夠自主判斷，不受彼此干擾。儘管個體可以接受外部因素或特定資訊的影響，但必須確保群體內只有相對少部分人同時被相同的外部刺激（包括別人的觀點）所影響。**如果有太多參與者同時被相同的因素影響，群眾共識將崩塌成為單一觀點，或僅僅代表少部分人的意見**；如前文提及的，這就是群眾喪失多元性的結果。如果群眾裡有太多成員被他人觀點影響，以至忽略或擱置自己所掌握的資訊，他們就可能陷入所謂的**資訊瀑布**（information cascade）；我們將在下一章深入討論這個概念。

　　一旦群眾受到**系統性**的影響，就可能導致定價缺乏效率。在極端情況下，獨立判斷能力全然崩解，群眾將陷入狂熱或恐懼，可能對當前情境過度樂觀，或相信世界末日即將降臨。這兩種極端的例

子一再說明，群眾如果缺乏獨立性，就會被誤導而促使股價出軌。
回顧穆雷的磁石比喻，我們看到圖 6.9 所顯示的效應。

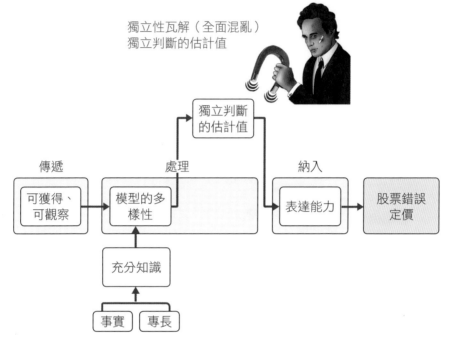

▶▶ 圖 6.9　混亂造成獨立性瓦解，導致錯誤定價

　　想要瞭解群眾智慧的功能發揮或潛在的**功能失調**，乃至於市場
效率，**多元性**與**獨立性**是極端重要的概念；因此，我們將透過一個
簡單的例子，[11]進一步強調這兩種概念的差別，與兩者的相互關
係。

　　有一天早晨起床，你照鏡子發現自己的鼻子呈現螢光黃色，於
是你緊急預約艾姆斯醫生，她是曼哈頓上東區西奈山醫院的著名耳

11　感謝美國西北大學凱洛管理學院（Kellogg School of Management）的奈德‧史
　　密斯（Ned Smith）建議採用這個例子。

鼻喉科專家。她做了幾項檢驗，診斷你罹患了惡性螢光鼻腔症，情況顯然不妙。醫生建議你動手術割除鼻子，避免感染蔓延到全身。她離開診間，10 分鐘左右之後，她帶了另一位她負責指導的實習醫生，這位年輕的班尼斯醫師也是耳鼻喉專科醫生，他剛結束駐院實習。班尼斯醫生看著你，態度似乎有點畏縮，他對你說：「我聽了艾姆斯醫生簡單說明你的情況，我需要再詳細檢查一下。」班尼斯醫生又進行了幾項檢驗，然後表示：「我同意艾姆斯醫生的診斷，你的鼻子必須切除。」

你決定要在動手術之前聽聽其他專家的意見。於是，你預約了康納醫生，她是紐約地區另一家高級醫院威爾康乃爾醫療中心的著名耳鼻喉科專家。康納醫生進行幾項檢驗，結果她的診斷和西奈山醫院的兩位醫生相同：惡性螢光鼻腔症，建議手術切除。你問康納醫生是否認識西奈山醫院的兩位醫生，她回答說不認識。

你打了電話給姐姐堂娜，她是全方位健康顧問，你雖然不相信另類療法，但決定向她請教，想聽聽她對這些症狀的看法。她建議你去見她的好朋友威廉・道格拉斯。道格拉斯是針灸中醫師，頗受同業與病患推崇。當天稍晚，你到道格拉斯醫生那裡看診，他的辦公室就座落在紐約大學醫學中心附近。道格拉斯運用中國傳統醫術的「望聞問切」診斷，認為你不太可能罹患惡性螢光鼻腔症。他給了你一瓶中國草藥膠囊，指示你每天服用兩顆，他認為服藥一週就會痊癒。你帶著驚愕離開，但還是決定按照道格拉斯醫生的指示服藥。一個星期之後，你看著鏡子，發現自己的鼻子已經恢復正常。

你以為自己得到了四種不同的醫生意見，但實際上只有兩種，因為幫你看診的醫生並不具備多元的背景與立場，彼此並非獨立。圖 6.10 顯示你所見過的的醫生，並且列出他們進行的不同檢驗、

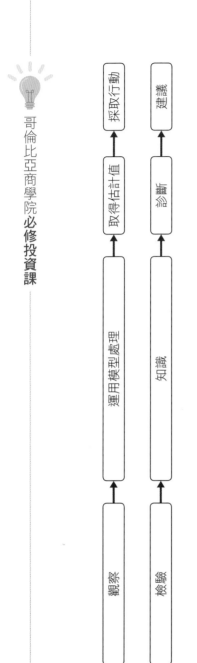

	觀察	→	運用模型處理	→	取得估計值	→	採取行動
	檢驗	→	知識	→	診斷	→	建議

醫師	檢驗項目			知識機構		診斷	採取行動
艾姆斯醫師	咽喉細菌檢驗	核磁共振	心電圖	JOHNS HOPKINS SCHOOL of MEDICINE	Mount Sinai	惡性	外科手術
班尼斯醫師	活體切片檢查	反射檢查	心電圖	EINSTEIN Albert Einstein College of Medicine	Mount Sinai	良性	外科手術
康納醫師	咽喉細菌檢驗	核磁共振	心電圖	JOHNS HOPKINS SCHOOL of MEDICINE	Weill Cornell Medicine	惡性	外科手術
道格拉斯醫師	驗血	反射檢查	心電圖	COLORADO SCHOOL OF TRADITIONAL CHINESE MEDICINE	NYU Langone MEDICAL CENTER	良性	服藥

▲ 圖 6.10　醫生的診斷程序

就讀的醫學院，以及服務的醫院，還有他們的診斷與建議，結果發現其中三位醫生之間的潛在關連。

艾姆斯醫生建議你進行外科手術。班尼斯雖然做了另一些你不知道的檢驗，診斷為良性螢光鼻腔症，但他沒有根據自己的診斷結果提供建議，反而採納了艾姆斯醫生的建議，因為艾姆斯醫生的資歷較深、經驗較豐富。班尼斯進行了不同的檢驗，加上他出身自不同的醫學院，似乎帶來了**多元性**；然而，他最後給予的建議顯然不具**獨立性**，因此喪失了原有的多元性。總之，由於*缺乏獨立性*，兩位醫生看似提供了兩個意見，實際上只有一個。

聽取第二種意見的目的，是為了得到不一樣的觀點。為了達到這個目的，新建議必須具備**獨立性**與**多元性**。你以為康納醫生提出的是獨立的見解，因為他服務於另一家醫院，從來沒聽說過艾姆斯醫師和班尼斯醫師。不幸地，這只是表面上的結論。康納醫生所做的檢驗和艾姆斯相同，而且你所不知道的是，她和艾姆斯醫師畢業自同一所醫學院。事實上，她和艾姆斯是同期畢業的同學，只是彼此不認識。所以，她們兩人所接受的訓練和診斷教學完全相同。他們兩人的處理模型所仰賴的，是相同的特定領域知識。艾姆斯醫師與康納醫師的建議雖然**彼此獨立**，但不具**多元性**，所以兩人最後提出相同的建議。她們採用相同的模型、運用相同的方法、處理相同的資訊。事實上，康納醫師的診斷與建議和艾姆斯醫生完全相同。所以，班尼斯醫師的看法被艾姆斯醫師影響，而康納醫師的特定領域知識則與艾姆斯醫師完全相同，你所以為的三個不同意見，實際上只有一個。

另一方面，道格拉斯醫師就讀於非傳統的醫學院。他的觀點沒有受到其他醫師的影響，因此能夠提出具有獨立性與多元性的診

斷。[12]

　　條件二、三與四，也就是充分的**特定領域知識、獨立性與多元性**，符合市場效率的第二個原則，如圖 6.11 所示。**相關資訊由充分數量的投資人處理，而且不存在任何系統性偏差。**

▶▶ 圖 6.11　符合市場效率第二法則

⚙ 原則三：納入資訊

　　接下來的兩個條件，規定投資人必須在沒有顯著障礙的情況下**表達、整合與納入**自己的估計值與意見，並且具備**動機**，確保已處理的資訊被充分納入股票價格。

　　投資人得出的估計值如果沒有被**納入**，就等同於投票沒有被計算。必須強調的是，如果超過某個數量的估計值沒有被**納入**，則個體估計值所蘊含的私有資訊與特定領域知識，就不會被**整合**成為共識的一部分，這種情況就像森林裡倒下的那一棵樹——如果沒有人聽見，那棵倒下的樹說得上有發出聲音嗎？例如，某個人在奧斯卡得獎名單猜測競賽裡猜對所有 12 個獎項，卻沒有把答案投進箱子

12　我們必須特別強調，在這個例子裡，儘管道格拉斯醫師具備的多元性與獨立性協助他得到正確答案，但他未必總是對的。

裡，他的猜測沒有被計算，因此不會被納入共識觀點之中。另外，如果群眾之中有很多人沒有表達他們的看法，則這群人就形成不了一個集體，共識看法也只反映少部分表達意見者的觀點，結果往往只能是次優的答案。在股票市場裡，次優的答案通常導致錯誤股價。圖 6.12 顯示這個情況，個體得出估計值，卻因為他們不願意或不能表達看法，導致估計值無法被納入市場價格。[13]

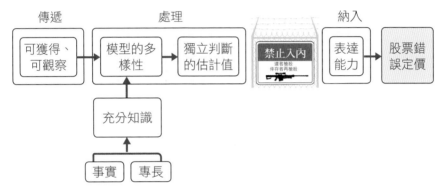

▶▶ 圖 6.12　某些因素阻擾資訊被納入，導致錯誤定價

最後一項法則是**動機**；這一點很重要，因為個人的努力程度通常與報酬對等。譬如前文談到的豆子實驗，如果猜對罐子裡頭豆子數量的人只能獲得$10 的獎金，而不是$10,000，人們可能就不願花太多時間與精力進行猜測。獎金如果只有$10，人們大概只會隨便猜測，因為他們沒有贏取獎金的強烈動機。反之，獎金如果是$10,000，相同的人可能就會變得更認真，想盡一切可用的精密方法。[14]有意思的是，動機不一定是金錢報酬；動機可以是專業認同

13　這是套利交易限制或障礙，將在下一章討論。

14　如果想知道如何更精確猜測罐子內的豆子數量，我們推薦愛德華・索普（Edward O. Thorp）的論文〈罐子裡有多少顆豆子？〉（How Many Beans in the Jar?），刊載於 1965 年 11 月的的 *Popular Mechanics*。

或聲譽，這些都可以被視為精神報酬或炫耀的本錢。如果存在負面動機，則可以抑制人們做出瘋狂、離譜的猜測，因為猜錯會有懲罰。

最後兩個條件的成立符合了效率市場假說第三法則：**充分數量的投資人透過交易，把相關資訊納入市場價格。**

當群眾智慧的所有六個條件都正常運作的時候，股票市場就會產生**效率定價**，價格將充分反映所有可獲得的資訊，如圖 6.13 所示。

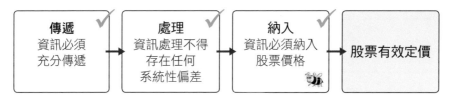

▶▶ 圖 6.13　符合市場效率第三法則

⚙️ 範例：群眾智慧如何實現效率市場假說的法則

本章剩餘篇幅將透過幾個不同的例子，解釋並且強調群眾智慧的六個層面。我們首先討論鋼筆辨識競賽的簡單例子，顯示個人擁有的資訊如何被整合，以致群眾勝於個人。接著，我們提到談論群眾智慧的一個經典案例——法蘭西斯‧高爾頓（Francis Galton）與1906 年的公牛重量猜測競賽。我們從這個案例探討**獨立性**與**多元性**之間的差別；這兩個條件是群眾取得正確答案的重要因素，我們將解釋其中原由。我們也說明了程序一旦出現**偏差**就會導致的結

果。然後，我們以搖滾樂團披頭四作為例子，證明即使只有一小部分群眾掌握跟問題相關的資訊，也能提供正確答案。最後，我們將闡述所有這些因素和股票市場之間的關連。

◆ 個人私有資訊如何整合為群眾智慧

接下來的這個例子將說明群眾智慧如何整合資訊以產生正確答案——比任何個體的答案更準確。

假設紐約「鋼筆醫院」每年舉辦鋼筆辨認競賽。[15]參賽者必須正確辨識 100 種鋼筆的製造商與款式，其中共有四家製造商，每家製造商各有 25 款鋼筆。參賽者事先並不知道主辦單位挑選哪四家鋼筆製造商。參賽隊伍最多可以由四位成員組成，贏家將獲得一年的免費鋼筆墨水。

組成參賽隊伍時，設想每位成員都熟識一種品牌的鋼筆，如圖6.14 所示。

▶▶ 圖 6.14　個人擁有的鋼筆知識

PART

1

完美投資

249

15 採用鋼筆辨識競賽作為例子，乍看之下或許顯得隨機，但很少人知道的是，保羅·喬森是個酷愛鋼筆的蒐藏家，擁有這方面豐富的知識，而且是全世界收藏量最大的鋼筆愛好者之一。

比賽一旦公布 100 款神秘鋼筆，你隊伍中的每個成員對於主辦單位挑選的四家製造商，將各自擁有豐富的知識。

　　這樣的知識組合讓你的隊伍有能力正確辨識比賽中的 100 款鋼筆，而其他參賽隊伍只能辨識其中 50 款。別忘了，你隊伍中的每個成員如果單獨參賽，每個人都只熟識一種品牌，只能夠正確辨識 100 款鋼筆之中的 25 款。可是，當四個人彼此合作，運用各自的**特定領域知識**，他們就可以正確辨識所有的鋼筆。

　　這個案例的關鍵要點是，你的隊伍中每個成員各自所具備的**特定領域知識**，都不足以單獨辨識所有的鋼筆；然而，結合四個成員各自的專門知識之後，就可以辨識所有鋼筆。換言之，三個臭皮匠（這個例子是四個）勝過一個諸葛亮。

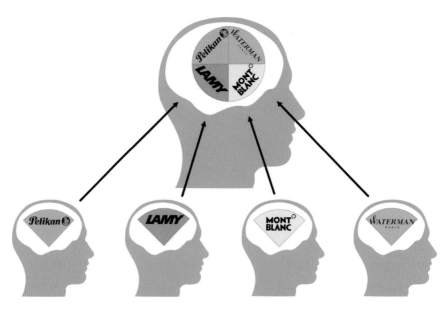

▶▶ 圖 6.15　集體知識勝過個人知識

群眾智慧透過整合程序，將個人（局部的）特定領域知識轉化為集體知識，最終創造「正確」答案。在這個例子裡，知識分散在四個人身上（各自只擁有總資訊中的 25%），但經過整合之後，集體掌握了 100%[16]的答案。

◆ 最經典的群眾智慧實例——法蘭西斯・高爾頓

有關群眾智慧的論述，最經典的案例來自法蘭西斯・高爾頓爵士發表的學術論文，標題是〈群眾之聲〉（*Vox Populi*），刊載於 1907 年 3 月 7 日出版的《自然雜誌》。高爾頓是英國傑出的統計學家與博學之士，他分析 1906 年在英格蘭普利茅斯（Plymouth）的西英格蘭肉畜與家禽展覽會上舉辦的公牛秤重競賽。每位參賽者必須繳納 6 便士[17]（經過通貨膨脹調整，相當於 2016 年的 US$3.84）報名費，參與猜測公牛屠宰之後的重量。答案最接近實際重量的人，就是這場競賽的贏家。根據高爾頓的計算，787 位參賽者猜測的重量，平均數為 1,197 磅，[18]與真實重量 1,198 磅只有 1 磅的差距。即使是高齡 86 歲的高爾頓，對群眾共識看法的準確程度也感到十分訝異。

---

16 在這個鋼筆競賽的例子，集體擁有全部的資訊。可是，請注意，群眾並不需要擁有全部的特定領域知識，才能創造極端準確的答案。集體要具備智慧，其中的個人只需要掌握充分程度的知識。

17 英國當時並非採用十進位。英國貨幣兌換是以英鎊為準，12 便士為 1 先令，20 先令為 1 磅，也就是 240 便士為 1 磅。

18 在此為熟悉這個故事的挑剔讀者附上說明：這個平均數 1,197 磅才是正確的數據。高爾頓在最初發表的論文裡犯了一些錯誤，他在 1907 年 3 月 28 日致函雜誌主編以糾正錯誤。詳細的數據資料請參考：Kenneth F. Wallis, "Revisiting Francis Galton's Forecasting Competition," in *Statistical Science* 29 (2014):420-424。

PART

1

完美投資

251

　　凡是討論群眾智慧的書籍、論文、研究報告，幾乎都會重複這個故事；我們覺得這本書也有必要引用，因為故事凸顯了這個主題中某些至關重要概念。

　　很多人從這個故事中得到一個**不正確的**推論：以為任何問題都可以透過群眾提供正確的答案，即使群眾中的個人對相關情況全然不瞭解也不是問題（可是，在小學一年級學生猜測波音 747 飛機重量的例子裡，我們早已強調：群眾中的個人必須具備充分的特定領域知識，他們的猜測才能歸納出準確的答案）。史考特・佩奇瞭解這種假設的謬誤所在，所以在他的著作《差異》中說：「1906 年那個時代的人，對肉牛都很熟悉。」他接著表示：「他們可能擁有某種估計肉牛重量的原始模型，而這些模型導向了牛隻重量的估計值。這些預測不是憑空而來的。」[19]高爾頓的傳記作者卡爾・皮爾

19 Scott E. Page, *The Difference: How the Power of Diversity Create Better Groups, Firms, Schools, and Society* (Princeton, NJ; Princeton University Press, 2008).

森（Karl Pearson）寫道：「情感因素讓這些判斷免於偏差……每人6便士的參賽費用，大概可以排除戲謔成分；此外，對獎品的期待，以及對比賽的熱衷，促使每個參賽者盡最大的努力。參與者包括肉販與農夫，他們當中有一些人相當擅長判斷牛隻重量。」[20]另外，我們也可以合理推論，如活動名稱所示，那些出席「西英格蘭肉畜與家禽展覽會」的人，對牛隻的興趣遠比一般民眾更強烈，相關知識也更豐富。展覽會參觀者的身分想必也非常多元，有年輕人，也有年長者，各自擁有不同程度的知識和經驗。這些參加者包含肉販、牛隻畜養者、牛隻拍賣者、牧農、獸醫、馴馬師、豬農、廚師，以及其他消費者。這個例子凸顯了特定領域知識與動機的重要性。

請注意，這次競賽總共有 800 張參賽卡，但高爾頓的論文表示：「剔除 13 張有瑕疵或無法辨識的卡片，我們僅討論剩下的 787 張。」這句話凸顯了某個細微卻重要的問題。任何人即使做出了估計，但沒有被**納入**，他的意見就不會反映到集體共識之中——就好像這個與會者從來沒有存在過一樣。這一點提醒了我們，個體必須表達他的估計值，把估計值送進整合機制裡，他的意見才能充分被納入共識之中。

圖 6.16 的基本程序模型描述了參與者如何猜測牛隻重量。首先，他僅僅觀察牛隻，蒐集相關資料。接著，他會處理蒐集到的相關資訊，並且（根據他所具備的特定領域知識，包括各種不同物件的重量）推測牛隻的重量。[21]然後，他把自己心目中的重量寫在卡

---

20 Karl Pearson, *The Life, Letter and Labours of Francis Galton*, vol. 2, *Researches of Middle Life* (Cambridge: Cambridge University Press, 1924).

21 這類運作不需要過於複雜的模型。舉例來說，某些熟悉牛隻的人，只要看著那

片上，投進箱子裡。

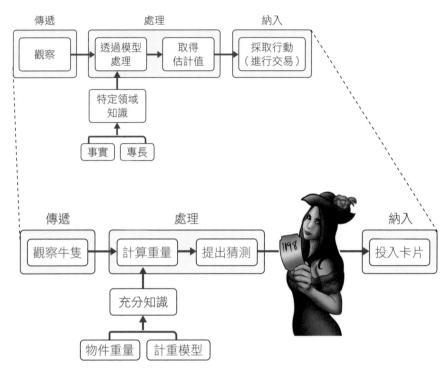

▶▶ 圖 6.16　猜測牛隻重量的個人決策程序

　　前文提到，群眾中的個人必須採用**多元**的方法，而且每個人的分析與結論必須彼此**獨立**，群眾智慧才能產生準確的答案。為了更深入瞭解多元與獨立的重要性，我們引用了一個頗令人望之生畏的理論：**多元性預測定理**（diversity prediction theorem），如圖 6.17 所示。這個定理最初由史考特・佩奇在 2007 年提出；對於群眾如

頭牛隻，就可以大致猜測：「這隻肉牛大約六呎高，五歲大，所以重量大概是 1,200 磅。」對肉牛不太熟悉的人，可能會想著：「這隻肉牛大約六呎高。如果是人類的話，重量大約 200 磅，但肉牛看起來大約有六個人這麼大，所以重量大約是 1,200 磅。」

何做出準確預測，譬如在肉牛秤重競賽中的表現，這個定理為我們提供了重大啟示。

$$
\underset{\substack{\text{群眾} \\ \text{誤差}}}{(c-\theta)^2} = \underset{\substack{\text{平均個人} \\ \text{誤差}}}{\frac{1}{n}\sum_{i=1}^{n}(s_i-\theta)^2} - \underset{\substack{\text{多元性} \\ \text{誤差}}}{\frac{1}{n}\sum_{i=1}^{n}(s_i-c)^2}
$$

▶▶ 圖 6.17　史考特・佩奇的多元性預測定理

　　其中：

c＝群眾預測共識

θ＝實際數值

s_i＝群眾成員的個別預測

　　根據這個定理，**群眾誤差**（群眾預測共識與實際數值之間的誤差）是**平均個人誤差**（個人預測與實際數值之間的誤差）與**多元性**（個人預測與群眾共識之間的誤差）的函數。換言之，個人誤差會被多元性抵銷，因此降低群眾誤差。

　　這個公式的實際含意，並不像表面上看起來那般嚇人。[22] 公式的左側（等號的左側）代表**群眾誤差**，也就是群眾預測共識與實際數值之間的差值。以前述牛隻秤重競賽為例，群眾預測共識是 1,197 磅，實際重量則是 1,198 磅，因此**群眾誤差**只有 1 磅。

　　公式的第二項（等號右側的第一項），代表**平均個人誤差**，也

22 佩奇透過網路影片清楚解釋了相關概念。請上網搜尋「Scott Page diversity prediction theorem」。

就是衡量每個人的估計值與實際數值之間的誤差，再取平均數。在這個牛隻秤重競賽中，個人估計值與 1,198 磅之間的誤差平均數大約是 74 磅。這個部分也反映了群眾的**獨立性**。

公式的最後一項代表多元性，衡量個人預測與群眾共識之間誤差的平均數。這個部分反映群眾成員具備的**特定領域知識**所展現的多元性。這個差異也指個人掌握的不同事實與專長。

這個公式強調，多元性會抵銷個人預測的誤差，降低群眾誤差。舉例來說，在高爾頓的實驗裡，多元性顯著抵銷了平均個人誤差，因此群眾誤差只剩下 1 磅，請參考下列分析：

$$(c\text{-}\theta)^2 = \frac{1}{n} \sum_{i=1}^{n} (s_i\text{-}\theta)^2 - \frac{1}{n} \sum_{i=1}^{n} (s_i\text{-}c)^2$$

群眾誤差＝平均個人誤差-多元性

1磅＝(74磅-73磅)

1磅＝1磅

這個例子顯示，**群眾誤差極小，只有 1 磅**；儘管平均個人誤差相當大（74 磅），但因為群眾猜測相當多元，抵銷了平均個人誤差。圖 6.18 透過圖形說明這個結果，其中顯示個人預測誤差、**平均個人誤差**，以及**群眾誤差**。陰影部分代表群眾的**多元程度**抵銷了平均個人誤差。

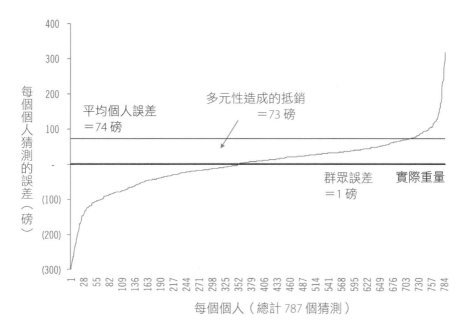

每個個人（總計 787 個猜測）

▶▶ 圖 6.18　牛隻秤重競賽：多元性降低誤差

　　在類似猜測牛隻重量的挑戰中，每個個人都很難做出正確的估計，所以**平均個人誤差很大**。在這種情況下，群眾的組成結構成了關鍵，會顯著影響集體估計值的準確程度；群眾成員如果缺乏多元性，群眾猜測就會直接反映偏高的**平均個人誤差**。換言之，如果缺乏**多元性**，每個成員的猜測都很接近，而且很可能大家都是錯的。容我重複強調，一旦缺失多元性，牛隻重量猜測競賽裡的群眾誤差，將等於個人誤差，也就是 74 磅。可是，因為群眾結構多元，巨大的個人錯誤被抵銷了一大部分，導致群眾誤差大幅縮小。

　　反之，對於容易預測的問題，每個人的猜測都很接近實際答案，**平均個人誤差很小**。在這種情況下，群眾的**多元性**儘管很小，但不至於構成影響，因為所有個別預測都相當接近，而且準確，所以群眾誤差很小。

為了進一步說明這種情況，我們假定牛隻的重量很容易猜測，每個人的答案都很接近實際重量，誤差不超過±1%。在這個情況下，群眾誤差為 0，群眾猜測共識（c）剛好等於實際重量（θ）1,198 磅。**平均個人誤差**也會很小，假設只有 7 磅（相較於實際競賽的 74 磅）。由於牛隻秤重很容易猜測，每個人的答案彼此接近，所以多元性很低，而平均個人誤差被抵銷的程度也很小。[23]

群眾誤差＝平均個人誤差-多元性

0磅＝(7磅-7磅)

0磅＝0磅

　　請參考圖 6.19，這是按照圖 6.18 的格式表示前述狀況。我們發現，群眾誤差與平均個人誤差相差不多（只有 7 磅）。

　　如果我們引進**偏差**（bias），針對第二個條件**獨立性**施壓，結果會如何呢？假設西英格蘭肉畜與家禽展覽會出現一位估計牛隻重量的專家，他公開宣稱他估計牛隻的重量為 1,400 磅。這位牛隻專家的估計雖然誤差很大，但他的說法只要影響一部分參與者，就可能造成偏差，因而降低群眾的獨立性，導致誤差擴大。

　　我們假設這個會場裡有一些人聽到了牛隻專家的說辭，並且認為他的估計應該會比自己的答案更準確。這些人並不會完全推翻自己的判斷，而是決定採用自己的估計值與專家估計值的平均數，[24]

---

23 這種說法可能造成誤解。平均個人誤差被多元性抵銷的絕對數據雖然很小（只有 7 磅），但抵銷的比率是 100%。

24 舉例來說，某個參與者原本的估計重量是 1,031 磅，聽了專家的話之後，計算出自己的估計量（1,031 磅）與專家答案（1,400 磅）的平均數，採用 1,216 磅作為折衷的估計值。

作為某種折衷。結果，群眾預測共識增加到 1,298 磅。群眾高估了牛隻的重量，誤差高達 100 磅，但這是相當合理的結果——專家的誤差將近 200 磅，平均個人誤差也從 74 磅增加到 106 磅。

群眾誤差＝平均個人誤差-多元性

100磅＝(106磅-6磅)

100磅＝100磅

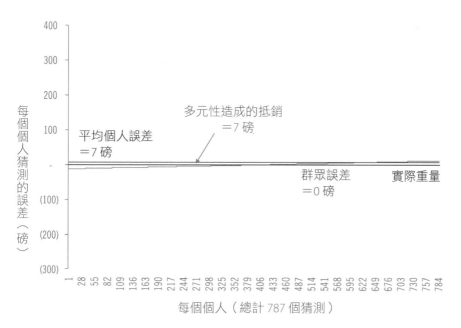

在原初的競賽裡，多元性顯著抵銷了平均個人誤差與群眾誤差之間的差距。可是，圖 6.20 所顯示的情況卻非如此，多元性不再能夠彌補因牛隻專家的誤導而造成的個人誤差。專家預測導致偏差，降低了群眾的獨立性。

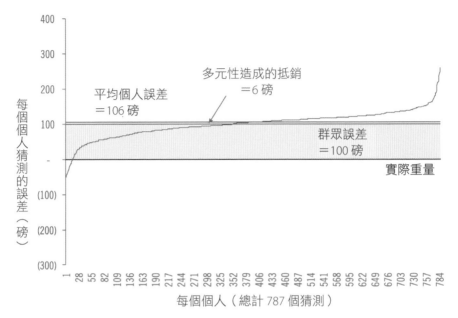

每個個人猜測的誤差（磅）

每個個人（總計 787 個猜測）

平均個人誤差
＝106 磅

多元性造成的抵銷
＝6 磅

群眾誤差
＝100 磅

實際重量

▶▶ 圖 6.20　牛隻秤重競賽：牛隻專家造成偏差，誤導群眾

◆ 個人的有限知識創造群眾的準確答案

　　市場效率三大原則中的第二個條件主張：群眾必須有足夠數量的成員，而他們必須具備必要程度的特定領域知識，無論是認知能力或專門技能。可是，有一點說來或許有些違背直覺：即使群眾的多數成員對相關情況並**不具備事實認知**，群眾仍然可能提供準確的答案。群眾裡只需要有某些人擁有某種程度的事實認知，即使程度相當有限也無妨。如前文的鋼筆競賽案例所顯示的，個人即使只具備有限的知識，經過整合之後，群眾也可能產生準確的答案。在那個例子裡，沒有人擁有完整資訊，但他們仍然可以提出一個非常準確的集體答案。

在我們即將討論的另一個例子裡，群眾裡有大部分成員搞不清楚狀況，只有少數人具備某種程度的事實認知，而且沒有任何一個人掌握全部的事實；然而，他們作為整體，仍然提供了準確的答案。這個例子也證明了，當人群中增加了一些擁有更多知識的成員時，他們產生的集體答案甚至會更準確。

為了講述群眾智慧的這一個層面，我們引用了史考特・佩奇著作中的某個例子，但做了一些修改。佩奇的例子以 1960 年代末期美國著名搖滾樂團頑童合唱團（the Monkees）作為對象，我們則把故事主角替換成披頭四（the Beatles）。在這個例子裡，我們向 800 個人提出這道問題：「在下列名單之中，你認為哪一個不是披頭四的成員？」[25]

A. 林哥・史達（Ringo Starr）

B. 保羅・麥卡尼（Paul McCartney）

C. 克拉倫斯・沃克（Clarence Walker）

D. 喬治・哈里森（George Harrison）

E. 約翰・藍儂（John Lennon）

---

25 爆雷警告：克拉倫斯・沃克不是披頭四成員，雖然他激烈宣稱自己是披頭四的第五位成員，甚至如此公開說：「我被這個團體甩掉，等我碰到他們時，我會踢爆他們。我從 1963 年開始就一直在找他們，這也是為什麼他們要聘僱全天候保全，房屋也必須管制森嚴的原因，因為他們知道當克拉倫斯・沃克找上他們時，一定會扒掉他們一層皮。」讀者可以上網搜尋「Clarence fifth Beatle」觀看這一段訪問。

如果你是聽披頭四音樂長大的一代，[26]這個問題顯然很簡單，甚至很無聊。就這個例子裡，參與調查的人對披頭四有不同程度的瞭解。少部分的人非常熟悉這個樂團，可以輕鬆回答前述問題；另一些人知道披頭四樂團，但只認識其中一、兩個成員，所以不知道這道問題的正確答案；另外，有 75%的參與者從來沒聽過這個樂團，所以只能靠猜測（而我們假設這是隨機猜測）。面對這樣一個絕大多數成員都幾乎或完全不認識披頭四的群體，就直覺而言，我們根本不會期待這一群人能夠提供所謂的群眾智慧。

這個群體對披頭四的認識，可以分解成以下情況：

- 2.5%或 20 個人，認識披頭四的全體四個成員。
- 5.0%或 40 個人，認識披頭四的三個成員。
- 7.5%或 60 個人，認識披頭四的兩個成員。
- 10%或 80 個人，認識披頭四的一個成員。

26 或者經常收看電視節目《週六夜現場》（*Saturday Night Live*）。

- 75%或 600 個人，沒聽說過披頭四樂團。

我們透過這個例子，說明群眾如何產生正確答案，同時也證明群眾僅僅需要有限的知識，就可以提供正確答案。

首先，我們假設最先接受訪問的前 600 人當中，沒有人聽說過披頭四樂團。這群人就跟我們稍早討論的那一群搞不清楚波音 747 飛機重量的小學生一樣，他們無法給予正確的答案——因為他們根本不知道。我們進一步假定，他們隨機從五個候選人之中挑選出一位「非披頭四」。在這種情況下，每個候選人被猜測的次數都是 120，而且這 600 人也不會產生共識，請參考圖 6.21。

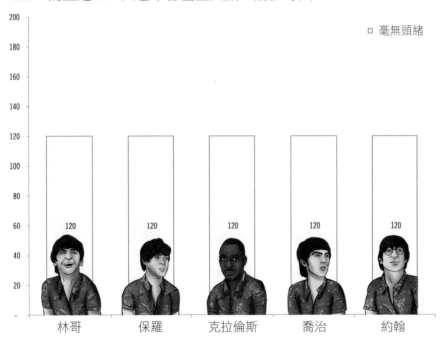

▶▶ 圖 6.21　披頭四：第一群人的選擇

我們必須特別強調，隨機是這個程序發揮功能的關鍵要素。在前文的螢光鼻腔症與牛隻重量案例中，我們強調獨立性很重要，任

何系統性偏差都會導致不正確的答案。由於這一群人完全沒聽說過披頭四樂團,所以我們假定他們將隨機挑選,就像投擲一顆五面骰子。[27]例如,骰子出現一點,就選擇林哥,出現兩點則選擇保羅,依此類推。任何人被挑選的機率都是20%;因此,群眾如果隨機挑選,每個候選人都各自擁有120票。

隨機性的陷阱——那是真的隨機嗎?

設想我們訪問了前述那600個人,取得的結果如圖6.22所示。這樣的結果稱得上是隨機嗎?實際上,是的。

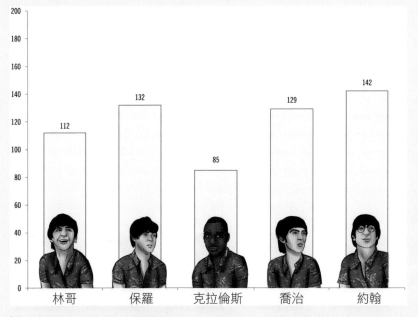

▶▶ **圖** 6.22　**披頭四:隨機選擇**

---

27 令人訝異的是,五面骰子確實存在。這是盧‧左基(Lou Zocchi)發明的骰子,在 2005 年取得美國專利(編號 6926275)。遺憾的是,測試資料顯示這種骰子並非真正公平。

某一次的訪問結果呈現每個成員剛好得到 120 票，這種情況的機率十分渺茫；然而，目前這個結果仍然符合期待，我們即將說明其中原因。我們採用 Excel 的亂數產生器，進行 10,000 次調查（換言之，每次都調查 600 人，如此進行 10,000 次）。圖 6.22 顯示的，是那 10,000 次調查之中第 182 次的結果，克拉倫斯隨機取得 85 票，約翰則取得 142 票。請參考表 6.2，其中顯示我們進行 10 次、50 次、200 次與 10,000 次調查後所得到的平均得票數，以及 10,000 次調查中每個人的最低與最高得票數。

▶▶ 表 6.2　披頭四：隨機調查重複多次之後趨向平均數

調查次數	林哥	保羅	克拉倫斯	喬治	約翰
10 次的平均	117	121	120	118	124
50 次的平均	121	119	120	119	120
200 次的平均	121	120	119	120	120
10,000 次的平均	120	120	120	120	120
任何單次調查的最低得票	86	83	85	79	85
任何單次調查的最高得票	166	157	170	155	160

表 6.2 的分析顯示，調查次數愈多，每個人的隨機平均得票數就愈接近 120。儘管如此，克拉倫斯的得票數在第 182 次調查中只有 85，喬治卻得到 182 票，這仍然是隨機調查的結果。雖然這種結果看似傾斜，實際上純屬隨機；如果你另有想法，那就是被愚弄了。

接下來，讓我們看看第二組的 80 個人，他們當中每個人都只認識披頭四的一個成員。由於他們認識其中一個成員，所以可以把該成員排除，從剩餘的四個人當中挑選。舉例來說，假設接受訪問

的第一個人認識披頭四的林哥，但不認識其他成員。我們預設他會獨立採取行動，並且從四個成員當中隨機挑選（換言之，就像投擲一個四面骰子），[28]然後錯誤挑選了喬治，如圖 6.23 所示。

認識	不認識	不認識	不認識	不認識
林哥	保羅	克拉倫斯	喬治（挑選為「非披頭四」）	約翰

▶▶ **圖 6.23　披頭四：隨機選擇，答案錯誤**

接受訪問的第二個人或許認識披頭四的保羅，但不認識其他三個成員，所以他從剩餘的四個人當中隨機挑選。這一次，我們假設他正確挑選了克拉倫斯，如圖 6.24 所示。

不認識	認識	不認識	不認識	不認識
林哥	保羅	克拉倫斯（挑選為「非披頭四」）	喬治	約翰

▶▶ **圖 6.24　披頭四：隨機選擇，答案正確**

28 四面的骰子確實存在，而且已被證明公平。

這個小組剩餘的 78 個人都只認識披頭四的其中一個成員，而我們假設小組成員彼此獨立。兩個小組（總人數為 680 人）的訪問結束之後，認為克拉倫斯為非披頭四成員的人最多，但差距並不大——克拉倫斯獲得 140 票，相當於總數的 20.6%，其他四位成員各自得到 135 票，相當於總數的 19.9%，請參考圖 6.25。

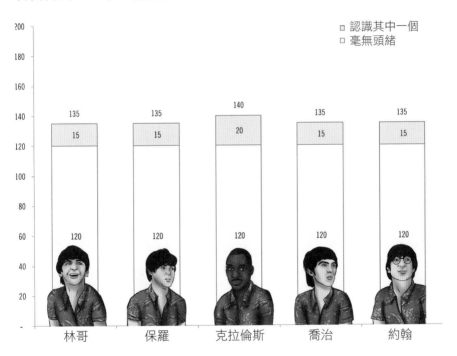

▶▶ 圖 6.25　披頭四：最初兩個小組的選擇

接下來，我們考慮第三組的 60 個受訪者，其中每個人都認識兩位披頭四成員。既然他們認識兩個成員，就可以把這兩個成員排除，從剩下的三個人當中挑選。我們假定接受訪問的第一個人認識披頭四的林哥和保羅，但不認識其他三個人當中誰是假冒者。他獨立採取行

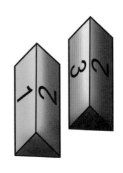

動,隨機挑選三個人之中的其中一個(換言之,投擲一個三面骰子),[29]而我們假定他錯誤挑選了約翰,如圖 6.26 所示。

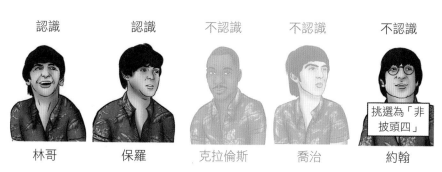

認識　　　認識　　　不認識　　　不認識　　　不認識

挑選為「非披頭四」

林哥　　　保羅　　　克拉倫斯　　　喬治　　　約翰

▶▶ 圖 6.26　披頭四:隨機選擇,答案錯誤

接著,第二個接受訪問的人認識披頭四的保羅和喬治,但不認識假冒者,所以他獨立地從剩餘的三個人當中隨機挑選,結果錯誤選擇了林哥,如圖 6.27 所示。

不認識　　　認識　　　不認識　　　認識　　　不認識

挑選為「非披頭四」

林哥　　　保羅　　　克拉倫斯　　　喬治　　　約翰

▶▶ 圖 6.27　披頭四:隨機選擇,答案錯誤

這個小組的其他 58 個人繼續進行這個程序,假定每個人的挑選都獨立而隨機。三個小組(總人數為 740 人)的訪問結束之後,

29 是的,三面骰子也確實存在。

認為克拉倫斯為假冒者的人最多，但差距仍然不大——克拉倫斯獲得 160 票，相當於總數的 21.6%，其他四位成員各自得到 145 票，相當於總數的 19.6%。請參考圖 6.28。

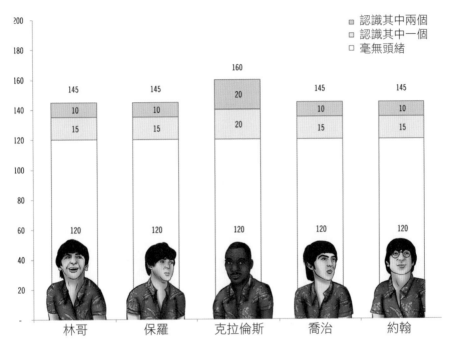

▶▶ 圖 6.28　披頭四：最初三個小組的選擇

我們假定接下來第四小組的 40 個人，每個人都認識三位披頭四成員，因此可以從五個成員之中刪除三個，然後從剩下的兩個人當中挑選出假冒者。接受訪問的第一個人認識林哥、喬治與保羅，但不知道剩餘兩人當中誰是假冒者。假設他獨立而隨機地從這兩人當中挑選一個（如同投擲一個公平的銅板），結果錯誤挑選了約翰為「非披頭四成員」，如圖 6.29 所示。

認識	認識	不認識	認識	不認識

挑選為「非披頭四」

林哥	保羅	克拉倫斯	喬治	約翰

▶▶ **圖** 6.29　**披頭四：隨機選擇，答案錯誤**

　　接受訪問的第二個人也認識林哥、喬治和保羅，但不知道剩餘的兩人當中誰是假冒者。假定他獨立而隨機地挑選其中一人，結果正確地挑選克拉倫斯為「非披頭四成員」，情況如圖 6.30 所示。

▶▶ **圖** 6.30　**披頭四：隨機選擇，答案正確**

　　小組的其餘 38 個人繼續進行這個程序，假定每個人的挑選都獨立而隨機。四個小組（總人數為 780 人）的訪問結束之後，認為克拉倫斯為假冒者的人最多，而且差距開始擴大——克拉倫斯獲得 180 票，相當於總數的 23.1%，其他四位成員的各自得到 150 票，相當於總數的 19.2%。請參考圖 6.31。

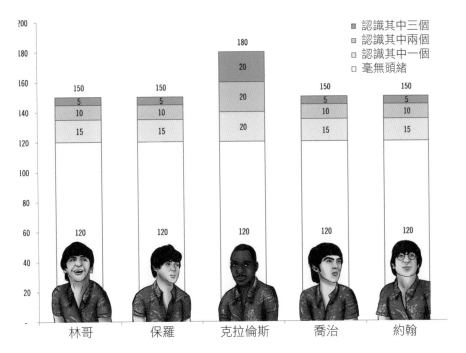

▶▶ 圖 6.31　披頭四：四個小組的選擇

　　至於最後一組的 20 個人，我們假設其中每個人都認識披頭四的四個成員，因此也知道克拉倫斯並非披頭四成員。納入最後一組的訪問結果之後，克拉倫斯的票數將增加 20。最後，受訪者總人數為 800 人，有 200 人認為克拉倫斯不是披頭四成員，占總人數的 25%，其餘四個人各自獲得 150 票，各占 18.8%，情況如 6.32 所示。

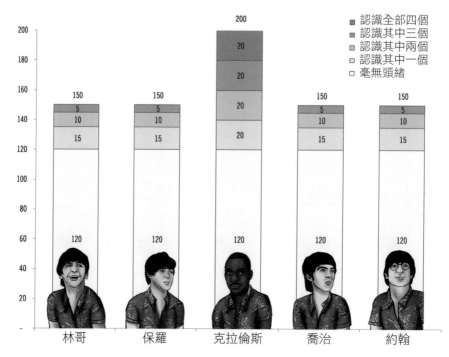

▶▶ **圖 6.32　披頭四：五個小組所有受訪者的選擇**

簡略概述，全部 800 個受訪者的投票結果如下：

- 20 位資訊最充分的受訪者認識披頭四的所有四位成員，所以一致選擇克拉倫斯為假冒者。

- 40 位受訪者認識披頭四四位成員之中的三位，他們當中有 20 位（50%）挑選克拉倫斯為假冒者。

- 60 位受訪者認識披頭四四位成員之中的兩位，他們當中有 20 位（33%）挑選克拉倫斯為假冒者。

- 80 位受訪者認識披頭四四位成員之中的一位，他們當中有 20 位（25%）挑選克拉倫斯為假冒者。

- 600 個受訪者完全不認識披頭四成員，他們當中有 120 位（20%）挑選克拉倫斯為假冒者。

圖 6.33[30]運用圖形顯示，當群體裡加入更多掌握較充分資訊的成員，正確答案的比率就會逐漸浮現，錯誤答案的比率也就相對下降。第一組受訪者顯示，毫無頭緒的人不可能產生任何共識。對這些從未掌握任何資訊的人來說，他們只能隨機猜測，因此每位候選成員各自得到 20%的票數。可是，如後續幾個小組所顯示的，隨著掌握較多資訊的人加入，而且資訊愈來愈充分，正確答案就逐漸浮現了。

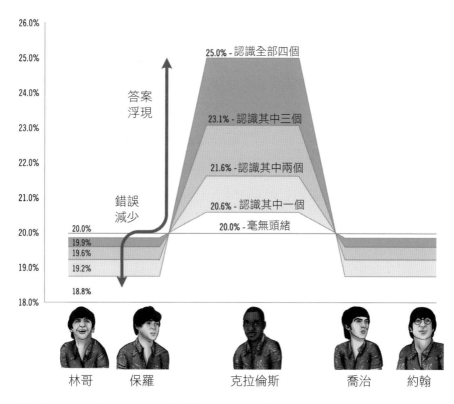

▶▶　圖 6.33　披頭四：正確答案從群眾之中浮現

30　圖 6.33 顯示的結果與圖 6.32 相同，只是把每個披頭四成員的得票數轉換為百分率。

群眾可以正確辨識克拉倫斯‧沃克為非披頭四成員，儘管群眾中的大部分成員（總數的 75%）完全不認識披頭四樂團。這個例子告訴我們，群眾中並不需要有太多成員掌握相關資訊，就能提供正確答案。儘管這聽起來有些不可思議，但群眾實際上並不需要有任何成員掌握完整資訊，也能正確辨識答案；請參考圖 6.31，實驗進行到那個階段時，所有受訪者當中還沒有人認識披頭四的全部四位成員，但克拉倫斯已經以 180 的多數票獲選為假冒者，票數顯著超過披頭四四位真正成員各自所得的 150 票。可是，如果群眾之中沒有人具備任何一點資訊，就無法取得所謂群眾智慧，如圖 6.21 所顯示的情況。披頭四實驗說明了市場效率原則的第四個條件：群體之中必須有充分人數的成員具備特定領域知識，無論是事實的掌握或專門技能，群眾才能展現智慧。

◆ 群眾如何出現偏態

我們可以稍微修改披頭四的例子，看看群眾的**獨立性**瓦解，會出現怎麼樣的結果；這個情況類似於高爾頓牛隻秤重競賽中那一位牛隻專家的誤導。為了破壞群眾的獨立性而製造**偏差**，我們向所有受訪者出示某一張造假的專輯封面（被遺忘的披頭四，《來自夏威夷的祝福》〔*Aloha from Hawaii*〕）。然後，我們仍然提出相同的問題：「下列名單之中，你認為哪一個人不是披頭四的成員？」

　　認識披頭四所有四位成員的那 20 位受訪者（他們可能也知道披頭四從來沒錄製過跟夏威夷有關的唱片），可能會被這張假專輯給逗樂了，但他們不會被影響，仍然會正確表示克拉倫斯不是披頭四成員。

　　我們假定剩餘的 780 個受訪者被這張造假的專輯所誤導，相信克拉倫斯不只是披頭四成員，而且是最重要的成員，因為他就坐在五個人的正中央。

　　最初接受訪問的 600 人全然沒有聽說過披頭四樂團，假定他們都被誤導而相信克拉倫斯是披頭四成員，因此剔除他作為假冒者的候選對象。如果沒有出現其他偏差資訊，他們將隨機挑選剩餘的四個成員，儘管答案無論如何都是錯的，如圖 6.34 所示。

不認識　　　　不認識　　　　錯認　　　　不認識　　　　不認識

挑選為「非披頭四」

林哥　　　　　保羅　　　　克拉倫斯　　　喬治　　　　　約翰

▶▶ 圖 6.34　披頭四：偏差誤導，答案錯誤

　　至於那 80 個認識披頭四其中一位成員的受訪者，也因為受到偏差誤導，把克拉倫斯排除在外，再加上他們已經認識當中的一位成員，所以會隨機從剩下的三位成員之中挑選。當然，如果沒有其他偏差造成影響，他們的挑選也會錯誤，如圖 6.35 所示。

認識　　　　　不認識　　　　錯認　　　　不認識　　　　不認識

挑選為「非披頭四」

林哥　　　　　保羅　　　　克拉倫斯　　　喬治　　　　　約翰

▶▶ 圖 6.35　披頭四：偏差誤導，答案錯誤

　　相同的錯誤也發生在後續的 60 人小組與 40 人小組，這兩組的受訪者分別認識披頭四成員中的其中兩位與其中三位。他們最終都挑選了錯誤的對象。

　　圖 6.36 顯示，因為受到假專輯的誤導，有 780 個人把四位披頭四的真正成員誤認為假冒者，至於真正的假冒者克拉倫斯，則只

被那 20 個認識披頭四所有成員的受訪者認出來。儘管這個例子過度簡化，卻也說明了獨立性一旦被偏差資訊破壞，聰明的群眾將成為一群笨蛋。

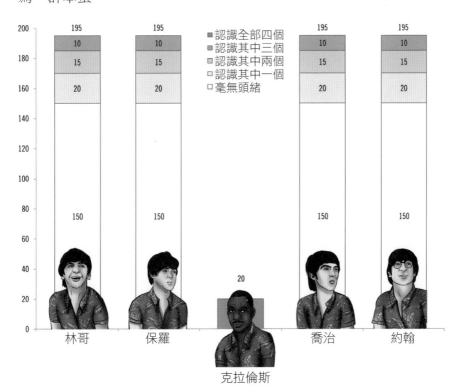

▶▶ 圖 6.36　披頭四：偏差誤導而產生錯誤答案

　　同樣地，人類的常態情緒也會製造偏差，污染股票市場的多元性與獨立性，阻礙群眾智慧的正常發揮。這類偏差可能損害效率市場假說，導致扭曲而引發股票錯誤定價。這種扭曲會傷及某些人，卻同時成為另一些人的機會。我們將在下一章詳細討論。

群眾智慧在股票市場上的應用

本章稍早討論了效率市場假說列舉的幾條法則，市場必須遵循這些法則，才能確保價格呈現效率；我們也提到，群眾智慧是市場實現這些法則的主導機制。

我們透過以下案例，說明群眾智慧在股票市場上所發揮的威力；在這個案例中，一群人預測蘋果電腦 2015 年第四季的盈餘，而群體預測值竟然比一群有經驗的賣方分析師還準確。

如本書一再強調的，任何資產的估計內含價值，是該資產使用期限內預期創造的現金流量總和，但需要根據該現金流量收取的不確定性，以及資金的時間價值，折算成為現值。由於蘋果公布的盈餘適切地代表了該公司的現金流量，所以下列例子可以引用這項數據。

群眾通常比專家聰明

為了說明群眾智慧如何做出準確的盈餘估計，我們將採用 Estimize.com 提供的獨特資料組合；這家公司由里伊・德雷根（Leigh Drogen）創立，透過網站整合個人估計的每季盈餘數據。Estimize 網站吸引了各式各樣的參與者，包括華爾街專家（分析師與投資組合經理人）、學生、學者、產業專家，以及其他有興趣的人。Estimize 採用的整合機制相當類似高爾頓的方法——他們計算所有的個人估計值，然後得出群眾的平均值。

針對蘋果電腦截至 2015 年 9 月底的季度盈餘，Estimize 網站以 1,183 筆個人估計值計算，得出的平均估計值是每股盈餘 $1.91。[31] 相較之下，華爾街 42 位賣方分析師提供的同期共識估計值為 $1.88。[32]

　　蘋果電腦公布的該季實際盈餘為每股 $1.96。Estimize 的預測值為每股 $1.91，誤差僅 $0.05。華爾街 42 位賣方分析師的預測平均值誤差 $0.08，幾乎是群眾預測的兩倍。就這個例子來說，群眾的預測準確度顯然超過專家。圖 6.37 以圖形顯示群眾預測值與華爾街分析師估計值的分配區間，以及跟實際結果的比較。

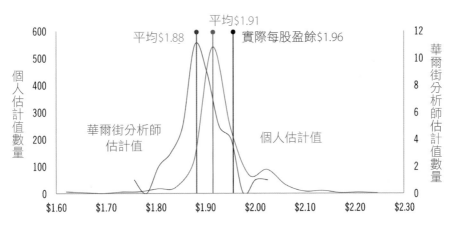

▶▶ 圖 6.37　蘋果電腦：第四季盈餘的預測區間

　　我們必須強調，這並非單獨個案。事實上，如本章重複提及的，群眾智慧在大部分時候都勝過專家觀點；學術研究也證明了，

31　由於四捨五入，這個數據的加總未必精確。
32　人們或許可以主張，華爾街專業分析師故意低估他們的盈餘預測數據，目的是讓公司實際發布的數據高於估計值。儘管這種現象的討論不在本書的範圍內，但是，對於華爾街專家的偏低估計值，我們希望至少能夠提出另一種理由。

Estimize 所提供的集體盈餘估計值,在 74%的情況下比華爾街分析師的估計更準確。[33]

蘋果電腦的案例也說明了**多元性**如何產生更準確的結果。運用史考特・佩奇的多元性預測定理來解讀 Estimize 的蘋果電腦估計值,群眾誤差為$0.05,這是群眾預測平均數$1.91 與實際盈餘$1.96之間的差值。個人誤差平均數(個人預測值與實際盈餘之間誤差的平均數)是$0.09,意味著群眾估計誤差因為**多元性**(個人預測與群眾共識之間誤差的平均數)而改善$0.04。

群眾誤差 = 平均個人誤差 - 多元性

　　　　= $0.09 - $0.04

　　　　= $0.05

結果顯示在圖 6.38,圖中標示著個人誤差、**平均個人誤差**,以及**群眾誤差**。陰影部分代表群眾的**多元性**所抵銷的誤差。

為了彰顯群眾的多元程度,我們利用表 6.3 顯示 Estimize.com 估計值的詳細資料。所有貢獻估計值的個人依據身分分類,類別包括學術人士、金融專家、學生、非專業者,其餘參與者則被歸類為「未知」。Estimize 也另外收集了 42 位賣方分析師公布的當季盈餘估計值。結果(根據群眾誤差排序)相當出乎意料。

33 "Frequently Asked Questions." Estimize inc. Accessed April 04, 2016. Estimize web site.

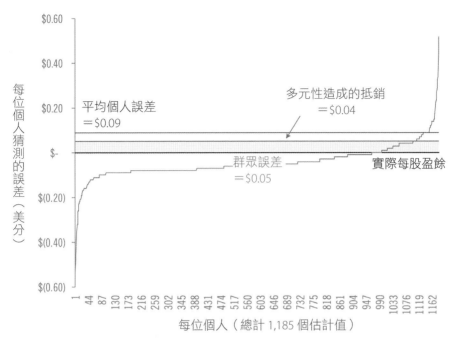

圖 6.38　蘋果電腦：多元性降低群眾誤差

表 6.3　蘋果電腦：各類別的盈餘估計值

	參與人數	群眾誤差	平均個人誤差	多元性	因多元性而抵銷的誤差（％）
賣方分析師	42	$0.080	$0.094	$0.014	15%
未知	77	$0.059	$0.078	$0.019	24%
學生	91	$0.050	$0.083	$0.033	40%
金融專家	170	$0.047	$0.104	$0.057	55%
Estimize 總計	1,185	$0.045	$0.086	$0.041	48%
非專業者	813	$0.043	$0.084	$0.041	49%
學術人士	34	$0.040	$0.064	$0.041	37%

PART

1

完美投資

最令我們訝異的是，華爾街賣方分析師創造了最高的群眾誤差，數值為$0.080（實際盈餘為$1.96，估計平均數為$1.88）。他們的平均個人誤差是$0.094，意味著多元性所抵銷的誤差只有$0.014，抵銷程度相當於 15%，意味著這 42 位華爾街分析師的看法缺乏多元性，這當然不是什麼奇怪的事情。分析師本來就沒有動機提出不同於同行的共識估計值；[34]另一方面，他們比個人投資者擁有更方便的管道接觸公司管理層，因此很容易受到公司經營者的引導而產生偏差，這種情況有些類似前文肉牛秤重競賽裡的專家意見。此外，請別忘了他們都是賣方分析師，他們的主要工作是銷售，不是研究。最後，分析師採用大部分的資料，都是由企業管理階層提供的統一敘述，他們通常沒有時間執行自己的研究；所以，每位分析師的結論與估計都大致相同，也就不足為奇了。總之，這個群體並沒有你以為的那麼多元。

　　標示為「金融專家」的類別，或許是最有意思的。這個類別包含專業分析師與投資組合經理人，他們的平均個人誤差是$0.104，數值最大；針對這麼複雜的問題執行高難度的評估，這種程度的誤差值確實不讓人意外。可是，這群人的群眾誤差只有$0.047，意味著平均個人誤差被多元性所抵銷的程度為$0.057，相當於 55%，多元性的效益是所有類別中最高的。乍看之下，這個結果似乎違背直覺。我們預期這群人的看法不會太分歧，因為他們會彼此交談，閱讀相同的期刊、相同的研究報告，提出的估計值應該相當接近。

　　別忘了，他們是專業投資人；他們既然願意花時間在 Estimize.

---

34 這個結果凸顯一項事實：華爾街分析師往往*不夠獨立*。他們會先觀察華爾街同行的平均估計值，如果自己的估計值與共識值的差距太大，他們就會做必要的調整，盡量保持與其他分析師一致的立場；這種情況跟牛隻秤重競賽裡的專家意見一樣，大家都不希望自己的估計值與專家差距太大。

com 提供盈餘估計值，就表示他們提供的是自己認真計算後的答案。如果他們僅僅仰賴華爾街的相關研究進行估計，大概就不會花工夫在網站上提供意見。這些分析師應該頗為獨立，競爭意識強烈，擁有強烈動機想要提供正確數據。某些人甚至為了獲得精神報償而追求正確；因此，他們會更努力、更盡心地做更多研究，並且維持獨立思考。從這個角度思考，我們也就不難理解這群人所顯現的結果。

蘋果電腦的案例不僅證明群眾可以擊敗專家，也顯示一群同質性高而缺乏獨立性的群體，譬如華爾街賣方分析師，往往產生偏高的個人估計誤差，又因為群體缺乏多元性，導致偏高的群眾誤差。反之，意見多元而獨立的群體，譬如金融專家，他們的個人估計誤差雖然很大，但因為多元程度高，群體誤差往往很小。

可是，一旦出現偏差，對群眾**獨立性**施加壓力，群眾共識將受到什麼影響呢？

群眾如何被愚弄

2015 年 10 月 27 日，蘋果電腦公布截至 2015 年 9 月 30 日的第四季盈餘報告。蘋果電腦的最大競爭者三星電子，則在 2015 年 10 月 7 日公布截至 2015 年 9 月 30 日的第三季盈餘報告。

我們現在要編造一段虛構的故事。假定三星公布的資料顯示，由於智慧型手機銷售趨緩，該季營業收入將遠低於預期水準，管理團隊預期截至 9 月份為止季度每股盈餘，將低於當期的市場估計共識 10%。

我們可以預設蘋果股票投資人會留意三星的新聞，藉以瞭解智慧型手機的市場銷售狀況，因為三星是當時最大的智慧型手機生產商。假定 Estimize 網站上的個人被三星的新聞影響，但只會把盈餘估計值向下調整 5%，而不至於像三星一樣調降 10%。所以，Estimize 的群眾估計平均值將從原來的$1.91 下降到$1.82。這個例子中的三星新聞，就相當於前述牛隻秤重競賽中專家意見所帶來的偏差。

　　由於偏差造成誤導，平均個人誤差從$0.09 增加到$0.16，群眾對蘋果當季盈餘的估計值將比實際數據低$0.14，而不是原來的$0.05。在最初的例子裡，平均個人誤差與群眾誤差之間的差距，因為多元性而顯著降低，但現在受到偏差的影響，多元性的效益只剩$0.02，如下列公式所示：

群眾誤差＝平均個人誤差-多元性

　　　　＝$0.16-$0.02

　　　　＝$0.14

　　根據圖 6.39，一旦重大偏差導致個人估計誤差擴大，多元性也就再也彌補不了誤差。

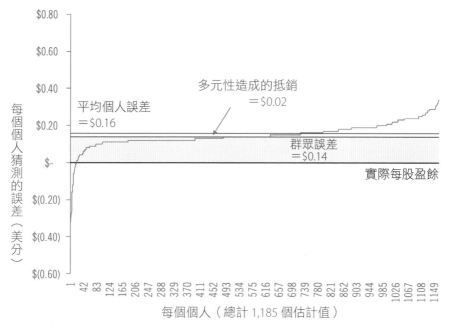

▶▶ **圖** 6.39　蘋果電腦：偏差估計影響多元性

───── 重點摘要 ─────

- 當群眾智慧正常運作時：
  - 資訊將充分**傳遞**：市場參與者會觀察、擷取與整合資訊。
  - 資訊會被**處理**：市場參與者無偏差地進行價值評估與預測。
  - 資訊會被**表達**、**整合**，並且在沒有任何重大干擾下，透過交易而被**納入**股票價格。
- 投資人試圖結合公開、半公開資訊，還有非重大的非公開資

訊，希望因此擁有資訊優勢。接著，投資人針對他所持有的資訊執行自己的分析程序，歸納出重大而非公開，而且往往是合法的結論。

- 為了產生效率股價，資訊必須**可供獲取**與**觀察**；相關資訊必須經由多元的模型**處理**，而且每套模型都具備**充分知識**，以產生**獨立**（沒有偏差）的估計值，並且在沒有重大障礙的情況下，透過交易**表達**估計值。唯有當前述的某個條件不能滿足，股票價格才會出現定價錯誤。

- 如果群眾的成員掌握相同的事實、擁有相同的經驗，或運用相同的心智模型進行思考，群眾的**多元性**就會降低。一旦缺乏多元，群眾中的個人就會產生彼此相似的答案，群眾共識與個人答案之間的差異不大；在這種情況下，共識幾乎就代表了個別看法。因此，群眾的答案將欠缺多元所帶來的效益，股票價格也很可能定價錯誤。

- 群眾如果受到系統性的影響，就可能導致定價缺乏效率。在極端情況下，**獨立性**將全然崩解，群眾陷入狂熱或恐懼，個人對目前行情的看法要不是過於樂觀，就是相信世界末日即將來臨。這兩種狀況都再再說明，群眾一旦缺失獨立性，就會被誤導而造成股價出軌。

- 投資人取得的估計值如果沒有被表達，就等於投票沒有被計算。請注意，如果有太多估計值沒有被**表達**，個別估計值所蘊含的私有資訊與特定領域知識，就不會被整合成為共識的一部分，猶如一棵樹在森林裡倒下──如果沒有人聽見，倒下的樹究竟有沒有發出聲音？

- 群眾智慧的整合程序將眾多個人（局部）的特定領域知識轉化成集體知識，最終創造「正確」答案。

- 這一點說來或許有點違背直覺：群眾裡的多數成員即使對相關情況**不具備**事實認知，仍然可能提供準確的答案。群眾裡只要有某些人擁有某種程度的事實認知，即使程度相當有限也無妨。

CHAPTER 7

如何思考行為金融學

　　班傑明‧葛拉漢雖然被公認為「價值投資之父」，但他也深深體會人類情緒對股票價格可能造成的影響。舉例來說，在 1934 年出版的《證券分析》（*Security Analysis*）一書裡，葛拉漢寫道：「投資理論應該體認到，證券價值並不是透過某種自動反應或數學程序而反映在市場價格上，而是經由買賣雙方的思考與決策而定價。」葛拉漢也瞭解回饋環路的重要性，他說：「投資人的心態不僅影響市場價格，也會深受市場價格影響。」[1]

喜怒無常的市場先生

　　葛拉漢在 1949 年出版著作《智慧型股票投資人》（*The Intelligent Investor*）裡，向讀者介紹了「市場先生」（Mr. Market），一位你事業上的親切夥伴。根據葛拉漢的描述，「他〔市場先生〕每天都會告訴你，他認為你持有的權益有多少價值，並且以這個價值為基礎，表明他願意向你買進或賣給你額外的權益。他對價值的看法有時候似乎合理，也合乎你所瞭解的事業經營與展

1　Benjamin Graham and David L. Dodd, *Security Analysis* (New York: Whittlesey House, McGraw-Hill Book Company, 1934).

望。可是，在另一些時候，市場先生的情緒就顯得過於熱衷或恐懼，以至他的提議看起來有點愚蠢。」[2]

葛拉漢透過市場先生，解釋人類的貪婪與恐懼情緒對股票價格可能造成的影響。當市場正常運作時，市場先生的「價值看法似乎頗為合理，也合乎你所瞭解的事業經營與展望。」在這種情況下，市場先生所提議的買、賣價格應該相當接近公司的內含價值。可是，市場先生有時候會變得貪婪而狂妄，眼前只看到海闊天空，提出的買、賣價格超過公司的內含價值。另一些時候，市場先生陷入恐懼、沮喪，他眼中的未來一片淒涼，於是提出的買、賣價格低於公司的內含價值。圖 7.1 說明市場先生的各種情緒。

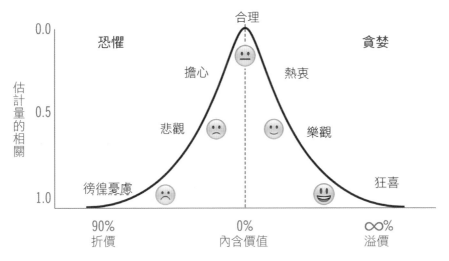

▶▶ 圖 7.1　市場先生的各種情緒

2　Benjamin Graham, *The Intelligent Investor: A Book of Practical Counsel* (New Nork: HarperBusiness 1973).

讓我們回顧資產價值的定義：

任何資產的估計價值，是該資產使用期限內預期創造的現金流量總和，但需要根據該現金流量收取的不確定性，以及資金的時間價值，折算成為現值。

我們必須特別強調前述定義中的預期。投資人根據他們對未來的預期而擬定決策。根據這項定義，我們相信在多數情況下，市場先生對企業未來現金流量的預期「相當合理，也合乎你所瞭解的事業經營與展望。」可是，市場先生有時候會陷入恐懼或貪婪情緒，因而不當影響他對未來事件的預期，改變他對企業價值的評估。這種過分反應將驅使市場價格偏離企業的內含價值，產生錯誤定價。

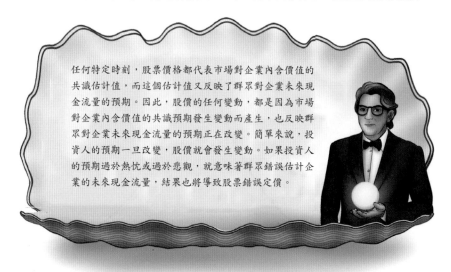

任何特定時刻，股票價格都代表市場對企業內含價值的共識估計值，而這個估計值又反映了群眾對企業未來現金流量的預期。因此，股價的任何變動，都是因為市場對企業內含價值的共識預期發生變動而產生，也反映群眾對企業未來現金流量的預期正在改變。簡單來說，投資人的預期一旦改變，股價就會發生變動。如果投資人的預期過於熱忱或過於悲觀，就意味著群眾錯誤估計企業的未來現金流量，結果也將導致股票錯誤定價。

市場先生的錯誤認知，可能影響他對現金流量的四大構成元素（時間、存續期間、數量與成長）、事業的**不確定性**，乃至於金錢的時間價值的預期；我們在第一章已經說明這個情況，請參考圖7.2。

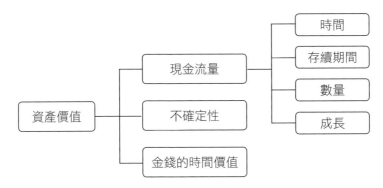

▶▶ 圖 7.2　資產價值的主要成分

　　為了闡述這個論點，我們可以引用本書第四章佐伊飲料攤的價值評估。在當時的分析中，我們假定該事業幾種不同的成長率，然後計算不同成長率之下的每股價值，請參考表 7.1。

▶▶ 表 7.1　佐伊飲料攤在不同的成長率假設之下的現值

成長率	自由現金流量現值	每股價值
0%	$1,412	$9.41
10%	$1,797	$11.97
15%	$2,044	$13.63
20%	$2,336	$15.57

　　假定市場共識顯示佐伊的營業收入每年將成長 15%，並假定股票呈現效率定價，因此交易價格將是每股$13.63。出乎意料的是，鄰鎮的巴里飲料攤宣布擴大營業，準備進軍佐伊經營的本地市場。這項消息經過**傳遞**與**處理**之後，市場共識相信巴里飲料攤會瓜分部分的本地市場，預期佐伊的營業收入年度成長率將下降到10%。當市場充分反映這項新消息，並**納入**相關資訊之後，佐伊的股價從$13.63 下降到$11.97。

可是，當巴里飲料攤宣布擴張營業計畫時，假設市場先生的想法異常悲觀，他認為這會導致本地市場激烈競爭，顯著影響佐伊的營運，預期成長率將下降至零。由於悲觀情緒作祟，股價並沒有按照合理的 10% 成長率定價，反而過度反應，讓股價跌到 $9.41。

當群眾智慧變成群眾瘋狂

如前一章討論的，市場**處理**的資訊如果沒有發生**系統性錯誤**，股票就會有效定價。反之，如果我們察覺市場存在**系統性偏差**，群眾共識就極有可能過度反應，最終產生錯誤定價。可是，市場價格的任何明顯錯誤，必定和資訊的**傳遞**、**處理**與納入有關；即使出現任何系統性偏差，也必須要在下列群眾智慧的其中一個或多個條件不再成立的情況下，市場價格才會發生錯誤：

1. 資訊不能被充分數量的投資人**取得**或**觀察**。
2. 群眾不具備充分的**特定領域知識**。
3. 群眾缺乏**多元性**。
4. 群眾行為不能彼此**獨立**。
5. 投資人遭遇重大交易障礙，價值估計量不能被**表達**、**整合**與**納入**股票價格。
6. 個人沒有顯著**動機**估計他們相信為正確的價值。

我們必須先說明，行為金融學只能影響下列六個因素的其中三個，以致產生定價錯誤的問題：**多元性**、**獨立性**與資訊**納入**。無論是前文提到的鋼筆辨識、高爾頓的牛隻秤重或披頭四實驗，乃至於蘋果電腦的案例，我們都發現：即使群眾中只有少數人能夠**取得**或

觀察資訊，群眾仍然可以產生準確的估計量。有趣的是，股票市場只有在罕見情況下，才會因為缺乏**特定領域知識**或**動機**不充分，而導致顯著的定價錯誤。

因此，當市場先生無法抵抗情緒，**系統性偏差**就會降低群眾的**多元性**，進而破壞**獨立性**，或者限制群眾將意見**納入**股票價格的能力，最終導致定價錯誤。

◆ 人類的演化結果讓我們在華爾街吃盡苦頭

為了說明行為金融學最終如何影響市場先生，我們需要回溯到人類的起源。人類學研究顯示，解剖學上的所謂現代智人（*Homo sapiens*），起源於大約 20 萬年前。可是，就行為而言，人類直到大約五萬年前才演化成現今的狀態。大約在一萬年前，人類發明了新的農業技術，並開始飼養家畜，我們的祖先於是逐漸放棄狩獵與採集的生活，開始創造所謂的人類文明。最近 150 年來，我們發展了新的通訊相關技術，比如電力、電話、無線電、電視、電腦、行動電話、網際網路等等，這一切大量增加了我們可獲取且必須處理的資訊。讓我們用另一個角度來理解這一連串的技術發展——我們的物種或許已經存在了 20 萬年，但我們僅僅在最近的 150 年，才開始生活在資訊豐富的現代社會裡。有些人甚至可以主張，金融市場目前可供運用的資訊數量與傳播速度，以及相關的投資決策，都是最近 40 年才出現的。簡單地說，我們的心智還沒有經歷充分的演化程序，因此不足以有效處理我們當今想要成功投資所需要面對的資訊數量。

演化生物學告訴我們，人類演化讓人類傾向於節約能量、避免費力。哈佛大學演化生物學教授丹尼爾・李伯曼（Daniel Liberman）

認為，生活在狩獵與採集時代的人類祖先，由於缺乏食物，最終只有那些能夠適當保持體力，只在求取生存的必要情況下才花費力氣的人，才能順利繁衍後代。換言之，人類的遺傳基因要我們偷懶。除了身體之外，我們的心智也習慣偷懶，盡量不想花費心思——這就是學術上所謂的**認知負荷**（cognitive load）。所以，演化造成人類盡可能運用心智捷徑。

演化心理學則告訴我們，人類因自衛本能而發展出制約反射的機制。例如，生存在非洲大草原的人類祖先一旦聽到矮樹叢裡發出沙沙聲響，就會轉頭逃跑，因為他們覺得害怕、混淆，而且感受到壓力。至於那些不懂得害怕、不知道如何快速反應的人，都被吃掉了。

為了在險惡的環境裡生存，人類在演化過程中發展出許多**捷思方法**（heuristics），也就是心智「妙招」或思考捷徑，幫助人類祖先在求生過程中盡可能保存體力。不幸的是，人類在遠古時代為了生存、繁衍而發展出來的一些思維捷徑，到了現代社會卻成了損害健康的行為；或者更明確地說，損害了股票市場的「財務健康」。

人類的感覺可以分為兩大類。當我們的需求獲得滿足時，就會產生正面的感覺——我們覺得快樂、興奮、平靜、自信、投入、希望無窮。反之，如果需求得不到滿足，就會產生負面感覺——我們覺得憤怒、害怕、混淆、倦怠、壓力、尷尬、嫉妒、悲傷、脆弱。

◆ 從行為金融學檢視人類原始大腦的錯誤

這些正面與負面的感覺，往往成為個人行為的主要驅動力量，並且造成許多**認知偏差**（cognitive biases）；這些偏差反映在我們的推理、評估、記憶等等的認知程序中。就投資活動來說，這些偏差

經常顯現為恐懼與貪婪情緒，往往誤導人們擬定次佳的投資決策。

耶路撒冷希伯來大學的兩位年輕心理學教授丹尼爾‧康納曼（Daniel Kahneman）與阿莫斯‧特沃斯基（Amos Tversky），自1969 年以來開始合作。長達 14 年的研究生涯裡，他們發表了許多學術成果，其中有兩篇論文特別廣受推崇，一篇是 1974 年 9 月發表的〈不確定狀況下的判斷：捷思與偏差〉（Judgment Under Uncertainty: Heuristics and Biases），[3] 另一篇則是 1979 年 3 月發表的〈展望理論：風險決策分析〉（Prospect Theory: An Analysis of Decision under Risk）；[4] 這兩篇論文點燃了行為經濟學的革命火把。

〈不確定狀況下的判斷〉指出，即使是最睿智、思慮最精密的人，也可能展現錯誤的直覺。這些洞見挑戰了傳統經濟學對於個人決策程序所採納的兩項關鍵假設，也就是所謂的理性主體模型（rational-agent model）——第一個假設認為，個體通常是理性的，他們的思考通常健全；第二個假設認為，當人們喪失理性時，絕大多數原因來自於類似恐懼、愛慕、憎恨之類的情緒。

〈不確定狀況下的判斷〉一文否定前述兩項假設。這篇論文所闡述的實驗證明，多數個體處在不確定狀況下的時候，都仰賴簡易心法（即捷思）或未經證實的信念（即偏差）擬定決策。兩位作者敘述他們從實驗參與者的決策行為中所觀察到的三種捷思方法：

3 Daniel Kahneman and Amos Tversky, "Judgment Under Uncertainty: Heuristics and Biases," *Science* 185 (September 27, 1974): 1124-1131.

4 Daniel Kahneman and Amos Tversky, "Prospect Theory: An Analysis of Decision under Risk," *Econometrica* 47, no. 2 (March 1979): 263-291.

代表性（representativeness）：面對某個事件時，人們往往會比較該事件與個人記憶中最容易想起的另一個事件，並依據兩者的相似性，判斷眼前這個事件的發生機率，而且在判斷過程中忽略其他資訊，譬如基本率、樣本大小、隨機性質等等。

可得性（availability）：對某個事件機率的判斷，取決於人們是否容易想起記憶中某些曾經發生的類似事件。

定錨（anchoring）：過度仰賴單一資訊或顯著事實，因而忽略所有其他相關或潛在的重要資訊。

兩位心理學家指出，這類捷思模式會產生系統性且可預測的錯誤。他們的研究從根本之處改變了學術界對個人決策行為的看法。

傳統的經濟學理論認為，效用（utility）[5] 是個人財富水準的函數，康納曼與特沃斯基則提出另一套替代理論，也就是展望理論（Prospect theory）。他們的理論指出，影響個人效用的因素並不是個人財富水準，而是個人財富相較於某個中性起點或參考點的變動。兩位作者發現，相較損失所造成的痛苦，以及同等獲利所帶來的愉悅，前者的情緒強度是後者的兩倍。這個見解直接衝擊當代經濟學家普遍認同的信念。康納曼與特沃斯基把這種行為稱為**損失規避**（loss aversion），並且證明人們願意為了規避不確定性而支付溢價，但面對潛在虧損時卻願意承擔額外風險。這種行為顯然違背了決策理論的基本假設，就傳統經濟學理論而言，更是全然不理性。

這些洞見形塑了行為金融學的基礎，而康納曼在 2002 年也成為了諾貝爾經濟學獎的第一個非經濟學家得主。如果特沃斯基不是在 1996 年過世，想必也會共享這個獎項。

5　編按：「效用」是個體經濟學的重要概念，是個人透過消費或利用資源以滿足需求、慾望的衡量。

自從康納曼與特沃斯基發表最初的研究成果以來，即奠定了行為金融學的理論基礎，也開啟了這門學問 40 年來的蓬勃發展。務必注意的是，行為金融學是由兩個截然不同而彼此相關的領域所構成：**個體行為金融學**與**總體行為金融學**，前者處理個人的決策程序與行為，後者則指向集體行為。[6]雖然個人行為可以影響集體行為，但兩者之間的關係並不直接，因而衍生許多困擾與混淆。

　　行為金融學主張，投資人的行為未必始終理性，投資決策可能受到人類情緒的驅使，影響程度可能超越傳統經濟學所預測的。許多人得知這種見解之後，便倉促做出結論：個人既然是非理性的，而金融市場是由個人（包括男人與女人）所構成，[7]那麼市場也是非理性的。於是，很多人以為，只要市場參與者的個人行為（**個體行為金融學**）放大，就可以直接代表市場集體行為（**總體行為金融學**）。

◆ 個人行為不能解釋群眾行為

　　可是，這個結論是錯誤的。我們不能僅僅根據個人行為（個體經濟學）而預測整體經濟（總體經濟學）的發展方向，儘管這兩個學科彼此相關；同理，我們不能只根據個人投資者的行為，預測整體股票市場的走向。個人行為不能單純經過加總而解釋集體行為，主要原因在於股票市場是個**複雜調適系統**（complex adaptive system）。複雜調適系統的最主要特色，就是**突現行為**（emergent

---

6　「個體」與「總體」行為金融學只是我們權宜使用的字眼，並不是正式的名稱。

7　許多研究顯示，女性實際上是比較勝任的投資人，因為女性的行為並不像男性那麼情緒化。

behavior），也就是說，個別行為加總之後，會出現某些無法根據個別行為分析而預測的型態。簡言之，整體大於個別的加總。容我重複強調，我們不能僅僅透過個別行為的分析，就對集體行為進行預測。

羅伯‧席勒（Robert Shiller）也對行為金融學的研究做出重要貢獻，他在 2013 年與尤金‧法馬共同獲頒諾貝爾經濟學獎。不過，席勒的研究重心不是個體行為，而是著眼於總體或集體行為。1981 年，他發表一篇重要論文〈股價變動是否超過了後續股利變動能夠合理解釋的程度？〉（Do Stock Prices Move Too Much to Be Justified by Subsequent Changes in Dividends?）。在這篇文章裡，席勒比較股票價格波動與企業股利變動量之間的關係，發現沒有證據顯示投資人的行為符合效率市場假說。換言之，席勒發現股票市場行情的擺動已經顯著超過任何理性經濟行為所能夠解釋的程度，而且他發現超額波動是一個持續存在的型態。因此，他認為我們有理由相信投資人的行為不符合理性，而且必然受到感覺與情緒的驅使。而這股驅力，就是行為金融學研究的領域。

席勒認為，有太多違反效率市場假說的現象存在，以致我們無法將之視為精確的理論，而且「泡沫化與其他違背效率市場假說的矛盾現象，唯有運用其他社會科學如心理學的知識，才能理解。」[8]他把泡沫化定義為：

> 價格上漲的新聞，刺激了投資人的熱忱，這種心理感染逐漸擴散到其他人。在整個發展過程中，某些經過渲染

8　Robert J. Shiller, "Do Stock Prices Move Too Much to Be Justified by Subsequent Changes in Dividends?" *American Economic Review* 71, no. 3, (June 1981).

的故事被用來解釋價格上漲的理由，並吸引愈來愈龐大的投資人群；他們雖然懷疑相關投資的真實價值，但一方面羨慕其他人的成功，另一方面則因為賭徒心理作祟，於是共襄盛舉的人愈來愈多。[9]

席勒相信，金融市場走勢顯著受到社會心理的影響。他不認為群眾是由理性決策者構成；在席勒的眼裡，群眾是「不怎麼注意價值基本指標的投資人」，[10]他們的情緒上受動物本能（animal spirits）所驅使。

有意思的是，儘管席勒因為他在行為金融學領域的貢獻而獲頒諾貝爾獎，但他的作品只有兩度提到康納曼和特沃斯基的著作，並且在 33 頁的諾貝爾講座講稿裡簡略談及兩位學者。席勒顯然不重視個體行為金融學；他強調，我們不能僅僅分析集體內的個體行為，就對集體行為做出預測。

事實上，個體行為除非足以造成集體的系統性錯誤，否則根本無關緊要。而且，如我們在前一章一再強調的，除非群眾的多元性消失，或獨立性被破壞，集體才會產生錯誤。個體所運用的評估模型如果具備多元性，他們所犯的錯誤就會彼此抵銷；個人如果能夠獨立採取行動，就不會影響群眾而產生錯誤。**因此，儘管個人的評估會出錯，個體行為看來也往往不符合理性，但個體錯誤如果不存在系統性相關，就會彼此抵銷，不至於醞釀成群眾錯誤。**

9　同上。

10　同上。

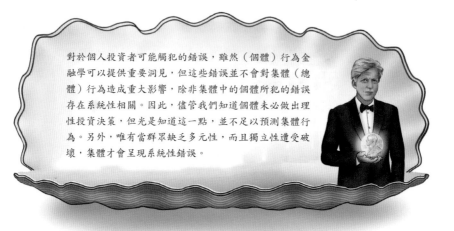

對於個人投資者可能觸犯的錯誤,雖然(個體)行為金融學可以提供重要洞見,但這些錯誤並不會對集體(總體)行為造成重大影響,除非集體中的個體所犯的錯誤存在系統性相關。因此,儘管我們知道個體未必做出理性投資決策,但光是知道這一點,並不足以預測集體行為。另外,唯有當群眾缺乏多元性,而且獨立性遭受破壞,集體才會呈現系統性錯誤。

◆ 多元性喪失時的群眾行為

所謂集體多元性缺失,指的是集體中的成員採取相同的思考方式,或運用相同或類似的模型估計內含價值。群眾一旦喪失多元,他們的觀點將反映少數人或某個特定人物的觀點,群體之中再也不存在各式各樣的看法。在這種情況下,群眾成員所提供的答案,往往只會小幅偏離群眾共識(平均數),就像我們在前一章的案例中所討論的。

另一方面,原本看法分歧的投資人群體,一旦受到相同的外來刺激所影響,個體表達觀點的時候就可能選擇放棄原本的估計或私有資訊;這就是**獨立性瓦解**的情境。當群眾裡的個體採用各自不同的模型評估內含價值時,他們的意見自然就具備多元性;然而,一旦模仿或採納其他投資人的意見,就喪失獨立性。**換言之,多元性取決於模型的多樣化,但模型產生的結果一旦受到外在刺激的系統性影響,就會喪失獨立性。**採用羅傑・穆雷在本書第四章的比喻,我們看到圖 7.3 出現一塊磁石,群體共識被吸引而偏離正確答案。

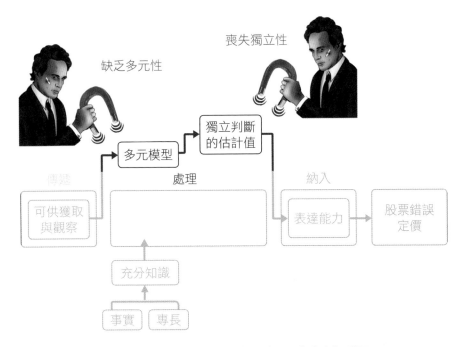

喪失獨立性

缺乏多元性

獨立判斷
的估計值

多元模型

篩選　　　　　　　　　　處理　　　　　　　　　納入

可供獲取
與觀察

表達能力

股票錯誤
定價

充分知識

事實　專長

▶▶ **圖 7.3　混亂造成多元性降低、獨立性瓦解，導致定價錯誤**

　　透過第三章的簡單例子，我們可以說明群眾的多元性如何下降，導致股票定價錯誤。我們提到，現金流量可能來自資產營運或資產出售。出售資產時，可以使用清算價值與私有市場價值的評估方法，確定企業的內含價值。評估來自資產營運的內含價值，則涉及三個層面：投入資本的價值，競爭優勢（沒有成長）的價值，以及增值成長的價值，請參考圖 7.4。

　　每一種價值評估的方法（或層面）都會產生不同的內含價值估計區間或分配，請參考圖 7.5。我們以這五種不同的價值評估方法，分別代表群眾採用的不同「模型」，並假定每種模型的使用者都各占群眾的 20%，而且每個人都只採用單一模型。[11]

PART

1

完美投資

11　來自資產營運的內含價值涉及三個層面：投入資本的價值、競爭優勢（沒有成
　　長）的價值，以及增值成長的價值。在這個例子裡，我們假定三種不同類型的

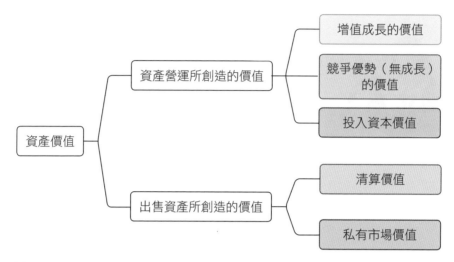

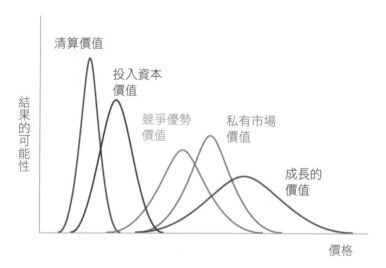

▶▶ 圖 7.5　根據不同投資人的價值評估模型所計算的內含價值分配

投資人，分別以其中一個層面作為他唯一使用的模型。儘管這種做法在表面上看起來純屬幻想，但實際上也反映了現實世界。不妨想想，有一群「超值」（deep value）投資人只採用清算價值評估法、私有股票投資人則採用私有市場價值（PMV）評估法、「價值型」投資人只採用投入資本價值評估法、「合理價格成長」（GARP，growth at a reasonable price）投資人採用競爭優勢價值評估法、「成長型」投資人採用增值成長價值評估法。

我們在第三章估計 Sevcon 的每股清算價值介於$0.50 到$3.00
之間，最可能的價值是$1.50，如圖 7.6 所示。當我們執行這項分析
時，該股票的交易價格是$7.60。

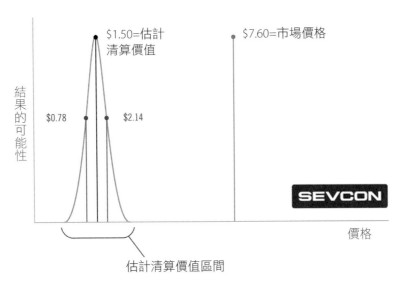

現在，假設 Sevcon 宣布該公司失去了某個重要客戶。因為這
則新聞，市場先生變得非常擔心、憂慮，甚至心情沮喪，準備向下
調整該公司的評估價值，甚至降到清算價值的水準。假設原本有
80%的市場參與者採用其他模型評估這家公司的價值，現在卻因為
Sevcon 喪失重要客戶而紛紛認為公司股價會陷入下降趨勢；他們
轉而採用相同的清算模型進行價值評估，於是產生系統性偏差，導
致股價從原來的$7.60 下跌到估計清算價值$1.50。一旦所有投資人
都採用相同的清算模型估計 Sevcon 的內含價值，群眾也就喪失了
多元性。

假設你已經追蹤這家公司好幾年。根據你採用的**私有市場價值**

估計，你認為每股$7.60 的價格相當合理。現在，你知道該公司喪失主要客戶，並且將這項資訊納入你的價值評估模型，以致估計內含價值向下修正為每股$5.45。如果你對自己的分析有信心，則市場先生過度反應所造成的定價錯誤，就是市場給你的機會，請參考圖 7.7。你所估計的內含價值從每股$7.60 下降為$5.45，市場價格則從每股$7.60 下跌到$1.50。以你所估計的內含價值$5.45 作為衡量，按照每股$1.50 價格買進，顯然相當划算。

可是，請注意，如果群眾僅僅喪失多元性，這樣的單一因素未必導致定價錯誤。前一段敘述有句話非常重要：「*如果你對自己的分析有信心。*」這意味著你認為市場共識是錯誤的。對你來說，市場定價出錯了，而這個價格「看起來很便宜」。群眾偏差可能造成定價錯誤，但是，請容我再重複一次，這不單純是群眾缺乏多元性所產生的結局。

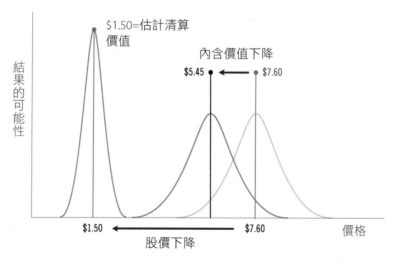

▶▶ 圖 7.7　流失客戶之後的內含價值估計

圖 7.8 顯示最極端的價格走勢。

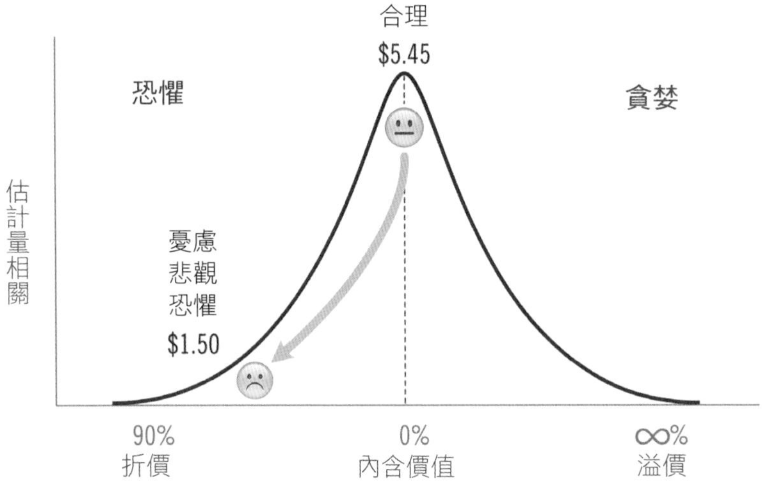

恐懼　　　　　　合理
　　　　　　　　$5.45
　　　　　　　　　　　　　　　貪婪

估計量相關

憂慮
悲觀
恐懼
$1.50

90%　　　　　　0%　　　　　∞%
折價　　　　內含價值　　　溢價

▶▶ **圖 7.8　市場先生的過度反應**

　　雖然 Sevcon 的例子過於簡化，但已經足以說明市場由許多不同的分子所構成。在現實世界裡，有些人著眼於長期投資，有些投資人則是短線玩家；有些投資人特別聚焦於技術分析，另一些人則使用計量方法，或基本面分析。相同類型的投資人往往會有接近的想法，也可能採用類似的模型估計內含價值。舉例來說，從事基本面分析的投資人估計企業價值所採用的衡量，可能是股價淨值比，或是股價現金流量比；至於從事技術分析的投資人，他們採用的衡量可能是股價的 200 天移動平均搭配 50 天移動平均。成長型投資人聚焦於銷貨或盈餘成長，採用的衡量可能包括股價營收比，或盈餘動能。持股人的組成如果足夠多元，並且包含不同類型的投資人，則群眾往往具備智慧，而股票也會有效定價。反之，持股人的組成如果缺乏多元性，大多數投資人來自相同的背景，或採用類似

的價值評估方法，則群眾就會顯得較不聰明，股票定價效率也較差。這樣的陳述或許有些過分簡化，但足以強調投資人的多元性。

在現實世界裡，某一支股票或某個市場常常會發生投資人**聚集**或**從眾**的現象，造成特定領域的投資人缺乏多元性。由於多數市場參與者採用類似的模型進行分析，某個看似無關緊要的事件極可能會促使投資人蜂擁而上，市場先生也為之瘋狂。我們必須強調，同樣一個事件，在群眾多元性足夠時或許只會產生「適當」反應，然而一旦發生在缺乏多元性的群體裡，卻可能會輕易引發過度反應。

2007 年爆發的量化危機（Quant Crisis）就屬於這類事故。計量投資人運用電腦模型辨識證券價格型態，針對微幅的定價錯誤進行大量買賣，從中賺取利潤。這類策略多年來都相當成功，也造就了許多億萬富豪，譬如文藝復興科技公司（Renaissance Technologies）的詹姆士・西蒙斯（James Simons）、Citadel 公司的肯尼斯・葛利芬（Ken Griffin），以及 AQR 資本管理公司的克里夫・阿斯奈斯（Cliff Asness）。可是，成功的策略有時候也會碰上麻煩，結果是一片狼籍。

2007 年 8 月初，好幾家大型避險基金與華爾街自營商在短短幾天之內爆發數十億元的虧損，而且沒有人確切知道原因。這些基金大多採用類似的策略（使用相同模型），並且大幅擴張信用，一旦碰到行情大跌，許多業者同時收到追繳保證金的通知（他們持有的證券就是融資貸款的抵押品），因此被迫賣出至少部分持股。不幸的是，由於這些投資組合的結構基本上大同小異，保證金追繳令就像在池塘裡丟下一顆石子，激起漣漪般的連鎖反應——拋售導致下跌，然後又造成更多拋售……最終演變為「死亡漩渦」。

史考特・彼得森（Scott Petterson）的傑出著作《計量玩家》

（*The Quants*）描述了 8 月份這幾天內發生的事件，其中的內容或許更像是約翰·葛里遜（John Grisham）的驚悚小說，而不是華爾街交易商的景象。以下摘錄幾段敘述：

> 這個星期的前幾天，行情從太平洋時區開始發動，其他計量基金開始意識到某些邏輯上不該發生的事情。經過謹慎調整的模型、鐘形常態曲線、隨機漫步、經過校準的相關——所有推動著計量玩家邁向華爾街顛峰的數學與科學——都全然無法解釋這究竟發生了什麼事。這是一起純粹由人類恐懼情緒引爆的徹底混亂，完全超出電腦模型或複雜演算程序所能處理的範圍。**這是理當不該發生的事情！**

> 計量玩家們已經盡力控制損害程度，但他們採取的因應措施，就像火上添油——他們賣出得愈多，賣出價格就變得愈凄慘。去槓桿化（deleveraging）的下跌驅力，看來似乎完全無法阻止。

> 這件事全然沒有道理。羅斯曼（Rothman）是尤金·法馬在芝加哥大學時的學生，他是效率市場理論的真正信徒，原本預期市場應該遵循嚴格的量化型態發展。可是，市場現在卻藐視羅斯曼——或任何計量玩家——所瞭解的任何型態。一切都在賠錢。每種策略都分崩離析。一切顯得如此不可理喻，甚至可說是全然瘋狂。[12]

---

12 Scott Patterson, *The Quants: How a New Breed of Math Whizzes Conquered Wall Street and Nearly Destroyed It* (New York: Crown, 2010).

◆ 資訊瀑布之下的群眾行為：獨立性瓦解

　　獨立性瓦解與**多元性**的喪失頗為類似，但兩者之間存在微妙而重要的差別。群眾的構成分子採用不同的模型取得獨立的估計量，因而維持了群眾的多元性；然而，一旦受到外部因素影響，他們可能就會忽略或放棄原本的估計，造成獨立性的瓦解。這種現象稱為**資訊瀑布**（information cascade）。

　　我們再次釐清兩者之間的微妙差異。**獨立性**一旦被破壞，個人將專注於某些外部因素，忽略原本使用的模型，形成從眾效應。

　　在第六章，我們把**私有資訊**定義為個人掌握的事實，以及個人擁有的經驗，這代表他們的**特定領域知識**，並形塑他們的資訊處理模型；我們將圖 6.5 複製成以下的圖 7.9：

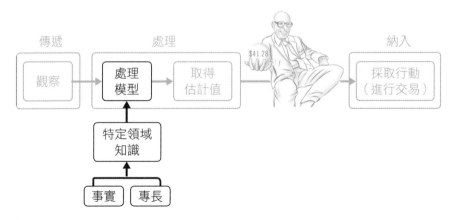

▶▶ 圖 7.9　特定領域知識包含個人處理模型所必備的事實與專長

如我們在書中提到的，每位投資人都擁有自己獨特的**私有資訊**，這些資訊左右他們的內含價值估計。投資人如果能夠在毫無偏差的狀況下取得估計值，則他的估計就具備*獨立性*。可是，如果缺乏真正的**資訊優勢**，投資人擁有的私有資訊往往不夠完善。因此，對於自己的估計量，投資人通常不抱太大的信心。

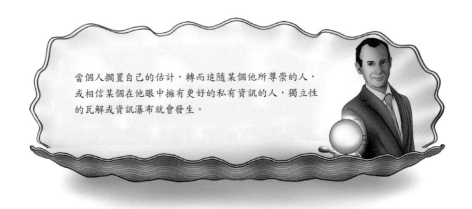

當個人擱置自己的估計，轉而追隨某個他所尊崇的人，或相信某個在他眼中擁有更好的私有資訊的人，獨立性的瓦解或資訊瀑布就會發生。

　　資訊瀑布最經典的例子，就是人們在陌生城市裡選擇餐廳的情況。設想你需要前往倫敦出差幾天。你過去從來沒到過倫敦，希望找到一家好餐廳吃晚餐。出發之前，你先參考了米其林指南，也到餐廳評論網站 Yelp 閱讀相關評論。你到了倫敦，放下行李，立即前往預先挑選的餐廳。可是，當你來到門口時，卻看到餐廳內門可羅雀；可是，隔壁的餐館卻高朋滿座，而且看起來似乎很不錯。這個時候，你決定改變主意，選擇隔壁這家餐廳用餐，過程中完全不需要進行更多研究或收集新的資料。換言之，你僅僅觀察了其他人*的行為*，就擱置了先前的研究所取得的**私有資訊**。如果其他人也基於和你一樣的理由而挑選了這家餐廳，這就形成了**資訊瀑布**。

　　我們也可以舉另一個簡單的例子，說明股票市場上的資訊瀑布

現象。鮑伯是個投資顧問，以授權委託的形式[13]為高淨值資產人士管理個別投資帳戶。鮑伯密切追蹤「生物科技公司」，該公司正在開發治療螢光鼻腔症的藥物。這種藥物目前正在等待美國 FDA 第二階段的檢驗結果。他曾經諮詢幾位醫學專家與病患，相信這種藥物確實有效，應該可以通過第二階段的檢驗。他為 20 位客戶分別買進生物科技公司的股票，平均成本為$15.37。幾個星期之後，股價已經上漲到$17.04。

賈德是一位著名的生化投資專家，經常上 CNBC 電視節目，持有傲人的投資紀錄。因為賈德的成就非凡，很多市場參與者都會透過 13G 資料申報，[14]追蹤他的基金的持股狀態。鮑伯發現，最近的 13G 資料顯示賈德的基金已經不再持有生物科技公司的股票，這讓鮑伯深感震驚，因為他知道賈德先前持有該公司高達 6.2%的股權。

根據鮑伯的推論，賈德的基金既然賣掉生物科技公司股票，就意味著賈德相信該公司治療螢光鼻腔症的藥物無法取得 FDA 核准。如果這款新藥不被核准，生物科技的股價大有可能腰斬到每股$8.50，甚至更低。由於鮑伯持有相當大量的生物科技股票，因此深感恐懼，並且開始出脫 20 個客戶帳戶的持股，結果造成股價從$17.04 下跌到$16.23。他發現推特（Twitter）上也出現了相關評論，表示賈德出脫生物科技公司的股票就代表該公司的藥物沒辦法得到 FDA 核准。推特上的負面評論更加強了鮑伯賣出股票的決

---

13 這種服務形式指的是客戶授權給鮑伯，不需要事先得到客戶的許可，即可自由為客戶擬定買賣決策。

14 投資人的持股如果超過上市公司發行股數的 5%，就必須通過 13G 表格公開申報持股狀態。

心。幾個小時之後，股市收盤，生物科技公司的股價已經跌到$13.78，成交量是平常的七倍。

這一連串的發展，就是**資訊瀑布**的開端。雖然鮑伯從 13G 申報資料推測賈德的想法，但他並不知道賈德掌握了哪一些**私有資訊**。鮑伯擱置了他自己的私有資訊（他的估計值），改而採納（他所認為的）賈德的決定。

不久之後，鮑伯的客戶收到鮑伯賣出生物科技公司股票的交易確認單。蘭笛是鮑伯的客戶之一，她是生化科技產業的從業人員，服務於生物科技公司的競爭對手，對該公司的螢光鼻腔症藥物相當熟悉；她發現鮑伯賣掉了自己帳戶內的持股。蘭笛當初委託鮑伯操作股票帳戶，是因為她認為鮑伯很精明，相信他的判斷力。蘭笛其實也密切留意著生物科技公司的狀況，相信該公司的藥物可以得到FDA 的上市許可。她認同鮑伯當初買進股票時的判斷，但現在卻開始懷疑。

蘭笛同時也自行操作投資。她發現生物科技公司的股價在一天之內下跌$3.26，價格夾著大量收在$13.78。隔天早上，她決定透過自己的帳戶，放空生物科技公司股票，因為她認為股價還會繼續下跌。資訊瀑布繼續發威。從鮑伯出脫持股的行動看來，蘭笛猜測他應該掌握了某些有效的**私有資訊**。股價大跌可以「確認」資訊正確。蘭笛認為，這些「消息靈通」的投資人必定知道某些她所不知道的資訊，尤其是關於生物科技公司第二階段檢驗的負面消息；因此，她擱置了自己的私有資訊，接收了鮑伯和市場上其他交易者的估計。[15]

15 有些投資人認為自己根據消息進行交易，實際不然（譬如這個例子裡的鮑伯與

資訊的**表達**、**整合**，以及被**納**入股票價格，唯一的管道就是交易。因此，投資人雖然無法知道哪一些私有資訊正在促成股票交易，但他們可以看到其他投資人的行為（譬如，生物科技公司股價下跌就是證據），並推論交易者必定擁有更充分的私有資訊。請注意，股價下跌所傳遞的資訊未必正確。任何經驗老到的投資人都瞭解，某人賣出股票不代表他掌握了更充分的資訊。保羅‧桑金記得，查克‧銳思（Chuck Royce）曾經針對某支股票的重大走勢發表評論：「顯然有人知道了什麼，或以為他們知道了什麼。」

　　生物科技股票價格下跌，導致投資人懷疑他們自己的獨立分析。鮑伯與蘭笛都因此擱置了自己的私有資訊，改而採納別人的判斷。這一切的結果，就是群眾**獨立性**的瓦解。

　　在這種發展過程中，我們也看到了**回饋環路**。隨著生物科技公司股價下跌，交易者更進一步相信，某些人確實知道一些導致股價下跌的負面消息。多數投資人認為，如果股價在 FDA 即將宣布之前下跌，就代表某些投資人必定提前知道 FDA 不會核准藥物上市。可是，市場訊號可能是錯誤的，可能只是**雜訊**。投資人賣出而導致股價下跌，但股價下跌所傳遞給市場參與者的訊息卻是錯誤的。這個循環變成一個基於雜訊，而不是資訊的正性**回饋環路**。**每個人都認為某些人必定知道些什麼，實際上卻沒有人真正知道什麼。**

　　鮑伯與蘭笛如果能夠保持**獨立性**，就可以忽略市場雜訊，繼續

蘭笛），他們被稱為「**雜訊交易者**」（noise traders）。費雪‧布萊克（Fischer Black）針對這個主題寫了一篇優秀的文章，標題剛好就是〈雜訊〉（Noise），發表於 1986 年 7 月份的《金融期刊》（*Journal of Finance*）。讀者可以上網以關鍵字「Fischer Black Noise」搜尋這篇文章。

堅持當初完全根據**私有資訊**而擬定的決策。可是，他們對當初的判斷缺乏信心，因此擱置自己的估計值（私有資訊），改用他們認為掌握更充分資訊的其他投資人所做的判斷，最後導致**資訊瀑布**。

一個星期之後，生物科技公司宣布他們通過 FDA 的第二階段檢驗。公司股票當天的收盤價為$24.55，較前一天收盤價大幅上漲，價格也遠高於鮑伯和蘭笛賣出或放空股票的價格。當天，賈德剛好就在 CNBC 的節目上，記者問他為何在生物科技公司宣布利多消息之前賣掉持股。賈德相當訝異，他說：「我們沒有賣掉。」記者提到 13G 申報所顯示的修正資料，賈德解釋：「哦，我知道為什麼會造成誤解了。不，我們沒有賣出持股。我的合夥人和我決定分開操作，所以我把資產劃分為兩個部分，分別成立新的基金。我們是透過實物分配的方式進行，所以沒有涉及交易。我們的基金各自擁有的生物科技公司股票，各占該公司總發行股權的 3.1%，低於 5%，所以不需要向美國證管會申報。舊有基金解散時，我們確實更新了申報資料，結果顯示我們沒有持股。我想，在外界的人看來，我們確實好像賣掉了整個部位。」

賈德臉上的表情，看起來好像陷入沉思。一陣子之後，他才說：「你知道，這解釋了很多事情。上個禮拜，我看到生物科技公司股價大跌，卻搞不清楚為什麼。我根本沒有想到，始作俑者竟然是我們自己的 13G 申報資料，大家認為我們賣掉了持股。這實在太有意思了。當時，我看到股價大跌，最初的反應是恐懼。我們對自己所做的研究相當有信心，因此判定當時的價格走勢純屬雜訊。儘管如此，但看到市場似乎正在對我們說『你們錯了』的時候，想要繼續堅持立場顯然很不容易。可是，我們畢竟還是利用這波行情下跌的機會，繼續加碼，結果賺了不少錢。」接著，賈德身子向後靠，大笑著說：「哇，如果我們看到價格大跌而陷入恐慌，然後賣

PART

1

完美投資

313

掉股票，那就等於在對自己製造的雜訊做出反應，而自己卻全然不知道。」

⚙ 群眾的瘋狂真的不理智嗎？

缺乏多元性與喪失獨立性，兩者都是投資人**群聚**或**從眾**的現象。

請注意，從眾的行為本身並不是非理性行為。如果某個人相信他人掌握更充裕的資訊，因而決定採納他的觀點或立場，這種行為顯然正常，而且合乎理性。

讓我們回頭看看倫敦餐廳的例子。你事先做了相當完整的研究，而且挑好了餐廳。可是，當你實際抵達時，卻發現自己挑的餐廳裡沒有什麼客人，而隔壁的餐廳則高朋滿座。看著隔壁餐廳的情況，你心中琢磨著：「這些人看起來挺正常的，就像我一樣，但他們挑選這家餐廳，而不是我原本挑選的那一家。」你的直覺告訴你，**他們必定掌握一些你所不知道的資訊，你如果也擁有這些資訊，可能也會做出相同的選擇**。你原本挑選的餐廳，主廚可能剛離職，而你所研究的資訊可能還沒來得及更新。或者，前幾天可能有人在這家餐廳吃壞了肚子，本地新聞雖然有報導，但你沒看到。

後來你擱置了自己的私有資訊，決定從眾，這是不是一種非理性的行為呢？未必。這是正確選擇嗎？可能是，也可能不是。隔壁餐廳裡的人可能都錯了。

投資的世界也一樣。在生物科技公司股票的例子裡，故事內容

也可能是另一個版本：賈德的 13G 申報資料可能真的代表他賣掉了股票，因為賈德掌握了新資訊。總之，在原本的例子裡，鮑伯與蘭笛的決定事後證明錯誤，但決策本身未必不理性。

「追隨領導者」是正常的人類行為。個人往往在群眾之中得到安全感，凱恩斯的名言道出了這樣的情感：「世俗智慧教導我們，遵循傳統而失敗，名聲也比違背傳統而成功好。」當模仿發展到極端，或模仿是基於雜訊而不是資訊，資訊瀑布才會導致獨立性崩解。再說一次，這不是非理性行為。

席勒也認為，投資人在這種情況下的行為並不是非理性。他在諾貝爾講座裡這麼說：

> 我對泡沫的定義，核心在於傳染病般的蔓延狀態、投資人的情緒，以及新聞與資訊媒體的性質。我認為，泡沫關乎的不是投資人的瘋狂行為。事實上，泡沫關乎的是投資人作為集體，從某種看似有理的價值評估理論擺盪到另一種理論。[16]

席勒主張，新聞與資訊媒體對群眾產生**系統性**的影響，其伴隨的從眾行為可能造成缺乏效率的股票定價。在極端情況下，多元性喪失、獨立性崩解，每個人受到貪婪情緒的驅使，對未來抱持著過度樂觀的看法，於是導致狂熱或泡沫行情；或者，在恐懼情緒的驅使之下，市場瀰漫著末日情緒，結果將導致恐慌或崩盤。

16　Robert J. Shiller, "Prize Lecture: Speculative Asset Prices," December 8, 2013, Stockholm, Sweden.

法馬和席勒怎麼可能都對？

乍看之下，法馬與席勒共同獲頒諾貝爾經濟學獎，似乎有些突兀，因為他們兩人對市場效率的看法全然不同。法馬與席勒怎麼可能都對呢？

塔夫茲大學（Tufts University，法馬是該大學的畢業生）經濟學教授丹尼爾·理查茲（Daniel Richards）相當完美地總結了瑞典學院的決定：

> 兼顧三方面的授獎組合實在絕妙無比。法馬證明市場如何具備效率，席勒顯示市場如何缺乏效率，韓森（Hansen）提供的計量經濟學工具顯示為何兩者都正確。[17]

17　Philip Primack, "Fama's Market - A Nobel for the Economist Who Explained Why Stock Prices Are So hard to Predict," *Tufts Magazine*, Winter 2014.

我們必須假設諾貝爾委員會相信這兩種理論可以並存，經濟學教授佩爾・克魯塞爾（Per Krusell）在 2013 年諾貝爾獎得主評論中即指出了這一點：「目前世人對於資產價格的瞭解，一方面奠定於理性投資人與他們對風險的關切，另一方面則奠定於心理學與行為金融學。」[18]

　　委員會特別在宣布諾貝爾獎得主時指出，根據理性投資人模型：

　　　　投資人理性計算資產價值。所以，資產價值應該根據未來預期發生的現金流量進行估計。合理的假設是，這些現金流量需要經過折算；換言之，遠期現金流量的重要性不如即期現金流量。

　　委員會同時又強調了另一個面向：

　　　　捨棄完全理性投資人的概念。跳脫這項假設，即是所謂「行為金融學」的新領域。在這裡，錯誤的預期扮演核心角色：偏高資產價格可能反映人們高估了未來的現金流量。換言之，過度樂觀或其他心理機制或許能夠解釋資產價格偏離基本面價值。[19]

　　上述評論顯示，諾貝爾委員會相信資產應該以現金流量折現模

18　Announcement of the 2013 Sveriges Riksbank Prize in Economic Sciences in Memory of Alfred Nobel, presented by Professor Staffan Normark, Permanent Secretary of the Royal Swedish Academy of Sciences, on October 14, 2013.

19　The Royal Swedish Academy of Science, "The Prize in Economic Sciences 2013," press release confirming the award of Sveriges Riksbank Prize in Economic Sciences in Memory of Alfred Nobel for 2013 to Eugene F. Fama, Lars Peter Hansen, and Robert J. Shiller, October 14, 2013.

型進行定價，儘管資產價格有時候會因為人類情緒的驅使而偏離基本面價值。

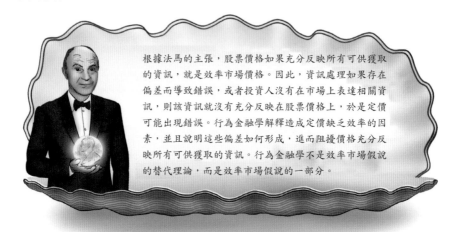

根據法馬的主張，股票價格如果充分反映所有可供獲取的資訊，就是效率市場價格。因此，資訊處理如果存在偏差而導致錯誤，或者投資人沒有在市場上表達相關資訊，則該資訊就沒有充分反映在股票價格上，於是定價可能出現錯誤。行為金融學解釋造成定價缺乏效率的因素，並且說明這些偏差如何形成，進而阻擾價格充分反映所有可供獲取的資訊。行為金融學不是效率市場假說的替代理論，而是效率市場假說的一部分。

　　2013 年的諾貝爾經濟學獎清楚顯示，委員會既相信法馬的效率市場假說，也相信席勒主張人類行為可能產生效率缺乏現象，更認為兩者之間的關係是互補，而不是許多投資人與學術界人士所以為的互斥關係。

⚙ 效率市場假說的磁力

　　班傑明・葛拉漢在《智慧型股票投資人》裡談到這種二分現象，他說：「從短期來看，市場是一個投票機器，但從長遠來看，它是一個磅秤機。」換言之，葛拉漢認為，市場可能受到人類情緒左右，造成暫時性的定價錯誤；不過，隨著時間經過，市場會回歸正確價格。

1993 年，羅傑・穆雷在紐約市的帕雷中心（Paley Center）[20]的課堂上，透過稍微不同的角度陳述相同概念。「讓市場呈現效率的，畢竟還是證券分析，[21]而且，我們都非常認真地做這件事，因此我們讓所有的價值概念與所有的市場定價結合在一起。對於某項投資的未來獲利，你和我都不可能提升市場的預測能力。」穆雷認為證券分析程序是「一塊磁石──把市場價格拉扯到某種蘊含實質意義、代表根本價值的水準。」他進一步說明：「隨你的喜好，你可以說這是向內含價值的傾斜，或稱之為均值回歸；這意味著，在企業、產業或證券類別的價值評估程序中，至少就某種程度而言，內含價值代表某種真實而根本的集中趨勢。」[22]穆雷認為，股票價格雖然在短期之內可能偏離內含價值，但隨著時間經過，市場力量會把價格拉回內含價值。

◈ 內含價值就是電磁體

　　進一步延伸穆雷的磁石比喻，我們可以把市場效率設想為一塊電磁體，負責把股票價格吸引到企業的真實經濟價值或內含價值；行為金融學則代表另一塊人類情緒的磁鐵，拉扯股票價格遠離內含價值。[23]

20　2007 年 6 月 5 日，紐約電視與廣播博物館（The Museum of Television & Radio）更名為帕雷媒體中心（Paley Center for Media）。

21　穆雷把證券分析定義為計算內含價值的程序，然後在顯著折價的情況下買進相關證券。

22　Roger F. Murray and Gabelli Asset Management Co., "Lecture #1. Value Versus Price," Roger F. Murray lecture series, Museum of Television & Radio, New York, January 22, 1993.

23　請注意，在以下的幾個例子裡，我們假定市場是錯誤的。如本章稍早討論的，唯有當共識觀點錯誤，系統性偏差才會導致定價錯誤。

自行製造電磁體，我們只需要一根釘子、一顆電池，以及一些鐵線，請參考圖 7.10。

▶▶ 圖 7.10　土製電磁體

　　我們可以透過幾個簡單的案例，說明市場效率對股票價格產生的磁性效應，並且顯示效率市場假說與行為金融學如何並存。設想我們把一個磁性表情符號擺在圖 7.11 的價值分配曲線內側，並且把電磁體置於分配曲線峰位頂端，代表市場效率產生的拉力。圖形顯示電磁體把表情符號拉到曲線頂端，該處的價格等於內含價值，代表市場發揮正常功能，沒有發生定價錯誤的現象。

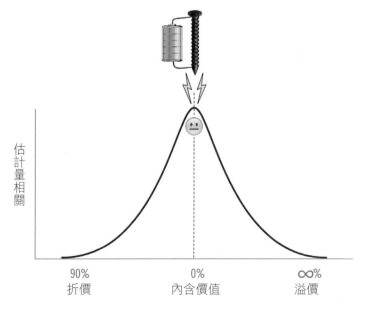

▶▶ 圖 7.11　**市場效率的電磁體吸引**

◆ 系統性錯誤的拉力

可是，一旦某種型態的**系統性偏差**導致錯誤，群眾智慧就無法發揮正常功能，於是行為金融學趁虛而入，並牽扯著市場價格使其遠離內含價值。當投資人過度樂觀或過度悲觀，他們的**獨立性**與**多元性**就會下降，估計量的彼此相關程度也會提高，驅使股票呈現溢價或折價，如圖 7.12 所示。我們不妨把投資人的偏差行為，設想為強勁的磁鐵，拉扯表情符號沿著鐘形曲線往下滑，遠離代表內含價值的電磁體。

▶▶ 圖 7.12　**重大偏差出現，拉扯股價遠離內含價值**

定價錯誤可以透過兩種方式糾正。首先，**無偏差**（unbiased）的投資人進場趁機賺錢，糾正錯誤定價，進而稀釋偏差共識。我們想像這些新進場的投資人打開了分配曲線頂端（該處的市場價格等

於內含價值）的電磁體的開關。電磁體的磁力超越行為偏差對股票價格產生的磁力，於是重新把表情符號拉回內含價值，如圖 7.13 所示。另一種糾正錯誤定價的途徑，就是偏差消失或減退。沿用磁石的比喻，這意味著代表行為偏差的磁鐵喪失了磁力。一般來說，定價錯誤會透過這兩種方式的結合而被糾正。

以上敘述儘管有些過度簡化，但也扼要地解釋了**效率市場假說與行為金融學如何共同對股價走勢發揮影響**。在正常情況下，股價會呈現效率定價，直到某種**系統性偏差**驅使大眾情緒，以至拉扯價格遠離真實價值。再說一次，即使共識是錯誤的，**系統性偏差也未必代表定價錯誤**。

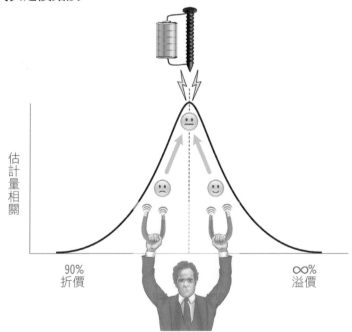

▶▶ 圖 7.13　無偏差電磁體的力量超越偏差磁鐵，股價返回效率價格

◆ 極端恐懼與貪婪的拉扯

　　市場先生的過度反應一旦發展到極端，就會產生崩盤或泡沫。席勒描述泡沫的雪球效應，最初只是單純的價格上漲，然後引發了投資人的熱忱，相互感染，激情愈來愈強烈，被影響的人也愈來愈多。這段敘述與葛拉漢的說法有些共鳴：「投資人的心態不僅會影響市場價格，也會被市場價格影響。」[24]

　　處在狂熱或泡沫行情，貪婪情緒壓倒恐懼，投資人變得過度樂觀。反之，處在恐慌或崩盤行情，恐懼情緒壓倒貪婪，投資人變得過度悲觀。一旦發生這類插曲，股票價格就會偏離真正的內含價值；價值或是膨脹而呈現顯著溢價，或是收縮而呈現顯著折價，總之，股價將會跟事業基本面脫勾。群眾的情緒逐漸被恐懼或貪婪接管，市場效率也因此被擱置。這些情緒產生的磁鐵拉力，效應超越了效率市場電磁體的磁力。在那個當下，偏差磁鐵的力量超越無偏差電磁石，表情符號被拉扯而遠離企業真實內含價值，逐漸靠向曲線尾端，如圖 7.14 所示。

24　Benjamin Graham and David L. Dodd, *Security Analysis* (New York: Whittlesey House, McGraw-Hill Book Company, 1934).

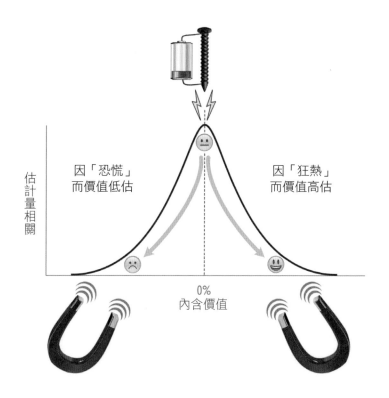

▶▶ **圖 7.14　偏差行為磁鐵的磁力，超越效率市場電磁體**

　　恐懼或貪婪一旦壓倒群眾情緒，投資人的想法就會趨於一致，群眾智慧被取代為集體想法與資訊瀑布，群眾也因而陷入瘋狂。

　　在某些極端的狀況下，譬如 2000 年的網路泡沫，以及 2008 年的金融危機，投資人完全失控，群眾情緒全然壓倒無偏差電磁體，表情符號再也無法被拉回內含價值。客觀交易者沒有足夠的資金或力量，不能克服情緒化群眾的衝動，情況就像圖 7.15 所描述的。

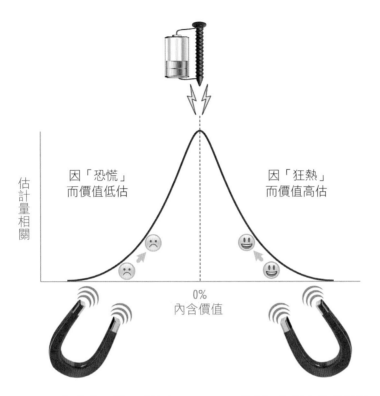

因「恐慌」
而價值低估

因「狂熱」
而價值高估

估
計
量
相
關

0%
內含價值

▶▶ 圖 7.15　效率市場電磁體的力量不足，不能糾正極端行為的拉扯

◆ 泡沫終將破裂、崩盤終將平息

　　最終，總會發生某些事情，然後泡沫會破裂、恐慌會平息，而群眾終究會跳脫瘋狂狀態。偏差磁鐵的力量會消退，對群眾情緒的控制力終於衰退。投資人逐漸恢復獨立性與多元性，而股價也開始漂向或返回內含價值，如圖 7.16 所示。

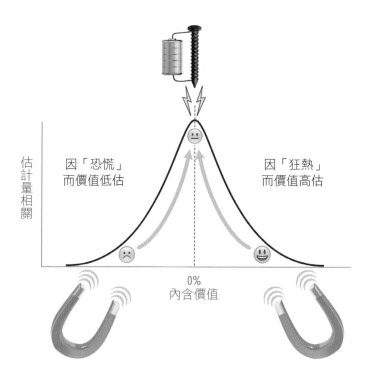

因「恐慌」
而價值低估

因「狂熱」
而價值高估

估計量相關

0%
內含價值

▶▶ **圖 7.16　無偏差的效率市場電磁體，力量最終超越偏差行為的磁石，股
價返回效率價格**

　　儘管諾貝爾委員會已經在同一年認可這兩套理論，將行為金融
學納入效率市場假說的架構，對許多學術專家和業內人士來說，仍
然被視為異端。**然而，兩種理論的合併確實為我們提供了一套更有
效的心智模型**。請注意，有充分證據顯示效率市場假說在大多數時
候代表市場的主導力量；然而，即使在「常態」市況下，行為金融
學仍會偶爾發揮作用，扭曲價格。在相當罕見的狂熱或恐慌狀況
下，投資人情緒會幾近於失控，導致行為出現**系統性錯誤**，在這種
時候，行為金融學理論才會居於掌控地位。

　　「完美」的效率市場處在一端，另一端則是極度的狂熱或恐慌

狀況，而在這兩個極端之間，就是兩股力量的交互融合。圖 7.17 中間的藍色區域，代表效率市場假說充分發揮功能，至於曲線兩側尾部的紅色部分，則代表行為因素拉扯力量最強的區域。如我們稍早討論的，股票價格很少會遠離內含價值，但在某些情況下，投資人的行為可能被**系統性偏差**控制，導致折價或溢價擴大到極端程度。

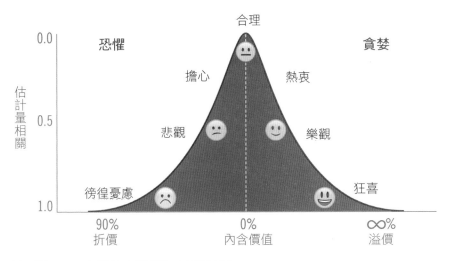

▶▶ 圖 7.17　市場效率與行為金融學並存

⚙ 群眾無法行動，資訊納入受阻

　　根據效率市場的第三項原則，資訊必須經由充分數量的投資人向市場表達並進行整合，然後納入市場價格，股票才能呈現效率定價；而這一切需要仰賴投資人在股票交易的過程中實際影響市場價

格。投資人的意見必須在沒有顯著障礙的情況下向市場表達並進行整合，將資訊**納入**市場價格，才能滿足第三項原則。

私有資訊最大化

2016 年 8 月，保羅・桑金與美國南加州大學馬歇爾商學院會計學教授肖恩・海茲曼（Shane Heitzman）對話；海茲曼是傑出論文〈私有資訊、交易活動與股票價格〉（Private Information Arrival, Trading Activity and Stock Prices: Evidence from Nonpublic Merger Negotiations）的作者。桑金問：「假設我掌握一項資訊，我想要運用這個資訊進行交易，我把買單設定在買進價格，然後等待賣方。我並沒有改變股票價格。如果我進行交易，但沒有改變價格，那麼我所擁有的資訊就沒有被納入股票價格。這種情況該怎麼說呢？」肖恩回答：「你透過自己的行動，維持市場價格，以便讓私有資訊的價值最大化。你所擁有的資訊並沒有被納入價格。」重點是：市場要具備效率，資訊就必須透過交易並且改變價格的形式傳送到市場。如果價格沒有移動，資訊就不算被納入。

即使滿足了市場效率的前兩個原則，也就是資訊充分傳遞，並且在不受任何系統性誤差的影響之下被處理，如果估計值沒有透過交易而納入價格，市場仍然可能缺乏效率。

什麼樣的障礙可能阻止投資人進行交易？諾貝爾委員會稱此為「制度限制與利益衝突」。這些障礙可以劃分為兩大類，兩者都可能阻擾投資人建立或持有部位。第一類稱為**流動性限制**（liquidity constraints），可能限制了投資人進行交易的能力。第二類限制與客戶**贖回**投資有關，無論這是經理人的預期，或是實際的贖回行為；這方面的考量可能阻止投資人建立部位，或阻止投資人持有部位直到市場價格與內含價格之間的缺口封閉。

擬定買賣決策時，多數投資人都希望相關交易能夠立即成交。問題是買、賣雙方未必同時存在於市場，或同時願意在相同價格交易相同數量的股票。唯有當時間、價格與數量這三大因素都彼此配合，股票才**具備流動性**，允許投資人在不需要改變價格的情況下完成交易。反之，如果交易的搓合將引發價格走勢，該證券就被視為**缺乏流動性**。

類似蘋果電腦等等的高流動性股票，市場上隨時都有很多買家和賣家準備進行交易，買賣報價之間的價差通常很小；以下是我們在 2016 年 4 月 28 日看的報價：

	最近成交價格	今天變動	買進（數量）	賣出（數量）
	97.22	-0.60 (-0.61%)	**97.21** x200	**97.22** x200

2016 年 4 月 28 日東部時間 9:38 的即時報價

▶▶ 圖 7.18　**蘋果電腦的股票報價**

圖 7.18 的報價資料顯示，交易者可以在$97.22 買進 200 股，或在$97.21 賣出 200 股。買賣報價之間的價差為 1 美分，相當於證券價格的 0.01%。這個時間點的蘋果股票每天平均成交量大約是3,600 萬股，成交金額約$35 億。

讓我們再看看聯合資本集團（Associated Capital Group）在同一天的報價資料，買賣報價的價差也不大，如圖 7.19 所示。

	最近成交價格	今天變動	買進（數量）	賣出（數量）
ASSOCIATED CAPITAL GROUP	30.02	-0.02 (-0.07%)	30.02 x1,100	30.05 x400

2016 年 4 月 28 日東部時間 3:48 的即時報價

▶▶ 圖 7.19　聯合資本的股票報價

　　圖 7.19 的報價資料顯示，交易者可以在$30.05 買進 400 股，或在$30.02 賣出 1,100 股。買賣報價之間的價差為 3 美分，相當於證券價格的 0.10%。這個數據雖然是蘋果的 10 倍，但還是很小。可是，這支股票的每日平均成交量大約 21,000 股，成交金額只有$631,000 左右。

　　我們採用聯合資本集團的調整後帳面價值每股約$40（2016 年 4 月撰寫本書時的數據）代表公司內含價值。投資人如果在$30 買進股票，並且確信每股價值為$40，就等於折價 25%買進。

　　可是，以每天平均成交量看來，聯合資本股票的流動性不足。舉例來說，有個投資人管理規模$20 億的基金，而且只能持有 20 個部位，他必須為每一種持股建立平均規模為$1 億的部位。可是，按照每股大約$30 計算，價值$1 億的股票相當於 330 萬股，但該股票的每日平均成交量只有 21,000 股。我們假定每年有 250 個交易日，而且該基金每天可以買進的股票是每日成交量的一半，這表示他需要大概 315 個交易日才能買進足夠數量的股票，也就是說，他得花上一年又三個月的時間。更重要的是，這位投資人不太可能在$30.05 的價位買進所需要的全部股票；事實上，即使是$35 或$40 的價位，投資人也不太可能買進足夠數量的股票。

　　所以，聯合資本雖然折價很深，股價看起來很便宜，但對於一個管理$20 億規模且只能持有 20 個部位的典型基金經理人來說，

根本就不屑多花時間研究這一支股票，因為他知道自己根本沒有機會針對這家公司建立完整部位。反之，這位經理人如果想要買進價值$1億的蘋果電腦股票，他大有可能在一小時以內就完成相關交易，甚至不會影響股價。這個例子說明股票缺乏流動性可能造成的代價。

投資人如果發現某支股票的流動性不足，通常就不會花時間去研究。如果太多投資人放棄這類機會，就不會有足夠數量的投資人將相關資訊納入該股票的價格，最終導致股票因缺乏市場流動性而定價錯誤。這類定價錯誤往往是因為投資人的「忽略」所造成的。

資訊納入的第二種障礙，涉及投資人建立或持有部位的能力。即使經理人認為某種證券的價格呈現顯著折價，預期價格遲早會回歸到內含價值，但股價回歸的走勢往往不會呈現單純的直線。

大多數投資組合經理人操作別人的金錢，這會造成當事人與代理人之間的問題。[25]對於投資經理人（代理人）採用的策略，客戶（當事人）的知識與瞭解程度往往相當有限。經理人的投資組合一旦開始賠錢，表現顯著落後市場，客戶可能就會開始擔心經理人不

25 雖然沒有直接引用，但這一段的內容有相當部分取自以下文獻：A. Shleifer and R. Vishny, "The Limits of Arbitrage," National Bureau of Economic Research, July 1995。

勝任，不僅不會繼續提供資金，甚至可能贖回先前的投資。

例如，某位投資組合經理人非常確定 XYZ 公司股票一年後的價值是每股$26。[26]他現在可以按照每股$22 買進，並且預期這項投資的年度報酬率為 18.2%，如圖 7.20 所示。

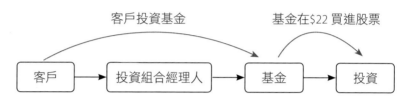

客戶投資基金　　　　　　　　基金在$22 買進股票

▶▶ **圖** 7.20　**客戶投資基金**

遺憾的是，隨後六個月內，XYZ 股價跌到每股$17，造成未實現虧損 22.7%。為了方便舉例，我們假定 XYZ 是該基金唯一持有的股票部位。另外，假定整體股票市場的表現在這六個月之內大致平靜，所以該投資組合的表現顯著落後大盤市場，價值相對於參考基準下跌了 22.7%，請參考圖 7.21。

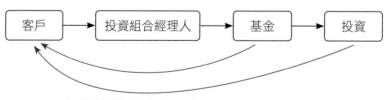

客戶看著基金與股價下跌 22.7%

▶▶ **圖** 7.21　**客戶看著基金與股價下跌** 22.7%

這位經理人接到某位客戶的來電，他看了 6 月份的基金季報，發現該基金過去六個月的表現不彰。這位客戶打算贖回基金，認為

---

26 當然，我們不可能確實知道未來的股價，這裡的假設僅僅為了方便說明。

經理人是笨蛋，竟然會投資 XYZ 股票。經理人心平氣和地解釋，表示他知道 XYZ 到了年底絕對會有每股$26 的價值，而且距離現在也只剩下六個月；經理人告訴客戶，他應該加碼投資。經理人還特別強調，如果現在按照每股$17 加碼，這些股票未來六個月的期望報酬將高達 52.9%。可是，這個客戶非但不領情，甚至還感到很恐慌，要求馬上贖回基金，否則就要控告基金經理人。為了因應客戶贖回，投資組合經理人不得不在$17 價位賣出股票，實現原本的帳面虧損 22.7%，如圖 7.22 所示。

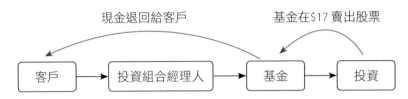

▶▶ 圖 7.22　客戶贖回投資

　　我們往往稱這類客戶為**弱手**（weak hands），因為他們在應該買進股票的時機，反而覺得恐慌而贖回既有投資。反之，那些擁有堅忍意志和資金的人，則稱為**強手**（strong hands）。由於此處敘述的這一段故事經常發生在投資世界裡，基金經理人當然會擔心碰到這類情況，可能會因此而侷限持有部位的規模，有時候甚至根本不敢建立部位。經理人即使持有超額現金，遇上股價跌到$17 的大好機會，也不會貿然買進，因為他們必須準備現金，以供那些恐慌的客戶贖回投資。

　　如果資本由弱手控制，再加上經理人擔心客戶贖回，即使看到市場價格顯著偏離內含價值，投資人可能還是沒有足夠的信念或資本去封閉缺口。容我們再次引用凱恩斯的話：「市場陷入非理性的期間，可能遠超過我們的清償能力可以維繫的時間。」

這個案例的討論讓我們體會到另一個重點：有能力控制永久性資本的投資經理人，如華倫‧巴菲特的波克夏‧海瑟威、馬里歐‧嘉百利的聯合資本、比爾‧艾克曼（Bill Ackman）的潘興廣場控股公司（Pershing Square Holding）、喬爾‧葛林布萊特（Joel Greenblatt）的哥譚合夥（Gotham Partners）、麥可‧普萊斯（Michael Price）的 MFP 投資公司（MFP Investment）、卡爾‧伊坎（Carl Icahn）的伊坎企業（Icahn Enterprises）、丹尼爾‧勒布（Daniel Loeb）的第三點再保險（Third Point Re）等等，擁有一項顯著優勢，因為他們不需要擔心投資人在最關鍵的時刻背棄他們。他們永遠緊緊控制著資本，這些投資人是市場上的**強手**。

⚙ 效率市場假說仍然是「山大王」

　　「市場具備效率嗎？」要回答這道問題，我們必須知道沒有任何模型堪稱完美。法馬在 1998 年的論文裡又重新確認這一點：「跟所有的模型一樣，市場效率也是一種有瑕疵的價格形成理論。」[27]

　　我們反覆思考的一道問題是：「學術界提出的各種不符合效率市場假說而只能以行為金融學解釋的情況，是否足以讓我們推翻效率市場理論？」我們認為，答案是否定的。有人問行為金融學的著名倡導者理查‧塞勒（Richard Thaler）：「行為金融學怎麼樣幫助我們穩定擊敗市場？」他的回答非常明確，而且很有意思：「兩個字……不行。」

27　Eugene F. Fama, "Market Efficiency, Long-Term Returns, and Behavioral Finance," *Journal of Financial Economics* 49, no. 3 (1998): 283-306.

即使撇開塞勒的評論，我們還有另一個問題：「如果放棄效率市場假說，有沒有更好的市場行為模型可以取代？」至少到目前[28]為止，我們認為沒有。法馬在他的論文裡提出了一個很好的論點：「根據標準的科學原則，效率市場假說只能夠被某種更理想的價格形成模型所取代。」這種模型至今還沒有出現，效率市場假說將繼續扮演山大王。然而，我們也不能否認，市場異常現象確實存在，未來也會繼續存在。

　　我們知道法馬的效率市場假說並不完美，因此我們想到了邱吉爾對民主制度的著名評論：「沒有人會假裝民主制度是完美無瑕的。事實上，民主據說是最糟的政治制度，只能勝過那些過去曾經被嘗試的其他政治制度。」[29]為了呼應邱吉爾的話，我們也可以這麼說：效率市場假說雖然不是完美無瑕，但仍然不失為股票市場運作的最佳解釋模型。

⚙ 為何在意市場效率？

　　說來有些弔詭，我們關心市場效率，是因為我們需要市場效率來創造 α。當我們察覺市場出現某種錯誤，譬如暫時性缺乏效率或定價錯誤，如果想利用這些機會賺錢，就得期待市場糾正錯誤，而這只能仰賴市場最終發揮效率。市場必須有能力察覺自己犯錯，並

28　我們最初選寫這段文字和註腳時，所謂「目前」指的是 2016 年 5 月 9 日。至於現在，我們重新審稿，「目前」指的是 2017 年 7 月 22 日。過去一年多以來，兩位作者更加深信，在可預見的未來，沒有理論可以取代效率市場假說。

29　Speech in the House of Commons, published in 206–07 The Official Report, House of Commons (5th Series), vol. 444, November 11, 1947.

且糾正錯誤，才能讓投資人創造 α，展現超越市場的績效。否則，定價錯誤的現象將永遠維持，而投資人也就沒有可靠的方法可以超越市場。

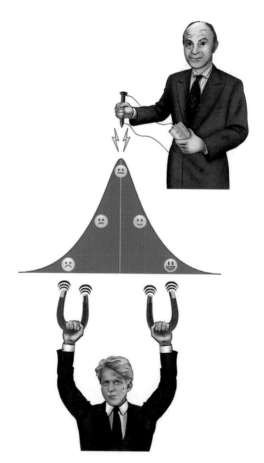

▶▶ 圖 7.23　法馬和席勒都是對的！

我們如果能夠辨識某些異常現象，例如，未適當**傳遞**的資訊，或因為受到某種系統性錯誤影響而損及**多元性**或**獨立性**的狀況，或因為某種障礙而導致資訊不能**納入**市場價格，就意味著市場可能存在某些我們可以利用的機會。基於這個緣故，我們需要瞭解效率市場如何運作，而且更重要的是，我們需要知道市場效率法則在什麼時候遭受扭曲，或甚至暫時失效；具備了這樣的覺察能力，投資人也就知道該往哪裡去尋找定價錯誤的證券，也瞭解自己相較於其他投資人的優勢，更知道應該在什麼時候發揮這項優勢。

市場價格要呈現效率，資訊必須可供獲取或可被觀察，必須有多元化的模型提供獨立的估計值，最後，投資人必須具備能力和動機，透過交易表達這些估計值，讓相關資訊得以納入股票價格。任何一個環節一旦發生問題，就可能產生錯誤定價。反向操作這個模型：投資人如果能夠取得某些尚未反映在股價的資訊，能夠比群眾共識更有效處理資訊，或具備其他投資人所不具備的交易能力，他就能掌握優勢。

- 在任何特定時刻，股票價格都代表市場對企業內含價值的共識估計值，而這又反映了群眾對企業未來現金流量的**預期**。因此，股價的任何變動，都是源於市場對企業內含價值的共識**預期**發生變動，也反映群眾對企業未來現金流量的**預期**已經改變。簡單來說，投資人的**預期**改變，股價就會變動。

- 市場處理資訊的過程如果沒有發生系統性錯誤，股票就會有效定價。反之，如果市場存在**系統性偏差**，群眾共識就大有可能過度反應，導致定價錯誤。可是，任何明顯的市場定價錯誤，必定和資訊的傳遞、處理與納入有關；因為只有當以下某一項或多項群眾智慧的運作條件被破壞，系統性偏差才會出現：
  - 資訊無法被充分數量的投資人**取得**或**觀察**。
  - 群眾不具備充分的**特定領域知識**。
  - 群眾缺乏**多元性**。
  - 群眾行為的**獨立性**被破壞。
  - 投資人遭遇重大交易障礙，價值估計量不能被**表達**、**整合**並**納入**股票價格。
  - 個人沒有顯著**動機**做出正確估計。

- 關於個人投資者可能觸犯的錯誤，（個體）行為金融學固然可以提供重要洞見，但這些錯誤並不會對集體（總體）行為造成重大影響，除非集體中的個體所犯的錯誤存在系統性相關。因此，個人擬定的決策儘管未必符合理性，但我們不會因為瞭解了這一點而擁有預測集體行為的能力。另外，唯有當群眾缺乏多元，或獨立性遭受破壞，集體才會呈現系統性

錯誤。

- 因此，行為金融學只可能針對群眾智慧六個運作條件之中的三個，造成定價錯誤；這三個受影響的條件是：**多元性、獨立性**與資訊**整合**。

- 行為金融學說明系統性偏差如何形成，並且阻擾價格充分反映所有可供獲取的資訊，由此解釋定價缺乏效率的原因。**行為金融學不是效率市場假說的替代理論，而是效率市場假說的一部分。**

- 在狂熱或泡沫行情裡，貪婪情緒壓倒恐懼，投資人變得過度樂觀。反之，處在恐慌或崩盤行情中，恐懼情緒壓倒貪婪，投資人變得過度悲觀。一旦發生這類插曲，股票價格就會偏離真正的內含價值，價值或是膨脹而呈現顯著溢價，或是收縮而呈現顯著折價；總之，股價逐漸和事業基本面脫勾。群眾的情緒一旦被恐懼或貪婪接管，市場效率就會因此被擱置。

- 投資人如果發現某支股票的流動性不足，通常就不會花時間去研究，於是導致該股票因缺乏市場流動性而錯誤定價。這類錯誤往往是投資人的「忽略」所造成的。

如何藉由研究增添價值

我們在前三章說過，群眾智慧如果能夠正常發揮功能，股票價格就會充分反映所有可供獲得的資訊，而且約略等於公司真實的內含價值。在這種情況下，就沒有定價錯誤可供利用，該項投資的績效也就沒有機會超越市場。

我們以達樂公司（Dollar General）作為例子，該公司股票在 2016 年年中的交易價格為每股$83。追蹤該股票的 21 位賣方分析師對一年期目標價位的共識估計值為$93，蘊含的報酬率是 12%。如果你進行達樂公司的研究，除非察覺定價錯誤，否則你對於該公司內含價值的估計值，應該符合市場共識，如圖 8.1 所顯示的。

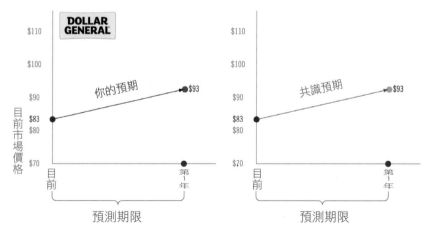

▶▶ 圖 8.1　達樂公司一年期價格目標（沒有錯誤定價）

你必須辨識市場效率三大原則之中的其中一個或多個環節被破壞，才能發現證券定價錯誤的情況。市場效率的三大原則是：

1. **傳遞**：市場錯失了某些資訊。
2. **處理**：資訊處理發生系統性錯誤（缺乏多元性，或獨立性遭受破壞）。
3. **納入**：某些因素阻擾資訊被納入股票價格（交易因為流動性缺乏、制度性限制或代理人問題而被限制）。

有個重點需要特別強調：除非投資人對未來的預期有別於市場共識，而且他的觀點被證明為正確，否則績效表現不能超越市場。

如果能夠發現缺乏效率導致的定價錯誤，則投資人對企業內含價值的估計量就會有異於市場共識。這種「有別於市場共識的看法」，稱為**差別認知**（variant perspective），請參考圖 8.2。

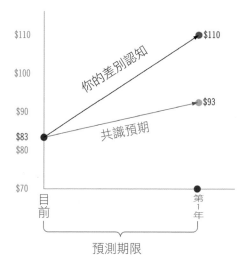

▶▶ **圖 8.2　達樂公司：差別認知與共識預期**

　　本書第四章提到，任何資產的估計價值，是該資產使用期限內預期創造的現金流量總和，但需要根據該現金流量收取的不確定性，以及資金的時間價值，折算成為現值。因此，如果要具備真正的**差別認知**，對企業未來現金流量的看法就必須有別於市場共識。這個不同的預期，必須轉化為針對公司未來現金流量的**數量、存續期間、時間與成長**的不同估計，如圖 8.3 所示。

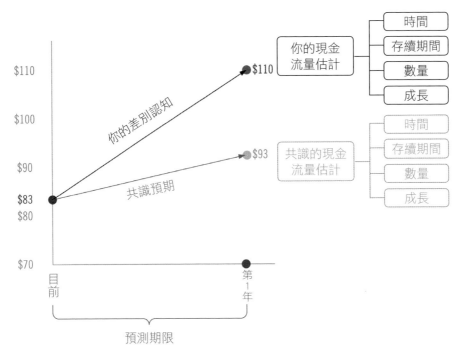

　　回到第四章的佐伊飲料攤，我們估計每股內含價值為$9.41（假設沒有成長），或$11.97（假設營收成長 10%）。

　　設想你的老闆要你分析佐伊飲料攤，看看是否應該買進這支股票。首先，你需要決定**共識預期**。你閱讀相關研究報告，和幾位追蹤該股票的分析師交換意見，並聯繫目前的股東，瞭解大家的看法。研究之後，你確認了**市場共識**——市場認為該公司未來的現金流量不會成長，因為目前的市場結構與人潮流量會限制飲料攤的成長。**市場共識**認為這家企業的每股價值為$9.41。

　　你決定進行額外的研究，嘗試收集非重大的非公開資訊，以及半公開資訊，藉以深化你的分析。研究結果，你發現幾個星期之

後，當地將舉行一場公聽會，準備重新規劃佐伊飲料攤附近的一大塊土地。你聯絡了本地的民意代表和土地開發商，得知一項還沒有交付市議會討論的計畫，準備在那裡興建公園，還包括一座大型游泳池。根據你的分析，一旦這項計畫付諸實現，佐伊飲料攤附近的人潮必定會增加，攤子的營業收入與現金流量也會提高。運用這些資訊，你預測佐伊飲料攤的現金流量將成長 10%，意味著目標價格將提升到\$11.97。由於你的看法不同於市場共識，而且你相信自己的預測正確，你因此擁有了**差別認知**，情況如圖 8.4 所示。

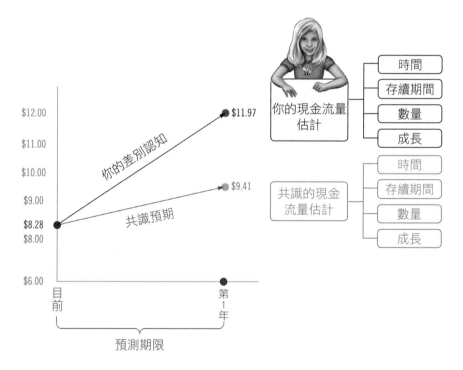

▶▶ **圖 8.4　對未來現金流量持有不同觀點，因此產生差別認知**

　　你的差別認知建立在你對現金流量成長分歧的看法之上，你與共識觀點之間的差異顯示在以下的圖 8.5。

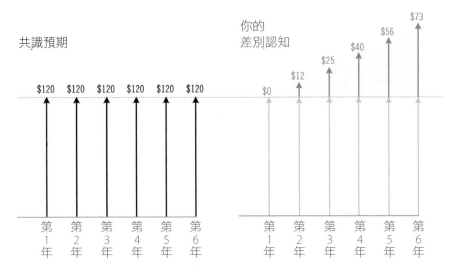

共識預期

你的
差別認知

$120 $120 $120 $120 $120 $120

$0 $12 $25 $40 $56 $73

第1年 第2年 第3年 第4年 第5年 第6年　　第1年 第2年 第3年 第4年 第5年 第6年

▶▶ 圖 8.5　未來現金流量：共識預期與你的差別認知

　　你的分析需要處理兩個關鍵問題：「股票如果真的定價錯誤，市場究竟疏忽了什麼？」以及「什麼因素導致定價缺乏效率？」你評估市場效率的各項原則之後，認為原因在於**資訊**沒有被充分傳遞，如圖 8.6 所顯示的。

傳遞　✖	處理　✔	納入　✔	
資訊必須 充分傳遞	資訊處理不得 存在任何 系統性偏差	資訊必須納入 股票價格	股票定價錯誤

▶▶ 圖 8.6　股價定價錯誤：資訊沒有充分傳遞

　　你相信規劃中的土地大有可能在未來 12 個月之內興建公園。這項資訊如果充分傳遞，處理過程中沒有發生系統性誤差，而且相關資訊被納入股票價格，則股價應該更高（$11.97），因為這個價格才稱得上**充分反映所有可供獲取的資訊**，情況如圖 8.7 所示。

▶▶ 圖 8.7　沒有錯誤的股票效率定價

　　這個例子雖然簡單，而且做了許多假設，但確實說明了投資人想要追求**投資優勢**所必須具備的基本概念。我們需要更深入探討**差別認知**的概念，這將引領我們回溯到過去的傳奇基金經理人麥可・史坦哈特（Michael Steinhardt）。

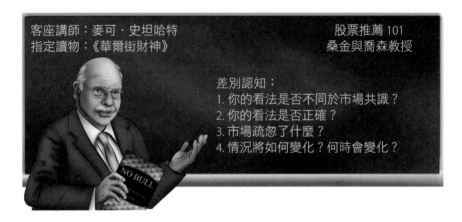

　　2001 年接受查理・羅斯（Charlie Rose）訪問時，史坦哈特清楚解釋他所謂的差別認知：「市場上少數能夠穩定賺錢的方法之一，就是發展不同於市場共識而最後證明為正確的觀點。」在 2001 年出版的自傳《華爾街財神》（*No Bull: My Life In and Out of Markets*）中，史坦哈特進一步討論這個他在 1970 年代初期嚴重空頭市場期間所發展的概念：

　　　這段期間，我開始有意識地體會到差別認知（variant

perception）作為一種分析工具的功能。我將差別認知定義為：有根據的見解，而且與市場共識存在有意義的差異。我經常說，唯一重要的分析工具，就是一種知性上居於優勢而迥然不同的觀點。比如你比別人知道得更多，或者更正確體會相關狀況。另外，確實瞭解市場預期什麼，這點也非常重要。所以，迥然不同的觀點一旦被證明為正確，並取代為市場共識，這會近乎必然地創造可觀利潤。瞭解市場預期也很重要，至少就跟基本知識同樣重要——儘管兩者不盡相同。[1]

我們必須徹底闡明這個論點，因為這是發展投資優勢的關鍵。如果想知道自己是否真的具備**差別認知**，就應該思考下列四個問題：

1. 你的看法是否不同於市場共識？你所持有的觀點，必須與市場的看法之間存有有意義的差異。

2. 你的看法是否正確？你的估計值必須比市場共識更為準確，因為你掌握了更好的資訊，或進行了更有效的分析。

3. 市場疏忽了什麼？你知道目前的市場共識為什麼錯誤，你也瞭解錯誤發生在資訊的**傳遞**、**處理**或**納入**的過程。

4. 情況將如何變化？什麼時候會改變？你知道，在未來的某個期間內，其他投資人就會察覺市場共識預期的錯誤，並重新訂定正確的股票價格，最終排除缺乏效率的現象。

簡單地說，想要有差別認知，你必須持有不同的看法，而且看

1　Michael Steinhardt, *No Bull: My Life In and Out of Markets* (New York: Wiley, 2001).（編按：中文版《華爾街財神》，寰宇出版，2003 年）

法必須正確。班傑明‧葛拉漢在《智慧型股票投資人》一書中曾經提到這一點，他說：「對於自己的知識和經驗，必須要有承擔的勇氣。你的結論如果是根據事實歸納而得，你知道自己的判斷合理，那就應該據以採取行動——即使其他人有所猶豫，或持有不同意見。（群眾的反對並不會讓你變得正確或錯誤；你之所以正確，是因為你的資料和推理正確。）」[2]

就佐伊飲料攤的案例來說，你持有不同於市場共識的看法，這一點滿足了**史坦哈特架構**的第一個條件。根據你的研究，你相信自己掌握了較優質的資訊，擁有更深入的洞見，並且相信自己的觀點正確，這滿足了架構的第二個條件。與分析師和既有股東溝通之後，你發現目前的市場預期是錯誤的，因為大家並不知道興建公園與泳池的計畫——這滿足了第三個條件。最後，你相信前述計畫一旦被核准，消息適當傳遞、處理與納入之後，其他投資人就會覺察錯誤，然後重新訂定正確的股票價格。

為了超越市場，你需要擁有某種**差別認知**，以便享有「優勢」去利用市場缺乏效率的狀態。這類優勢可以分為三大類，分別對應第五章討論的市場效率缺失：

1. **資訊優勢：**你擁有別人所沒有的資訊，因此該資訊沒有在市場上充分傳遞。擁有資訊優勢的投資人可以說：「我知道這是真的。」
2. **分析優勢：**你可以看到別人所沒有看到的東西，因為某種系統性錯誤（缺乏多元性，或獨立性被破壞）遮掩了其他投資

2　Benjamin Graham, *The Intelligent Investor: A Book of Practical Counsel* (New Nork: HarperBusiness 1973).

人的看法。擁有分析優勢的投資人可以說：「我認為這將會發生。」

3. **交易優勢**：當其他人不能建立或持有某支股票的部位時，你卻可以進場。

圖 8.8 呈現完整的研究程序，涵蓋前三章提及的有關市場效率的構成元素。

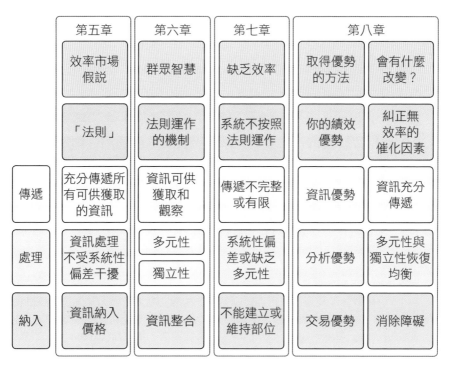

如圖 8.8 顯示的，第五章討論市場效率的法則；第六章解釋這些法則運作的機制；第七章討論可能出現差錯而導致市場缺乏效率的種種事件。這一章，我們討論市場效率法則受到的壓力，以及市場缺乏效率的現象被糾正的時候，投資人如何取得優勢。

資訊優勢

投資人如果擁有絕大多數人所沒有的**重大非公開資訊**，他就擁有純粹的**資訊優勢**。如同第五章討論的，資訊必須具有重大意義，也就是說，該資訊本身足以影響股價。在這種情況下，投資人可以說：「我確實*知道*這項資訊是真實的。」可是，如同前文強調的，這類優勢通常不可得，因為根據重大非公開資訊進行交易的適法性大有問題。

閱讀美國證管會的檔案，SEC 如果控訴某人從事內線交易，就會提供洋洋灑灑的詳細資料，敘述某個投資人如何運用重大非公開資訊，從事非法交易而獲取不當績效。[3]反之，除了極少數個案之外，通常沒有窗口可供我們瞭解某個投資人所運用的純粹資訊優勢是否*合法*。容我們重新強調一次，這些情況極端罕見。[4]

2015 年 4 月 28 日就曾經發生這類案例，推特公司（Twitter）的第一季盈餘報告，因為技術錯誤而比預定宣布時間提早一個小時

3　舉例來說，下列內容是美國證管會於 2016 年 5 月 19 日申報控訴檔案的部分內容：「*這個案件涉及重複進行而獲利甚豐的內線交易，行為人是某專業運動投注者威廉·『比利』·瓦特斯（William 'Billy' Walters），他運用他的長期好友『迪安食品公司』（Dean Foods Company）董事湯瑪斯·戴維斯（Thomas C. Davis）提供的內線消息進行交易。從 2008 年到 2012 年之間，戴維斯提供給瓦特斯有關迪安食品公司的高度機密消息，包括該公司至少六個季報的盈餘報告，以及迪安食品某獲利附屬機構『百浪食品公司』（The WhiteWave Foods Company）拆分上市的相關消息……運用這些內線消息，瓦特斯交易迪安食品的證券，獲取非法交易利潤或避免發生虧損至少$4,000 萬。*」讀者如果想要閱讀更多有關這個案件的資料，請上網搜尋「SEC complaint Waters Davis」。

4　舉例來說，如果某個企業執行長無意之間向某（群）投資人透露尚未宣布的重大非公開消息。根據「公平披露規則」（Regulation FD），該公司需要在 24 小時之內，或在隔天市場開盤之前（取決於何者較先發生），公開此項資訊。

（下午 3:07:56）在公司網站公布。有一家叫做 Selerity 的公司，運用網路資料抓取軟體察覺這項資訊發布。在完全沒有人力干預的情況下，Selerity 的電腦軟體確定該資訊真實無誤，立即透過數種自然語言的運算處理程式公布該資訊，並且在下午 3:07:58（僅僅 3 秒鐘之後）自動發布一則推特訊息。推特股票的成交量立即暴增，股價應聲走低，因為投資人看到（而且相信）這項資訊，發現推特的營運表現不如預期，對於第一季的財務狀況顯得失望。

等到證券交易所在下午 3:29 暫時停止推特的股票交易，推特股價已經出現 5%跌幅，下跌$2.56 至$48.67。到了下午 3:48，當新聞已經充分傳遞，推特股票恢復正常交易，新的開盤價為$40.86，股價又下跌了$7.81，額外跌幅為 16%。交易者如果比其他投資人提前察覺前述無意之中公布的消息，等於明確掌握**資訊優勢**，這清楚顯示在圖 8.9。

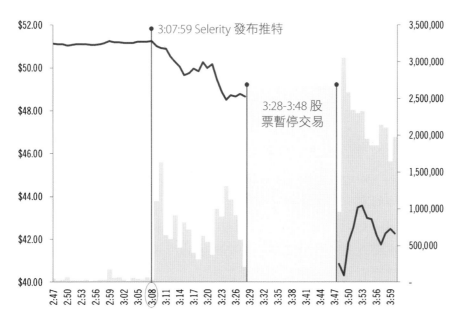

▶▶ 圖 8.9　推特（Twitter）意外提前公布第一季盈餘報告的股票反應

從 Selerity 發布推特訊息，乃至於推特股票暫停交易，兩者相隔的 21 分鐘期間，推特股票的成交量為 1,520 萬股。雖然有很多交易者運用這則無意之間公布的新聞，但新資訊的傳遞顯然不充分，當時的價格沒有適當納入相關資訊，因此股價缺乏效率，請參考圖 8.10。

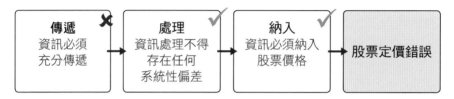

▶▶ 圖 8.10　**股價定價錯誤：資訊沒有充分傳遞**

相關資訊的重大性質，可以從資訊經過充分傳遞、股票恢復交易之後的價格表現獲得證明。那些提前掌握新聞的投資人，他們比其他投資人提早知道公司盈餘表現不如預期。這些人得以在股票停止交易之前賣掉股票，因為他們掌握了純粹的**資訊優勢**。而且這項資訊優勢的運用，是完全合法的。

把這個例子套用在史坦哈特的架構上，可以確認某些投資人擁有差別認知：

1. 你的看法是否不同於市場共識？是的，掌握該資訊的投資人，知道推特的當季盈餘表現不符合分析師預測的共識。
2. 你的看法是否正確？是的，投資人從可靠來源取得正確的資訊。
3. 市場疏忽了什麼？由於公布的資訊尚未充分傳遞，市場共識並沒有充分反映新的盈餘資訊。
4. 情況何時改變？變化將如何發生？投資人知道，他們掌握的優勢資訊一旦充分傳遞，而且市場**充分反映**該則資訊，股價

就會發生變動。

⚙️ 分析優勢

資訊優勢之所以發生，通常是因為資訊傳遞缺乏效率；至於**分析優勢**，則是因為資訊**處理**缺乏效率或發生錯誤。投資人如果能夠看到其他投資人所看不到的東西，就擁有純粹的分析優勢。擁有分析優勢的投資人，即使面對每位投資人都可以獲取的相同公開資訊，經過個人分析之後，都可以得到不同於共識觀點的估計值，而且最後被證明為正確。

這類缺乏效率的現象，通常是因為資訊**處理**過程發生**系統性錯誤**，理由就是第六章曾經談到的多元性缺失，或獨立性受破壞。群眾的成員如果具備不同的專長、掌握不同的事實知識、運用不同的模型估計內含價值，就代表群眾具備**多元性**。反之，市場參與者如果擁有的專長與掌握的事實基本上相同，而且採用相同的模型，思考方式相同，就意味著群眾缺乏多元性。群眾如果缺乏多元性，每個人的估計值與群體共識的估計值之間，就不會有顯著差別。在這種情況下，群眾估計值基本上只反映某種單一觀點，而不是各式各樣看法的共識，情況就像第六章的螢光鼻腔症診斷。

反之，所謂的**獨立性**，是指群眾成員的判斷與決策不受其他個體的干擾或影響。如果有充分數量的市場參與者受到某種特定因素的影響，並且存在系統性偏差，則群眾智慧就會崩塌，退化成為少數人的觀點。

如果擁有真正的**分析優勢**，你就可以看到其他投資人看不到的

東西，因為你察覺了**系統性錯誤**。隨著時間經過與事件發展，其他投資人慢慢也會看到你原來看到的東西，而且認同你的判斷。由於你對於股票內含價值持有的非共識觀點被證明為正確，因此變成新的共識，市場進行糾正，股票重新定價，你的投資績效於是超越市場。

本書第六章雖然詳述了缺乏多元性與獨立性可能造成的處理錯誤，但我們可以引用簡單的例子說明這項概念。以下例子相當契合羅伯・席勒對泡沫的定義：「價格上漲的新聞，刺激了投資人的熱忱，這種心理感染逐漸擴散到其他人。」[5]

設想某個惡名昭彰的激進組織製造一種工程病毒，導致人們普遍罹患色盲。[6]一旦被病毒感染，多數人看到下列石原氏色盲檢驗圖時，只會看到灰色的點：

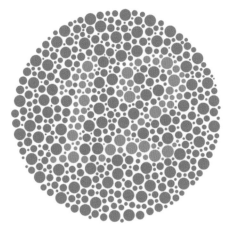

石原氏色盲檢驗圖 No.1（數字 12）。經許可複製。

5　Robert J. Shiller, "Do Stock Prices Move Too Much to Be Justified by Subsequent Changes in Dividends?" *American Economic Review* 71, no. 3, (June 1981).

6　這個例子基本上是採納 2011 年的電影《全境擴散》（*Contagion*）的故事。

可是，病毒並不會感染所有人。某些人對病毒免疫，假定你就是其中之一。你看到相同的檢驗圖時，圖中清楚顯示數字 12。

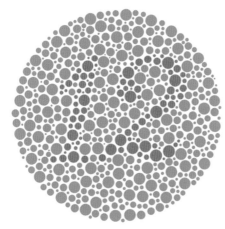

石原氏色盲檢驗圖 No.1（數字 12）。經許可複製。

幾個禮拜之後，你和朋友因此起了爭執，你大叫：「你們竟然看不到數字 12 ？就在你們的眼前啊！」他們回答：「我不知道你在說什麼。我正盯著圖片看，但只看到一大堆灰色的點。」

另一方面，美國疾病控制中心（Centers for Disease Control，CDC）的科學家正拼命尋找治療辦法。最後終於成功研發有效的疫苗。CDC 已經盡其所能提高產能，但因為產能受到限制，疫苗只能根據每個人的生日配給，所以整個程序進行得有些緩慢，但每個人在一年之內都能接種疫苗（每天大約有 1/365 的人可以接種）。這種藥物的效用顯著，接種之後，視力就立即恢復正常，可以正確分辨顏色。你的朋友接種疫苗之後，看著原先的檢驗圖大喊：「我可以看到數字 12 了，我現在知道你在說什麼了！」

擁有了純粹的分析優勢，你可能會覺得投資市場的情況就像這個虛構故事所描述的。你會看到別人看不到的型態，甚至經常弄不

PART

1

完美投資

355

清楚他們為什麼看不到如此明顯的東西。假定你的看法正確，事件隨著時間經過而慢慢有了進展，其他投資人終於也看到你當初所看到的，就像不再受到疾病困擾，這時候的股票就會完全反映你的觀點而重新定價。請記住，投資人的「疾病」離體時間，可能有快有慢，情況各自不同，也就是說，定價錯誤的現象可能短期之內就獲得糾正，也可能長期拖延。[7]

另一個類似的例子，是保羅·桑金過去的學生丹尼爾·克魯格（Daniel Krueger）的故事。[8]他在 2014 年投資賀寶芙（Herbalife）的可轉換公司債。[9]賀寶芙是一家多層次傳銷機構，公司成立於 1980 年，專門銷售可以減重的營養品。2012 年 12 月，潘興廣場控股公司的比爾·艾克曼，一位非常成功的精明投資人，用了 342 張投影片，並且花了三個半小時進行簡報，說明他持有賀寶芙股票的空頭部位。艾克曼歸納的結論認為：賀寶芙根本就是一家運作龐氏騙局的「犯罪事業」。這場簡報之後，該公司股價下跌 42%至每股$24.24。艾克曼表示，他認為該股票的合理價值應該是「零」。最後，美國證管會（SEC）與美國聯邦交易委員會（FTC）也開始調查賀寶芙，很可能是受到艾克曼的簡報引發的媒體效應所影響。2014 年 7 月底，賀寶芙公布的盈餘不符合市場分析師的估計，艾克曼再度提供另一次長達三個小時的簡報。發表過程中，他的情緒

7　這個例子符合「臨界劑量」的概念，而且「需要有充分數量的投資人才足以改變狀況」。

8　丹尼爾是鷹河資產管理公司（Owl Creek Asset Management，該公司創辦人為傑夫·奧特曼〔Jeff Altman〕，他曾經為傳奇價值投資人麥可·普萊斯工作，服務於 Mutual Shares）的合夥人與投資組合經理人。丹尼爾是哥倫比亞商學院的客座教授，開設問題債券投資的課程。

9　可轉換公司債是一種債務工具，可以按照預定價格轉換為發行公司普通股。我們可以把可轉換公司債設想為嵌入普通股買進選擇權的基本型債務工具。債券到期時，持有人可以取回本金，或者按照預先決定的固定比率轉換為普通股。

顯得相當激動，甚至眼眶泛紅。這次的簡報內容極具說服力，股價當週下跌 28%，賀寶芙的可轉換債券價格則下跌 19%，來到$78。[10]

當時，賀寶芙可轉換公司債的投資群，主要由兩類投資人構成：可轉換套利投資人，以及投資等級債券投資人。可轉換套利投資人運用精密的電腦模型買進公司債，同時放空對應的公司股票。這種策略利用的是債券與普通股之間的錯誤定價關係。另一方面，投資等級債券投資人則是進行基本面分析，研究債券提供的報酬與對應違約機率之間的關係。艾克曼進行第二次簡報之後，這兩類投資人都顯著賣出債券，儘管兩者秉持的理由各自不同。套利投資人因為股票價格暴跌而出脫可轉換債券，電腦模型指示他們結束部位；投資等級債券投資人則因為債券的違約機率顯著上升而出脫部位。

當時，根據華爾街債券「專家」的估計，這些債券的「合理」價值應該是$87，而不是行情暴跌之後的實際報價$78。艾克曼簡報的資訊雖然經過充分傳遞，但因為賀寶芙可轉換債券只有兩類主要的投資人，他們運用的價值評估模型**多元性**不足，再加上**獨立性**被艾克曼的簡報破壞，導致投資人處理資訊的過程出現**系統性錯誤**，因此市場定價顯然錯誤，請參考圖 8.11。

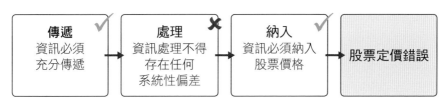

▶▶ 圖 8.11　處理錯誤導致股價定價錯誤

10 債券的報價通常顯示為金額對比平價的價格，平價通常是$100，雖然每單位債券面值通常是$1,000。

既有的投資族群缺乏**多元性**，因為他們主要由兩類投資人構成，而且各自族群之內的投資人採用大致相仿的價值評估模型。這種情況有些類似於 2007 年爆發的量化危機（請參考本書第七章的討論）。雖然多元性缺失本身不至於造成定價錯誤，但艾克曼的簡報扮演外部刺激力量，**扭曲**了投資人共識，於是造成定價錯誤。

　　許多投資等級投資人認為艾克曼已經做了徹底而周全的分析，相信他正確評估了賀寶芙的財務狀況。結果，這些投資人擱置了自己的判斷，採用艾克曼的見解，於是產生**資訊瀑布**。那些原本可能在$87（「專家」認定的合理價位）買進賀寶芙債券的人，現在仍然在場外觀望。

　　丹尼爾與其他相似的投資人，雖然採用相同的公開資訊進行分析，所取得的結論卻不同於市場共識，因此產生**差別認知**。

　　丹尼爾進行的分析，歸納出幾項重點。債券價格下跌，主要是受到投資人恐懼心理驅使，因為投資人擔心艾克曼的判斷正確，聯邦交易委員會（FTC）可能關閉賀寶芙的營運。可是，FTC 的司法管轄權僅及於美國本地市場。該債券的發行與擔保機構，是賀寶芙的國際附屬事業，這個附屬事業約占該公司整體營業收入的 80%。因此，即使發生最糟的情況，美國本土事業被迫停止營運，海外事業也不會受到直接影響。另外，該公司國際附屬機構擁有的資產與現金流量，絕對足以清償債務。更重要的是，沒有任何證據顯示 FTC 即將對賀寶芙動手；再者，即便 FTC 採取行動，美國本地的經營機構也未必會宣布破產。總之，丹尼爾認為該債券的違約風險，顯著低於價格所蘊含的程度；所以，他決定買進賀寶芙債券。

　　就這個案例來說，丹尼爾並未擁有特殊資訊。所有資訊都屬於公開資訊，只是丹尼爾做了更正確的判斷。他所獲取的資訊和其他

所有投資人相同，歸納的結論卻不一樣。他掌握的**分析優勢**創造了真正的**差別認知**。他相信市場看法錯誤，深信賀寶芙海外機構絕對不可能違約，而且從來沒有產生任何疑問，即使受到艾克曼的嚴厲批評也仍然堅持。直到市場共識發生改變而逐漸呼應丹尼爾的差別認知時，債券價格也跟著反彈，丹尼爾管理的基金因此創造了超額報酬。

運用史坦哈特的架構評估這個案例，顯示丹尼爾發展了差別認知：

1. **你的看法是否不同於市場共識？**是的，關於違約的可能性，丹尼爾認為市場過度反應。
2. **你的看法是否正確？**是的，丹尼爾強調，即使美國本地的營運宣布破產，發行債券的海外附屬機構也不太可能有違約風險。
3. **市場疏忽了什麼？**可轉換套利投資人是根據電腦模型的指示而出脫債券，完全沒有考慮基本面因素；另一群投資等級投資人則受到艾克曼批判的影響，高估違約風險。原本可能低檔承接債券的投資人，受到艾克曼的影響，決定繼續留在場外觀望。
4. **情況何時改變？會如何改變？**投資人一旦察覺債券違約風險被高估，定價錯誤的現象就會獲得糾正，價格自然反彈。

回答上述四個問題，顯示丹尼爾發展了有別於共識預期的觀點，請參考圖 8.12A。對丹尼爾來說，這是個雙贏的局面。丹尼爾認為，等到投資人察覺他們對艾克曼簡報的反應過於極端，賀寶芙債券價格就自然會恢復平價，這將為他的投資帶來 28% 的報酬。另外，這項投資如果持有至債券到期，票息支付將會帶來每年 12.2% 的報酬，請參考圖 8.12A 與 B。

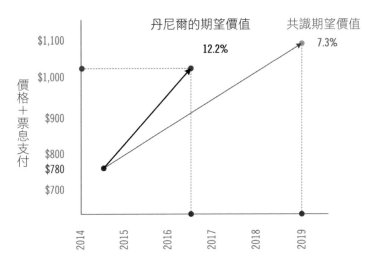

▶▶ 圖 8.12A　丹尼爾的期望報酬

▶▶ 圖 8.12B　丹尼爾的實際報酬

　　我們必須特別強調，想要根據純粹的分析優勢，發展**差別認知**，實際上非常困難，即使經驗老到的投資人也是如此；因為除了豐富的經驗之外，你還需要有不同凡響的**特定領域知識**，才能掌握這類定價錯誤的機會。

⚙ 資訊優勢結合分析優勢

純粹的**資訊優勢**很罕見，而純粹的**分析優勢**則需要數十年的經驗累積；因此，想要成功辨識定價錯誤的證券，最常見的方法就是結合這兩方面的優勢。

這個程序通常先由分析師充分消化所有可供獲取的公開資訊。有經驗的分析師知道應該聚焦的重點，因此能夠迅速而有效地處理資訊。如果相關概念值得追究，分析師就會深入探索，這通常需要蒐集額外資訊，大多屬於非重大的非公開或半公開資訊。分析師進行這類分析程序的目標，就是**希望取得重大的非公開，卻又合法的結論**。1980 年，美國第二巡迴上訴法院的瓦特・羅伊・曼斯菲爾德法官（Judge Walter Roe Mansfield）在 *Elkind v. Liggett & Myers, Inc.* 一案中的判決，已經清楚表達了他對這種處理方法所抱持的觀點：

> 對公司與產業擁有充分知識的高明分析師，能夠把看似無關緊要的公開資料，拼湊[11]成為有意義的分析優勢。[12]

請注意，非重大的非公開資訊本身，並不足以影響股價，所以才稱之為「非重大」。對於曼斯菲爾德法官所謂的拼圖來說，這個資訊只代表拼圖的一小片。當這一小片資訊被納入分析師對特定機會的整體評估之中，他可能因此看到其他投資人看不到的東西，整個景象也變得更清晰。股票價格會缺乏效率，分析師會有機會發展**差別認知**的機會，都是因為這些非重大的非公開資訊還沒有被**傳**

---

11 說個題外話：這是證券分析所謂「馬賽克理論」（mosaic theory）的起源。

12 *Elkind v. Liggett & Myers, Inc.* 635 R.2d 156, Court of Appeals, 2nd Circuit, 1980.

遞，也沒有被納入群眾的處理模型。分析師運用他的分析專長進行研究，因此創造了優勢。他把非重大的非公開資訊，以及充分傳遞的公開資訊，運用獨特的方式結合在一起，藉此創造了有別於市場共識的觀點。換言之，分析師利用他的資訊與分析優勢，發展了差別認知。

讓我們舉一家小型上市公司克里夫蘭木材（Cloverland Timber）作為例子。這個例子雖然取材自真實故事，但我們做了些許詩意的破格，也為了保障無辜者（與有罪者）而更改人物名字。

這家公司在美國威斯康辛州北部擁有並管理大約 16 萬英畝的林地。在這個故事的開端，公司創辦家族大概還控制公司的 26% 發行股權。

2013 年，布朗菲爾德資本公司的約翰‧黑爾夫知道了克里夫蘭木材公司，開始進行研究。克里夫蘭的主要資產，就是該公司擁有的林地，並且藉由伐木販售創造現金流量。該公司擁有的林地，每隔三年就委託第三方獨立機構重新評估價值。公司經營者運用這些評估資料衡量公司資產價值，並且把估計資料提供給股東。根據最近的評估資料顯示，公司擁有的林地價值為$1.4 億，相當於每英畝$865，換算為每股價值為$107。當時，公司股票的每股市場價格是$78，交易價格遠低於內含價值；但是，投資該股票的期望年度報酬，取決於前述折價需要花費多少時間才能封閉。

約翰暫時假定該公司估計的林地價值是正確的，並假定這些樹木的價值每年成長 3%；[13]若是如此，10 年之後，每股價值將成長為$144。另外，根據約翰的計算，股票市場價格與內含價值之間的

---

13 這個假設是根據林地樹木平均而言的成長狀況進行估計。

價差必須在五年之內封閉，這家公司的報酬才能超越 S&P 500 指數長期歷史平均報酬 9.7%。從約翰的立場來看，價差缺口如果在五年之內封閉，股票創造的投資報酬將超越市場。如果價差缺口封閉所需要的時間剛好是五年，則股票的年度報酬將等於 S&P 500 指數的長期平均報酬。可是，價差缺口封閉的時間如果超過五年，股票的投資報酬將低於市場。圖 8.13 顯示了相關分析。

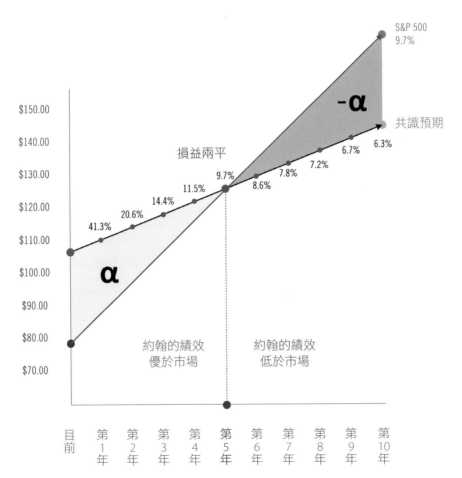

▶▶ 圖 8.13　投資期限與損益兩平點

根據這項分析，約翰推論市場的期限共識必定是五年或更少。因此，作為相關分析的一部分，約翰希望找到某種事件或公司發展，能夠讓價差缺口的封閉時間早於市場價格所蘊含的五年共識期限。

約翰進行研究的過程中，他發現這項共識預期愈來愈明顯。林地是公司擁有的唯一資產，樹木每年都會成長，金錢價值也會愈來愈高。經營者只要謹慎管理，不要過度砍伐，林地價值基本上沒有什麼風險。

透過分析，約翰發現公司財務報表的某些衡量顯示，林地實際上砍伐不足；也就是說，公司經營者並沒有基於現金流量最佳化或股東價值最大化的考量，決定樹木的砍伐數量。公司採行這種策略，可能意味著克里夫蘭木材公司的經營家族有明確的財務動機，有意減少支付地產稅金，希望壓低公司價值。

約翰推測，克里夫蘭雖然擁有價值不斐的資產，交易價格也遠低於內含價值，但從一般投資人的立場來看，差價利益恐怕難以實現。除此之外，還有一些負面因素需要考慮。克里夫蘭公司並沒有在 NYSE 或 NASDAQ 之類的集中市場掛牌，因此該公司沒有必要定期向美國證管會申報財務報告。另外，該公司的資本市值很小，股票的市場流動性不足。

約翰瞭解這些障礙會阻擾人們的投資意願，股東名單也顯示了這一點。公司的股東大多數是長期「超值」投資人，他們是被資產價值呈現的嚴重折價所吸引，而且不介意公司缺乏實現相關價值的明確催化因子。華爾街經常把這類投資機會形容為「睡美人」。這些股票可能「沉睡」好幾年，然後有一天突然甦醒，讓那些有耐心的投資人獲得報償。可是，請注意，對於這類情況，投資群體通常

缺乏多元，因為大家的想法都大同小異。

這些因素可以解釋股價為何會呈現圖 8.13 所顯示的嚴重折價。定價錯誤是因為處理程序遭受破壞（股東缺乏**多元性**），資訊不能充分**納入**價格（因為股票的市場流動性不足）。

可是，定價錯誤可能只是幻象，這個投資或許應該被視為「價值陷阱」。乍看之下，投資人可能認為這是買進股票的好機會，因為價值應該可以在五年之內實現；但歷史如果值得參考的話，這種假設恐怕過於樂觀。如克里夫蘭的股東所見證的，截至 2016 年 11 月為止的 10 年期間內，克里夫蘭股價總共只成長了 2%，而同一個時期的 S&P 500 上漲了 58%；也就是說，該公司的股價表現在過去 10 年比市場落後 56%。

約翰持有差別認知；他相信，如果更仔細勘查相關林地，應該可以證明價值超過公司公布的數據。另外，由於克里夫蘭不須向美國證管會申報資料，約翰管理的基金可以累積該公司龐大的股票部位，即使持股超過 5%或 10%，也不必通知證管會。

在正常情況下，森林專家評估林地價值時，會開著越野車實地測量，記錄有關樹木的品種、樹齡、種植密度等重要統計數據。然後，他們會運用這些資訊估計林地的每畝價值。這種程序不需要引用高科技，但相當耗費人力與時間。就克里夫蘭的例子來說，該公司擁有 16 萬英畝林地，分布在 250 平方英里的地區，實地勘查和測量恐怕是一項非同小可的龐大工程。人工勘查當然不會實際測量每英畝的林地，專家會把整片林地劃分為幾個地區，然後分別抽樣，這類估計結果通常較不精確。

在理想的情況下，約翰當然希望實際調查每英畝林地的實際狀

況,自行估計價值。可是,基於兩個理由,這個計畫顯然不可行。第一、運用傳統方法實際調查每英畝林地,除了耗時之外,成本也非常可觀。第二、這些林地屬於私人財產,該公司不太可能允許約翰進行調查。約翰坐在辦公室裡琢磨著:「面對這些限制,我如何才能取得精確的調查資料?」答案是高科技。

約翰瞭解,最省錢的方法,就是委託一家這方面的專業測量機構,運用衛星影像評估林地價值。接受約翰委託的業者租用衛星使用時間,進行實地的分析;衛星抵達相關地區的上空,開始拍攝高解析度的影像。然後,根據這些影像,專家們運用電腦判斷樹木品種與樹齡,評估種植面積等資料。相較於傳統勘查,這套方法更能精確估計林地價值,因為幾乎可以完全避免抽樣誤差。

約翰對調查結果大感驚喜。專家顧問認為,這片林地的樹種有相當高比率的糖楓(sugar maple),這種闊葉樹的經濟價值遠高於針葉樹。克里夫蘭公布的官方調查報告中雖然提到「半數以上的林地屬於闊葉林」,卻沒有提供任何詳細資料。現在,約翰掌握了樹種的明確資料。另外,這些調查結果也確認了該公司樹木開採不足,樹齡明顯超過一般林地。約翰認為,這些因素意味著這家公司林地的每英畝平均價值,應該遠超過公司公布的數據。根據約翰的估計,每英畝林地價值應該達到$1,130,相當於每股$142。相較於市場價格每股$78,約翰的估計價值所蘊含的總報酬為81%,而且幾乎沒有下檔風險。

約翰擔心他的基金一旦開始進場買進,勢必會驅使股價走高;即使保持耐心,慢慢吃貨,恐怕也是如此。成本墊高基本上不可避免,如果要建立適當的部位,約翰估計他的買進成本應該會上升到平均$85左右。所以,按照較高的買進成本每股$85,以及更新的

每股內含價值$142 計算，約翰估計的年度期望報酬率甚至更具吸引力，因為潛在報酬更高；為了符合 S&P 500 指數的報酬，價差缺口的封閉期限可以再往後延伸三年，情況如圖 8.14 所示：

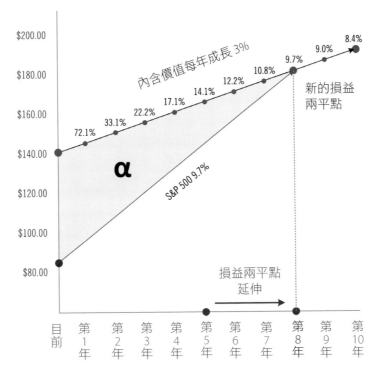

▶▶ 圖 8.14　投資期限與損益兩平點

　　1926 年以來，S&P 500 指數的長期平均年度報酬約 9.7%。約翰的分析假定市場未來將繼續創造類似的績效。因此，他估計自己大約有八年的時間，可供封閉股價與內含價值之間的價差缺口；期限如果超過八年，這筆投資蘊含的報酬將落後市場。這筆投資最值得安慰之處，是報酬結構的**非對稱性**（asymmetrical）；換言之，投資創造偏高報酬的可能性很高，但下檔風險卻很小。時間估計又如何呢？市場共識認為，公司價值被大股東家族刻意壓低；事實上，

有一位態度積極的股東曾經數度爭取公司董事席位。約翰認為自己可以更有效促使公司經營者釋放股東價值。他覺得，想要實現林地的真實價值，最好的方法就是出售公司。根據他的估計，他大概需要花上三年的時間把公司賣出去，而這項計畫也可能失敗。可是，即使不能成功出售，約翰認為這項投資的下檔風險仍然有限。圖8.15 顯示約翰的**差別認知**，這是按照他估計的內含價值與期限（三年）盤算，其中蘊含的年度投資報酬為 22.2%。

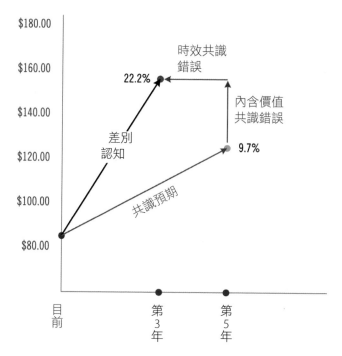

▶▶ **圖** 8.15 **約翰發現的共識錯誤**

約翰管理的布朗菲爾德基金，在隨後兩年內陸續取得克里夫蘭的大量股權，持股比率不下於公司經營家族的 26%。2016 年上半年，布朗菲爾德向公司攤牌，立即取得一席董事席位。2016 年 12 月底，布朗菲爾德又取得另一席董事；公司為了避免爆發委託書爭

奪戰，同意委託一家投資銀行評估出售公司的可行性。

相較於市場共識，約翰的觀點有兩方面的重大差異。第一、他相信公司未來現金流量的**數量**較高，因為他估計林地每英畝價值$1,130，高於市場共識的$865。第二、他對於**時間**有不同的看法，他認為只需要三年時間就可以實現公司內含價值，而不是市場價格蘊含的五年。

以史坦哈特的架構解讀這個案例，可以凸顯約翰具備的投資優勢：

1. 你的看法是否不同於市場共識？是的，約翰相信林地每英畝價值更高，實現內含價值所需要的時間較短。
2. 你的看法是否正確？是的，約翰的估計價值是根據衛星資料。他雖然不確定內含價值的實現時間是否可以縮短，但他認為整體投資的下檔風險有限。
3. 市場疏忽了什麼？市場沒有獲得衛星資料，也不知道約翰正在計畫迫使經營者出售公司。
4. 情況何時會改變？將如何改變？約翰相信自己可以在三年之內，讓經營者實現公司的「套現事件」（liquidity event），並因此釋放內含價值。

⚙️ 交易優勢

資訊優勢來自於資訊傳遞缺乏效率，**分析優勢**來自於市場處理資訊缺乏效率；**交易優勢**則是在投資人的交易受到阻擾，使得資訊不能被有效**納入**市場價格時展現。

投資人如果擁有真正的交易優勢，他就可以在其他投資人不能或不願意建立或持有部位的時候，從事證券交易。本書第七章曾經詳細討論這方面的可能限制，並提到機構法人受到的兩種主要限制。第一種是流動性限制，導致投資人執行或交易證券的能力受到限制。第二種是預期或實際受限於客戶贖回投資的壓力，導致投資人不願意建立部位，或無法繼續持有部位以等待定價錯誤被糾正。圖 8.16 顯示交易受到阻擾的情況下所產生的定價錯誤。

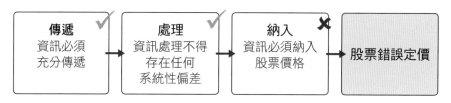

▶▶ 圖 8.16　納入錯誤導致股票定價錯誤

為了克服流動性限制，以取得交易優勢，投資人或者必須保持耐心，花時間慢慢累積部位，或者管理較小規模的基金，以便在流動性不足的市場裡建立完整部位。

投資人如果能夠充分掌握資本，就不必擔心客戶贖回，經理人也因此實現了交易優勢。

⚙ 催化事件

為了正確思考**催化事件**（catalysts），我們需要稍微溫習先前討論的概念。首先，我們需要更深入瞭解：

- 股票呈現效率定價，需要符合哪些條件？

- 投資優勢來自何處？
- 如何界定差別認知？

股票價格如果充分反映所有可供獲取的資訊，就代表效率定價，這意味著：

- 資訊充分**傳遞**：市場參與者會觀察、擷取與整合資訊。
- 資訊被**處理**：市場參與者評估價值，無偏差地進行估計。
- 資訊被**表達**、**整合**，並且在沒有任何重大干擾下，通過交易而被**納入**股票價格。

圖 8.17 說明了這些條件。

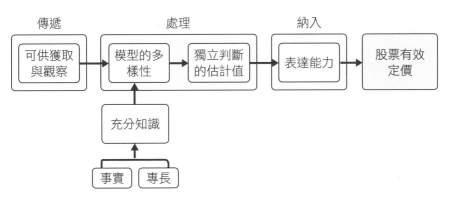

▶▶ 圖 8.17　效率定價的條件

我們可以歸納結論：唯有當下列四個條件[14]之中至少有一個成立，市場共識才會**無法**反映效率定價：

---

14 理論上雖然有六種條件可能破壞群眾智慧正常發揮效用。可是，由於我們很難辨識股票市場在缺乏特定領域知識或動機的情況下導致定價錯誤，因此我們的討論只專注於剩下的四個條件。

1. 資訊無法讓充分數量的投資人**獲取**與**觀察**。
2. 缺乏**多元性**。
3. **獨立性**被破壞。
4. 估計值不能**表達**、**整合**與**納入**市場價格。

投資人想要擁有優勢，就必須收集市場共識未取得的資訊，因此而發展**資訊優勢**；或看到市場共識未覺察的資訊，因此而享有**分析優勢**；或可以運用其他投資人所不能或不願進行的交易，因此而具備**交易優勢**。

想要擁有**差別認知**，投資人需要辨識真正的定價錯誤或市場錯誤，這意味著：

投資人的看法不同於市場共識：不同的觀點將反映在股票市場價格與估計內含價值之間的價差。這個價差缺口愈大，潛在報酬愈高，投資人觀點與市場觀點的差異也愈大。

投資人的看法正確：投資人可以證明他們擁有資訊優勢、分析優勢或交易優勢，而且進行了充分的研究，因此對他們的主張具備充分的信心。

投資人可以精確辨識市場所疏忽的東西：投資人能夠辨識，並且瞭解導致市場定價錯誤的因素，這類錯誤必定發生在資訊傳遞、處理或納入的過程。

第四個條件是，分析師能夠精確估計情況何時會改變？將如何改變？這就是我們接著要準備討論的**催化因素**。催化因素是某種會導致股票價格與估計內含價值之間的缺口封閉的事件；圖 8.18 的三角形陰影，就是有待封閉的缺口。

催化事件將封閉缺口

差別認知

共識預期

	目前	第1年	第2年	第3年	第4年	第5年	第6年	第7年
$14.00		250%	87%	52%	37%	28%	23%	20%
$13.00		225%	80%	48%	34%	27%	22%	18%
$12.00		200%	73%	44%	32%	25%	20%	17%
$11.00		175%	66%	40%	29%	22%	18%	16%
$10.00		150%	58%	36%	26%		16%	14%
$9.00		125%	50%	31%	22%	18%	14%	12%
$8.00		100%	41%	26%	19%	15%	12%	10%
$7.00		75%		21%	15%		10%	8%
$6.00		50%		14%		8%	7%	6%
$5.00		25%	12%	8%	6%	5%	4%	3%
$4.00						0%	0%	0%
$3.00		-25%	-13%	-9%	-7%	-6%	-5%	-4%
$2.00		-50%	-29%	-21%	-16%	-13%	-11%	-9%
$1.00		-75%	-50%	-37%	-29%	-24%	-21%	-18%
$0.00		-100%	-100%	-100%	-100%	-100%	-100%	-100%

▶▶ 圖 8.18　股票表現熱度圖

股票價格將因為共識預期變動而變動，所以催化因素指的是任何足以改變投資人預期，且讓投資人預期更接近你的差別認知的事件。這點很重要，我們將會一再重複。催化因素是促成事件，讓投資人覺察到既有市場共識的錯誤，因此促成共識觀點產生變動。所謂的催化事件，未必足以封閉缺口，但至少必須能夠啟動封閉缺口的程序。催化事件的最重要特質，就在於糾正市場錯誤的能力，讓既有共識觀點更接近你所持有的差別認知。

催化因素是某一件能夠加強資訊傳遞，或提升群眾獲取資訊的效率，或恢復群眾的多元性與獨立性，或消除任何交易限制的具體事件。催化因素讓群眾覺察既有市場共識不正確，並促使群眾成員開始接納你的**差別認知**；這種情況就像稍早討論的色盲案例，注射疫苗代表催化事件，讓群眾恢復正常辨識色彩的能力。簡單來說，催化事件可能是市場尚未擁有的額外資訊，該事件促使投資人在不受偏差影響的情況下，觀察與處理資訊，或促成改變而增加投資人表達資訊的能力，然後透過交易程序而納入資訊。最終，催化事件將消除股票價格缺乏效率的現象。

重點摘要

- 想要超越市場，就需要擁有某種不同觀點，讓你享有「優勢」去利用市場效率缺失的機會。這類優勢可以劃分為三類，分別對應第五章討論的市場缺乏效率現象：
  1. **資訊優勢**：你擁有別人所沒有的資訊，因此該資訊未被充分傳遞。
  2. **分析優勢**：你可以看到別人所沒有看到的東西，因為某種系統性錯誤（缺乏多元性，或獨立性被破壞）遮掩了其他投資人的看法。
  3. **交易優勢**：當其他人不能建立或持有某些部位，你卻隨時可以進場。

- 投資人一旦擁有純粹的**資訊優勢**，他們就可以說：「我確實知道這項資訊是真實的。」可是，這類優勢通常不可得，因為根據重大非公開資訊進行交易是違法的。

- 市場**處理**資訊的程序一旦缺乏效率或發生錯誤，就可能出現分析優勢。擁有分析優勢的投資人，即使面對每位投資人都可以獲取的相同公開資訊，經過個人分析之後，卻可以得到不同於共識觀點的估計值，而且最後被證明為正確。

- 由於純粹的資訊優勢很罕見，而純粹的分析優勢則需要數十年的經驗累積，所以想要成功辨識定價錯誤的證券，最常見的方法就是結合**資訊優勢**與**分析優勢**。

- 當投資人的交易被阻擾，使得資訊不能被有效**納入**市場價格，你就有可能取得交易優勢。

- 催化因素是促成事件，讓投資人覺察既有市場共識的錯誤，因此促成共識觀點的變動。催化事件未必足以封閉缺口，但至少必須能夠啟動封閉缺口的程序。

- 催化因素是某種能夠增進資訊的傳遞，或恢復群眾多元性與獨立性，或消除任何交易限制的事件。催化因素讓群眾覺察既有市場共識不正確，可能也代表市場尚未擁有的額外資訊；該事件促使投資人在不受偏差影響的情況下，觀察與處理資訊，或促成改變而增加投資人透過交易程序表達資訊的能力。

  ・簡單地説，催化事件將消除股票價格缺乏效率的現象。

CHAPTER 9

如何評估風險

風險與不確定性之間的差別

在華爾街，**風險**（risk）與**不確定性**（uncertainty）兩個名詞經常被視為可以彼此交替互用，雖然兩者並不相同。事實上，我們只要翻開《韋氏字典》對於這兩個名詞的定義，就能明顯看出差別：

不確定性：某種值得懷疑或未知的性質

風險：發生損失或傷害的可能性

讓我們引用一個小故事來說明：

> 祖母送給你一張彩券當作生日禮物。[1]開獎之前，你顯然不知道彩券是否中獎。所以，結果**不確定**，但沒有涉及**風險**，因為你不可能發生損失。
>
> 可是，假定你自己花了$2另外購買一張相同的彩券。這種情況就同時涉及**不確定性**與風險了。不確定性是因為這張彩券就像祖母給你的那張彩券一樣，但現在你還

376

[1] 這個故事並非乍看之下那麼古怪。桑金的祖母確實會在生日卡片上附上一張刮刮樂彩券，聖誕老人每年也會在喬森家的聖誕襪內擺入彩券。

可能損失當初購買彩券所花費的$2。你所購買的彩券，存在財務風險，因為你很可能發生虧損。

如同這個例子顯示的，不確定性沒有涉及損害的可能，因此沒有風險。唯有當投入資本存在不確定結果，投資人才會暴露於風險。

《韋氏字典》把「不確定性」定義為「某種值得懷疑或未知的性質」。請特別注意，不確定性未必代表壞事，實際上經常代表好事。[2]可是，一般來說，人們渴求確定性，痛恨不確定性。確定性讓我們覺得安全、穩當、知情、明智、掌控局面，不確定性則讓我們覺得不安全、疑惑、無助，甚至會產生恐懼感。我們恐懼什麼呢？**我們擔心受到傷害或發生虧損的可能性，這也是為什麼多數人會把不確定性視為風險的原因。**

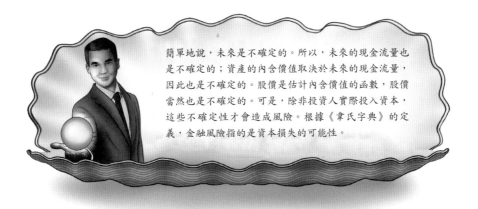

簡單地說，未來是不確定的。所以，未來的現金流量也是不確定的；資產的內含價值取決於未來的現金流量，因此也是不確定的。股價是估計內含價值的函數，股價當然也是不確定的。可是，除非投資人實際投入資本，這些不確定性才會造成風險。根據《韋氏字典》的定義，金融風險指的是資本損失的可能性。

---

2 關於不確定性效益的解釋，我們推薦各位閱讀納西姆・尼可拉斯・塔雷伯（Nassim Nicholas Taleb）的著作 *Antifragile: Things That Gain from Disorder*。（編按：中文版《反脆弱：脆弱的反義詞不是堅強，是反脆弱》，大塊出版，2013年。）

不確定性與風險的混淆，導致定價錯誤

把不確定性和風險搞混淆，這是投資人常犯的錯誤。舉例來說，許多投資人會避免介入高度不確定的投資機會，即使潛在報酬偏高而實際風險很低，因為身為人類的他們不喜歡不確定的東西。投資人處理這類機會的方式往往不正確，因為他們把不確定性誤以為風險，並依此訂定證券價格。反之，精明的投資人則把這類狀況視為大好機會，因為市場共識對於實際風險的定價錯誤。

接受《葛拉漢與陶德鎮》（*Graham & Doddsville*）的訪問時，鷹河資產管理公司（Owl Creek Asset Management）的投資組合經理人丹尼爾·克魯格（第七章賀寶芙債券案例的分析師）敘述他在2008 年金融危機期間分析雷曼兄弟公司債券時，對**風險**與**不確定性**之間的區別所持有的看法：

> 對於我們危機投資人來說，不確定性是我們的朋友，因為不確定性往往是投資人為了躲避而願意支付代價的東西——有時候是相當高的代價。我們很喜歡類似雷曼債券之類的狀況，我們稱之為「高度不確定的低風險」。[3]

克魯格進一步解釋，雷曼債券存在很多不確定性，因為「有數以百計的問題沒有得到解答」，而我們知道「這些問題在未來幾個月、幾季或幾年內才會有答案」。他補充說：「有時候，你有機會以某個價格買進某種東西，其中涉及數以百計還沒有解答的問題，但你知道這些問題的答案不論是什麼，你都不太可能虧大錢，而且多數時候還可以因此小賺或大撈一筆。」利用其他投資人對於風險

3　Daniel Krueger: "Uncertainty Is Our Friend" *Graham & Doddsville*, Winter 2013, 17-18.

哥倫比亞商學院必修投資課

與不確定性之間的混淆，往往很有賺頭，而我們不禁覺得這是唯一需要區別這兩種概念的主要理由。

巴菲特接受百事可樂的挑戰

華倫‧巴菲特是波克夏‧海瑟威公司的董事長兼執行長，也是最擅長利用投資人把不確定性誤以為風險的大師。[4] 巴菲特運用波克夏旗下的保險公司作為媒介，充分利用這類的機會；這種狀況經常呈現高度不確定性。例如，2003 年夏天，當百事可樂推出一項「億萬富豪遊戲」的促銷活動，波克夏就趁機展現其威力。參加這項活動最後一輪競賽的消費者，有機會贏得 $10 億獎金。百事可樂公司擔心萬一真的發生 $10 億的損失，所以希望尋找某家保險公司來承保這項活動，防範這種狀況發生（雖然可能性極低）。

這場競賽的機制如下：百事可樂製造 10 億個嵌入特殊編碼的瓶蓋，總計 400 萬人有資格參與最終競賽，獨得獎金。這 400 萬人之中，將隨機挑選 100 人參加電視開獎節目。這 100 個人都各自可以取得隨機產生的一組六個數字構成的號碼。然後，由百事可樂的主管負責搖獎，投擲一顆 10 面的骰子，擲出六個號碼，再把對應的號碼球擺入一個袋子裡。最後由一隻叫做 Kendall 的黑猩猩逐次由袋子中選出號碼球，藉以決定六個號碼的順序。

這場競賽的獲勝機率是百萬分之一（實際上是 1/999,999，因為 1,000,000 是七位數了）。對於百事可樂來說，這場競賽的期望損失（如果這場競賽進行無數次的話）是 $1,000，也就是等於 $1,000,000,000/999,999。[5]

（接下頁）

4　請注意，波克夏的再保險集團（Reinsurance Group）的領導者是亞吉‧詹恩（Ajit Jain），據信他是波克夏保險業務的另一位大師。

5　譯按：這 $1,000 應該是 100 位參賽者每個人的期望獲利，百事可樂的期望損失應

競賽的贏家可以選擇立即一次領取$2.5 億現金，或選擇每年取得$500 萬的年金，時間長達 20 年，隨後 20 年則每年領取$1,000 萬，第 41 年再領取最後一筆 7 億的現金。如果選擇一次領取$2.5 億現金（一般彩券型的競賽，得獎者通常都是如此選擇），則百事可樂的期望損失為$250,000,000/999,999，相當於$250。

　　對於百事可樂舉行這場競賽可能發生的獎金損失，據說由波克夏負責承保，保費為$1,000 萬。如果把百事可樂的潛在損失$2.5 億，除以保費$1,000 萬，其蘊含的潛在損失機率為 1：25，但實際發生損失的機會應該是 1：1,000。百事可樂顯然錯估了損失風險的價格。雖然可能有某人會贏走$2.5 億，但發生的可能性極低。巴菲特非常樂意承保這個競賽，因為他知道這類事件發生的機率微乎其微，保險金顯著高估。

　　百事可樂面對競賽的不確定結果，由於對不確定事件的擔心，導致該公司把可能的（possible）結果，視為極有可能發生的（probable）事情。實際上，也就是把不確定性誤以為風險。百事可樂寧可接受$1,000 萬必然發生的費用，而不願承擔非常不可能發生的$2.5 億虧損。當然，這個競賽最終沒有人贏得獎金。

　　據說人們當時曾經問巴菲特是否擔心百事可樂的競賽結果，他回答，他只會覺得很遺憾——百事可樂為何不多辦這類活動呢？當然，巴菲特是可口可樂的最大股東之一，他顯然不需要幫百事可樂省錢！

該是$1,000乘以100，也就是$10萬。

⚙️ 群眾智慧如何混淆風險與不確定性

投資人把不確定性誤以為風險，這主要呈現為**處理程序的錯誤**，導致群眾智慧架構出現**系統性偏差**，如圖 9.1 所顯示。

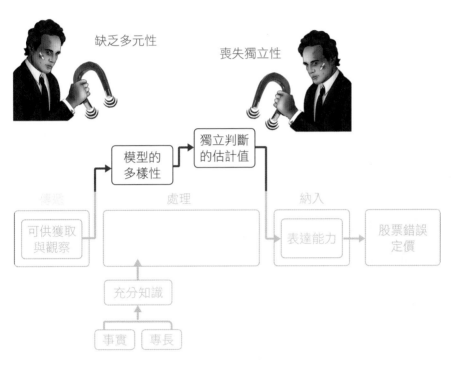

▶▶ 圖 9.1　共識決策模型受到處理錯誤的扭曲

如同第七章討論的 Sevcon 例子，當公司宣布流失最主要客戶時，投資人情緒陷入恐慌，群眾**多元性**急遽降低，幾乎所有投資人都採用清算模型估計公司內含價值。

第八章的案例也是一樣，比爾・艾克曼導致賀寶芙債券的共識看法幾乎完全喪失**獨立性**，因為他的簡報帶來了高度不確定性。很

多投資人誤把他們感受到的不確定性,解釋為資本可能發生虧損的風險,結果造成證券定價錯誤,也讓丹尼爾‧克魯格和其他精明投資人得以趁機獲利。

當不確定性變成風險

不確定性什麼時候會變成**風險**?如同本章最初談到的,唯有投入資本,**風險**才成為考量因素;所以,風險**永遠**取決於投資所支付的價格。

我們在第四章曾經談論特斯拉的股價,以及該公司一年期目標價格的個別分析師估計值與市場共識,請參考圖 9.2。

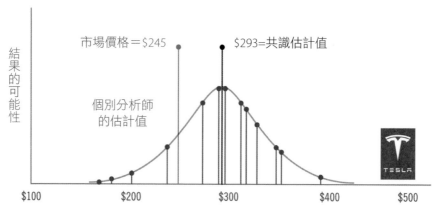

▶▶ 圖 9.2　特斯拉:分析師估計的 1 年期目標價格

為了更清楚顯示分布區間,圖 9.3 移除了個人分析師的估計量。

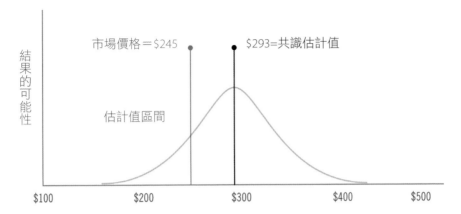

▶▶ 圖 9.3　特斯拉：共識估計值

　　市場價格$245 與一年期市場共識目標價格$293，兩者之間的差值，代表股票的**期望報酬**，就這個例子來說是 19.6%，請參考圖 9.4。

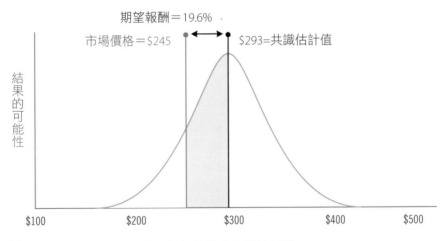

▶▶ 圖 9.4　特斯拉：共識目標價格蘊含的期望報酬

　　觀察圖 9.5 的分配，我們可以清楚看出，實際的內含價值如果小於股票買進價格，投資將發生虧損。就圖 9.5 來說，凡是小於市場價格的任何可能結果，表示為分配圖形左側尾部的紅色區域，也

代表投資該股票蘊含的風險。

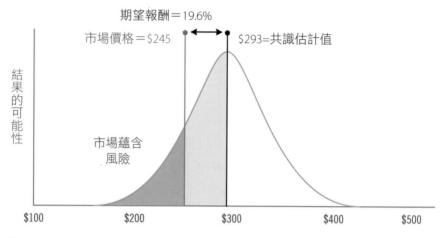

▶▶ **圖** 9.5　**特斯拉：按照**$245 **買進股票所蘊含的市場風險**

　　凡是**大於股票價格**的任何可能結果，雖然也屬於不確定事件，但其中沒有涉及**風險**，因為不會造成資本虧損。請看圖 9.6，大於市場價格$245 以上的藍色部分，代表沒有風險的**不確定性**。所以，就圖 9.6 來說，市場價格是個分水嶺，說明了風險與不確定性之間的差別。

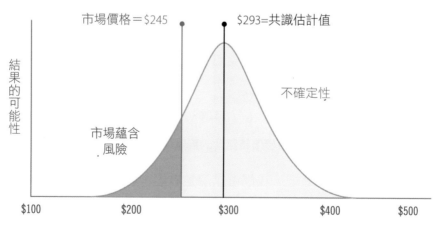

▶▶ **圖** 9.6　**特斯拉：高於市場價格的結果，雖然不確定，卻沒有涉及風險**

假定人們估計的期望內含價值分配沒有變動，而市場價格發生變動，**風險**程度也會跟著變動。為了說明這點，首先觀察圖 9.7 的起始假設。然後，我們觀察圖 9.8，市場價格從原來的$245 上漲到$278，而且假定期望內含價值分配沒有變動，則期望報酬將從19.6%下降為 5.4%，**風險**也跟著顯著增加，如圖 9.9 所示。

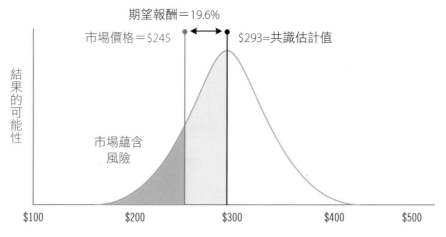

▶▶ 圖 9.7 　特斯拉：起始期望報酬與市場蘊含的風險

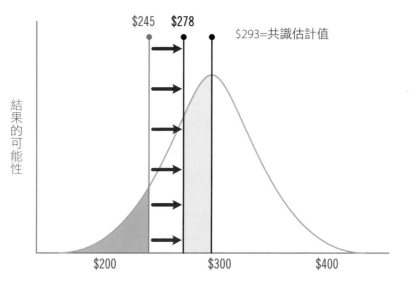

▶▶ 圖 9.8 　特斯拉：市場價格從$245 上漲到$278

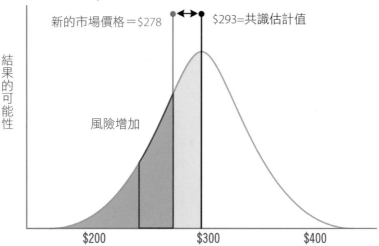

▶▶ 圖 9.9 　特斯拉：**市場價格上漲，造成期望報酬下降，風險增加**

　　市場價格如果下跌，情況也是一樣。假定市場價格從原本的
$278，下跌到$245，而且假定人們估計的內含價值分配沒有變動，
則報酬潛能將增加，**風險**也會降低，情況如圖 9.10、9.11 與 9.12
所顯示。

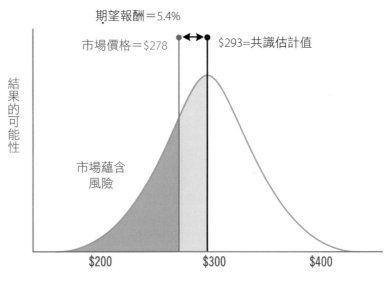

▶▶ 圖 9.10 　特斯拉：**股價**$278 **的市場蘊含風險**

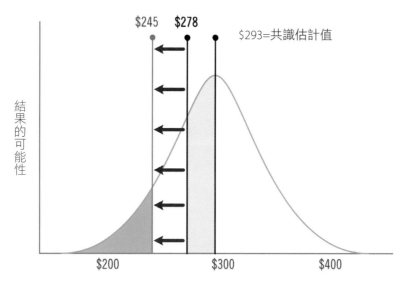

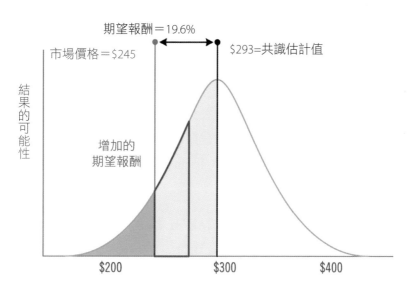

▶▶ **圖 9.12 特斯拉：市場價格下跌，造成期望報酬上升，市場蘊含風險減少**

　　我們把**風險**定義為資本發生虧損的可能性，也就是賠錢的可能性。所以，儘管未來在本質上就是不確定的，**但除非投入資本，否**

則就不至於承擔風險，如前述例子顯示的，投資價格相對於可能的
結果愈高，風險水準也就愈高。

任何投資的風險，就是實際內含價值低於投資所支付的
價格的可能性，因為這將造成資本虧損。如果估計內含
價值分配保持不變，支付價格增加，將造成期望報酬減
少；支付價格減少，則期望報酬將增加。市場價格與風
險是彼此相關的──所支付的價格愈高，風險愈高。

⚙ 安全邊際就是為了因應風險

　　班傑明・葛拉漢在《智慧型股票投資人》一書中，運用整章的
篇幅討論風險，而且他將相關討論歸納為幾個字作為總結──**安全
邊際**（MARGIN OF SAFETY）。葛拉漢的風險概念，全然反映在
他對安全邊際的定義：

　　　　一方面是支付價格，另一方面是評估價值，兩者之間
　　存在有利的差值，就是安全邊際。這個邊際可以作為緩
　　衝，吸收可能發生的計算錯誤，或不佳的運氣。便宜證券
　　的買家，特別強調他們的投資承受不利發展的能力。[6]

6　Benjamin Graham, *The Intelligent Investor: A Book of Practical Counsel* (New Nork:

請參考圖 9.13，我們可以運用股票價格與內含價值（葛拉漢所謂的評估價值）之間的曲線面積，代表投資的**安全邊際**。

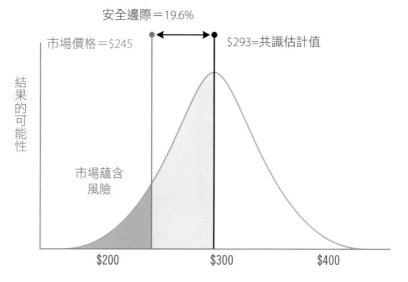

安全邊際＝19.6%

市場價格＝$245　　　　　　　$293=共識估計值

結果的可能性

市場蘊含風險

$200　　　　　$300　　　　　$400

▶▶ 圖 9.13　**安全邊際等於期望報酬**

呼應我們先前的討論，葛拉漢強調：「安全邊際永遠取決於所支付的價格。某些價格會提供充分的安全邊際，較高價格的安全邊際則變小，更高的價格就不再存在安全邊際。」[7]

⚙ 穩定事業可能蘊含更高風險

本書第四章談到，企業未來現金流量的可預測性愈高，內含價

HarperBusiness 1973).

7　同上。

值估計量的分配就愈集中。同理，未來現金流量的可預測性愈低，內含價值估計量的分配就愈離散。這方面的差別，可以從分析師對特斯拉與味好美公司所做的一年期目標價格估計做比較，請參考圖9.14。

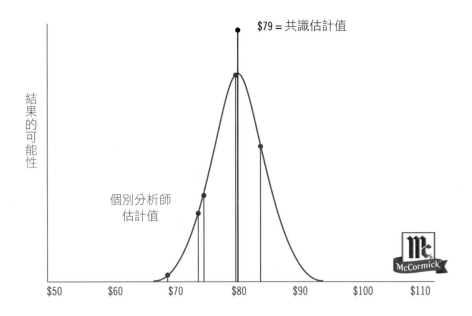

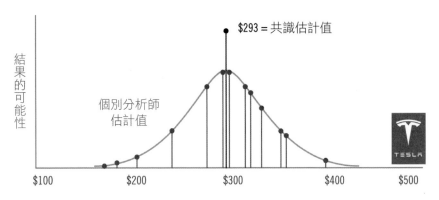

▶▶ 圖 9.14　味好美與特斯拉的一年期目標價格共識估計

我們當初進行這項分析時，味好美的股價為$85，高於一年期目標價格共識估計值$79。矛盾的是，味好美的未來現金流量的可預測性雖然超過特斯拉，確定性也更高，但分析師當時的預測如果正確，味好美股票的風險反而更高，因為按照當時的市場價格買進，全無安全邊際可言，請參考圖9.15。

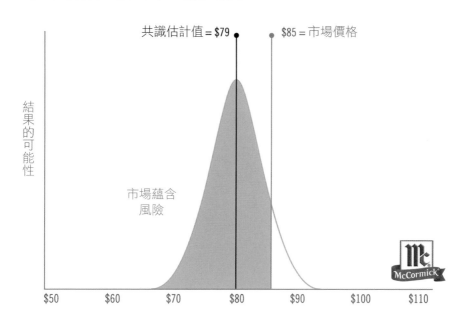

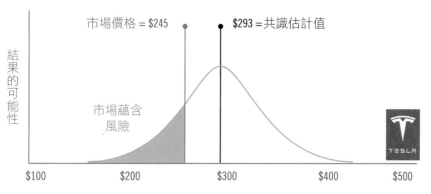

▶▶ 圖 9.15　味好美與特斯拉的風險比較

我們再次強調不確定性與風險之間的差異。不確定性低，未必代表風險低。事實上，現金流量更確定的企業，蘊含的風險可能高於現金流量較不確定的企業，因為風險取決於投資所支付的價格，以及安全邊際是否存在。

⚙ 時間很重要……而且非常重要

除了資本發生虧損的風險之外，投資組合經理人也要承擔績效落後參考基準的風險。我們發現，絕大多數的投資組合經理人、分析師以及機構業務人員，幾乎把所有的時間花費在企業**內含價值**的估計，卻很少人估計投資的**期限**（time horizon）。我們認為，這種時間配置大有問題，因為投資期限是決定最終報酬的關鍵因素。

所以，在我們討論投資**期限**估計錯誤的風險之前，首先必須確定讀者充分瞭解時間如何成為投資報酬的關鍵因素。

融化取得報酬

國家地理頻道 2013 年的實境節目《融化》（*Meltdown*，遺憾的是，這齣電視劇只播放一季）提供了很棒的例子，說明任何投資必須強調三大元素，並強調「時間」是決定實際投資報酬的最重要因素之一。

國家地理頻道的網站如此介紹《融化》：「三位都市尋寶獵人與市場展開激烈競爭，試圖在非傳統場合尋找貴金屬，然後融化這些金屬以換取現金。」[8]節目中，這三位主角各自在他們生活的都市裡尋找可能蘊含貴金屬的物件，取出貴金屬，將它們融化變現。這些人的目標，是在最短時間內賺取可接受的利潤，而且不要賠錢。

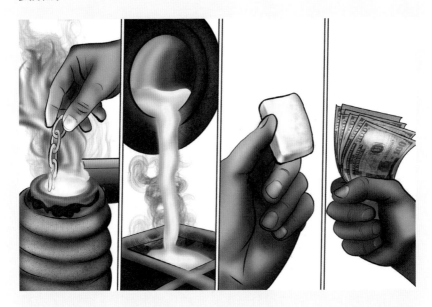

　　節目中的某一集〈棺材吐出現金〉（Coffin Up Cash），主角是個曾經參加「沙漠風暴」行動的退伍軍人，全身刺青的摩托車騎士狄亞哥‧卡利納旺，他前往殯儀館尋找黃金。他發現一個沒有用過的棺材，面板上鑲著死者的名字縮寫[9]（家人最後一刻決

8　我們可以輕易將這個故事改編為華爾街版本：「三位剛從商學院研究所畢業的人，正在與市場展開激烈競爭，試圖在非傳統場合尋找缺乏市場效率的機會，藉以擊敗市場。」

9　讀者如果不熟悉棺材術語，所謂的「面板」（head panel），是指棺材上面的蓋

定進行火葬）。殯儀館的負責人表示，名字縮寫是黃金製的，但不清楚純度如何。買進這口棺材之前，狄亞哥解釋：「由於不知道究竟有多少黃金，所以價格必須盡量壓低。」經過一番討價還價，狄亞哥花了 $450 買下這口棺材。他把棺材擺上小貨車，載到自己的倉庫裡，然後拿著鎚子破壞棺材面板，取下金子。

有意思的是，影片裡有些重要的話語經常重複，譬如：「我需要盤算自己能夠得到什麼。」「由於時間就是金錢，我必須趕在融解工廠還沒有打烊之前，把東西送進去。」「必須找到數量值得一幹的黃金。」「我不知道純度或重量如何，所以必須盡量壓低價錢，才不至於賠錢。」

這個節目裡，主角們面臨的情境經常出現三個重點：

哥倫比亞商學院必修投資課

394

板。

他們買東西所支付的價格——例如，狄亞哥花了$450購買棺材。

融化貴金屬後變現所取得的金額。

找到相關物件、買進、取得黃金、送往融化工廠所花費的時間。

　　我們可以透過這三項要素，計算狄亞哥的**報酬率**，或他在影片裡所謂的酬勞。報酬率的正式計算公式很簡單（我們使用綠色代表價值、藍色代表價格、紫色代表時間）：

$$報酬率 = \left[\left(\frac{終值}{初值}\right)^{\frac{1}{年數}}\right] - 1$$

為了更方便理解，我們可以把前述公式稍做整理：

$$報酬率 = \left[\left(\frac{狄亞哥取得的現金}{狄亞哥支出的現金}\right)^{狄亞哥花了多少時間取得現金}\right] - 1$$

　　從棺材面板上取下之後，狄亞哥將字母送到 KFG 公司的工廠，將金屬融化變現。KFG 的老闆賽門採用攜帶式 X 射線螢光分析儀測量黃金含量為 75%，取得 46.7 公克的黃金。[10] 狄亞哥從這筆交易中得到$1,510，淨利為$1,060。如果計算報酬率，就可以看出狄亞哥這筆交易做得不錯：

$$報酬率 = \left[\left(\frac{\$1,510}{\$450}\right)^{1天}\right] - 1$$

PART

1

完美投資

10　75%的黃金為18k，另外25%通常是銀與銅。金屬總重量為62.3公克，包含46.7公克的黃金。

報酬率＝235%

　　狄亞哥在一天之內賺進 235%的報酬，成績相當不錯，尤其是換算為年度化數據的話。

　　投資股票或任何證券，報酬取決於三個要素：支付價格、投資變現的價值、投資花費的時間。計算報酬率的公式如下：

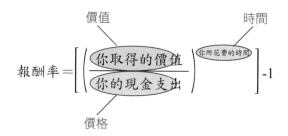

　　我們需要稍微修改標示，因為這個公式其實被用來評估可能的投資，也就是還沒有進行的投資。由於我們不確定知道未來的狀況如何，不知道投資會賺多少錢，所以必須重新標示為估計價值、所支付的成本也就是目前的市場價格、時間則變成期望期限。

$$期望報酬率 = \left[\left(\frac{估計價值}{目前市場價格} \right)^{期望期限} \right] - 1$$

　　我們以 ZRS 公司股票為例子，說明如何計算股票的期望報酬率。該公司股價為$5.85，我們估計未來四年期間內，股票價值可以達到$10.25。在這種情況下，年度化期望報酬為 15%，計算程序如下：

$$期望報酬率 = \left[\left(\frac{估計價值}{目前市場價格} \right)^{期望期限} \right] - 1$$

$$= \left[\left(\frac{\$10.25}{\$5.85} \right)^{\frac{1}{4}} \right] -1$$

$$= [(1.75)^{.25}] -1$$

$$= 1.15-1$$

$$= 每年15.0\%$$

　　計算期望報酬的三項輸入變數，只有目前市場價格是確定已知，這也就是你買進股票所必須支付的成本。另外兩項變數，估計價值與期望期限，都是估計值，如圖 9.16 所示。

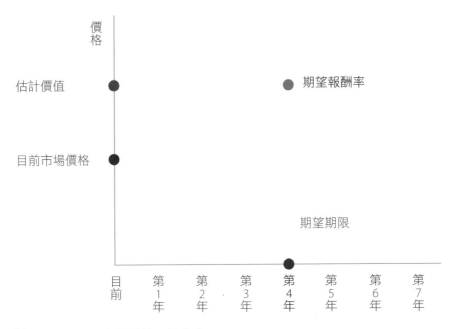

　　我們運用這個公式計算的期望報酬率為 15.0%，所採用的起始市場價格為$5.85，估計最終價格為$10.25，期限為四年。圖 9.17 顯示這三個因素的收斂，以及期望報酬。

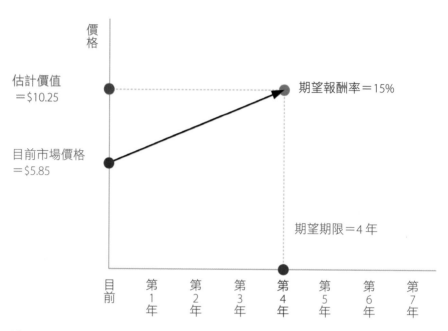

價格

估計價值
＝$10.25

期望報酬率＝15%

目前市場價格
＝$5.85

期望期限＝4 年

目前　第1年　第2年　第3年　第4年　第5年　第6年　第7年

▶▶ **圖 9.17　期望報酬**

可是，如果我們錯了呢？每項投資的主要假設，就是目前市場價格會在期望期限內，收斂到估計價值。可是，我們的估計價值如果錯誤，或收斂程序所花費的時間超過預期呢？實際報酬就會低於我們的預測。

舉例來說，如果$10.25 的期望價值是正確的，但該股票花了七年，而不是四年，才達成該價位，則報酬將減少將近一半到每年8.3%，如圖 9.18 所示。

這個例子凸顯了時間是決定投資最終報酬的關鍵因素。另一方面，如果我們的期限估計正確，但對於 ZRS 股票的期望價值估計卻出錯，譬如，價值在四年之後只有$7.00，則報酬率將下降為每年 4.6%，如圖 9.19 所示。

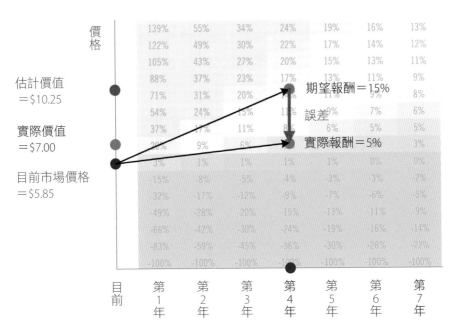

價格

估計價值
＝$10.25

目前市場價格
＝$5.85

	139%	55%	34%	24%	19%	16%	13%
	122%	49%	30%	22%	17%	14%	12%
	105%	43%	27%	20%	15%	13%	11%
	88%	37%	23%	17%	13%	11%	9%
	71%	31%	20%	11%	11%	9%	8%
	54%	24%	15%	11%	9%	7%	6%
	37%	17%	11%	8%	6%	5%	5%
	20%	9%	6%	5%	4%	3%	3%
	3%	1%	1%	1%	1%	0%	0%
	-15%	-8%	-5%	-4%	-3%	-3%	-2%
	-32%	-17%	-12%	-9%	-7%	-6%	-5%
	-49%	-28%	-20%	-15%	-13%	-11%	-9%
	-66%	-42%	-30%	-24%	-19%	-16%	-14%
	-83%	-59%	-45%	-36%	-30%	-26%	-22%
	-100%	-100%	-100%	-100%	-100%	-100%	-100%

期望報酬＝15%　　實際報酬＝8%

誤差

期望期限＝4年　　實際期限＝7年

目前　第1年　第2年　第3年　第4年　第5年　第6年　第7年

▶▶ **圖** 9.18　**期限估計錯誤**

價格

估計價值
＝$10.25

實際價值
＝$7.00

目前市場價格
＝$5.85

期望報酬＝15%

誤差

實際報酬＝5%

目前　第1年　第2年　第3年　第4年　第5年　第6年　第7年

▶▶ **圖** 9.19　**內含價值估計錯誤**

現在，我們已經詳細說明了報酬的構成部分，以及時間對於報酬的重要性，接著將討論如何提高內含價值與期限估計的**準確度**（accuracy）與**精密度**（precision），藉以降低風險。

如何提升內含價值估計的準確度與精密度

如同前一章討論的，投資人從事研究，試圖提高他們對公司內含價值估計的**準確度**與**精密度**，目標在於產生一組盡可能分布緊密的內含價值估計量。

圖 9.20 顯示**準確度**與**精密度**之間的差別。這些標靶是從 200 碼距離之外射擊的結果，裝備是採用手動槍機的競賽用槍 Eliseo RTS Tube gun，內裝 6.5x47 Lapua 規格子彈。實際瞄準位置是小型的黑色方塊，而不是靶心；因為幻影的緣故，選手很難在 200 碼之外看清楚標靶。[11]就這個距離來說，彈孔分布如果能夠集中在 0.5 英吋的範圍內，精密度就算很高了。

準確度與精密度都偏低，當然不是我們想要的結果。高精密度而低準確度，更是我們不想要的，因為這會完全錯失目標。低精密度而高準確度，這種情況稍微好一些，不過最好的還是高精密度與高準確度都具備。

---

11 如果想進一步瞭解這種視覺現象，有些很好的文章和影片可以參考。請上網搜尋關鍵字「how to read mirage」。

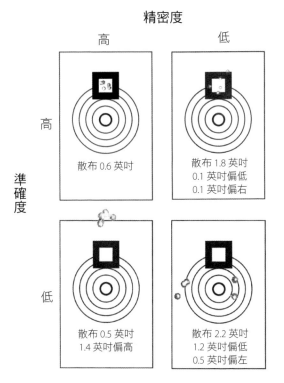

精密度

高　　　　　　　　低

高

準
確
度

低

散布 0.6 英吋

散布 1.8 英吋
0.1 英吋偏低
0.1 英吋偏右

散布 0.5 英吋
1.4 英吋偏高

散布 2.2 英吋
1.2 英吋偏低
0.5 英吋偏左

▶▶ 圖 9.21　準確度與精密度的差別

　　以下顯示的第一個例子，說明提高準確度可以降低風險。我們最初假設股票交易價格為$80，內含價值估計量共識是$85，真實內含價值為$95，如圖 9.21 所示。

　　做完自己的研究之後，你估計的內含價值為$90。在這種情況下，你的估計量**準確度**超過市場共識（$85），因為你的估計值$90更接近真實的內含價值$95。請參考圖 9.22，長方形綠色部分代表**準確度**有所提升，分配左側尾部的紅色陰影，則代表新的蘊含風險估計。

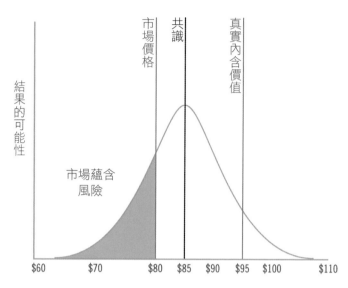

圖9.21中標示的文字（由左至右、由上至下，直排）：

結果的可能性

市場價格　共識　真實內含價值

市場蘊含風險

$60　$70　$80　$85　$90　$95　$100　$110

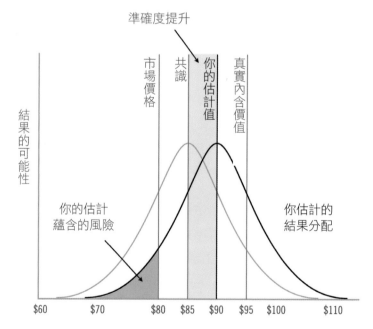

圖9.22中標示的文字：

準確度提升

市場價格　共識　你的估計值　真實內含價值

結果的可能性

你的估計蘊含的風險

你估計的結果分配

$60　$70　$80　$85　$90　$95　$100　$110

　　由於估計值**更準確**，所以蘊含的風險就會降低，如同圖 **9.23** 所示。

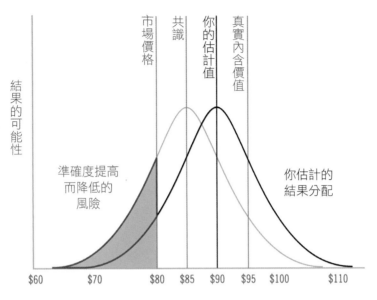

▶▶ 圖 9.23　提升準確度，降低風險

　　接著，下一個例子仍然使用相同的起始假設，說明提升內含價值估計的**精密度**，將如何降低風險，請參考圖 9.24、9.25 與 9.26。

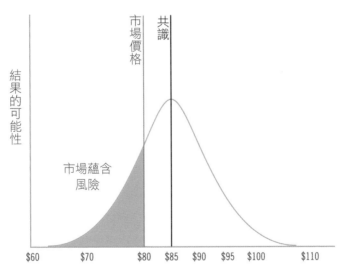

▶▶ 圖 9.24　起始假設

完成自己的研究之後，假定你的預測精確度超越市場共識，因此降低了**不確定性**，也因此降低了投資蘊含的風險程度，請參考圖9.25。

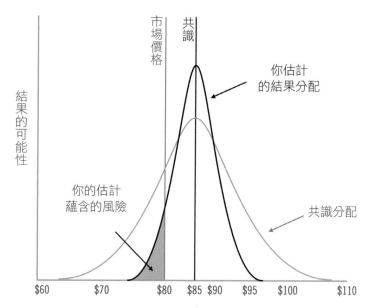

▶▶ 圖 9.25　**你的風險估計**

圖 9.26 顯示精密度的提升如何導致風險降低。

前述兩個例子顯示，無論我們提升估計程序的**精密度**或**準確度**，都能夠降低**風險**。可是，如果估計程序能夠兼顧精密度與準確度，則風險降低的程度將更為顯著。我們透過以下的圖 9.27 說明這個狀況，起始假設與前兩個例子相同。

由於估計值的精密度與準確度都提升了，風險將變得極低，如圖 9.28 所顯示。

圖 9.29 顯示精密度與準確度同時提升的情況下所降低的風險。

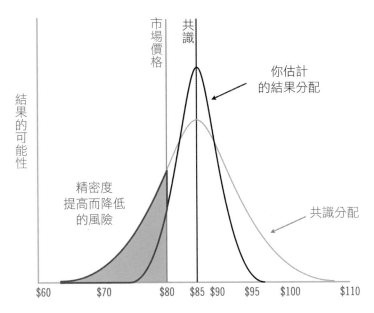

▶▶ 圖 9.26　精密度提高而降低風險

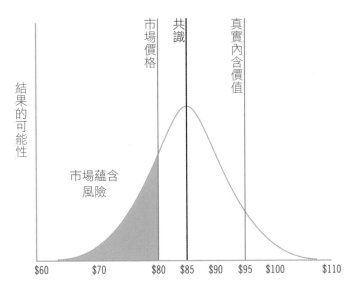

▶▶ 圖 9.27　起始假設

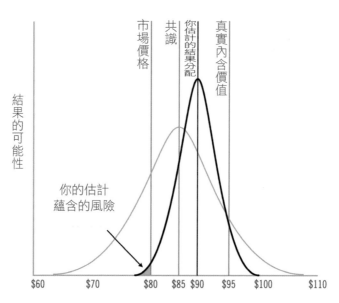

▶▶ 圖 9.28　提升準確度與精密度，顯著降低風險

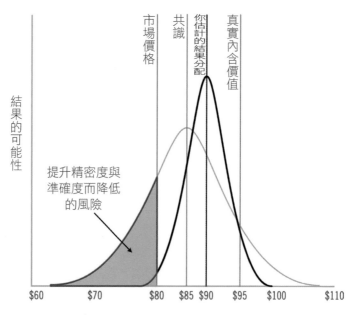

▶▶ 圖 9.29　相較於起始狀況所降低的風險

更精確與準確的投資期限估計如何影響風險

　　適當估計內含價值並不足夠，投資人還必須精確估計封閉市場價格與內含價值之間的缺口所需要的時間，因為所實現的投資報酬率將取決於實際投資**期限**。

　　跟內含價值的估計一樣，期限估計的結果也應該呈現區間分配，而不是單點估計，請參考圖 9.30。

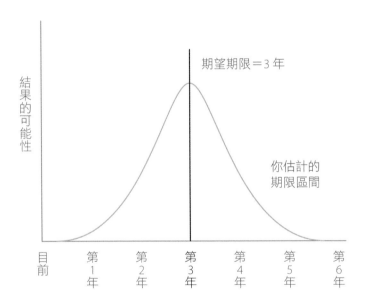

▶▶ 圖 9.30　期限估計區間

　　圖 9.31 中分配曲線右半部的紅色陰影，代表低估期限所蘊含的風險。

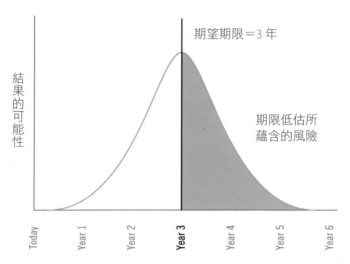

期望期限＝3 年

結果的可能性

期限低估所蘊含的風險

Today　Year 1　Year 2　**Year 3**　Year 4　Year 5　Year 6

▶▶ **圖** 9.31　**期限估計所蘊含的風險**

　　投資期限估計錯誤，是風險的來源之一，因為這類錯誤可能導致最終實現的投資報酬減少，情況如圖 9.18 所示，以下複製為圖 9.32。

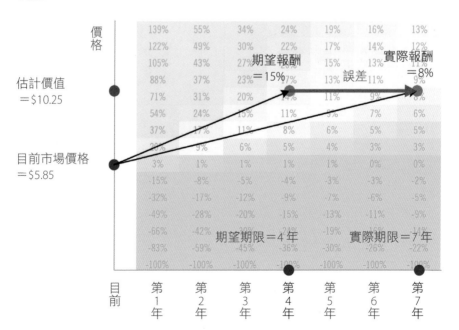

▶▶ **圖** 9.32　**複製圖** 9.18

風險與差別認知：有利於投資人的偏斜分配

為了簡化論述，本章所顯示的內含價值分配，都表示為左右對稱的**常態分配**。常態分配只是個方便的假設，凸顯價格與內含價值之間的關係，並說明投資支付價格如何決定風險水準。可是，請注意，投資人通常無法確定每個內含價值估計值的發生機率，因此更不可能知道內含價值的實際機率分配。

儘管如此，我們仍然可以透過下列案例說明，投資人所進行的研究如何讓估計內含價值的分配朝有利的方向偏斜，藉以降低投資風險。我們首先從圖 9.33 的常態分配開始，其中顯示內含價值的可能區間，市場價格為$70，內含價值共識估計值為$75。市場價格左側的紅色部分，就是前文討論的市場蘊含風險。

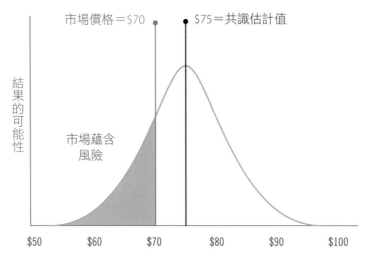

▶▶ 圖 9.33　**市場蘊含風險**

現在，假定某個投資人進行了深入的研究，歸納出一套差別認知，認為該筆投資的實際下檔風險應該低於共識觀點。他所估計的內含價值分配**偏斜向**上檔，情況如同 9.34 所顯示：

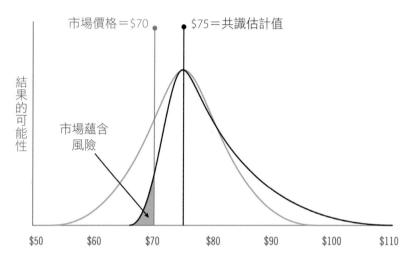

▶▶ 圖 9.34　**常態分配與偏斜分配**

圖 9.35 顯示偏斜分配顯著降低了市場蘊含的投資風險。

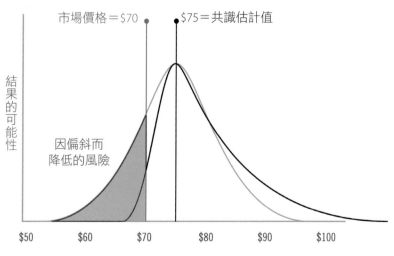

▶▶ 圖 9.35　**因偏斜分配而降低的風險**

投資的估計內含價值如果呈現偏斜分配，就代表**報酬不對稱**。內含價值呈現正向偏斜分配，則上檔區間大於下檔，上檔獲利潛能於是擴大，下檔潛在虧損減少；反之，負向偏斜分配的下檔區間大於上檔，結果造成上檔獲利潛能減少，下檔潛在虧損則增加。有經驗的精明投資人，永遠會試圖尋找那些呈現正向偏斜分配的投資機會。

以第八章討論的克里夫蘭木材公司為例，其內含價值的市場共識分配呈現負向偏斜，情況如圖 9.36 所顯示。從圖形中，我們看到股票市場價格為$85，估計內含價值期望值為$107，市場價格左側的紅色部分代表投資可能發生的虧損。由於木材屬於硬性資產，多數投資人認為這類資產的價值不容易隨著時間經過而改變，因此克里夫蘭股價超過估計價值$107 的可能性不高，情況如圖所示。另一方面，有許多可能的發展將導致內含價值減少，譬如公司管理不當、樹木砍伐持續不足，或發生某種可能破壞大部分林地的病蟲害。

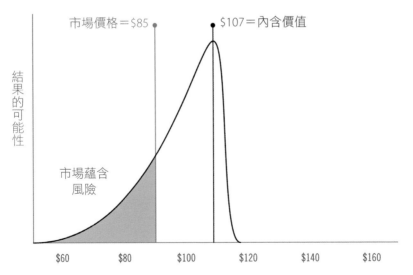

▶▶ 圖 9.36　克里夫蘭公司：共識隱含的風險

如同我們在第八章討論的，對於克里夫蘭公司的價值，布朗菲爾德資本公司的約翰‧黑爾夫持有**差別認知**，他估計的內含價值分配明顯有別於市場共識，請參考圖 9.37。儘管黑爾夫意識到這項投資也可能發生虧損，但他估計的損失可能性極低。根據黑爾夫的估計，如果他成功迫使經營者出售克里夫蘭公司，企業內含價值應該有\$142，價值低於市場價格的可能性微乎其微，而他認為成功的可能性極高。請注意，根據這個**差別認知**，黑爾夫認為這項投資幾乎不可能賠錢，因此也就幾乎沒有風險。

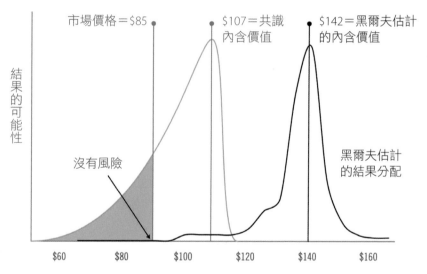

▶▶ 圖 9.37　黑爾夫的差別認知，風險極低

⚙ 績效落後的風險

　　對於克里夫蘭的案例，我們截至目前為止都很少談論到資本虧損（賠錢）的可能性，也就是圖 9.38 的負數報酬率部分。

	目前	第1年	第2年	第3年	第4年	第5年	第6年	第7年
$14.00		139%	55%	34%	24%	19%	16%	13%
$13.00		122%	49%	30%	22%	17%	14%	12%
$12.00		105%	43%	27%	20%	15%	13%	11%
$11.00		88%	37%	23%	17%	13%	11%	9%
$10.00		71%	31%	20%	14%	11%	9%	8%
$9.00		54%	24%	15%	11%	9%	7%	6%
$8.00		37%	17%	11%	8%	6%	5%	5%
$7.00		20%	9%	6%	5%	4%	3%	3%
$6.00		3%	1%	1%	1%	1%	0%	0%
$5.00		-15%	-8%	-5%	-4%	-3%	-3%	-2%
$4.00		-32%	-17%	-12%	-9%	-7%	-6%	-5%
$3.00		-49%	-28%	-20%	-15%	-13%	-11%	-9%
$2.00		-66%	-42%	-30%	-24%	-19%	-16%	-14%
$1.00		-83%	-59%	-45%	-36%	-30%	-26%	-22%
$0.00		-100%	-100%	-100%	-100%	-100%	-100%	-100%

▶▶ 圖 9.38　**熱度圖：資本虧損風險**

可是，要評估投資組合經理人的投資績效，標準不該在於賺錢與否，理由很簡單——所有的資本都有**機會成本**，我們在第二章提及了這一點。多數專業股票投資組合經理人的績效衡量標準，是採用 S&P 500 或羅素 2000 等股價指數。因此，多數專業投資組合經理人都會擔心自己的績效落後市場，因為投資人有非常明確的替代投資管道（指數型基金）。經理人的表現如果落後市場，他所管理的資金就會流失。

讓我們回到克里夫蘭的案例，黑爾夫確實也擔心自己的績效落後市場，原因如同前述。所以，在他的差別認知裡，他所估計的**期限**將成為論證的關鍵部分，也讓他的論證明顯有別於市場共識，請參考圖 9.39。

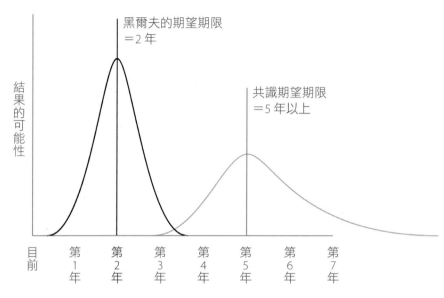

黑爾夫的期望期限
＝2 年

共識期望期限
＝5 年以上

結果的可能性

目前　第1年　第2年　第3年　第4年　第5年　第6年　第7年

▶▶ **圖** 9.39　**黑爾夫對於期限的差別認知**

　　如圖 **9.40** 顯示的，克里夫蘭公司如果能夠在五年之內出售，股價表現將超越市場，這也是黑爾夫相信的結果；但是，出售公司的交易如果花費五年以上的時間才完成，投資表現將落後市場。黑爾夫瞭解，他的時效判斷必須正確，因為投資表現必須超越市場。

　　對於絕大多數專業投資組合經理人來說，他們都清楚知道自己的表現必須與市場做比較，但也有另一類投資人則認為這方面的考量不太重要。例如，華倫・巴菲特曾經在 1984 年的電視節目《亞當史密斯的金錢世界》（*Adam Smith's Money World*）裡說過一句話；這句話假以時日之後，幾乎已經變成格言──「投資領域沒有所謂的好球。」他的意思是說，即使錯失大好機會也不需要太在意，投資機會如果不完全符合自己的條件，就沒有必要因為擔心錯失機會而勉強投資。可是，由於投資人永遠可以選擇指數型基金，因此如同哥倫比亞商學院教授布魯斯・格林沃德的巧妙回應：「當

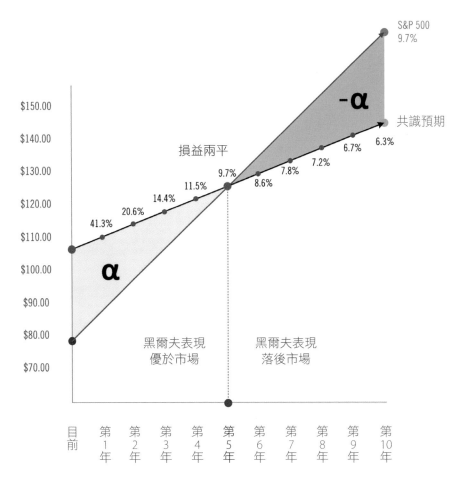

▶▶ 圖 9.40　克里夫蘭：損益兩平的投資期限

你等待著完美的一球，別人正在繼續得分。」基於這個緣故，多數專業投資組合經理人都會認為相對表現很重要。[12]總之，這裡想要

12　為了因應專業投資組合管理行業面對的現實壓力，巴菲特後來在《巴菲特投資之道》（*The Tao of Warren Buffett*）一書裡修正了這個說法：「股票市場是個沒有好球限制的比賽。你沒有必要每次都揮擊——你可以等待你想要的投球。問題是，如果你是個基金經理人，球迷會不斷吶喊：『揮棒，你這個笨蛋！』」（請參考 Mary Buffett, David Clark, and Anna Fields, ***The Tao of Warren Buffett*** [Tantor

強調的重點是：任何投資機會都涉及兩種風險——**資本損失的風險**，以及**績效落後的風險**，如圖 9.38 與 9.41 的熱度圖所示。

目前	第1年	第2年	第3年	第4年	第5年	第6年	第7年
$14.00	139%	55%	34%	24%	19%	16%	13%
$13.00	122%	49%	30%	22%	17%	14%	12%
$12.00	105%	43%	27%	20%	15%	13%	11%
$11.00	88%	37%	23%	17%	13%	11%	9%
$10.00	71%	31%	20%	14%	11%	9%	8%
$9.00	54%	24%	15%	11%	9%	7%	6%
$8.00	37%	17%	11%	8%	6%	5%	5%
$7.00	20%	9%	6%	5%	4%	3%	3%
$6.00	3%	1%	1%	1%	1%	0%	0%
$5.00	-15%	-8%	-5%	-4%	-3%	-3%	-2%
$4.00	-32%	-17%	-12%	-9%	-7%	-6%	-5%
$3.00	-49%	-28%	-20%	-15%	-13%	-11%	-9%
$2.00	-66%	-42%	-30%	-24%	-19%	-16%	-14%
$1.00	-83%	-59%	-45%	-36%	-30%	-26%	-22%
$0.00	-100%	-100%	-100%	-100%	-100%	-100%	-100%

S&P 報酬＝10%

▶▶ 圖 9.41　**熱度圖：績效落後的風險**

Media, 2006].）

- **不確定性**沒有涉及損害的可能性，因此沒有**風險**。唯有當投入資本後面對不確定的結果，投資人才會暴露於風險。

- 一般來說，人們渴求確定性，痛恨不確定性。確定性讓我們覺得安全、穩當、知情、明智、掌控局面，不確定性則讓我們覺得不安全、疑惑、無助，甚至會產生恐懼感。我們恐懼什麼？我們擔心受到傷害或發生虧損的可能性，這也就是多數人把不確定性視為風險的原因。

- 一般所認定的投資風險，就是實際**內含價值**低於投資所支付的價格的可能性，因為這將造成**永久性資本虧損**。如果估計內含價值分配保持不變，支付價格增加，將造成期望報酬減少；支付價格減少，則期望報酬將增加。市場價格與風險是彼此相關的——所支付的價格愈高，風險愈高。

- 不確定性不等同於風險。不確定性低未必就代表風險低。事實上，現金流量非常確定的企業，蘊含風險可能高於現金流量較不確定的企業，因為風險取決於投資所支付的價格，不是取決於不確定性。

- 提升**精密度**或**準確度**，兩者都可以降低風險。可是，如果同時提升兩者，估計的風險可以更明顯降低。

- **時間**是決定投資報酬率的關鍵因素，因此這是另一個風險來源。換言之，適當估計內含價值並不足夠，投資人還必須精確估計市場價格與內含價值之間的缺口被封閉所需要的時間，因為所實現的投資報酬率取決於實際期限。

- 要評估投資組合經理人的投資績效，標準不該在於賺錢與否，理由很簡單——所有的資本都有機會成本，如第二章所討論的。多數專業股票投資組合經理人的績效衡量標準，都採用 S&P 500 或羅素 2000 等股價指數。因此，多數專業投資組合經理人都會擔心自己的績效落後市場，因為投資人有非常明確的替代投資管道（指數型基金）。經理人的表現如果落後市場，他所管理的資金就會流失。

- 任何投資機會都涉及兩種風險——**資本損失的風險**，以及**績效落後的風險**。

Part **2** 完美推薦

我們已經在〈導論〉中說過，如果沒有好的投資點子，就沒有什麼好推薦的。本書第 I 篇講解如何從事下列工作：

1. 計算股票內含價值的區間。
2. 明確指出股票定價錯誤的理由。
3. 確定自己是否持有**差別認知**，以及相較於其他投資人的優勢。
4. 評估投資風險程度。

現在，你已經擁有審視**完美投資**所需要的全部工具。可是，如果你有很棒的點子，卻無法溝通，你的推薦也只是枉然。

好的推薦包含三個主要部分：挑選的證券、你想傳遞的訊息，以及訊息的傳遞。為了挑選適當的證券，分析師需要知道投資組合經理人的選股準則，這部分內容將在第十章討論。我們將會說明，除非相關證券符合投資準則，否則經理人**甚至懶得聽取**投資推薦。在第十一章，我們將討論投資推薦內容的組織結構，藉以發揮最大影響力。最後，第十二章將討論有效傳遞資訊的各項要點。

你想要推薦的對象，就是擬定買賣決策的人。就金融投資領域而言，這個人通常就是投資組合經理人，他的目標是擊敗市場；也就是說，他創造的投資報酬，在扣掉費用與風險調整之後，必須勝過市場報酬。投資組合經理人最關心的，就是投資績效；想要創造優異績效，經理人就必須找到能夠擊敗市場的**投資點子**。投資組合經理人如果聽到好的建議，只要他相信該點子可以勝過大盤市場，就會像巴夫洛夫（Pavlov）的狗一樣，口水流滿地。

推薦（推銷）股票最理想的結果，就是你的投資點子就**內容**與**傳遞方式**而言都深具吸引力，讓投資組合經理人迫不及待地「清理

桌面」，開始認真執行你的點子，深怕自己錯失擊敗市場的機會。

你如何知道怎麼樣的點子可以讓他清理桌面？

如何選擇證券

　　由於投資組合經理人期待分析師將提供某些令人難以抗拒的投資機會，所以分析師的主要任務，就是尋找與提供這些足以擊敗市場的點子。

分析師　　　　　　　　　　　　　　　　投資組合經理人

推薦

　　可是，投資組合經理人的成功，完全取決於她所創造的績效，因此對於投資組合採用的點子，她會極端挑剔，近乎吹毛求疵。所以，分析師想要通過嚴苛考驗，就必須有效為自己的點子辯護。

　　投資組合經理人往往非常忙碌，必須處理無數的資訊，時時都有人向他們推薦股票，因此永遠覺得沒有時間。對於投資組合經理人來說，時間是有限資源，是他們最珍貴的資產。所以，他們對時間配置異常挑剔，分析師如果有機會向他們推薦點子，程序必須簡潔、快速，而且具有說服力。

多數投資組合經理人都會採取防範、戒備的態度。不妨設想他們的腦海裡，都有一位自認為受到迫害、心態高度警戒的防守衛士，我們姑且稱他為「No 博士」[1]，總是會跳出來嘗試保護經理人，幫他躲開浮濫投資概念的干擾，或防止分析師徒然浪費他們的時間。分析師推薦的構想如果想要被採納，就必須克服障礙，突破這層防護。

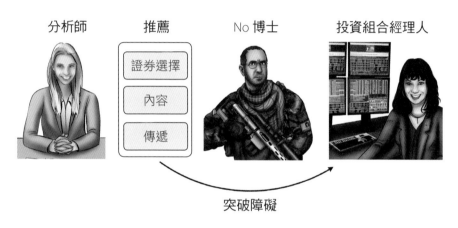

　　第一項任務，是**挑選證券**。分析師的點子必須符合投資組合經理人的**基模**（schema）；所謂基模，是一種**心智模型**，由經理人的**投資準則**所構成。多數投資組合經理人的心裡都有一套所謂的完美投資構想（他們的**基模**），這正是分析師想要攻擊的標靶；有經驗的經理人可以辨識那些與自己相符的理想投資點子。

1　對於任何新的投資構想，投資組合經理人的預設態度就是「拒絕」。如同桑金在銳思公司（Royce）的同事克利斯・弗林（Chris Flynn）說的：「擁有股票通常是我希望避免的痛苦事情。我會做最嚴謹的研究，尋找我不應該買進該股票的理由。最後，如果實在找不到不擁有該股票的理由，我才會勉為其難地買進。」比爾・艾克曼也曾經說過：他會預先設想所有可能發生的差錯，除非結果只剩下核子大戰，他才會買進股票。

符合投資組合經理人的基模

保羅·桑金很早就從他叔叔阿尼那裡，學到很重要的一堂課，並且在課堂上傳授給他的學生們。他的學生畢業多年之後重逢，大家似乎都還記得這件事（甚至很多人只記得這件事）。這樁明智的建議究竟是什麼呢？「老闆如果要藍色的雨傘，千萬不要拿紅色的給他，然後還試圖向他解釋，這把紅色的雨傘如何能夠讓他避雨。」

很多剛出道的分析師，往往會犯下這類情有可原的錯誤：推薦他們自己喜歡的點子，然後試圖說服投資組合經理人採納。這種處理方式通常不明智，就好像要把一支方形的木樁，硬塞到圓形的洞裡。比較明智的策略，是挑選經理人可能會喜歡的點子；如此一來，說服的過程也比較不費勁。

你應該先判斷這些經理人會喜歡哪些類型的構想。你必須秉持著情報人員特有的精確敏銳判斷和堅忍不拔的毅力，琢磨他們心目中所謂的完美投資該具備哪些條件。換言之，你需要進入他們的腦海裡，瞭解他們喜歡什麼。

本書第五章討論了投資人計算股票內含價值估計量的程序，我們將相關圖形複製於以下的圖 10.1。

如圖 10.1 所顯示的，投資人透過觀察取得資訊，然後運用某種受到**特定領域知識**影響的模型，處理相關資訊，取得估計值，並且根據這項結論採取行動。投資人的特定領域知識是他過去的經驗與事實認知的累積總和。想要瞭解投資組合經理人的想法，需要引用逆向工程手法，反向推演經理人取得估計值的決策程序。換言

之，分析師需要進入經理人的腦海，瞭解他的內部模型運作。唯有如此，分析師才能知道哪一種類型的投資點子，可以吸引經理人的注意。圖 10.2 說明這種逆向工程的推演程序應該思考的問題。

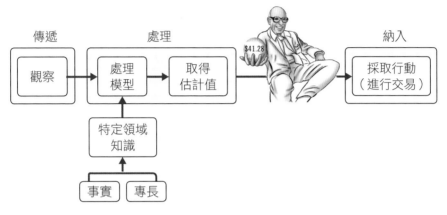

▶▶ 圖 10.1　個人估計內含價值的程序

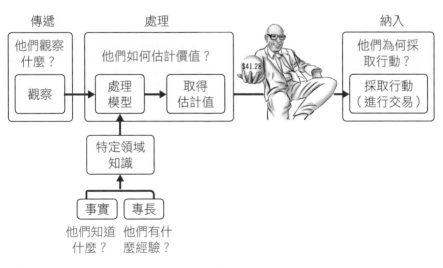

▶▶ 圖 10.2　決策程序的逆向工程推演

歷經多年嘗試與錯誤的磨練，投資組合經理人已經建構了一套投資偏好與厭惡的心法清單。因此，有些點子會立即勾起他的興趣，有些則會激起他的本能負面反應。

　　在投資組合經理人的「心眼」裡，他對所謂的完美投資已經有了特定觀點。至於他用來評估潛在投資機會的準則，我們可以想像那是一種有關理想或完美投資的「心智樣板」。運用這些樣板，經理人能夠迅速評估新的投資候選機會。樣板內的準則，就是一種心智捷徑，有助於經理人迅速辨識型態，快速採取行動，在不需要浪費時間與精力的情況下，擬定決策。以正式的名詞來說，這些樣板就稱為**基模**。

　　基模是相當簡單的概念。讀者不妨閉上雙眼，想像一支冰淇淋聖代。你的腦海裡可能會出現一個影像，代表你理想中的聖代。這個影像，可能融會了你多年來吃過的所有聖代的美好特質，或是你認為最完美的某一支聖代。每當你點購某種聖代，通常都會下意識地跟心目中的理想聖代做比較，評估眼前這一支是否符合完美聖代。舉例來說，如果你對花生過敏，那麼聖代裡只要有花生，就被歸類為「爛聖代」的模式樣板。反之，你如果喜歡聖代上有巧克力醬和櫻桃，它們就會被歸類為「好聖代」的模式樣板。圖 10.3 顯示了某種聖代的基模。

　　然而，基模並非靜止不變的。一旦經歷更多的事實與經驗，基模也會隨之演變。加入新的資訊，舊有的模式就會發生變化。例如，你看到了漢堡王廣告裡的培根聖代，[2] 你可能從來沒有想過這

2　這不是我們憑空捏造的。2012 年夏天，漢堡王推出新產品培根聖代，在香草冰淇淋上面擺上乳脂軟糖、焦糖、碎培根，還有一片培根。兩位作者都沒有品嚐過。

種組合，因此你的聖代基模裡沒有這方面的準則。所以，你更新了相關的**事實**，加入「培根也可以作為聖代配料」。於是，你的聖代基模出現了變動，培根也成為了聖代配料之一。假設你前往漢堡王嚐過培根聖代，覺得很難吃，你的**經驗**也改變了「爛聖代」基模。下一次，當你有機會點購培根聖代時，自然會想起「聖代配培根的口味很可怕」，並且立即拒絕，情況就如圖 10.4 所顯示。

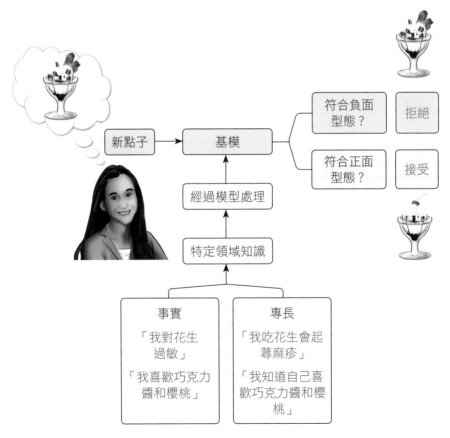

▶▶ **圖** 10.3　**聖代基模**

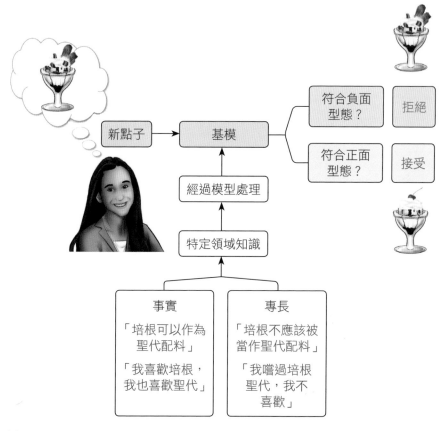

▶▶ 圖 10.4　培根聖代被拒絕

　　這個例子說明人們如何下意識地運用基模,快速辨識型態,有效擬定決策。股票評估的方式,也無異於評估聖代;很多投資組合經理人運用基模,迅速打量新的投資點子。舉例來說,如果新點子符合投資組合經理人明確的正面型態,就會被考慮。反之,如果新點子不符合正面型態,就會立即被拒絕。請注意,投資組合經理人通常都有多套投資基模,例如「轉機」基模、「新管理團隊節約成本」基模、「拆分」基模,或甚至「緩步成長/穩健現金流量/買

回庫藏股」基模。

　　投資組合經理人的基模，可能隨著新事實與不同的經驗而改變。例如，經理人被某位留著鬍子的企業執行長騙了，他可能會因此產生新的「蓄著鬍子的企業執行長就代表壞投資」基模。[3] 另外，也可能有基模之中的基模。舉例來說，某個投資組合經理人的「轉機企業」大基模內，可能包含有關「企業執行長特質」的小基模。投資組合經理人可能對於過去運作順利與不順利的投資，分別產生不同的基模。例如，某個經理人過去曾經投資玩具公司而嚴重損失，投資製鞋公司而賺大錢，因此對於兩者產生不同的愛恨基模。你如果向他推薦玩具公司的投資機會，可能引發他「痛恨玩具公司」的基模，立即被他排斥，但你如果基於類似理由向他推薦製鞋公司，則可能會引發他「喜愛製鞋公司」的基模。[4]

　　相較於理想聖代的基模，投資組合經理人對於理想投資所採用的基模，結構當然會複雜得多。一般來說，投資基模包含兩大類準則，一套是關於公司**基本面的準則**，另一套是關於**股票價值評估的準則**。基本面準則強調企業本身的素質，包括（但不侷限於）公司所處的產業、競爭地位、資本密集程度、成長率、管理素質等等。基本面準則處理的問題是：「這是不是一門好生意？」價值評估準則重視投資的風險報酬結構，處理的問題是：「這是不是一筆好投

3　2012 年的某次葛拉漢－陶德早餐會，投資組合經理人梅利‧惠特梅爾（Meryl Witmer）表示，她不喜歡與留著鬍子的企業執行長談生意。

4　關於只要提起玩具公司就會引起劇烈反應的事情，桑金記得他服務於第一曼哈頓公司（First Manhattan）時發生的一樁有趣經驗。該公司的創辦人與著名投資經理人桑迪‧戈特斯曼（Sandy Gottesman）曾經對他說：「我準備給你一把槍，請你擺在辦公桌的抽屜。將來如果我向你提起想要投資玩具公司，我希望你拿出那把槍，把我幹掉。」

資？」

　　投資點子如果完全不符合投資組合經理人的基本面與價值評估準則，通常會立即被拒絕。如果符合經理人的基本面準則，但不符合價值評估準則，他可能會願意聽聽，甚至記下該股票，將來可能繼續追蹤（納入「購物清單」），但通常不會馬上按照建議買進股票。如果點子不符合基本面準則，但價值評估準則方面具有迫切吸引力，經理人可能願意進一步研究，因為獲利潛能可觀。某個點子如果同時符合基本面與價值評估準則，他就會立即清理桌面，準備採納相關機會。圖 10.5 顯示這四種情況。

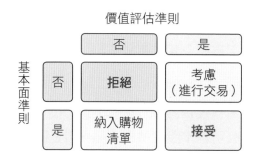

▶▶ **圖** 10.5　**基本面與價值評估準則**

　　圖 10.5 的「購物清單」部分或許值得進一步說明。我們透過傳奇價值投資人羅伯・布魯斯（Robert Bruce），一位巴菲特在 1970 年代親自挑選出來的「救火員基金」（Fireman' Fund）經理人，他經常用購物清單上的鞋子品項來比喻購買股票。布魯斯表示，他經常留意自己想買的鞋子，而且時常逛街看看有什麼鞋子值得購買；不過，他通常都不會馬上出手，而會等待減價大拍賣的時機。他強調，購買股票也一樣，平時多留意自己感興趣的股票，但只有在價格適當時才實際進場。由於很多投資組合經理人的作法都和布魯斯一樣，會把值得考慮的股票納入「購物清單」，所以他們對於任何符合自己

基本面準則的股票都有興趣，前提是不要過於偏離**價值評估準則**。

就實務而言，基本面與價值評估程序是同時並進的，但為了方便解說，我們將分別討論。我們首先從基本面準則開始，然後解釋價值評估準則如何被納入投資程序。

辨識經理人的基本面準則

為了說明投資經理人各種不同層面的基本面準則，讓我們從購買房子的例子開始。一個人如果想要買房子，通常都會知道自己想要什麼，心裡存在一副完美房子的影像。這種理想房子**基模**內的準則，包括他想要的各種素質，實際上也就是一種檢查清單。

▶▶ 圖 10.6　夢想中的完美住宅與完美投資

◆ 挑選股票就像挑選房子

我們以一則小故事，說明買房子與買股票之間的相似性。你在某家基金公司擔任分析師，亨利是公司的投資組合經理人。你的工

作是支援投資組合經理人,設法提供投資點子,讓基金的投資績效得以超越市場。簡言之,你嘗試幫他們的投資組合尋找適合買進的股票。你和亨利雖然在工作上彼此相識,但過去從來沒有一起合作的經驗。有一天,你們在餐廳巧遇,稍微聊了一下,並決定共進午餐。

閒聊過程中,你發現亨利正打算購置一棟夏季別墅。你問他想要怎樣的房子,他說出希望房子具備的幾個條件——五個臥房、價格低於行情、不超過$1,500萬、網球場、環境理想、古典設計、現代配備。你告訴亨利:「我的好朋友艾德蒙‧博根(Edmund Bogen)是房地產經紀人,[5]他剛給我看一棟他們獨家代理的房子,你可能會喜歡。」你拿出手機,把艾德蒙傳給你的一些照片拿給亨利看。他說:「哇!這棟房子看起來很棒。」你告訴亨利一些房子的細節:五間臥房、環境很好、座落在海邊、標價$1,250萬、古典設計、現代建築。

這棟房子代表新點子,亨利下意識地在一瞬之間,透過自己的「夢想夏季別墅」基模,檢視這棟房子是否符合相關準則。圖10.7顯示這個程序。

5　厚臉皮的廣告(電影如果可以做置入性行銷,書本為什麼不行?):艾德蒙‧博根是桑金的好朋友,是一位經驗豐富的房地產經紀人,很樂意幫任何人在佛羅里達州南部找房子。請上網搜尋「Edmund Bogen realtor」。

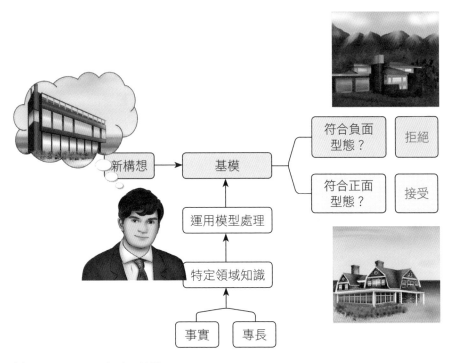

▶▶ 圖 10.7　夏季別墅基模

　　由於亨利覺得這棟房子看似不錯，並且符合他的篩選**基模**，至少目前看起來是如此，因此他決定打電話給你的朋友艾德蒙，安排時間看房子。

　　透過安排，亨利與艾德蒙稍後一起去看過了房子。隔天早晨，你走進亨利的辦公室，問他那棟房子如何。他回答：「房子看起來很漂亮，但我決定放過。」你問：「你為什麼不喜歡？」他聳聳肩回答：「我不確定為什麼。艾德蒙是很棒的經紀人，非常專業。他帶我看的房子確實很不錯，但我就是覺得不對勁。」

　　你又進一步詢問。亨利表示，房子雖然很符合他想要的條件，剛好座落在海邊，環境也很好，可是他就是不喜歡，卻又說不上來

為什麼。他看起來顯得有些迷惑，於是補上了一句：「可能是因為房子裡太暗了。」

你回到自己的辦公室，覺得有些困惑，心裡琢磨著：「嗯，實在很奇怪。這棟房子看起來完全符合他的條件，甚至他自己也說這間房子具備了他所有想要的特徵。我搞不清楚他為什麼不喜歡？」

第二天，你在餐廳碰到亨利，你們又聊開了，決定一起午餐。談話過程中，你知道亨利管理的中型股價值基金剛流入一筆新資金，他打算尋找新的投資對象。你問他想要投資什麼樣的公司。亨利告訴你有關他心目中的理想投資──資本市值介於\$20 億到\$100 億之間、價值低估、股價最近一年的表現落後大盤。他通常避免投資金融業或生化科技業。他說，他喜歡有專業分析師追蹤的公司，擁有強勁的競爭地位以及理想的資本配置，本益比最好不要超過 20 倍，而且五年期平均成長率超過 7%。

你告訴亨利：「我知道有家公司完全符合這些條件，就是威廉斯索羅莫公司（Williams-Sonoma）。」你拿出手機，打開「Google 金融」程式顯示相關的財務資料。他回應：「哇，這支股票看起來很不錯。」你告訴他一些更深入的資料：「資本市值\$52 億，股價本益比 17 倍，五年期平均年度成長率大約 7%，最近一年的股價表現落後市場，公司的競爭地位強勁。」你拿了一份自己針對威廉斯索羅莫公司所做的研究報告給亨利，他承諾當天稍後就會閱讀。

隔天早晨，你走進他的辦公室，詢問他對於相關點子有何想法。亨利回答：「這個點子很棒，但我準備放過。」你問他為什麼不喜歡這支股票。他聳聳肩回答：「我也不確定，這家公司看起來雖然不錯，但我不覺得自己應該採取行動。」

你進一步探詢亨利的想法。他承認，威廉斯索羅莫雖然符合他的投資條件，財務表現很好，資本報酬理想，股價看起來低估，但這個投資機會就是不具吸引力，但他自己卻不能明確說出為什麼。最後，亨利表示：「可能是因為其銷售大部分以國內為主。」

你走回自己的辦公室，覺得有點迷惑，自行琢磨著：「嗯，實在很奇怪。威廉斯索羅莫看起來完全符合他的條件，甚至他自己也說，他喜歡這家公司的財務表現。公司的競爭地位強勁、營業收入成長穩定、股價看起來很便宜、資本配置很理想。我搞不清楚他為什麼不喜歡。」

出了什麼差錯？

想要知道這個點子什麼地方出了差錯，以及亨利拒絕的理由，我們接著要評估整個建議。首先由夏季別墅開始，看看是否可以得到某些有關亨利擬定決策的啟示，然後把這些結論引用到股票推薦上。

首先，讓我們看看亨利對所謂理想夏季別墅設定的準則，請參考圖 10.8。

> ▶▶ 圖 10.8　夏季別墅的明確準則

　　我們可以剖析這些準則，將它們分別歸類，藉以判斷亨利為什麼放過艾德蒙介紹的房子。乍看之下，這些準則有些屬於**定量**（quantitative），有些屬於**定性**（qualitative），如圖 10.9 所顯示。我們似乎應該從這裡進入討論。

定量	定性	
5 間以上的臥室	座落於海邊	理想環境
3 輛車以上的車庫	網球場	現代而古典
低於$1,500 萬	價格低於市場行情	維修費用不貴

> ▶▶ 圖 10.9　將準則歸納為定量與定性

定量準則指的是可以**客觀衡量**的項目。這些項目可以表示為**數值**，可以簡化為明確數據。這些都是黑白分明的準則。這棟房子如果不符合數值準則，就被剔除而不需要進一步考慮。舉例來說，房子如果只有兩間臥室，顯然不符合條件，亨利就不必再花時間考慮其他條件了。所以，凡是不符合定量條件的房子，顯然就不必再做推薦，因為亨利必定會拒絕。你所推薦的夏季別墅完全符合亨利的定量條件，所以這顯然不是問題所在，請參考圖 10.10。

5 間以上的臥室　　　　8 間臥室 ✓

3 輛車以上的車庫　　　4 輛車的車庫 ✓

低於$1,500 萬　　　　$1,250 萬 ✓

▶▶ 圖 10.10　**符合客觀定量準則**

　　接著，我們評估**定性**準則。定性準則可以被劃分為兩大類：**客觀**與**主觀**。客觀的定性準則屬於二元性質，答案只有兩種可能：是或否；換言之，某間房子只能符合或不符合條件。亨利的六個定性準則中，有三個屬於客觀性質：房子必須要有網球場、必須座落在海邊、價格必須低於市場行情。這部分的分析類似於**定量準則**，因為相關條件是否符合準則，答案很清楚。例如，房子如果不是位於

海邊，就不符合亨利的準則，他也就沒有必要再花時間考慮其他條件。所以，候選房子的條件必須符合**客觀定性準則**，亨利才有興趣。我們推薦的房子不可能違背這些準則，因為亨利已經把他的偏好表達得很清楚。

至於其他三項定性準則又如何呢？我們知道，定量資料都有明確的數據。我們也看到，某些定性準則相對明確，譬如位在海邊、價格低於行情。可是，房子是否符合剩下的三項定性準則，就比較難判斷了，因為這些準則的意義不是很清楚。亨利說，房子的環境必須理想，但所謂**理想**究竟是什麼意思呢？他又說，房子必須是現代化的古典設計，但**現代**與**古典**又代表什麼意思？俗話說，情人眼裡出西施。我們即使可以把理想劃分為 1 分到 10 分，恐怕仍然不脫**主觀**衡量的性質。每個人對於 10 分的看法可能都大不相同。圖 10.11 把定性準則劃分為兩類：**主觀**與**客觀**。

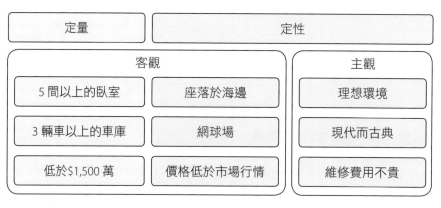

▶▶ 圖 10.11　**客觀與主觀準則**

這棟房子是否符合亨利的**定性**準則？顯然沒有，否則亨利就不會拒絕了。可是，我們的問題仍然沒有答案，這棟房子究竟什麼地方讓亨利覺得不滿意？

請參考圖 10.12，亨利拒絕這棟房子，罪魁禍首應該是**主觀定性準則**的部分。當你與亨利共進午餐時，他談到自己的偏好條件，你自以為已經瞭解他的需求。可是，透過消除法，你認為這棟房子基於某些理由而不符合亨利的**主觀準則**。或許房子不夠現代化？或許維修費用太高？或許大多數人認為這棟房子的環境很好，但亨利卻不認為如此。

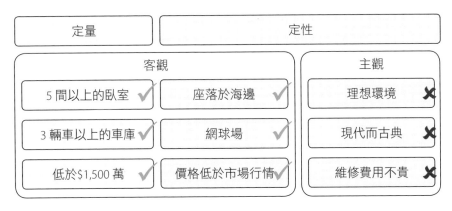

▶▶ 圖 10.12　**主觀準則不符合**

問題是，亨利僅僅簡單說出他的主觀準則，譬如理想的環境，但完全沒有提出對應的定義。當他說「理想環境」與「維修費用不貴」時，你或許自以為瞭解他的意思，但現在恐怕不太確定了。你或許應該問亨利更多一些問題，譬如「你如何定義理想的環境？」我們認為，如果你多問一些這類問題，或許就更能判斷這棟房子是否符合亨利的需要。可是，前提是亨利必須能夠向你解釋他的主觀準則，讓你充分瞭解他對夏季別墅的需求。問題是，當你追問下去時，亨利可能沒辦法清楚解釋這個準則的定義，甚至連他自己也說不上來。[6]

6　讀者不妨自行試試。設想你自己的「理想環境」。對於「理想」的環境，你要

於是你想起了，當你進一步追問時，亨利曾經說：「可能是因為房子裡太暗了。」可是，亨利當初完全沒有提到光線的事。隔天早上，你又到亨利的辦公室，問他關於那棟房子，想知道他還不喜歡哪些地方。他說：「昨天晚上開車回家的途中，我想了這個問題。房屋稅金有些太高，車道沒有鋪設鵝卵石。另外，我希望房子離市區近一點。」

你琢磨著：「嗯，午餐的時候，他完全沒有提到這些問題。早知道的話，就不會推薦這棟房子了。」這個新見解凸顯了另一類型的準則——亨利**沒有明言的準則**。現在，這個新準則**被說出來了**，你可以納入原有的清單。新準則有些是**客觀的**，有些是**主觀的**。現在，關於亨利想要的夏季別墅，你有了更清楚的概念。

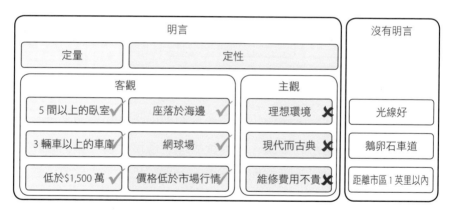

▶▶ 圖 10.13　**透露沒有明言的準則**

如何定義呢？桑金寫下這些字眼時，他也思考著他自己的定義。以下是他的想法：「嗯，理想，理想的環境。環境不能太吵雜。不會有人舉辦瘋狂的派對。沒有狗吠聲。街上沒有太多小孩奔走吵鬧。很安靜。大家對自己的住宅感到驕傲，會適當地整理。犯罪率低。人們不會多管閒事。」每個人對於「理想」環境的定義可能都不太相同。如果沒有認真思考的話，通常不容易說清楚。

納入亨利未明言的準則，如圖 10.14 所示，你將發現自己建議的房子並不符合這些額外的準則。新納入的客觀準則相對容易驗證，而主觀準則的問題則比較棘手。

▶▶ 圖 10.14　房子不符合未明言的準則

　　協助亨利尋找房子，固然可以幫助你的好友艾德蒙賺取豐厚的佣金，這當然是不錯的人情，但如果能夠因此找到亨利樂於接受的投資點子，將更有利於自己的事業。讓我們引用評估夏季別墅的相同方法，評估你推薦威廉斯索羅莫公司的不足之處。圖 10.15 顯示亨利提及的理想投資條件。

　　就跟處理夏季別墅的情況一樣，我們需要把亨利的投資準則劃分為幾類，方便進行評估，判斷相關推薦究竟有什麼問題。類似於前一個例子，亨利的有些投資準則屬於**定量**，有些則屬於**定性**，如圖 10.16 所顯示。

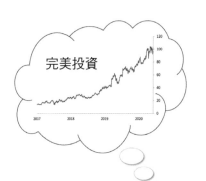

▶▶ 圖 10.15　投資組合經理人明言的準則

定量		定性
資本市值介於$20 億到$100 億	股價表現落後指數	強大的競爭地位
5 年期成長率高於 7%	不要金融股與科技生化股	優質資本配置
本益比低於 20 倍	分析師固定追蹤	價值低估

▶▶ 圖 10.16　定量與定性準則歸類

　　定量準則的所有項目，都可以**客觀衡量**。這些準則可以被簡化為明確數據，屬於黑白分明的類型，任何條件不是行、就是不行，

沒有模稜兩可。投資推薦如果不符合定量準則，就不必多加考慮，亨利必定會拒絕。例如，公司的資本市值如果是$5億，顯然就不符合中型股基金的條件。請注意，想要向亨利推薦任何潛在投資點子，都必須符合這些定量因素——任何點子都沒有理由違背這些準則。根據圖10.17，威廉斯索羅莫的條件顯然符合亨利明言的客觀準則，所以這部分沒有問題。

▶▶ 圖 10.17　符合客觀定量準則

其次，我們考慮亨利的**定性**準則。這類準則可以劃分為兩大類。某些準則具備**客觀**、二元的性質，只有黑白分明、行或不行。任何投資對象是否符合相關條件，情況非常明確。這個案例中的六種定性準則，有三種屬於客觀性質，包括股價表現落後指數，或股票有分析師固定追蹤。評估客觀準則的程序，相當類似定量準則，結論通常很清楚。例如，投資候選對象如果屬於金融股或生化科技類股，顯然就不符合亨利的條件，沒有必要多花時間考慮。分析師推薦的股票，沒有必要違背這些**客觀的定性準則**——就這方面而

言，亨利已經把他的要求說得很清楚。

另外三項定性準則，含意就比較不明確。價值低估？優質資本配置？強大競爭地位？這些都很難表達為明確數據。價值與素質的高低或好壞，基本上取決於觀察者，因此都屬於**主觀**衡量。所以，定性準則可以區分為**客觀**與**主觀**兩大類，如圖 10.18 所顯示。

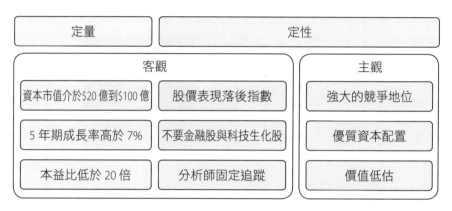

▶▶ 圖 10.18　**客觀準則與主觀準則**

威廉斯索羅莫是否符合亨利的主觀準則？顯然沒有，否則他就不會拒絕了。我們的推薦究竟在什麼地方出了差錯呢？亨利會拒絕這個推薦，罪魁禍首似乎是**主觀的定性準則**，如圖 10.19 所示。當亨利在午餐時透露他的投資條件，我們原本認為自己相當瞭解亨利想要什麼。他表示，我們的建議相當符合他的投資條件。可是，刪減之後，我們發現基於某些理由，威廉斯索羅莫並不符合亨利的主**觀**準則。這可能是因為經營者的資本配置決策，或公司的競爭地位不夠好？至少亨利可能是這麼想的。或許根據亨利的標準，股票價值低估的程度還不夠深？對於多數投資組合經理人來說，威廉斯索羅莫應該是相當具有吸引力的投資點子，但亨利顯然不認為如此。可是，為什麼呢？

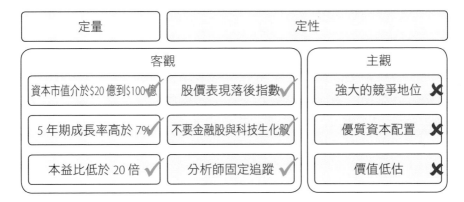

定量		定性
客觀		主觀
資本市值介於$20億到$100億	股價表現落後指數 ✓	強大的競爭地位 ✗
5年期成長率高於 7% ✓	不要金融股與科技生化股	優質資本配置 ✗
本益比低於 20 倍 ✓	分析師固定追蹤 ✓	價值低估 ✗

▶▶ 圖 10.19　不符合主觀準則

　　解讀經過分類的準則，我們認為，你或許應該對亨利多提出一些問題。請教他如何定義價值低估與優質資本配置？他認為有哪些公司的價值被低估？如果多問一些問題，或許有助於判斷威廉斯索羅莫是否適合作為亨利投資組合的構成部分。

　　問題是，亨利只**說出了**他的**主觀**準則，譬如「強大的競爭地位」，但沒有清楚交代定義。當亨利說「優質的資本配置」時，你原本以為自己知道亨利的意思，但現在已經不怎麼確定了。亨利應該可以清楚解釋他的投資準則，讓你充分瞭解他想要找到怎麼樣的投資對象。可是，一旦被緊盯著回答這個問題，他可能就無法清楚說明相關準則，甚至連自己都搞不清楚。對你來說，真正的挑戰在於，亨利說出他的主觀準則時，也同時期待你充分瞭解他的意思。而且，每個人對自己的**主觀**準則都有各自不同的定義，[7]情況不同

7　讀者不妨自行試試。設想你自己的「優質資本配置」，你要如何定義呢？桑金寫下這些字眼時，他也思考著他自己的定義。以下是他的想法：「企業投入資本的再投資報酬率如果很高，這應該是優先考慮的用途。企業如果有超額現金，就不該聽任現金在資產負債表上累積，應該藉由節稅效率最高的方式退還給股東，或用來買回庫藏股。」桑金不喜歡公司分派股利。對他來說，用債務

於意義明確的**客觀準則**。

至於亨利**沒有明言**的準則，又如何呢？當你和亨利討論投資概念時，他透露另一些原本沒有明言的準則：「關於威廉斯索羅莫，我擔心該公司的銷貨，大多來自國內市場；我希望的投資對象，應該更趨於國際導向，銷貨收入至少有 50% 來自海外市場。股票交易價格低於內含價值的程度，應該低於產業平均水準，而且管理團隊未擁有公司股票。」

新準則當中有些屬於**客觀**性質，有些屬於**主觀**性質，如圖 10.20 所列出的。現在，你更清楚知道亨利究竟想要什麼，也瞭解將來應該向他推薦哪些股票。

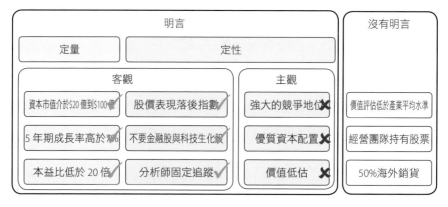

▶▶ 圖 10.20　**納入未明言的準則**

納入亨利未經明言的準則之後，結果如圖 10.21 所示，你察覺了自己的推薦並不符合額外的準則。

來最佳化資本結構的，都不是優質的資本配置，因為他不喜歡債務。每個人對於「優質資本配置」的定義可能都不太相同。如果沒有認真思考的話，通常不容易說清楚。

定量　　　定性

客觀　　　主觀

資本市值介於$20億到$100億	股價表現落後指數 ✓	強大的競爭地位 ✗
5年期成長率高於 7% ✓	不要金融股與科技生化股	優質資本配置 ✗
本益比低於 20 倍 ✓	分析師固定追蹤 ✓	價值低估 ✗
50%海外銷貨 ✗	價值評估低於產業平均水準 ✗	經營團隊持有股票 ✗

▶▶ **圖** 10.21　**不符合未明言的準則**

　　主觀準則顯然還是問題所在。亨利最初談及他的投資準則時，你以為自己瞭解了他想要的東西，但事後評估卻發現情況並非如此。亨利放過你的建議，因為該投資對象不符合他的基本面準則。

　　亨利的**客觀準則**很清楚——他說得很明確，衡量基準也絕對不含糊，幾乎沒有混淆或敷衍的空間。反之，**主觀準則**大有各自解讀的餘地。亨利最初說他希望公司具備「強大競爭地位」，他自以為意思很清楚，但其實定義並不明確，實際上根本拿不準。更麻煩的是，亨利還有一些未明言的投資準則，其中一部分屬於**主觀**性質；請注意，亨利沒有明言這些額外的準則，並不是故意要為難你。他可能忘了這些準則也很重要，或者這些準則還停留在潛意識層面，亨利自己也不太容易搞清楚。

辨識經理人的價值評估準則

我們如果更深入審視亨利的投資準則，將會發現其中某些屬於企業營運的**基本面**範疇，另一些則屬於股票**價值評估**的領域，請參考圖 10.22。類似「本益比低於 20 倍」的準則屬於**客觀**的**定量準則**，意思非常明確。某些**定性**條件也很容易判斷是否符合，譬如「價值評估低於產業平均水準」——某支股票符不符合這個條件，界線分明。可是，類似「價值低估」的準則，則屬於**主觀性質**，有很大的解讀空間。這個條件是否意味著公司必須掌握市場主導地位，或擁有市場上最強大的產品線？這個準則雖然**明言**，但屬於**主觀性質**，因此定義模糊，我們也很難判斷某一項投資是否滿足這個條件。

▶▶ 圖 10.22　基本面與價值評估準則

⚙ 其他阻礙

讓我們回到本章的開端，由於投資組合經理人的成敗取決於她[8]所創造的績效，因此經理人對於自己所採用的投資點子，勢必極為挑剔。多數投資組合經理人會把所有的新點子放在高倍數顯微鏡底下觀察，對任何瑕疵都非常謹慎。想要通過這類嚴苛的審視，分析師必須拿準自己的推薦。

分析師實際上必須克服兩組不同的障礙。第一組障礙，是必須通過「No 博士」的關卡，如此才有機會讓投資組合經理人聽取他的推薦（推銷）。可是，除此之外，分析師還必須面臨更大的挑戰，必須通過第二組障礙，才能讓經理人實際採納他建議的點子。

想要克服第一道障礙，分析師的建議必須符合投資組合經理人的**客觀準則**。通過第一道障礙之後，經理人會聽取分析師的建議。可是，第二道障礙的挑戰更嚴峻、更難以克服。[9]除非投資建議符合經理人的主觀準則，否則不會被採納。

分析師的建議，沒有理由違背投資組合經理人的**客觀**準則，因為這類準則的內容，通常都說明得很清楚，有非常明確的定義，也沒有誤解的餘地。可是，對於投資組合經理人的**主觀準則**，那又是另一回事了，而且這方面的挑戰更嚴苛。

請注意，讓投資組合經理人聽取你的新點子，當然這比要求她實際採納你的建議來得更容易。聽取你的推薦，頂多浪費一些時

8　為了避免混淆，此處採用女性代名詞，因為本章最初討論的投資組合經理人是女性。

9　圖 10.23 代表投資組合經理人第二道障礙的海豹部隊圖像，取材自「紅翼行動」（Operation Red Wings）。

間，不至於涉及真正的風險。可是，投資組合經理人一旦實際投入資本，就必須承擔資本虧損或績效落後市場的風險，情況就像第九章所討論的。所以，如果要投資組合經理人實際採納你的建議，你的投資點子就必須同時滿足前述兩套準則，如圖 10.23 所示。

分析師　聽取建議　No 博士　　　　經理人聽取　　　　　　經理人採納　　　投資組合經理人

符合客觀準則　　　　　符合主觀準則

▶▶ **圖** 10.23　**投資點子要獲得接納，就必須同時克服主觀與客觀的障礙**

　　你如果經常違背投資組合經理人的**客觀準則**，恐怕遲早會被炒魷魚，因為你顯然不能瞭解經理人最基本的投資準則（簡單地說，你總是違背經理人清楚交代的準則，顯然不可原諒）。至於違背投資經理人的**主觀準則**，將會降低相關建議成功被採納的機率；即便不至於因此丟掉工作，職務晉升的可能性恐怕也不高，分派紅利的機會也不大，甚至工作上的挫折感會愈來愈重。

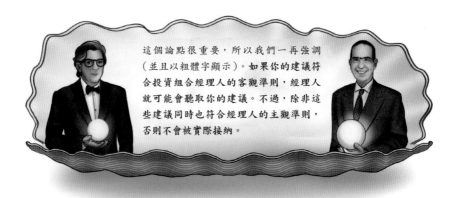

這個論點很重要，所以我們一再強調（並且以粗體字顯示）。如果你的建議符合投資組合經理人的客觀準則，經理人就可能會聽取你的建議。不過，除非這些建議同時也符合經理人的主觀準則，否則不會被實際接納。

⚙ 讀懂投資經理人的心思

投資組合經理人到底覺得哪一些股票具有真正的吸引力？對分析師來說，這個問題有兩個最難以理解的領域——經理人的**主觀準則**和**未明言**的準則。可是，分析師該如何讀懂投資組合經理人的心思呢？你必須學習她的思考方式。方法呢？

分析師應該提出大量問題，藉以瞭解經理人的準則。分析師應該閱讀投資組合經理人寫給股東的信函；研讀他們接受《巴倫雜誌》、彭博社，或其他產業媒體的訪問；聽取他們所做的任何簡報。

分析師也可以檢查經理人目前實際持有的投資組合內容。經理人若持有價值超過$1 億的股票資產，或持有公司 5%以上的發行股票，就必須定期向美國證管會申報持股。這些申報檔案包括 13D 文件、13G 文件與 13F 文件。[10]心態積極的分析師，甚至可以研究經理人持有的某個特定部位，藉以判斷背後的決策準則。

前文談到的資訊來源，聚焦於投資組合目前持有的部位，而過去申報的文件則可以提供有關過去投資的相關資訊。可是，分析師不僅想要知道投資組合經理人的**客觀準則**，也想知道她的**主觀準則**，如果能夠瞭解那些沒有被採納的投資點子，絕對可以提供更多

---

10 多數投資人認為，任何投資顧問如果管理超過價值$1 億的證券，就必須申報 13F 文件。這種說法並不精確。根據規定，機構投資經理人持有價值超過$1 億的 13F 證券，並擁有管理決策權，才必須申報 13F 文件。美國證管會每季都會公布所謂的「13（f）證券官方清單」(*The Official List of Section 13(f) Securities*)，其中列舉適用$1 億數據的證券名單。如果需要更多的資訊，請到美國證管會網站搜尋關鍵字「13f filing requirements」。

珍貴的啟示。

　　這種概念在藝術領域稱為圖地反轉（negative space）。藝術評論家分析作品，或想要瞭解影像傳遞的所有資訊時，不僅要考慮「有」的東西，也要考慮「沒有」的東西。評論家在這分析過程中，著眼於各種原本可能被遺漏的訊息。圖 10.24 的「魯賓之杯」可以說明這個概念。左側影像的重點顯然是杯子，但右側影像在反轉後則顯示兩張臉孔。

▶▶ 圖 10.24　圖地反轉與魯賓之杯

　　由於大多數投資組合經理人只會深入研究那些符合自己**客觀條件**的投資點子，並拒絕那些基於某些理由違背**主觀準則**的對象。遺憾的是，前文討論的各種資訊，包括美國證管會的申報文件與新聞媒體的訪問等，都不能透露投資組合經理人曾經研究而決定放棄的投資點子。外部人士基本上沒有機會接觸這類資訊。除非分析師與投資組合經理人之間維持密切的工作關係，才有可能得知這些被拒絕的推薦。

研究投資組合經理人的心思，還涉及另一項重要的程序：建構一份有關經理人擬定決策的準則清單，包括她在決策程序曾經留意的所有問題。分析這類問題，通常有助於瞭解經理人的**主觀準則**。以下列舉一些值得分析師考慮的問題，這些問題或許有助於彰顯經理人所引用的準則：

- 對於期望投資報酬，經理人是否設定目標區間或最低門檻？
- 經理人設定的資本市值限制如何？大型股？小型股？中型股？奈米股？巨型股？
- 經理人想要的成長性質如何？是否接受緩慢成長？或者堅持快速成長？
- 經理人偏好採用的價值評估衡量有哪些？是否採用 EBITDA 倍數？本益比？盈餘能力價值？強調超值股？價值型股票？合理代價的成長型股票？純粹的成長型股票？
- 經理人是否偏好或排斥哪些特定產業？
- 經理人偏好怎麼樣的地理條件？國內或國際？已開發市場或新興市場？
- 經理人是否堅持強大的競爭地位？產業領導者？
- 經理人是否接受反向投資概念或轉機股？
- 經理人對公司經營者的素質，是否有任何偏好？對於企業治理是否有任何特定要求？對於經營者資本配置能力的要求又如何？
- 經理人對公司股東成分是否有特殊要求？是否希望自己是「停車場唯一的訪客」（換言之，僅有的少數主要投資人）？是否可以接受其他著名投資人持有部位？
- 對於公司的財務槓桿是否有所限制？
- 經理人是否尋求金融工程或其他結構重整的可能性？是否偏

好那些可能發生併購或其他積極運作活動的企業？是否接受需要拆分或減資的企業？

- 經理人通常設定的投資期限如何？幾個星期？幾個月？幾年？或永遠？

- 經理人的投資組合有哪一些特徵？例如，集中程度與周轉率如何？

⚙️ 其他溝通困難

其他可能產生溝通不良的情況，包括投資組合經理人抱持著相互矛盾的準則。這類彼此矛盾的條件，導致任何點子都不太可能符合所有的準則，不論主觀或客觀準則。這會讓局面變得更有挑戰，因為投資組合經理人的準則列表太長，似乎連自己也不能清楚說出心裡的所有準則。另外，經理人引用的準則，可能取決於當下在她心中冒現而被視為最重要的某一個準則。

投資組合經理人的準則如果過於模糊，也可能產生溝通不良的區域。未明言的準則與模糊的準則，兩者之間還是存在微妙的差別。舉例來說，經理人對她所尋找的新投資對象，或許心裡有很明確的概念，卻連客觀準則都說不清楚。這種問題算不上罕見。投資組合經理人面對浩瀚的資訊，即使分析師確實詢問經理人採用的相關準則，經理人也可能沒有時間或興致為分析師詳細解釋。有時候，經理人可能不想被侷限，因此故意避免詳細的討論。

當然，溝通不良的問題，未必只出現在投資組合經理人身上。經理人可能已經詳細說明準則，但分析師卻會錯意，或發生誤解。

改善溝通效率，有助於提升組織的生產力

我們在本章嘗試強調，分析師必須確定自己徹底理解投資組合經理人的全部**客觀準則**，而且應該深入研究經理人的**主觀準則**。想

要掌握主觀準則，需要觀察與溝通，而且是大量的觀察與溝通。

投資組合經理人可以從不同的角度，協助分析師有效尋找適當的投資對象。首先，投資組合經理人不能期待分析師擁有讀心術。經理人必須確定分析師真正瞭解她的所有**客觀準則**，而且意識到自己的**主觀準則**可能有點模糊，甚至連自己也搞不清楚。總之，對於自己的投資準則，經理人應該盡量溝通；如果有某個投資點子不符合需求，最好能夠主動給予回饋意見。

無論是求職面試、在課堂上推薦股票、參加股票推薦競賽，或者向公司內部投資組合經理人推薦股票，分析師都必須試著掌握投資組合經理人的**基模**，確保相關推薦符合經理人的投資準則。分析師不可能閱讀投資組合經理人的心思，反之亦然。溝通不良只會浪費大家的時間，平添彼此的挫折感。解決方法就是增進溝通，讓投資點子更容易被採納，最終也得以提升組織的生產力。

回歸現實

請記住，投資組合經理人的主觀準則通常都是歷經數十年的投資磨練而逐漸調整而成，甚至可能因應各種情況而有不同層次的運用。經驗老到的投資經理人，主觀準則往往根深蒂固，幾乎已經變成習慣。他們或許沒有將腦海裡的準則表達為明確的條件，甚至只是一種判斷點子好壞的直覺。因此，即使是經驗豐富的投資組合經理人，往往也不能說清楚所有的主觀準則。讀者不用完全聽信我們的說法。傳奇投資人里昂・庫伯曼（Leon Cooperman）接受訪問時，曾經完美強調了

這個現象：[11]

> 我們嘗試找到某種促使我們採取行動的統計量。我經常採用的比喻是：你在超市走到專門販售啤酒的區域，那裡陳列 25 種不同品牌的啤酒。這個時候，有某種東西促使你挑選其中某個特定品牌的啤酒。如果採用股票市場的術語來說，股權報酬率、本益比、成長率、股息殖利率、資產價值等等，總有一些因素的綜合促使你採取行動。[12]

我們引用庫伯曼的評論來說明：僅僅閱讀訪問內容，很難判別經理人究竟想要什麼，因此也凸顯了進一步研究相關投資組合經理人的重要性。

---

11 庫伯曼是成長於紐約市布朗克斯區的波蘭裔猶太移民。他是家族裡第一個有機會上大學的小孩。他就讀哥倫比亞商學院，畢業之後到高盛公司工作，後來成為高盛資產管理公司（Goldman Sachs Asset Management）的董事長。他在1991年成立的投資合夥事業歐米茄顧問公司（Omega Advisors），截至2017年3月為止，管理資產超過$61億。根據富比士的資料，庫伯曼的淨值高達$32億。

12 "Lee Cooperman—Buying Straw Hats in the Winter," *Graham & Doddsville*, Fall 2011, 5.

- 投資組合經理人運用基模，迅速評估新的投資概念。分析師推薦的任何點子，都必須符合經理人的基模。

- 投資組合經理人的基模包含兩大類型的準則，一類是有關於公司基本面的準則，另一類則是關於股票價值評估的準則；前者強調事業的素質，後者重視股票的風險報酬結構。

- 投資組合經理人的準則又可以進一步劃分為客觀與主觀準則。分析師絕對沒有理由違背投資組合經理人的客觀準則，因為這通常都是早已清楚說明的準則。

- 即使完全符合經理人的客觀準則，大多數投資推薦最終仍然被拒絕，因為不能滿足經理人的主觀準則；這類準則往往很難完全清楚說明。

- 投資點子如果符合所有客觀準則，投資組合經理人就可能會聽取推薦內容，但除非該點子同時也符合明言與未明言的主觀準則，否則不會被採納。

如何組織訊息內容

　　明天大清早即將面試。你已經做了充分的準備，對於自己打算推薦的股票深具信心。針對明天即將見面的投資組合經理人，你已經做過研究，而且你的資料檔案的完整程度，即使是最資深的情報人員也會羨慕。你相信自己已經全然掌握經理人的**客觀準則**，至於**主觀準則**也有合理程度的瞭解。你做了很多獨立的研究，發展了一套**差別認知**，結合了你所認為的資訊與分析優勢。最後，你相信自己找到某個真正的市場定價錯誤案例，而且知道價格如何才能獲得糾正。對於這次面試，你已經做好所能夠做的一切。

　　你和投資組合經理人見面，大概有多少時間呢？或許不會很

多。幾分鐘之後，他可能就會覺得無聊，頻頻看手錶。既然時間受到限制，你如何把自己的研究資料做有效的濃縮，整理為最具說服力的推薦？

如何抓住投資組合經理人的注意？

推薦簡報要包含哪些內容要素呢？不妨設想你的房子著火了，你只有 30 秒的時間可以救出部分財物。你準備攜帶哪三種東西呢？同樣地，向投資組合經理人做推薦簡報，你需要考慮自己最想陳述的三個要點。

向投資組合經理人推薦股票，跟競賽或課堂上的推薦簡報不一樣；換言之，你不會有 20 分鐘的時間可以慢慢展示 Power Point 的投影片，測試聽眾的耐心。你不能把一大堆未經妥當整理的東西，直接扔給投資組合經理人，期待他自己搞清楚其中意涵。投資組合經理人沒有時間，也沒有興趣或耐心聽你長篇大論，你必須把所有資訊整合成為經理人能夠立即搞懂的格式，讓他直接進入重點，評估你推薦點子的吸引力。總之，你對投資組合經理人不能要求太多。

我們在第八章提到曼斯菲爾德法官（Judge Mansfield），現在我們要引用他的**馬賽克理論**，以拼圖作為比喻。如果你做了充分的準備，整個拼圖只欠缺幾塊碎片，你覺得自己知道完整拼圖的模樣。你可能自認為整個圖像已經很清楚，但你還必須說服別人跟你持有相同的看法。多數股票推薦失敗的主要原因，在於分析師僅僅把一堆雜亂無章的圖片扔給投資組合經理人，然後讓他自己去弄清楚狀況。

詹姆士‧吳的皇家龍船，經許可使用。

　　既使是比較有經驗的分析師，往往也認為他們已經提供了詳細的資訊，足以讓投資組合經理人看到完整景象，並做出投資決策；但推薦還是失敗，因為拼圖欠缺的碎片還是太多。投資組合經理人需要看到完整的景象，才能瞭解狀況，並考慮採納你的建議。

詹姆士‧吳的皇家龍船，經許可使用。

想要成功推薦某個投資點子，你必須盡可能讓投資組合經理人看清楚整個圖象。

詹姆士‧吳的皇家龍船，經許可使用。

你如何運用有限的時間，畫出一副投資組合經理人看得懂的畫作。當投資組合經理人問你：「你帶來什麼？你來這裡幹嘛？」你準備怎麼回答。

電影《華爾街》有一幕上演了相當典型的投資推薦，[1]年輕的巴德・福克斯想辦法溜進葛登・蓋柯的辦公室，為自己爭取到幾分鐘的時間。蓋柯很快就直指問題核心，他看著福克斯說：「你究竟想說什麼？好兄弟，我為什麼要聽你說？」福克斯很快推銷他的第一個構想：「這支股票的走勢圖在這裡向上突破。本益比偏低，盈餘爆發成長。股價低於帳面價值的幅度達到30%，現金流量充裕，管理完善，有幾位持有5%股權的股東。」蓋柯直接打了他回票：「這個沒用，你還有什麼？小子！」

福克斯完全不受影響，馬上跳到第二個點子：「泰勒菲……分析師不喜歡這支股票，但我喜歡。公司清算價值相當於股票市場價格的兩倍。這筆交易本身就能夠取得足夠的融資，賣掉兩個部門，保留……」蓋柯很快又打斷福克斯的話：「對計量玩家或許不錯，但我不一樣。」福克斯又提出第三個點子：

福克斯：藍星航空公司。

蓋　柯：好像聽過。然後怎樣？

福克斯：這家航空公司的前景不錯，旗下有80架中型客機，300位飛行員，航線包括東北部、加拿大、佛羅里達、加勒比海等等，遍及各大城市。

蓋　柯：我不喜歡投資航空公司；工會很難搞。

福克斯：去年發生過墜機事件。他們剛得到有利的判決。甚至連原告都還不知道。

蓋　柯：那你怎麼知道的？

---

1 我們建議讀者先觀看電影中的這個片段，然後再回來繼續閱讀；請上網搜尋「Wall Street Bud Fox meets Gordon Gekko」。

福克斯：我就是知道。這項判決會帶來新客機和新航線合約。公司流通在外的股票數量不多，所以應該把握這個機會。起碼可以賺個 5 點。

蓋　柯：很有意思。你有名片嗎？〔停頓了好一陣子〕我每天都聽取上百個點子。我只選擇一個。[2]

這類對話實際上刻畫著投資界常見的情景。投資組合經理人很忙碌，雜務很多，而你身為分析師，只有一小段時間可以吸引他的注意。我們發現，最好把你的推薦程序視為三個部分構成的結構：30 秒的**誘餌**，2 分鐘的**主題**，以及 5 至 10 分鐘的**問答**。請注意，這個結構只是一種概略指引，因為每位投資組合經理人的運作方式都不同。有些缺乏耐心的經理人聽了分析師說幾句話，很快就打斷他的論證，提出一連串的問題。

第一個部分，**30 秒誘餌**[3]，必須簡單、扼要，極具吸引力。如同巴夫洛夫（Pavlov）的狗聽到鈴聲就口水流滿地，你放的餌需要勾起投資組合經理人的貪婪念頭。你的餌如果具備充分說服力，投資組合經理人就會不知不覺將身體往前傾。**現在**，他的注意力擺在你身上，他想要繼續聽你說。

施放誘餌是為了吸引投資組合經理人專心聽取你的 **2 分鐘主題**，這才是整個推薦的精華部分。2 分鐘主題將敘述完整故事，闡

2　*Wall Street*. Directed by Oliver Stone. Twentieth Century Fox Film Corporation, 1987.

3　為什麼是 30 秒？這是取材自米洛・法蘭克（Milo Frank）的傑作《如何在 30 秒之內闡述你的論點》（*How to Get Your Point Across in 30 Seconds or Less*），桑金推薦大家閱讀這本書。1940 年代與 1950 年代，法蘭克在威廉・莫里斯（William Morris）公司擔任經紀人，曾經代表很多著名演員，包括亨佛萊鮑嘉（Humphrey Bogart）與瑪莉蓮夢露（Marilyn Monroe）等人，後來前往 CBS 電視台主管人才培養，然後從事傳播顧問方面的事業。他的著作出版於 1990 年，乃是他人生經驗的總結。

明主要論證，強化投資吸引力，讓聽眾陷得更深。你的目標是要說服投資組合經理人認同你的說法確實有效；2 分鐘主題通過考驗之後，接下來將是一系列的問答。

嚴寒氣候下的溫暖成就

30 秒誘餌與 2 分鐘主題的構想，純屬偶然。商學院畢業之後，保羅・桑金到傳奇投資人查克・銳思（Chuck Royce）那裡工作。銳思非常忙碌，桑金這種資淺的分析師通常很難吸引老闆的注意。有一天下午，銳思把雙腳翹在辦公桌上，[4] 膝蓋上擺著一疊資料，手上拿著紅色的氈尖筆，正在下達指令給交易員肯恩。桑金走上前去，默默等待銳思注意到他的存在。銳思透過他的老花眼鏡看著桑金，臉上露出的表情似乎說著：「你為什麼要來煩我？小鬼，我忙得很！」

桑金快速簡要地報告他正在研究的 Mity-Lite，這是一家專門生產折疊桌椅的廠商。銳思把腳從桌面放下，坐直了身子，轉動椅子，直接面對著桑金，一句話也沒說，伸手拿過桑金手上的公司年度報告。銳思開始閱讀董事長的報告，用他的紅色氈尖筆畫著重點。讀到最後的財務報表之後，他說：「嗯，再說說看。」桑金又說了 1、2 分鐘。這個時候，銳思的助理打斷他們的對話，他把銳思的外套交給他：「查克，你兩點有個約會，必須離開了。」銳思站起身來，繼續對桑金提出問題，他穿上外套，慢慢走向大門。

等電梯的過程，問答還在繼續進行。電梯門打開，銳思走進電梯，桑金跟著走進去。直到銳思走出辦公大樓，穿越第六

4　銳思穿的鞋子，底部通常都有破洞。據說他喜歡把腳翹在桌上，就是希望人們看到他鞋底的破洞，因為對於價值投資人來說，鞋底有破洞是種榮耀。

街，前往位在 58 街車庫口坐車，他們之間仍然繼續對答。銳思關上車門離開之前對桑金説：「告訴肯恩，讓他買進 10 萬股。」桑金微微發抖，但面帶微笑，穿過第六街回到辦公大樓。當時，外面正飄著大雪，地上的積雪已經有六吋。雖然只穿著襯衫，桑金似乎沒有意識到嚴寒的天候。

這段故事凸顯了推薦簡報的特質。30 秒誘餌先勾起聽眾的注意，吸引他們想要聽取 2 分鐘主題。2 分鐘主題帶出更強烈的興趣，讓聽眾提出更多的問題。問答部分讓投資組合經理人確定你的構想符合他們所謂完美投資的準則。桑金丟出誘餌，吸引銳思的注意，讓桑金有機會闡述 2 分鐘主題。離開辦公室、穿過街道的過程，銳思對桑金提出各種問題。銳思喜歡桑金的投資點子，決定買進股票。幾年之後，銳思最終取得 10%以上的 Mity-Lite 股權。

回到電影《華爾街》，蓋柯為什麼跳過懷楊工業與泰勒菲，卻被藍星吸引？如前一章討論的，投資組合經理人聽到新點子時，如果該點子符合他的**客觀準則**，他就會聽取；但唯有投資點子也符合**主觀準則**時，才會實際被採納。

蓋柯顯然相當瞭解懷楊工業與泰勒菲，對這兩家公司有既定看法，屬於「沒什麼搞頭」的股票。藍星的情況不同，蓋柯不瞭解這支股票，所以他說：「好像聽過。」可是，他馬上就排除了可行性，因為這不符合他的準則：「我不喜歡投資航空公司；工會很難搞。」可是，等到福克斯提到訴訟案的有利判決，而且「甚至連原告都還不知道」，又勾起了蓋柯的興趣。

讓我們稍微深入剖析藍星的情況。當天下午稍晚，蓋柯打電話給福克斯，要他「買進兩萬股藍星。價格盡量不超過 $15，不要搞

砸了，小子！」他的主要動機是貪婪。對蓋柯來說，報酬相當有吸引力。「5 點的利潤」代表短時間內就可以獲利 30%以上。蓋柯的貪婪慾望顯然超越了他對工會的憂慮。新聞隨時都會公布，所以蓋柯覺得下檔風險相當有限──只要承擔短短幾天的市場風險，並不特別值得擔心。蓋柯喜歡這個點子，因為他知道自己掌握了**資訊優勢**。雖然明顯違法，但他擁有尚未充分**傳遞**的資訊，結果導致價格**定價錯誤**，如圖 11.1 顯示。最後，福克斯提出**催化因素**──新聞發布。他知道這個事件會推高股價。

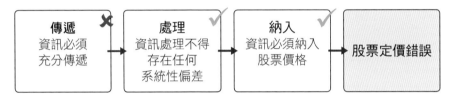

▶▶ 圖 11.1　**資訊傳遞不足導致股票定價錯誤**

　　如果以史坦哈特的架構看福克斯的藍星點子，我們發現所有問題的答案都是肯定的：

　　你的看法是否不同於市場共識？是的，關於訴訟結果，市場共識為中性偏負面。

　　你的看法是否正確？是的，關於訴訟結果，福克斯掌握了重大的非公開資訊。

　　市場疏忽了什麼？市場不知道訴訟結果。

　　情況何時變化？將如何變化？利多新聞一旦公布，市場共識就會發生變化。

　　理想的情況下，誘餌將包含所有這些因素；雖然如此，要在短

短 30 秒之內擠入這些訊息，似乎有點太多。如果要向蓋柯推薦第八章討論的克里夫蘭股票，過程可能和藍星差不多，除了違法的部分：

你　：克里夫蘭木材公司。

蓋柯：好像聽過。然後怎樣？

你　：在威斯康辛擁有 160,000 英畝的林地，屬於粉紅單上的微型股，投資人沒有什麼動靜，很少人注意這支股票。

蓋柯：我不喜歡微型股，就像捕捉蟑螂的黏膠屋——進得去，出不來。

你　：去年某個積極股東，布朗菲爾德資本公司的約翰‧黑爾夫，聘請了顧問，運用衛星進行勘查。布朗菲爾德取得 26%的股權，並且在幾個月前取得一席董事。目前股價為$90，但價值至少有$140。積極股東不會靜坐看著樹木成長；他們會催促經營者出售公司。

蓋柯：你怎麼知道的？

你　：我幾年前就認識約翰，曾經共進晚餐，後來成為好朋友。他管理的基金布朗菲爾德，歷史績效很不錯。雖然沒有說明精確的數據，但他說樹齡實際上更高，闊葉樹的比率也超過公布的數據，林地的價值遠超過投資人認定的水準。積極股東的操作如果成功，可以在 18 個月內賺取 50%的獲利。即使積極股東不成功，林地的資產也在那裡，沒有什麼下檔風險。

蓋柯：很有意思。你有名片嗎？〔停頓了好一陣子〕我每天都有上百個點子。我只選擇一個。

如果以史坦哈特的架構看克里夫蘭的機會，我們發現所有問題的答案都是肯定的：

你的看法是否不同於市場共識？是的，市場共識認為每股$107，你認為$140。

你的看法是否正確？是的，根據衛星勘查結果，你知道自己的價值評估正確。

市場疏忽了什麼？市場不清楚林地的真實價值。另外，市場似乎也不知道積極股東的運作，或不認為他能夠成功。

情況何時改變？會如何改變？積極股東如果能夠成功說服董事會出售公司，情況就會改變。

針對福克斯推薦的藍星，還有我們談論的克里夫蘭，蓋柯的第一個反應都是貪婪。蓋柯看到賺錢的機會。對於多數投資組合經理人來說，只要相關機會提供的報酬夠高，他們就會產生貪婪之心。可是，心思一旦從「我能夠賺多少？」轉移到「我可能虧損多少？」經常就會產生恐懼情緒。

經理人的恐懼，來自於他對未來的不確定感，包括投資結果的不確定，以及對分析師能力的不確定。經理人如果認為投資的下檔風險有限，而且相信你的分析能力，他的恐懼情緒就能獲得舒緩。

投資機會的報酬如果夠高，而且風險偏低，多數投資組合經理人的反應可能是：「老天爺為什麼對我這麼好？」這個問題也反映出經理人認為機會好得太不真實。這經常也是分析師需要克服的第三個問題——如何說服經理人採納你的推薦。想要讓這種否決意念中性化，你必須提出明確的定價錯誤證明，說明本書第五章討論的效率市場原則至少有一項發生問題。

解決了這些障礙之後，投資組合經理人很可能還會提出最後一

個問題:「市場共識如何能夠察覺定價錯誤,然後進行糾正呢?」換言之:「有什麼催化因素會封閉市場價格與內含價值之間的缺口?」塞斯・哈莫特(Seth Hamot)是一位備受推崇的避險基金經理人,他生動地形容這個問題:「現在,我絞盡了腦汁,搞定了這個一塌糊塗的麻煩,但其他人又如何解開這個繩結而讓我賺錢呢?」[5]

圖 11.2 概括了投資組合經理人可能關心的問題,並說明分析師的完美投資推薦該如何根據經理人關心的問題,運用**史坦哈特的架構**呈現他的簡報。

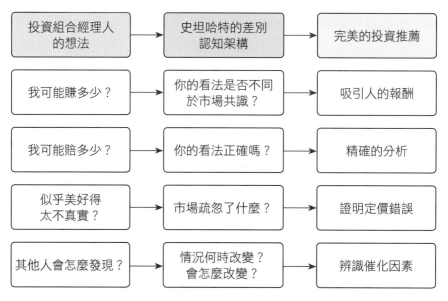

▶▶ 圖 11.2　達成完美投資推薦需要回答的問題

5　塞斯・哈莫特是波士頓 Roark, Rearden, and Hamot 資金管理公司的合夥人。他經常說,公司名稱前面的那兩個人,都遠遠比他精明。

我們透過推薦克里夫蘭公司的例子，以及圖 11.2 的組織歸類，說明分析師如何成功而有效率地運用他的時間；不要多說廢話，徒增困擾。經過這項檢視，顯示克里夫蘭股票推薦程序具備四項主要論證，分別處理投資組合經理人最關心的四項議題：

1. 內含價值為每股$140。
2. 積極股東將會成功。
3. 所主張的論證還沒有反映到股價。
4. 即使積極股東的運作沒有成功，投資也幾乎沒有下檔風險。

我們的誘餌列出了各種不同的說法，分別安置在適當的類別，請參考圖 11.3。運用史坦哈特的架構作為指引，這份圖形詳細說明分析師如何回答投資組合經理人關心的議題，完成一項完美的投資推薦。

我們曾經聽取無數的股票推薦簡報，從中歸納了明確的結論。我們認為，不論資深或資淺的分析師，最常見的錯誤就是**論證缺乏結論**。這種缺失造成推薦簡報缺乏說服力，禁不起挑戰。分析師想要成功，就必須回答各種「為什麼」的問題。你為什麼認為每股內含價值是$140？積極股東為什麼會成功？你的論點為什麼還沒有反映在股價上？為什麼下檔風險不大？

即使你引用四種有力的論證，處理投資組合經理人最關心的四項議題，並不代表這一切就結束了。你還必須充分掌握支持相關論證的**證據**，包括你的假設。你也需要準備因應可能出現的反駁論證。

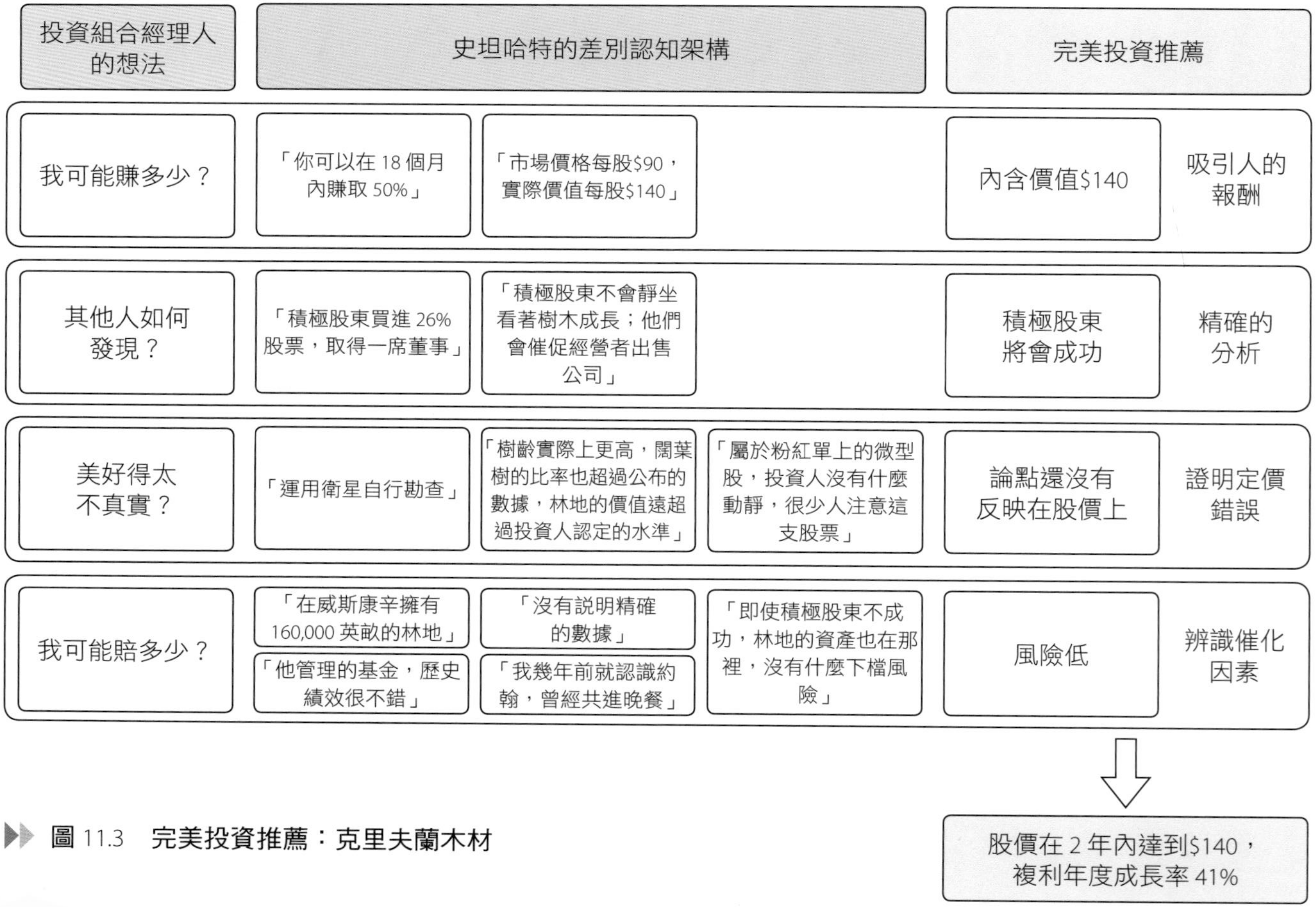

投資組合經理人的想法	史坦哈特的差別認知架構	完美投資推薦
我可能賺多少？ 「你可以在18個月內賺取50%」	「市場價格每股$90，實際價值每股$140」	內含價值$140 吸引人的報酬
其他人如何發現？ 「積極股東買進26%股票，取得一席董事」	「積極股東不會靜坐著看著樹木成長；他們會促使經營者出售公司」	積極股東將會成功 精確的分析
美好得太不真實？ 「運用衛星自行勘查」	「樹齡實際上更高，闊葉樹的比率也超過公布的數據，林地的價值遠超過投資人認定的水準」	論點還沒有反映在股價上 證明定價錯誤
我可能賠多少？ 「在威斯康辛擁有160,000英畝的林地」 「他管理的基金，歷史績效很不錯」	「屬於粉紅單上的微型股，投資人沒有什麼動靜，很少人注意這支股票」 「即使積極股東不成功，林地的資產也在那裡，沒有什麼下檔風險」 「我幾年前就認識約翰，曾經共進晚餐」	風險低 辨識催化因素

股價在2年內達到$140，複利年度成長率41%

▲ 圖 11.3　完美投資推薦：克里夫蘭木材

⚙ 以涂爾明模型建構紮實論證

發展論證的過程中，必須培養適當的心智訓練，才能夠知道我們需要使用哪一些資訊為自己的論證進行辯護。為了達成這項目標，你需要引用某種系統性的架構或核對清單來檢視自己的論證。換言之，你需要有人在旁邊監督，針對你的推薦提出尖銳的問題，扮演你的良知，嚴厲批判你的論證，並且質疑你的每個假設。這個人就是史蒂芬・涂爾明（Stephen Toulmin），以及他倡導的系統性架構：**涂爾明論證模型**（Toulmin model of argumentation）。

史蒂芬・涂爾明是英國哲學家，擅長道德推理研究。他的學術著作《論證使用》（*The Uses of Argument*）出版於 1958 年；涂爾明在著作中指出論證分析由六個相互關連的部分組成，也就是所謂的「涂爾明論證模型」。涂爾明模型可以用來建構分析師的推薦論證，並進行「壓力測試」，讓論證建構程序變得更可靠、可信賴、更有效率，比較不容易受到反駁論證的質疑。簡言之，我們可以建構更有效的投資推薦。

◆ 論證

推薦克里夫蘭木材公司的論證之一是:「積極股東可以成功迫使經營者出售公司。」論證是你希望用來說服聽眾的陳述。推薦過程中,你的陳述可能被某些簡單的問題質疑,譬如蓋柯說:「你怎麼知道?」回應這些質疑,你必須提出充分的證據來支持你的論證。

舉例來說,有關克里夫蘭的案例,你可能引用下列證據來說明約翰·黑爾夫可以成功迫使經營者出售公司:

1. 布朗菲爾德前一次從事這類積極操作相當成功。
2. 克里夫蘭股價表現落後 S&P 500。
3. 布朗菲爾德擁有克里夫蘭的大量股權。
4. 布朗菲爾德擁有一席董事席次,約翰·黑爾夫已經是公司董事。

◆ 證據

證據往往被稱為資料點(data points),通常包括事實、統計數據、個人觀察或專長、實體證據、專家意見或報告,其中涉及各種層面,也有不同的素質等級,如圖 11.4 所示。

證據愈明確,論證就愈有力,這應該很明顯。如圖 11.4 顯示的,**證據**的相關程度,是衡量其素質等級的參考指南。

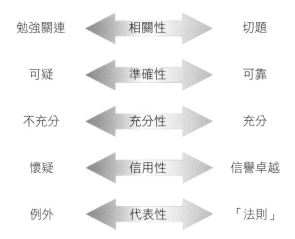

勉強關連　　　相關性　　　切題

可疑　　　　　準確性　　　可靠

不充分　　　　充分性　　　充分

懷疑　　　　　信用性　　　信譽卓越

例外　　　　　代表性　　　「法則」

▶▶ 圖 11.4　各種層面的證據素質

　　舉例來說，「黑爾夫將成功」的論證，資料點之一就是「布朗菲爾德前一次從事這類積極操作相當成功」。我們引用圖 11.4 列舉的五個層面，判斷這項證據的素質等級：

相關性：前一次操作成功，和這一次操作的成功與否，兩者之間的關連性有多高。

準確性：所謂**成功**只要有明確的定義，資料點是可以驗證的；所以，我們可以確定其準確性。

充分性：就這個資料點本身而言，這項證據並不足以證明特定操作能夠成功。

信用性：資料來源可以信賴。

代表性：這個資料點或許不具代表性，因為前一次操作的背景全然不同。

　　所以，就這個資料點來說，我們認為證據並不足以證明黑爾夫與布朗菲爾德可以在克里夫蘭的案例中獲致成功。可是，這個資料

點只是該論證採用的四項證據之一，如果增添另外三個資料點，論證就顯得有力得多──這也就是我們建議論證應該引用多個資料點的原因。

◆ 正當理由

聽眾如果要挑戰你的論證，不會只質疑你的證據。他們可能會問：「你怎麼取得這個結論？」或「你有什麼理由這麼想？」這些問題並不是要挑戰你引用的證據，而是想知道你的**論證**是如何從**證據**推演而來。所以，提供更多的事實或證據，並不能解決這方面的問題。反之，你必須說明如何根據你的證據，透過合乎邏輯的證明程序，推演得到相關論證。涂爾明稱這個溝通橋樑為「**正當理由**」，所要回答的問題是：「這些證據為何意味著你的論證為真？」

美國憲法第四修正案保障人人有不受無理之搜查和扣押的權利。除非有正當理由，法官才可以開出搜索票。假定發生了珠寶搶案，警方在犯罪現場採到可疑指紋證據，顯示茱利・查拉圖是嫌疑犯。警方雖然懷疑查拉圖女士把珠寶藏在自家住宅，但他們不能直接進入房子裡到處搜索。想要進入嫌疑犯的住宅，警方必須申請搜索票。可是，為了請法官開出搜索票，警方必須有正當理由證明罪行。

涂爾明的「正當理由」，概念上類似於搜索票，也就是說證據（犯罪現場採到的指紋）和論證（查拉圖女士是罪犯）之間必須存在合乎邏輯的關連。涂爾明的正當理由，想要回答的問題是：「你怎麼達成這個結論？」

如果以涂爾明的架構來審視克里夫蘭的論證，我們可以看到四個層面的**正當理由**：

1. 布朗菲爾德前一次從事這類積極操作獲得成功，所以這次行動也能成功。
2. 克里夫蘭股價表現落後 S&P 500，股東並不滿意，因此一旦發動委託書戰爭，多數股東可能認同布朗菲爾德的主張。
3. 布朗菲爾德擁有克里夫蘭的大量股權，董事會上可以發揮重大影響力。
4. 布朗菲爾德擁有一席董事席次，約翰．黑爾夫能對經營者發揮更大的影響力。

投資組合經理人可以挑戰正當理由的有效性，他可能說：「布朗菲爾德前一次從事這類積極操作雖然獲得成功，但並不代表這次行動也能成功。」或「只因為克里夫蘭股價表現落後 S&P 500，未必就代表布朗菲爾德會得到股東支持。」投資組合經理人可以運用這些問題質疑相關證據的**正當理由**，他們質疑的也就是**證據與論證之間的因果關係**。

我們相信，絕大多數投資推薦會失敗，是因為分析師把正當理由視為理所當然。建立論證的過程中，雖然沒有必要明白提出相關的正當理由，但務必要瞭解這是銜接證據與論證之間的環節，而且一旦受到挑戰，要有進行辯護的心理準備。

◆ 支持正當理由的後盾

你需要引用涂爾明所謂的**後盾**，替自己的正當理由進行辯護或支持。

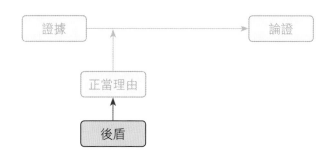

為了支持**正當理由**，你需要說明正當理由之所以成立的各種原因，列舉證據來支持正當理由。舉例來說，你想要支持的正當理由是：「由於股價表現落後 S&P 500，股東們覺得不高興，因此可能投票認同布朗菲爾德啟動的委託書戰爭。」你的後盾可能是：

1. 你曾經與代表 30%股東基礎的投資人討論過相關議題，他們說，如果發動委託書戰爭，他們會投票贊同布朗菲爾德。
2. 相關資料顯示，針對股價表現在過去五年內落後 S&P 500 的標的公司，布朗菲爾德贏得代理權戰爭的機率是 75%。

◆ 修飾詞

必須記住，任何論證都不太可能全然無懈可擊。我們所處的世界充滿各種不確定性，隨時可能發生意外事件。例如，克里夫蘭木材公司可能投票擴大董事會規模（藉以稀釋布朗菲爾德的影響力），或森林可能發生病蟲害而導致公司內含價值遞減。為了因應這些不確定事件，**修飾詞**為論證的有效性提供某些限制；因此，論

證往往需要採用諸如不太可能、大概、或許、可能之類的修飾詞。

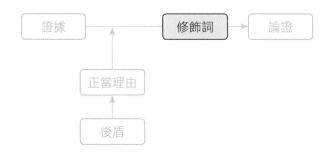

　　關於克里夫蘭的案例，**修飾詞**可能是：「黑爾夫大概會成功，雖然克里夫蘭可能決定擴大董事會規模。」或者：「布朗菲爾德擁有的大量股權，或許讓他們有足夠的力量發揮功能，雖然董事會可能堅守陣地，以拖待變。」

◆ 反駁與相反論證

　　涂爾明模型的最後一項要素是**反駁**，目的在於處理可能出現的**相反論證**。

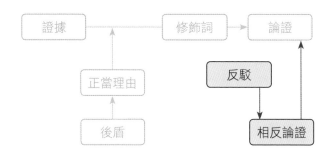

　　西塞羅（Cicero）在他的《論創意，第 I 卷》（*De Inventione, I*）說：

所有的論證都可以透過下列方式反駁：或是引用的某個或某些假設不成立，或是假設雖然成立，但所歸納的結論被否定，或是論證的形式出現謬誤，或是有力論證遭遇同樣有力或更有力的論證。[6]

　　涂爾明模型附和了西塞羅的觀察。舉例來說，克里夫蘭案例的相反論證可能是：「布朗菲爾德雖然擁有克里夫蘭股票，但對該基金來說，這個部位的規模並不特別大；因此，基金的注意力一旦轉移到別處，原先立場的積極程度可能大減。」反駁必須承認論證的有限程度或可能的例外狀況，藉以降低**相反論證**的效力。分析師必須承認在某些情況下論證可能不成立，譬如：「布朗菲爾德持有的部位確實不特別大。如果碰到其他狀況吸引他們的注意，焦點確實可能不會繼續擺在克里夫蘭木材公司。可是，這種情況發生的可能性不高，因為他們不想自己的聲譽被沾污。」

⚙ 論證的壓力測試

　　對於投資建議，引用涂爾明模型似乎有「殺雞焉用牛刀」之嫌，不過卻是測試推薦簡報承受壓力的絕佳工具，透過這個程序確保自己的論證禁得起考驗。這套模型提供論證內部的 X 光影像，讓你看到整體的解剖架構，察覺論證最脆弱的部分，防範投資組合經理人可能的攻擊。

6　Marco Tulio Cicero and H. M. Hubbell, *Cicero, De invention: De optimo genere oratorum: Topica* (Cambridge: Harvard University Press, 1960).

針對克里夫蘭的案例，如果你決定重新調整呈現給蓋柯的推薦簡報，誘餌部分可能是：

根據我稍後將討論的各種資料以及我所做的嚴謹分析，我認為約翰‧黑爾夫所屬的布朗菲爾德資本公司，將在 9 至 12 個月之內，成功迫使克里夫蘭木材的經營者出售該公司。克里夫蘭目前股價為$90，內含價值卻有$140，潛在報酬為 56%。由於該公司股東族群的心態普遍消極，而且股票市場流動性不足，因此股價並沒有適當反映企業真實價值，也沒有反映積極股東嘗試操作股價的意圖。即使積極股東的操作沒有成功，下檔風險仍然很有限，因為木材屬於硬性資產。

這個誘餌已經涵蓋投資論述的四項要素，並且處理了投資組合經理人的四大關鍵問題：

1. 我能夠賺多少？每股有$140 的價值。
2. 其他人如何發現？積極股東將會成功。
3. 是否過於美好而不太真實？相關論述並沒有反映在市場價格上。
4. 我可能賠多少？即使積極股東的操作不成功，下檔風險仍然有限。

投資組合經理人如果受到**誘餌**的吸引，就會允許你陳述 **2 分鐘**主題。在理想的情況下，你會繼續引用 2 分鐘陳述時間，進一步強調誘餌提到的論證與相關證據。如果我們運用涂爾明模型作為發展 2 分鐘主題的架構，針對價值評估的部分，陳述內容可能如下：

我相信克里夫蘭股票的每股價值為$140，蘊含的每英畝林地價值是$1,130。我的價值評估是根據黑爾夫所屬機

構聘請專業顧問公司勘查林地的結果。這家顧問公司租用
人造衛星拍攝林地影像，然後運用精密的電腦模型，根據
林木密度、樹齡與品種等資料進行估計。林地樹木砍伐的
平均樹齡雖然是 40 年，但克里夫蘭林地的平均樹齡將近
70 年。樹齡愈高，價值通常愈高，因為樹木可供運用的
體積愈大。林地勘查結果顯示，克里夫蘭林地的糖楓占據
比率很高，糖楓屬於闊葉林，價值顯著超過針葉林。糖楓
抗拒甲蟲傳染病的能力更高，更能免於病蟲害侵擾。運用
衛星影像評估資產價值雖然是新科技，但也同樣會發生誤
差，但這種技術的精準程度，應該顯著超過根據傳統實地
調查所做的價值評估。

我們如果剖析 2 分鐘主題陳述的部分，就會發現分析師已經納
入涂爾明模型的所有要點：

論　　證：「我相信克里夫蘭股票的每股價值為$140，蘊含的
　　　　　每英畝林地價值是$1,130。」
修 飾 詞：「運用衛星影像評估資產價值雖然是新科技，但也
　　　　　同樣會發生誤差。」
證　　據：「我的價值評估是根據黑爾夫所屬機構聘請專業顧
　　　　　問公司勘查林地的結果。」
正當理由：「這家顧問公司租用人造衛星拍攝林地影像，然後
　　　　　運用精密的電腦模型，根據林木密度、樹齡與品種
　　　　　等資料進行估計。」
後　　盾：「林地樹木砍伐的平均樹齡雖然是 40 年，但克里
　　　　　夫蘭林地的平均樹齡將近 70 年。樹齡愈高，價值
　　　　　通常愈高，因為樹木可供運用的體積愈大。林地勘
　　　　　查結果顯示，克里夫蘭林地的糖楓占據比率很高，

糖楓屬於闊葉林，價值顯著超過針葉林。糖楓抗拒甲蟲傳染病的能力也更高。」

反　　駁：「這種技術的精準程度，應該顯著超過根據傳統實地調查所做的價值評估。」

論證需要考慮投資組合經理人可能提出的反向論證，你必須要有接受迎頭痛擊的準備。容我們引用亞里斯多德的說法：「在一場審慎的演說裡……首先必須提出自己的證據，並且準備因應反向論證，在這些論述被提出之前，就給予破解。」[7]舉例來說，最明顯的反向論證就是質疑運用衛星攝影技術進行價值評估的有效性，這在「反駁」的環節之中已經妥善處理了。

陳述 **2 分鐘主題**之後，如果投資組合經理人仍然有興趣，可能就會提出後續的問題；分析師應該事先準備，而且要知道如何因應。對於你自己的論證，你應該知道得比任何人都多，你必須成為這方面的專家。例如，關於論證中價值評估的部分，經理人可能提出下列問題：

- 這種價值評估方法到底有多精確？這種估計通常會高估或低估？專家顧問如何根據衛星影像判斷樹齡與樹種？這種價值評估方法過去的表現如何？
- 關於這些進行價值評估的專家，請提供更多相關的背景資料。他們從事這類業務多久了？聲譽如何？客戶是否包括一些大型老牌企業？
- 相較於典型的針葉林，糖楓的價值高出多少？單純就這個因素來說，林地的價值評估增加多少？

7　請參考亞里斯多德的《修辭學》（*The Art of Rhetoric*, London: HarperPress, 2012）。

- 透過採礦權或房地產開發，是否可以實現額外的價值？

桑金必定會在他的課堂裡強調：「對於投資經理人提出的問題，你如果不知道答案，應該如何回應？」然後，他會停頓下來，看看有沒有學生回答這個問題。從來沒有人回答。接著，他繼續說：「正確的答案是：我不知道，但我會找出答案。然後，你把問題寫下來。你寫下問題，不是因為你想記住問題。你寫下問題，是為了讓投資組合經理人看到你寫下問題。千萬不要嘗試敷衍過關。有經驗的投資組合經理人能夠輕易察覺你在打馬虎眼，就如同海裡的鯊魚可以輕易察覺血腥味一樣。」

文字高手

用字遣詞非常重要。不要採用空洞而沒有實際含意的字眼。舉例來說，「支配性市場占有率」就是許多分析師在推薦股票時很喜歡採用的說法，這是空有熱量而沒有養分的評論。這家公司的市占率究竟是 12%或 90%？市占率是否長期維持穩定？該公司是否享有競爭優勢？這個市占率究竟有沒有意義？更重要的是，相關資訊是否已經反映在股價上？

另外，請注意，不要過分使用修飾詞，譬如可能、或許、應該、似乎、我相信、眾所周知、經常有人這麼說、很多人認為如此……因為這些字眼可以讓陳述者在受到質疑時逃避責任，因此往往給人含糊的感覺。桑金與喬森上課的時候，有時候會帶上一桶鍍鋅螺母（套在螺絲上面的那種東西），每當學生的推薦陳述使用含糊的字眼，教授就會扔一顆螺母到桶子裡，發出巨響，讓大家都嚇一跳。久而久之，學生們都領悟了其中含意。

一旦瞭解了如何適當組織內容，你就大致知道推薦股票的內容呈現應該如何安排。可是，訊息由兩個部分組成：內容本身，以及

內容的傳遞。現在，你掌握了內容的部分，傳遞的部分也很重要，我們將在下一章探討。

重點摘要

- 不妨設想你的房子著火了，你只有 30 秒的時間可以救出部分財物。你準備攜帶哪三種東西呢？向投資組合經理人做推薦簡報時也是一樣的，你必須考慮自己最想陳述的三個要點。

- 最有效的股票推薦程序，應該整理為三個部分：**30 秒的誘餌、2 分鐘的闡述、較長時間的問答**。30 秒誘餌的目的在於吸引投資組合經理人的注意，引發他繼續聽下去的興趣，因此讓第一部分的誘餌可以自然銜接到隨後的 2 分鐘闡述。在這 2 分種的闡述中，分析師可以清楚說明他的主要論證，進一步凸顯相關構想的魅力所在。這 2 分鐘的闡述如果成功，自然會吸引投資組合經理人提出問題。

- 為了進行一場完美的投資推薦，分析師必須回答經理人關心的四大問題，並且運用史坦哈特的架構呈現他的簡報。

- 我們相信，絕大多數投資推薦會失敗，是因為分析師把**正當理由**視為理所當然。建立論證的過程中，雖然沒有必要明白提出所有證據背後的正當理由，但務必要瞭解這是銜接證據與論證之間的環節，而且**論證**一旦受到挑戰，就要有進行辯護的心理準備。

- 用字遣詞非常重要，不要採用空洞而沒有實際含意的字眼。

如何傳遞訊息

前兩章說明如何克服選擇股票的障礙,一方面要符合投資組合經理人的基模(第十章),另一方面要透過推薦簡報的內容回答投資組合經理人的四個主要投資問題(第十一章)。本章將討論如何克服資訊傳遞過程中的障礙;如圖 12.1 所示,**目標在於有效率地傳遞資訊,盡可能減少外部因素干擾訊息內容。**

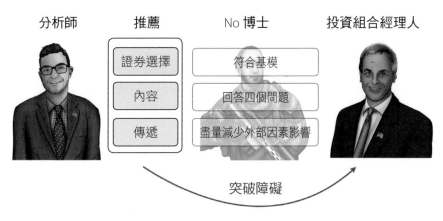

▶▶ 圖 12.1　**點子被採納之前需要突破的障礙**

推薦簡報的內容與傳遞程序之間,存在中間地帶。分析師的目標是要吸引投資組合經理人的注意。從 30 秒的誘餌開始,如果成功,經理人就會允許你進行 2 分鐘的主題陳述,然後希望能夠進入 5 至 10 分鐘的後續問答環節。這三個成分,即 30 秒誘餌、2 分鐘

主題，以及後續的問答，將構成整個推薦簡報的內容。不妨把這三個成分視為三個可以透過書面或口頭形式陳述的模組。

🔧 30 秒誘餌

舉例來說，30 秒誘餌可以作為一個獨立的模組，運用於各種不同場合。就書面格式來說，30 秒誘餌可以作為研究報告的前言；或刊載於 SumZero、Value Investor Club 或 Seeking Alpha 等網站文章的投資摘要；或寄送給投資組合經理人的電子郵件與求職函的部分內容。就口頭格式來說，如果在意外場合碰到投資組合經理人，譬如在辦公室走道、街上或研討會議場合等，你就可以利用這個模組進行「推銷」。30 秒誘餌也可以用在求職面試，或用於電話簡報，或作為股票推薦競賽的導論，甚至在晚餐聊天時也用得上。

以前一章討論的克里夫蘭公司為例，30 秒誘餌可以是：

> 根據我稍後將討論的各種資料以及我所做的嚴謹分析，我認為約翰‧黑爾夫所屬的布朗菲爾德資本公司，將在 9 至 12 個月之內，成功迫使克里夫蘭木材的經營者出售該公司。克里夫蘭目前股價為 $90，內含價值卻有 $140，潛在報酬為 56%。由於該公司股東族群的心態普遍消極，而且股票市場流動性不足，因此股價並沒有適當反映企業真實價值，也沒有反映積極股東嘗試操作股價的意圖。即使積極股東的操作沒有成功，下檔風險仍然很有

限，因為木材屬於硬性資產。[1]

2 分鐘主題

2 分鐘主題也同樣可以是書面或口頭格式的內容。就書面格式來說，你可以運用 2 分鐘主題的內容作為任何研究報告的導論或綜合執行報告。至於口頭格式，2 分鐘主題可以運用於你和投資組合經理人之間的任何面對面談話機會，譬如前一章討論的案例。每當和投資組合經理人談話，只要能夠通過 30 秒誘餌，你隨時都應該準備展開 2 分鐘主題陳述。

可是，即使是透過口頭方式陳述 2 分鐘主題，我們仍然建議你提供一份書面資料給投資組合經理人，方便他們事後參考。請注意，投資組合經理人每天都會聽取很多推薦簡報，你當然希望他記得你。如蓋柯對福克斯說的：「我每天都聽取上百個點子。我只選擇一個。」

殘酷的現實

在某次一對一的賣方投資會議上，桑金對某位執行長說：

> 你讓我很難分析你們的公司。你們的投影片搞得拉拉雜雜，而我又患有注意力缺乏症。想要解讀它們，實在太難為我了。我今天整整聽了八個簡報，到了下午 5 點，這些資料在我的腦海裡已經變得模糊。隔天早上，

---

1 實際上，桑金花了 40 秒大聲唸完這段文字。

當我進入自己的辦公室，我會把一堆投影片從背包裡拿出來，重新看過，把其中四套看起來實在無趣的資料扔到垃圾桶裡。我準備好好檢視剩下的四套，心裡還記得自己喜歡你們公司，然後看著我記錄的筆記，想要記起我到底為什麼會喜歡。我做筆記，是為了讓我記得相關資料；可是，當我看著自己的筆記時，卻已經看不懂自己的字跡了。我為了參加會議，已經有兩天沒有進入辦公室，所以需要去瞭解一下，我不在的時候曾經發生了什麼事情。不久，股票市場開盤，電話聲此起彼落，我把剩下的投影片移到一旁，開始忙碌其他事情。然後，六個月之後，當我整理辦公桌的時候（不得不整理，因為資料已經堆高到不能繼續往上堆了），我又看到了你們的簡報資料，於是快速翻動一下，心中忍不住琢磨著：「我為什麼要保留這些東西？」然後它們就被我送到垃圾桶裡。

你們必須把事情弄得簡單一些，讓我更容易處理。請記住羅伯·赫爾哈維奇（Robert Herjavec）在電視節目《鯊魚坦克》（*Shark Tank*）裡說的話：「傾聽並不是我的工作，你們的工作就是要吸引我進去。」你們應該透過投影片簡潔展示投資訊息，當我隔天進入辦公室時，它們已經準備妥當，就擺在我眼前。你們必須把故事擺在銀盤上……而且包裝精美，打上紅色的蝴蝶結。你們務必要理解，我並沒有要求特別待遇，我所認識的多數投資組合經理人都是如此。

這番話的訴求對象，雖然是上市公司的執行長，但對於想要推薦股票的分析師來說，應該也很適用。換言之，務必讓投資組合經理人更容易記得你，還有你的點子。

為經理人提供方便

　　你還可以讓投資組合經理人覺得更輕鬆一點，推薦簡報還可以另外提供輔助性資料，我們稱之為推薦簡報懶人包（pitch pack）。[2]這個懶人包內容包括你的投影片、所準備的任何報告，以及公司的財務文件，譬如年度報告、最近的 10Q 報告，以及最近公布的盈餘報告。會議過程或結束之後，投資組合經理人或許希望手頭上隨時有相關資料可供翻閱，不必到處搜尋公司的基本資料。你必須讓他們覺得方便。你應該把這些資料擺在銀盤上，然後繫上大大的紅色蝴蝶結。

　　多數學生提供的投影片，內容過於繁雜，他們或許想要證明自己所做的研究有多周全，報告內容有多完整，甚至無所不包；但是，這或許也意味著他們根本不知道哪些資訊才是最重要的。這類投影片往往讓投資組合經理人覺得眼花撩亂，不僅不能提供資訊，反而徒增混淆。對經理人來說，每張投影片都是疲勞轟炸，因為他們被迫花時間解析資訊，而內容本身又難以閱讀——分析師往往為了擠入更多資訊，因此使用較小的字體。圖 12.2 就是這類典型的投影片。[3]當投影片顯示在螢幕上，你也不知道要從哪裡開始，只能到處瀏覽，當你終於注意到某個部分的內容時，簡報已經更換到

2　我們同意，稱為「推薦簡報懶人包」（pitch pack）有點俗氣，但我們找不到更好的稱呼。或許是「資料堆」？「補充資料」？「輔助文件」？「附加盡職調查資訊」？如果你有更好的想法，請告知我們：info@pitchtheperfectinvestment.com。

3　圖 12.2 顯示的 2 張投影片，分別來自於 2014 年與 2016 年潘興廣場挑戰賽（Pershing Square Challenge）首獎$100,000 的簡報作品。簡報雖然得獎，但這兩張投影片的內容實在過於繁雜，太不容易閱讀。

另一張投影片了。更糟的是，很少人可以一心多用；所以，如果你一邊講話，投資組合經理人一邊盯著投影片，他只能選擇把注意力擺在投影片的內容上，或選擇聽你說話，無法兩者兼顧。[4]

Market Underestimates Improved Pricing Environment

Overly Conservative Pricing Guidance

- Management's revenue and EPS guidance assumes no pricing growth
- Sell-side analyst consensus estimates assume a 1% increase in pricing

> "On pricing, it's very conservative assumptions where we really don't try to assume any price increases in our models."
>
> – Hertz CEO in April 2013

Impact of Pricing on Valuation

- 1% increase in U.S. RPD results in a 6% increase in share price

Sensitivity to U.S. RPD Growth Y/Y						
	0.0%	1.0%	2.0%	3.0%	4.0%	5.0%
2014e EBITDA	$2,610	$2,734	$2,859	$2,985	$3,112	$3,239
2014e EPS	$2.44	$2.62	$2.79	$2.96	$3.14	$3.31
Price Target	$30.80	$32.88	$34.97	$37.08	$39.20	$41.34
PT % Increase		6.8%	6.4%	6.0%	5.7%	5.4%

Strong Pricing Environment w/ Price Signaling

> "One of the headlines I'd like to make is we don't want to gain share by reducing price. We want to gain share by increasing value, and that's how we're doing it."
>
> – Hertz CEO in April 2013

> "We're seeing our competitors move for profitability, rather than share, and that has a positive impact on all of us."
>
> – Avis CFO in February 2013

> "We've been very aggressive in initiating price increases over the last 4 months or so and I think that's had a positive impact. And we've seen a fairly good matching of increases by both Hertz and the Enterprise."
>
> – Avis CFO in March 2013

> "We made a strategic decision to minimize our participation with less profitable commercial accounts."
>
> – Hertz CEO in February 2013

▶▶ 圖 12.2　內容繁雜的典型投影片

4　2017 年 4 月 21 日，桑金擔任第 10 屆年度「潘興廣場挑戰賽」的裁判。決賽開始之前，五位入圍者準備使用的投影片都先電郵給裁判，並附上二英吋寬的投影片檔案夾。競賽包括 10 分鐘的簡報，接著是 10 分鐘的問答。某位參賽者使用 71 張投影片，還包括 7 份附錄。每張投影片的內容都擠得滿滿的，字體介於 6 號到 10 號。看著每張投影片時，桑金發現自己的視線就像彈珠台裡的彈珠，到處亂跳，試圖在一團亂的資料之中抓到某個有意義的東西。當他正和投影片搏鬥時，注意力又因為演講者說話而分心。這種情況是典型的資訊極端超載。桑金覺得，所有這些投影片都無助於他擬定投資決策。桑金腦海裡不斷盤旋著：少即是多，少即是多，少即是多。

圖 12.2　續

　　簡潔明確的投資概念，通常也比較容易解釋，學生呈現的簡報如果擠入太多事實與數據，往往意味著他們對自己的分析缺乏信心。股票推薦簡報雖然不是 TED Talk，但其簡潔表達的格式頗值得學習。切記，投影片的內容不要太複雜，必須易於閱讀。

投影片解剖

　　投影片應該包含哪些內容呢？內容必須簡明扼要！請記得朱德・卡恩（Judd Kahn）的不朽名言：「少即是多。」

◆ 投影片一：公司簡介

投資組合經理人需要知道相關企業的背景，瞭解業者經營的主要業務。以克里夫蘭來說，情況很單純，這是一家木材公司，大家都知道木材與森林是怎麼回事。可是，IEH 公司（IEH Corporation）呢？你可以介紹該公司為「美國唯一的雙曲面連結器（hyperboloid connectors）獨立生產業者，這項產品運用於軍事、汽車與工業等等領域」。可是，投資組合經理人很可能搞不清楚雙曲線連結器是什麼，也不知道這東西究竟長什麼樣子，或運用在哪裡。你可以提供雙曲線連接器的圖片，譬如圖 12.3，經理人可能就立即有一點概念了。

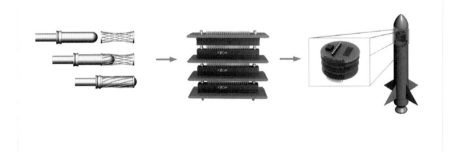

IEH Corporation –
What is a Hyperboloid Connector?

▶▶ 圖 12.3　IEH 公司的**雙曲線連結器**

雖然一圖勝千言，但我們訝異地發現，分析師的推薦簡報通常不會解釋公司經營的主要業務，更少人會使用圖片。

◆ 投影片二：摘要數據

圖 12.4 顯示公司摘要資料最簡單、扼要的投影片。這張投影片只提供最基本的資訊，包括：

- 股價走勢圖，以及基本統計量，譬如股票報價代碼、目前價格、52 週價格區間、發行股數等。
- 價值評估數據：企業價值、資本市值，以及各種價值評估倍數，譬如本益比、股價／EBITDA 倍數、資本化比率（caprate）、當期股息殖利率等等。
- 所得與現金流量數據：五年期年度營業收入、毛利率、營業毛利率、每股盈餘、EBITDA 與自由現金流量。
- 資產負債表數據：總資產、總債務、股東權益等等。
- 獲利數據：投入資本報酬的五年期歷史資料。

Key Statistics

Key Stats	
Ticker	ATD.B
Price (CAD / USD)	57.97 / 45.21
Shares Outstanding (M)	569.2
Market Cap ($M)	25,736
Net Debt	1,777
Enterprise Value ($M)	27,513
ROE 5Y Avg	21.4%
ROIC 5Y Avg	12.8%
ROCE 5Y Avg	17.7%
Dividend Yield	0.47%

Key Financials						
($USD millions) FYE April	2014	2015	LTM	2016E	2017E	2018E
Total Revenue	37,962	34,530	34,033	34,914	38,155	39,029
% Growth	6.8%	-9.0%		1.1%	9.3%	2.3%
Total Gross Profit	4,988	5,268	5,862	6,011	6,539	6,772
% Growth	8.3%	5.6%		14.1%	8.8%	3.6%
Gross Profit Margin	13.1%	15.3%	17.2%	17.2%	17.1%	17.4%
EBITDA	1,568	1,891	2,122	2,282	2,771	3,030
% Growth	14.4%	20.6%		20.7%	21.4%	9.3%
EBITDA Margin	4.1%	5.5%	6.2%	6.5%	7.3%	7.8%
EPS	$1.43	$1.64	$1.97	$2.20	$2.60	$2.99
% Growth	39.8%	14.8%		33.8%	18.4%	15.1%
Concensus EPS				$2.12	$2.33	$2.61
Recurring FCF Yield	3.9%	5.0%	5.4%	6.0%	6.3%	7.3%
P / E	31.6x	27.6x	22.9x	20.6x	17.4x	15.1x
EV / EBITDA	17.7x	14.9x	13.0x	11.9x	10.1x	8.7x
EV / EBITDA - M. Capex	24.1x	19.2x	17.0x	15.2x	12.4x	10.5x
Net Debt / EBITDA	1.3x	1.3x	0.8x	0.6x	0.8x	0.2x

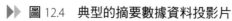

▶▶ 圖 12.4　典型的摘要數據資料投影片

就是這樣！公司的其他財務資料應該挪到〈附錄〉。

◆ 投影片三：差別認知

圖 12.5 顯示的第 3 張投影片，其中包含本書第十一章談論的四項主要論證，分別處理投資組合經理人的四個主要問題：我可能賺多少？其他人如何發現？是否過於美好？我可能賠多少？

差別認知

- **價值**：市場價格$90，股票價值$140，投資期限不超過 18 個月。
- **催化因素**：績效優異的積極股東推動出售公司。
- **定價錯誤**：積極股東進行獨立探勘，市場完全不知情，公司價值遠超過市場認定的水準。另外，積極股東的行動並沒有反映在股票價格上。市場不知道積極股東的存在，或不認為他可以成功。
- **下檔**：即使積極股東的操作不成功，下檔風險仍然有限，因為林地屬於硬性資產。

▶▶ 圖 12.5　針對克里夫蘭的差別認知

接下來的 4 張投影片，分別探討圖 12.5 列舉的四項論證。第 8 張投影片則提供分析師的聯絡資訊。

⚙ 如何應對問答環節？

桑金雖然在 1995 年從哥倫比亞商學院畢業，但隨後幾年內，他每一週都有三個晚上會回到學校，其中一晚擔任喬森證券分析課

程的助教；另一個晚上擔任布魯斯·格林沃德的價值投資課程的助教，幫學生打分數；另一個晚上則協助派特·達夫（Pat Duff）主持的高級證券分析課程。

在達夫的課堂裡，學生們被分別指派研究某個特定產業，並推薦投資點子給客座投資組合經理人。桑金發現，這些投資組合經理人提出的問題相當類似，多數問題都在質疑學生們的簡報疏失，以及分析漏洞。這些客座經理大概都會觸及四個關鍵問題——我可能賺多少？我可能賠多少？市場遺漏了什麼？其他人如何發現？

想要預先猜測可能遭遇的質疑，你必須徹底瞭解自己的論證當中任何可能的缺失，或那些部分的內容最容易受到攻擊：證據、正當理由或後盾。

問答環節裡，投資組合經理人會質疑你的論證，目的在於暴露相關論證的缺失，證明這些論證錯誤。你的反應愈有說服力，投資組合經理人就對你愈有信心。發展到這個階段，你的建議應該已經符合經理人的某些**基模**，但經理人還會繼續提出問題，目的是為了進一步確認你的研究與分析是否符合他們的其他準則。問答的部分特別重要，因為這往往可以顯示投資組合經理人對簡報內容最關心的議題，並可能因此透露他們的**主觀準則**。

為了駁斥反向論證，分析師應該準備額外的投影片，列舉相關的證據。我建議分析師最好採用檔案夾來整理簡報的內容，不要用釘書機裝訂，這樣才能夠在必要的情況下，針對投資組合經理人提出的問題，抽出相關的投影片。

我們發現年輕的分析師往往會在推薦簡報裡犯下一種最常見的錯誤：他們以為可以按部就班，根據他們準備的 30 張 PowerPoint

投影片進行簡報，而投資組合經理人會耐著性子，乖乖地聽他們演講。事實上，我們從來沒有見過任何投資推薦簡報如此進行，也不認為將來會看到這類案例（除非經理人在打瞌睡）。一般來說，分析師只要講到第 2 張或第 3 張投影片，多數投資組合經理人就會插嘴，迫使分析師為了回答問題，直接跳到後續的投影片，然後講解再次被打斷，又迫使分析師跳到另一張投影片。經歷這樣的程序，雖然經理人最終也能把故事串連起來，解答他們想釐清的四個投資問題，但分析師通常會有嚴重的挫折感，因為他們的推薦簡報一再被迫中斷，打亂了原先安排的計畫。

分析師千萬不要忘了自己的主要定向，你的目標是推薦點子給投資組合經理人。因此，分析師必須設法讓投資組合經理人覺得滿意，經理人才是整個程序的主導者。經理人想要採納相關點子，就必須對分析師的推薦具備信心。每位投資組合經理人都有自己審視問題的方法，分析師必須配合投資經理人的程序，而不是顛倒過來。

喬森最近與某位年輕分析師有段遭遇，這位年輕人要求進行一場模擬簡報，作為他下週向投資組合經理人簡報的預演。這個學生非常熱切展開他所準備的 20 張投影片簡報，但他講到第 2 頁時，喬森就提出問題，打斷了他。這位學生看起來有點不知所措，然後對喬森說：「你不能打斷我，我還沒說完。」喬森回答：「我想，你的簡報已經結束了。」然後，喬森對這位學生說，簡報如何進行，是由投資組合經理人決定，他也會決定自己如何汲取資訊。所以，怎麼辦？還是引用我們最初建議的格式，以 5 張投影片回答經理人最想知道的問題，然後把所有其他的輔助性論證與資料，挪到後面的附錄。而且，要靈活變通。

我們也發現，某些投資組合經理人的戰鬥意識特別強烈，對推薦簡報顯得缺乏耐心，或者想看看分析師如何反應。碰到這類狀況，多數年輕分析師往往深感挫折，而這又會強化投資組合經理人的氣焰。我們認為，要解除這類經理人的「武裝」，分析師最好盡可能堅持事實，盡可能避免膠著在你的分析推論上，因為那就是最可能發生意見衝突的領域。

股票推薦競賽

　　股票推薦競賽參與者的表現，始終令兩位作者覺得訝異。儘管參賽者非常熱忱，也頗為精明、擁有魅力，態度也很認真，但簡報內容總是雜亂無章，缺乏組織，讓我們想起第十一章提到的拼圖。

詹姆士・吳的皇家龍船，經許可使用。

多數競賽都給予參賽者 10 分鐘的時間發表他們的推薦簡報。可是，一般推薦簡報都不會採用前文主張的結構，反而盡可能搬出最多的資訊，藉此展現他們的用功程度，希望因此讓他們贏得競賽。我們認為這種策略顯然無效，因為這實際上是在為難裁判者——他們必須把亂七八糟的圖片，湊成完整的拼圖。桑金常說，得獎者不過就是比較沒那麼爛而已。

推薦簡報的三大構成，也就是 30 秒誘餌、2 分鐘主題，以及問答，可以被視為模組，套入特定狀況之下可供運用的時間。如果競賽有 10 分鐘的簡報時間，緊跟著 5 分鐘問答，你就可以按照這個時間長度，調整這三個模組的比例。

舉例來說，你可以運用 30 秒誘餌，作為簡報的導論，然後花點時間介紹背景資料，讓裁判瞭解前後關連。這部分大概占用 1 到 2 分鐘，最多 2、3 張投影片。接下來的 4 到 5 分鐘時間，則用來處理原本占用 2 分鐘的主題，提供原始論證的額外證據、正當理由與支持理由。至於剩餘的 4 分鐘，則用來處理預期之中的反向論證。

在前文討論的範例，我們總共使用 8 張投影片。至於延長版的 2 分鐘主題，以及反向論證討論，所使用的投影片數量最好不要超過 15 張。[5]

5　桑金認為，股票推薦競賽應該限制參賽者使用的投影片數量不得超過 10 張，字體不得小於 20 點。想像房子失火而他們只有 30 秒的時間決定可以救出的東西，這應該可以凸顯簡報最關鍵的要點。

傳遞訊息的信封

　　想像有一封信函。[6]信函的內容是訊息──實際寫在紙上的文字。你不能寫好一封信，然後直接丟到郵筒，期待它會自己跑到目的地。信函必須裝到信封裡。信封是傳遞訊息的工具。進行推薦簡報時，你就是信封。

　　設想你約了一位投資組合經理人進行面試，他要你在會面之前，先把你的投資點子書面資料寄給他。寄送研究報告時，你會選用哪一種信封呢？下面顯示的每一個信封，都可以達到你的目的。每個信封都可以裝入相同的內容──你的研究報告。可是，請注意，當這位經理人翻閱桌上的郵件時，會如何看待這些信封。

6　有些年輕人或許不知道什麼叫做信函，不妨想成你所寫的電子郵件，然後列印出來。這就是電子郵件列印出來的信函。

投資組合經理人看到這些信封，必定會產生某種第一印象，甚至在打開信封、看到內容之前，就會有這種感覺。聯邦快遞的信封，意味著緊急、重要。第二個信封看起來也相當正式。第三個信封像是邀請函，第四個信封看似廣告信，第五個則完全一塌糊塗。

投資組合經理人想必會最先打開聯邦快遞的信封。潛意識裡，他會想：「人們如果願意花時間和$30，寄送聯邦快遞，內容應該蠻重要的；因此，我應該先打開它。」反之，對於最後兩個信封，他甚至可能懶得打開，因為他可能會想：「這是垃圾信件，我才不想浪費時間。」或者：「這個信封好髒，我根本不想碰。」既然信封裡的內容完全相同，都裝著相同的投資報告，信封又有什麼重要呢？實際內容難道不會比信封更重要嗎？

傳遞訊息的每個信封，都會讓投資組合經理人產生不同的**第一印象**，可能是正面的，也可能是負面的。寄件者希望信封能夠**強化**內容，而不是減損內容。同理，投資推薦的傳遞工具將影響內容，而且內容會直接受到許多因素的影響，包括你的長相、你的聲音、你的身體語言等等。就像我們說過的，你不能直接把信丟到郵筒，然後期待信紙會自己跑到目的地。我們即將說明的是：內容的傳遞方式，是推薦程序的重要部分。

在某些情況下，[7] 投資組合經理人在實際見到你之前，可能就已對你產生第一印象，這些印象可能來自你預先寄給他的履歷或研究報告。

7　我們必須強調，這個章節的討論假設你從來沒有實際見過這位你即將為他做簡報的人。顯然，如果你已經認識這個人（或許曾經一起工作），他們早就對你有了第一印象。

◆ 非語言符號

第一次和你碰面時，投資組合經理人走進會議室，看見你的臉孔，然後跟你的眼神接觸。接著，他的注意力可能會轉移，觀察你的外表與穿著。這個程序可能發生在潛意識層面，花不上一秒鐘的時間。投資組合經理人通常根本不會察覺自己所做的瞬間判斷。由於你還沒有說過任何一句話，所有的資訊都是透過**非語言**符號傳遞；經理人對你的第一印象，就是如此產生的。

顧名思義，**非語言溝通**就是人們彼此之間不涉及口頭語言的溝通，譬如身體語言、面部表情、姿勢等等，但也包括說話的語調、口氣、速度，以及自我表達方式的其他特徵。可是，這並未涉及你所說的**內容**。就推薦簡報來說，非語言溝通包含你實際傳遞的訊息（內容）之外的所有東西，這也是我們認為應該區別簡報傳遞程序與簡報內容的原因。

學術研究顯示，人與人之間的溝通有極大部分是透過非語言方式進行的。加州大學洛杉磯分校教授亞弗雷・梅拉賓（Alfred Mehrabian）在 1960 年代末期曾經進行數項實驗，他發現溝通有7%透過語言、38%透過語調和音調轉折，還有 55%透過肢體語言進行。這些發現形成了眾所周知的信念：人們的溝通有超過 90%沒有涉及語言，這也就是所謂的 7-38-55 法則。

就跟許多人普遍接受的「真理」一樣，這個法則顯然有誤。人們造訪陌生的國家時，不可能僅靠著肢體語言、語調與音調轉折，就能瞭解 90%的傳遞訊息。你想要瞭解人們溝通的資訊，顯然需要聽懂他們使用的語言，所以語言的占比絕對不只 7%。儘管如此，梅拉賓的研究仍然突顯出語調、音調轉折與肢體語言等等因素

對於資訊溝通的重要性。

　　舉例來說，挑選看診的醫生時，你自然希望找到有能力，又可信賴的專家。你可能在意醫生的經驗、他與醫院的關係、他的醫學教育背景，甚至會請親朋好友介紹醫生，或上網查詢某個醫生的風評。實際見到本人時，你會看他是否有「醫生的樣子」。你期待醫生穿著白色長袍，脖子上掛著聽診器，看起來就像典型的醫生。診間應該有條不紊、一塵不染。醫生講話時，你期待他的聲音充滿自信，跟病人有良好的目光接觸，而且態度沉穩。這些特徵讓你覺得更**安心**，於是對他的醫術會更有**信心**。經驗告訴我們，醫生或任何專業者第一次走進房間時，多數人都會以相同的方式對他們產生初始印象。

　　學術研究也顯示，人與人之間的互動過程中，彼此傳遞的非語言訊息，是在**潛意識**層面上進行，而第一印象就在瞬間產生。不幸的是，第一印象很難改變，所以人們總是說：「你永遠沒有第二次機會創造第一印象。」很遺憾，多數人並不知道，潛意識判斷是在如此短暫的時間內、在如此有限的語言交換之下產生的。瞭解這些判斷如何形成，往往有助於人們創造正確的第一印象。

　　有趣的是，一些學術研究結果也顯示，在某些情況下，個人產生的最初印象往往非常準確，即使這些印象來自相當短暫的觀察。例如，哈佛大學的心理學家納里尼・安巴迪（Nalini Ambady）與羅伯・羅森塔爾（Robert Rosenthal）曾經在 1993 年利用學期末的學生評鑑衡量教師效能。這兩位心理學家讓學生們觀賞 13 位教師的三段 10 秒鐘影片，影片完全沒有聲音。學生們只根據影片上的非語言溝通資訊，評估教師們的某些特質，譬如外表的吸引力、專注程度、勝任程度、信心、魅力、熱誠、誠實等等。影片記錄了肢

體語言，包括躁動、皺眉、坐姿、俯視、點頭等等。

研究結果相當令人訝異。學生們認為更具吸引力、專注、自信、魅力與勝任的教師，學期末的評鑑分數也比較高。反之，那些被認為經常皺眉、躁動的教師，學期末評鑑分數也明顯較低。[8]

投資組合經理人也是一樣的，只是他們評估的對象不是教師──而是你。當投資組合經理人走進房間，跟你第一次見面時，他會透過全然的非語言資訊，在潛意識層面上，針對你的正面與負面特質歸納出一系列初步印象。換言之，他會在不到一秒鐘的時間裡，根據你的外表而產生第一印象，這將影響你們會面之後的互動，而且他全然不知道自己正在這麼做。

◆ 你勝任嗎？可靠嗎？

如前一章討論的，投資組合經理人每聽取一個推薦簡報，都會嘗試回答四個問題：

1. 我能賺多少？
2. 我可能賠多少？
3. 這個點子是否過於美好而不太真實？
4. 其他人將如何發現？

在你進行簡報的過程中，投資組合經理人會在不知不覺之中，根據前述四個問題評估你的陳述，而且他會想：**我可以相信他嗎？**

8　N. Ambady and R. Rosenthal, "Half a Minute: Predicting Teacher Evaluations from Thin Slices of Nonverbal Behavior and Physical Attractiveness," *Journal of Personality and Social Psychology* 64, no. 3 (1993): 431-441.

關於第一個問題，**我能賺多少？**投資組合經理人會問自己：「這個機會適合分析嗎？分析師對於內含價值的估計是否正確？市場價格收斂到內含價值的期限估計是否合理？」

至於第二個問題，**我可能賠多少？**投資組合經理人擔心的是：「分析師是否察覺了所有的風險？他是否高估或低估了事件的發生機率？」

而這個機會是不是**美好得一點都不像真的？**他可能會思考：「我怎麼知道相關資訊還沒有反映到市場價格？」

當他考慮最後一個問題，**其他人將怎麼發現？**他會問：「對於糾正定價錯誤的催化因素，分析師的判斷是否正確？」

在這些揪心的問題底下，可能還有更多的潛在問題：分析師是否疏忽了什麼？分析師的結論正確嗎？我可以相信他的判斷嗎？我可以信賴他的研究嗎？這些額外問題又繞回投資組合經理人心坎裡最初的牽掛：**我可以相信他嗎？**我們再把這個層次加到前一章討論的程序上，請參考圖 12.6。

想要讓投資組合經理人相信你，你需要讓他覺得安心，認為你值得信賴、你的分析判斷正確、你的研究思慮周全，而且不至於出現重大疏失。總之，經理人將判斷你是否**勝任**、是否**可靠**。投資組合經理人如果過去曾經跟你互動過，他可能已經瞭解你的長處、短處、限制與偏差，也知道你過去的推薦有多麼可靠、你做的研究有多麼徹底。

另一方面，如果投資組合經理人不認識你，也不瞭解你過去的表現紀錄，他如何判斷你是否勝任、可靠呢？當他第一次看到你，在取得任何明確依據之前，只能憑他對你的感覺，評估你的能力與

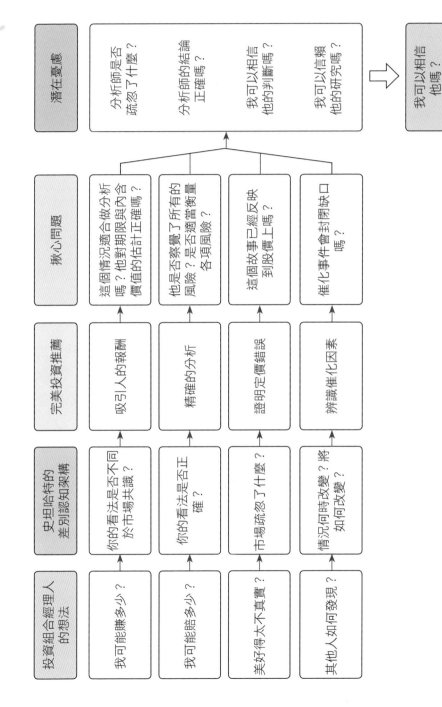

投資組合經理人的想法	史坦哈特的差別認知架構	完美投資推薦	揪心問題	潛在憂慮
我可能賺多少？	你的看法是否不同於市場共識？	吸引人的報酬	這個情況適合做分析嗎？他對期限與內含價值的估計正確嗎？	分析師是否疏忽了什麼？
我可能賠多少？	你的看法是否正確？	精確的分析	他是否察覺了所有的風險？是否適當衡量各項風險？	分析的結論正確嗎？
美好得太不真實？	市場疏忽了什麼？	證明定價錯誤	這個故事已經反映到股價上嗎？	我可以相信他的判斷嗎？
其他人如何發現？	情況何時改變？將如何改變？	辨識催化因素	催化事件會填闢缺口嗎？	我可以信賴他的研究嗎？

我可以相信他嗎？

▲▲ 圖 12.6　投資組合經理人：「我可以相信他嗎？」

可靠性。

能力與可靠性為什麼重要？投資組合經理人採納任何新點子之前，首先必須相信你有**能力**，相信你可以回答他關心的那四個問題。他對分析師能力的評估，包括他對於你的各項條件的感知，如你的智慧、勝任程度、敏銳反應、膽氣、才華、創造力、專注力、精力、毅力、智謀等等。分析師如果缺乏這些素質，誰還會相信他呢？

投資組合經理人打從一開始就在評估你的可靠程度，依據的是他對你的誠實、認真、品格、自信、周全、可信程度等等素質的感覺。舉例來說，**確認偏差**（confirmation bias）是一種常見的認知偏差，人們經常會忽略那些違反他既有信念的資訊，並且特別重視那些支持既有信念的證據。投資組合經理人需要相信你的分析不存在確認偏差。他需要相信你有足夠的信心，願意承認自己有些事情不懂，而不是不懂裝懂，或遮掩相關研究的缺失。

◆ 投資組合經理人的潛意識偏差基模

能力與可靠性會因為另一項因素而提升或減少：**好感度**。分析師具備的好感度，會受到許多因素影響，譬如外表的吸引力、魅力、個性、典雅、熱情、合作、敬意、整潔、脾氣、熱忱等等。好感度不該影響投資概念或根本論證的**素質**，但會影響這些論證的**可接受程度**，導致論證效力增加或減少。投資組合經理人如果喜歡你，他會覺得你更有能力、更可靠，於是**更願意接受**你的論證。反之，投資組合經理人如果不喜歡你，就更容易懷疑你的論證，對於你推薦的任何點子，**接受程度也比較低**。

所以，在你有機會打招呼或握手之前，投資組合經理人已經

（透過潛意識）對你的**能力、可靠性、好感度**產生第一印象，這一切聽起來似乎令人難以置信（或不公平）。你可能會問：「投資組合經理人憑什麼只看我一眼，就可以進行評估？」很簡單，他有一套**基模**。

就像本書第十章談及的，人類隨時都在採用基模，藉以評估幾乎所有的東西，包括他所見到的教師、醫生、警察、政治人物、企業執行長，甚至未來的配偶。我們的基模就像內部雷達系統，可以用來進行個人的分類、評估、**判斷**，完全在潛意識層面上進行，而且速度很快。投資組合經理人就跟我們其他人一樣，也是運用基模評估所有第一次見面的分析師。他們根據自己過去和其他分析師的互動，包括正面與負面經驗，形成自己的**心理核對清單**。我們需要琢磨經理人採取怎麼樣的基模為他的基金篩選理想股票，同樣的，我們也需要瞭解他們在你身上套用了怎麼樣的基模與選擇程序。

投資組合經理人評估新分析師的基模，結構類似於我們在第十章提到的新投資點子評估基模，只是把新投資點子取代為新分析師，請參考圖 12.7。

殘酷的事實是：很多人在潛意識層面存在**偏差、偏見**，對於年齡、種族、身高、體重、性別等等，往往持有固定**成見**，並且會顯著影響他們用來評估他人的**基模**。這類偏差經常是根深蒂固的，阻礙當事人與他人進行有效溝通。

請注意，投資組合經理人存在認知偏差，有各種成見，可能影響他們對你的印象。更大的問題是，**多數投資組合經理人完全不知道他們存在這類偏差，也不清楚他們的偏見將影響他們的行為和感覺**。至於他們的印象是否正確，已經無關緊要，因為潛在障礙確實存在，可能影響你想傳遞的訊息。

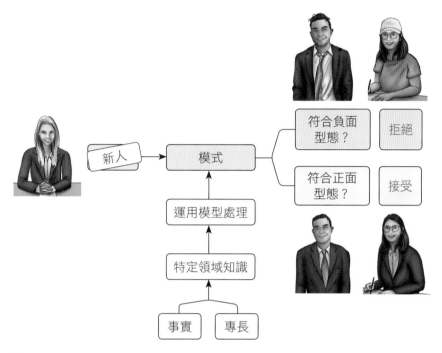

▶▶ 圖 12.7　投資組合經理人的「新分析師」基模

　　這些**偏差**有兩種形式,一種特別針對你,另一種則普遍針對所有分析師。個人偏見如果來自於投資經理人過去與你互動的經驗,則必然事出有因,至少就某種程度上而言,這說法是成立的。舉例來說,經理人可能不相信你,或不相信你的分析,因為他覺得你過去所做的研究沒達到應有的水準。不論理由如何,這種感覺將造成顯著**障礙**,因為投資組合經理人在你發表簡報之前,已經對你產生懷疑。如何補救?你恐怕只能更認真重建自己在經理人心目中的**可信度**;而最有效的方法,或許就是提高未來研究報告的素質,徹底改變他對你的印象。

　　分析師的一般性**偏見**,可能針對年齡、經驗與種族等等,而這

些因素往往交織在一起。例如,如果你只有 22 歲,大概就不太可能有 10 年的經驗,除非你是天才兒童,12 歲就開始從事證券分析。年齡偏見是個重大障礙。為什麼會在意年齡呢?因為年齡經常和經驗劃上等號;在投資領域,經驗很重要。

◆ 非語言符號如何形塑投資經理人的第一印象

前文談到,投資組合經理人對分析師的**能力、可靠性、好感度**等等的最初印象,在見面的瞬間之內形成,但你還是必須瞭解,到底是什麼東西在潛意識層面上引發這些感覺。我們說過,多數人初次見面時,會專注於對方的雙眼與臉孔,然後是他們的外表、姿勢與衣著。

舉例來說,普林斯頓大學心理學教授亞歷山大·托多羅夫(Alexander Todorov)曾經進行幾項有趣的研究,證實臉孔特徵,譬如嘴巴的曲度、雙眼之間的距離,以及嘴唇的飽滿程度等等,是形成第一印象的重要因素,而且會影響人們對對方的智慧與可信任程度的感知。托多羅夫的其中一項研究結論顯示,「臉部看起來較老、嘴唇較薄、眼角有皺紋,這些特徵都有助於讓人們產生智慧與決斷的印象。」[9]所以,皺紋顯然也未必是壞事!我們不會詳細討論這些外表特徵,因為這些都不是個人能夠改變的;我們稍微提及,目的是讓大家知道這類偏差的存在。

另一方面,有很多因素是你能**夠**改變的。我們的目標,是盡可能消除或至少降低外部因素造成的干擾;所以,你必須辨識哪些事

9　A. Todorov, C. y. Olivola, R. Dotsch, and P. Mende-Siedlecki, "Social Arrtibutions from Faces: Determinants, Consequences, Accuracy, and Functional Significance," *Annual Review of Psychology* 66, no. 1 (2015): 519-545.

情是你能夠改變的，盡量避免讓投資組合經理人的注意力跳脫你的簡報內容。不妨設想你正在參加獨輪手推車搬磚塊的競賽。你搬走的磚塊最多，就能贏得比賽。如果你很年輕、嘴唇豐厚、眼角沒有皺紋，可能因此處於不利地位，至少托多羅夫是這麼說的。這些磚塊是你無法搬走的。可是，有些磚塊是你可以搬走的。有兩項外表特徵在你掌控的範圍內：髮型和衣著。不論各位是否相信，戴眼鏡可以創造好印象，即使你不需要眼鏡矯正視力。

耶魯大學心理學教授瑪莉安‧拉法蘭斯博士（Marianne LaFrance）曾經在 2001 年發表一篇研究報告，論及髮型和第一印象之間的關係。她的結論顯示：不論男女，髮型看起來如果顯得有智慧，就缺乏吸引力；反之，髮型看起來顯得有吸引力，就缺乏智慧。對男性來說，她發現中等程度、邊分的髮型，代表智慧與富裕；蓄著長髮的男性，則被多數人視為身強體壯而沒有頭腦，但個性也比較溫和。至於女性，蓄著蓬鬆的短髮被視為最有自信、智慧與外向，蓄著中等長度而隨興的髮型，則被視為智慧，個性好相處。長髮女性往往看來最具吸引力。[10]

你的穿著也會顯著影響他人對你的第一印象。這方面的研究報告很多，但我們覺得其中最具代表性的，是英國赫特福德大學（University of Hertfordshire）與土耳其伊斯坦堡資訊大學（Istanbul Bilgi University）一群學者在 2012 年進行的研究，結果相當令人訝異。研究人員向 308 個受試者出示某個男性模特兒的兩張照片，模特兒身穿一套西服，但臉孔模糊。在其中一張照片裡，模特兒穿著訂製的西服；另一張圖片，模特兒則穿著一般商店販售的成衣西

10 Marianne LaFrance, "First Impressions and Hair Impresssions: An Investigation of Impact of Hair Style on First Impressions," February 2001.

服。這兩套西服的顏色、形式、花樣、布料等等，各方面都相同。對這兩張照片，受試者都各看五秒鐘，然後就模特兒的下列五項特質，即自信、成功、可信賴程度、薪水、靈活性給予評分，評分等級由 1 至 7 分。結果，穿著訂製西服的模特兒在這五項特質上都取得較高的分數。雖然受試者只有五秒鐘的時間觀看圖片，而且模特兒所穿的兩套西服，差別很細微，但兩者的評分確實出現明顯差別，證明衣著將顯著影響人們對個性的**潛意識感知**。

眼鏡通常象徵智慧，這方面的研究可以回溯到 1940 年代初期。學術研究的結論相當一致：戴著眼鏡雖然有損外表的吸引力，但通常被視為更具有智慧。

為了彰顯這些因素在潛意識層面發揮的威力，讓我們看看下面圖片。對於這兩個人，你比較可能採納哪一位推薦的股票？左側這位？還是右側這位？

你與絕大多數的投資組合經理人都大有可能挑選右邊這一位。各位不妨捫心自問,為什麼會存在這種偏好?或許是因為左邊這位看起來好像剛唱了一整夜的卡拉 OK。如果推薦簡報的內容都相同,為什麼分析師的外表會造成差異呢?因為「**做什麼,像什麼**」很重要,你所傳遞的訊息,應該盡量避免受到外部因素干擾。就跟前一章談到的信封一樣:哪一個比較有吸引力?即使兩者都裝著相同的信函,但右邊這個顯然占據優勢。

　　前面兩個案例,選擇都相對簡單。現在,讓我們再試試:左邊這個?還是右邊這個?

　　這兩個人的差別就更細微了。就直覺判斷,多數資深投資組合經理人會偏愛右邊這位。如果仔細比較,讀者可能會發現他們兩人的髮型、衣著、眼鏡與鬍鬚都稍有差異。兩者雖然都可以被接受,但左側這位可能比較適合他的年齡,右側這位的穿著比較保守。重點是:何者可以盡可能降低外部因素的影響,減少你想要避免的干擾?

　　桑金的兒子傑夫在嘉百利旗下的基金實習,他高二與高三的暑假都在這裡打工。由於桑金也在這家公司服務,傑夫給人的印象,勢必會間接影響他父親。當初傑夫進入公司時,他們曾經討論他的穿著。桑金告訴傑夫,他需要每天刮鬍子。傑夫回答,和他相同年齡的實習生都不會每天刮鬍子。桑金對他說:「就社交標準來說,這確實沒有差別。可是,我的年齡47歲,我覺得鬍子如果有三天不刮,工作上是不被允許的。而且,馬里歐已經73歲,他相當講究傳統,我認為他也會覺得不可接受。馬里歐可能會說這沒有問

題，但潛意識裡，他會認為不對勁。你的穿著與打扮會影響老闆對你的印象，至於『別人都怎樣』根本無關緊要。」所以，傑夫在這裡工作的這段期間，每天都刮鬍子。

工作場合的適當穿著，會隨著時代而演變。以投資銀行的「制服」來說，傳統是穿西裝、打領帶。可是，目前產業內某家最受推崇的投資銀行，該公司創辦人創立了另一套新的穿著倫理：穿西裝、不打領帶。至於你的穿著，我們所能夠提供的最佳建議，就是模仿你的大老闆。《華爾街日報》最近有一篇文章為這件事做了一個完美的總結：「這裡頭有一種部落因素……換言之，我們會有相同的穿著，而且都跟領袖的穿著相似。」[11]

給學生們的建議

關於穿著，桑金經常在課堂上為學生們提供建議。[12] 他主張，講究穿著的目的，就是避免給人留下負面印象。桑金對於這個目標最簡單的測試，就是：不論和任何人會面，在你離開的半個小時之後，應該沒有人記得你當時的穿著。對於男士來說，這意味著灰色或藍色西服、白色或藍色襯衫、黑色皮帶、黑色襪子、黑色皮鞋；至於領帶，則可以隨意選擇顏色。另外，這也意味著鬍子要刮乾淨，髮型保守，不要使用太過時髦的筆，不要戴珠寶，不要使用香水。另外，除了吉米・羅傑斯（Jimmy Rogers）與查克・銳思之外，很少人適合戴領結。至於女士，桑金的建議也

---

11 Nandini D'Souza Wolfe, "Seven Office Menswear dilemmas and How to Manage Them," *Wall Street Journal*, April 13, 2017.

12 關於這個故事，讀者應該「按照我說的做，而不是跟著我做」；凡是認識桑金的人，如果聽到他要提供穿著建議，想必覺得好笑，因為桑金目前的穿著，那些西裝、領帶都是在1990年代末期購買的，即使當時，這些服飾也早已經落伍了。

相同：穿著藍色或黑色的外套、黑色的裙子、黑色的皮鞋，襯衫可以隨意搭配顏色；珠寶與耳環的形式要簡單，不要使用香水；最好蓄著短髮或綁馬尾，指甲不要留太長，指甲油不要塗抹太過招人注意的顏色。

如果你上網搜尋最近的美國總統或財富 500 大企業執行長的圖片，或是成功的投資人如比爾・艾克曼、丹尼爾・勒布、芭芭拉・瑪欽（Barbara Marcin）、馬里歐・嘉百利、查理・德雷法斯等人的圖片，就會發現他們的穿著都非常簡單、典雅，大多是暗色系列的西服、白色或藍色襯衫，領帶的顏色也很低調；至於女性，服裝格調雖然高雅，但相對保守。

關於這方面的討論，最好的一本書是約翰・莫洛伊（John T. Molloy）的《成功穿著》（*Dress for Success*），[13] 儘管這本書最近期的版本也早在 1988 年發行。莫洛伊在 1970 年代末期進行好幾項（非科學的）研究，顯示衣著會影響人們的感受。他的著作曾經引述一個例子，莫洛伊帶著一份《華爾街日報》，[14] 前往預先選定的 25 家企業，請求負責接待的人員讓他親自把報紙遞給主事者。當他穿著卡其色的雨衣，一個早上可以遞送全部的報紙，但如果穿黑色雨衣，則花了一天半的時間，才遞送全部 25 份報紙。這個故事告訴我們，不要穿黑色雨衣。

---

13 有趣的是，我們引用的《華爾街日報》文章，還有另一篇報導，標題是〈成功的霉味〉（The Musty Smell of Sucess），取笑莫洛伊的著作。記者雅克布・蓋拉格（Jacob Gallagher）寫道：「雖然像休閒服一樣，但莫洛伊先生提供的建議，實在完全和時代脫節，雖然讀起來蠻有趣的。」蓋拉格摘錄了莫洛伊著作內18處顯然過時的論述，因為這本書是在1975年寫的。可是，蓋拉格寫文章的動機，並不是為了提供正確的資訊，而是為了促銷報紙。當然，關於莫洛伊的著作，有些內容確實已經過時，但很多部分如果仔細閱讀字裡行間的言外之意，則是不受時間限制的，這也是我們建議讀者閱讀這本書的理由。

14 年輕的讀者們可能不知道，很久以前，《華爾街日報》並沒有網路版本，所有

至於髮型，桑金過去的一位學生大衛，2003 年曾經到他公司實習。大衛留著及肩的長髮，桑金覺得難以接受，而且數度相當明白地暗示他：如果想要在華爾街工作，就必須把頭髮剪掉。[15] 有一次，他們準備一起前往拜訪客戶。前一天晚上，桑金終於忍不住，直接對大衛說：「你必須把頭髮剪掉。你不能留著那些頭髮跟我到任何地方。」隔天早上，大衛進辦公室時，已經剪了短髮。

幾年後，大衛成立了自己的避險基金，並且成為哥倫比亞商學院的客座教授。為了要寫這篇故事，桑金問大衛，他過去的「嚴厲管教方法」是否有幫助。大衛回答：「這已經是 15 年前的事情了。就我個人的感覺來說，你是對的。事實上，我也經常對我的學生說這個故事。我們的穿著、我們的打扮、我們戴的手錶或珠寶、我們的車子……所有這些東西都會反映我們的形象。我理解我當時的形象未必有利於我的長期事業生涯。我當時的態度可能相當頑固，還說：『但我想要留長頭髮。』如果這麼做了，大概就不能抱怨自己丟失了（你給我的）機會。」

另外，還有一樁看似不太重要的事情。參與會議時，最好只帶著一個公事包或提袋（不要帶背包或運動提袋）。研究顯示，如果攜帶一個以上的物件，就會給人混亂的感覺。

◆ 細微表情可能出賣你

還有其他非語言因素，包括臉部表情、講話速度或遲疑，以及聲調與語調轉折，可能影響你在別人眼中的**能力、可靠性**和**好感**

的新聞都需要印製在紙張上，而且沒有彩色，只有黑白印刷。

15 為了確認這個故事，我們曾經向大衛查詢，他回函說：「你很可能暗示過，但我實在太遲鈍而沒感覺。」

度。假設投資組合經理人問了某個你不知道答案的問題，你看起來顯得相當訝異，或者回答時有所遲疑。這個時候，投資組合經理人在**潛意識**裡，就會記錄你的**非語言**反應，對於你的**可靠性**和**能力**，他的認知也會因此降低。你可能會說：「嗯，那我就不要表現出訝異或遲疑。」問題是，你很難控制自己的反應，因為那都是不知不覺發生在潛意識層面的。

在潛意識層面上，臉部自然而然產生的表情，稱為**細微表情**，持續時間通常不超過四分之一秒。細微表情通常受到外部事件引發，可以傳遞有關個人情緒的大量資訊，包括七種最普遍的情緒：憤怒、厭惡、恐懼、悲傷、快樂、訝異、蔑視。人們一旦感受到這些情緒，細微表情就會透露訊息。

舉例來說，野餐的時候，如果有隻蜜蜂突然飛近你的臉龐。大腦察覺異物靠近，甚至不知道究竟是什麼東西，手部就會出現直覺的反射動作，揮手把蜜蜂趕走。你根本不知道這個反應，直到事情過後才意識到。這種反應屬於反射動作。就在你揮手趕走蜜蜂的時刻，如果有人拍下你臉部的表情，你可能會顯露意外與恐懼的情緒。這種臉部反應所呈現的，正是**細微表情**，那是自然而然產生的，你無法控制。

同樣的，投資組合經理人提出的問題如果在你的預期之外，你不知道如何回答，這時候你也會出現類似碰到蜜蜂的反應，呈現意外與恐懼的綜合情緒。臉部會瞬間透露相關情緒，由於這一切都是**不知不覺**之中產生的，因此無法掌控。細微表情雖然只維持不到一秒鐘，投資組合經理人很可能還是可以察覺，即使他的察覺也只是發生在潛意識層面上。於是，他可能也會呈現反射性的回應，臉部出現細微表情，透露厭惡與蔑視的情緒。潛意識裡，你會察覺到他

的反應，於是你更加緊張，甚至講話開始結巴、臉部泛紅、全身冒汗。經理人一旦察覺你的生理反應，他在潛意識層面上也會回應，於是展開惡性循環，直到某個人透過語言評論打破沉默為止。

請注意，這種**細微表情**會透露重要的**非語言**資訊給別人，並因此影響他們對你的回應。不幸的是，你基本上無法控制這類情緒，以及臉部表情所傳遞的資訊。想要阻止這些行為，唯一可靠的方法，就是不要讓自己落入預期之外的處境。這個結論再次強調分析師必須瞭解投資組合經理人的準則，預先掌握重要的議題，以及對方在簡報過程中可能提出的問題。換言之，做好準備！

◆ 非語言訊號也可能出賣你

其他非語言因素也可能透露你的情緒狀態，譬如眼神移動與肢體語言。舉例來說，如果某個會議讓你覺得緊張，你可能會快速眨眼、講話雜亂無章、姿態彆扭。這些行為都會傳遞微妙而重要的訊息給你的聽眾，透露你當時的情緒狀態。為了緩和情緒所做的動作，譬如咬唇、調整領帶、擺弄雙手、撫摸頭髮、觸摸嘴部或頸部，都顯示緊張情緒與焦慮。聳肩顯得不知所措，身體後傾或交叉手臂，通常代表不自在。想要控制這些細微動作，確實有些困難，但你必須盡量減少這些行為。就像父母經常告訴你的：坐直，保持正確姿態，見到新認識的人，要維持眼神接觸。還有，保持微笑，但也不要微笑過度，因為這也是緊張的表現。

⚙ 一場會面的剖析

會面的目的，是為了讓自己的點子被採納。會面過程中，你必須瞭解各種不同的因素可能造成推薦簡報失焦。某些因素是你能夠控制的，譬如姿勢、服裝、眼鏡等等，往往有助於簡報進行。務必瞭解投資組合經理人什麼時候專注於外部的非語言因素，什麼時候專注於你的簡報內容。

◆ 會面的六個階段

為了強調非語言因素與簡報內容之間平衡的重要性，我們把分析師與投資組合經理人的典型第一次會面，劃分為六個階段。

「第一眼」階段指的是經理人與分析師剛會面的情形，前文大致上已經討論了這部分。第二階段是「寒暄」，經理人與分析師握手，彼此講些客套話。這兩個階段很類似，基本上都在進行非語言溝通，也是投資組合經理人對分析師產生**第一印象**的階段。請參考圖 12.8 的紫色方塊的部分，這些階段並沒有傳遞真正的簡報內容。不妨這麼想，投資組合經理人此時拿到了「信封」，正在評估是否要打開信封。

接下來的三個階段（詳細內容已經在第十一章討論），包括：（一）**30 秒誘餌**，分析師介紹他的點子；（二）**2 分鐘主題**，分析師簡報他的論證；（三）最後是幾分鐘的**問答**，由投資組合經理人探索與挑戰分析師的論證。這三個階段的性質很類似，投資點子成為彼此互動的焦點，如圖 12.8 黃色的部分所示。

最後階段是分析師與投資組合經理人彼此道別，非語言溝通再

度成為這個階段互動的重心。

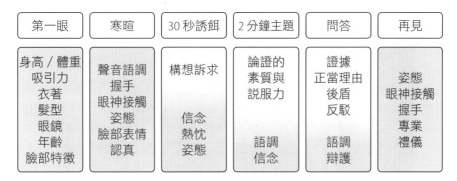

第一眼	寒暄	30 秒誘餌	2 分鐘主題	問答	再見
身高/體重 吸引力 衣著 髮型 眼鏡 年齡 臉部特徵	聲音語調 握手 眼神接觸 姿態 臉部表情 認真	構想訴求 信念 熱忱 姿態	論證的 素質與 說服力 語調 信念	證據 正當理由 後盾 反駁 語調 辯護	姿態 眼神接觸 握手 專業 禮儀

▶▶ 圖 12.8　**面對面會議的六個階段**

◆ 福克斯與蓋柯的初次見面

電影《華爾街》裡，[16]巴德·福克斯纏著葛登·蓋柯的秘書長達三個月，就是為了和蓋柯會面。蓋柯生日當天，福克斯來到他的辦公室，帶著一盒雪茄作為生日禮物。在等待了幾個小時之後，福克斯終於被帶進蓋柯的辦公室。蓋柯正在通電話，看了福克斯幾眼。就在這個瞬間，蓋柯在潛意識層面已經開始評估福克斯的**可靠性**、**能力**與**好感度**。

蓋柯掛上電話之後，告訴那些在辦公室裡打轉的人：「就是這小子，連續 59 天打電話找我，想當個玩家。」然後，轉頭看著福克斯，他說：「字典裡『堅持』這個字的條目，應該把你的照片放上去，小子。」蓋柯對福克斯的第一印象，顯然是年輕、野心勃勃、態度堅持。就是這些素質，才能讓福克斯進入蓋柯的辦公室。

16 我們建議讀者閱讀這個小節之前，先觀賞電影片段。請上網搜尋「Wall Street Bud Fox meets Gordon Gekko」。

當蓋柯說出這些評論的過程，福克斯臉上堆著傻笑。這個時候，大約歷經四秒鐘，蓋柯已經對福克斯產生明確的第一印象。

接著是寒暄。蓋柯講完電話之後，福克斯站起來，他說：「你好，蓋柯先生，我是巴德·福克斯。」福克斯看著蓋柯，和蓋柯緊緊握了手。蓋柯說：「但願你很精明。」接著，指著雪茄，蓋柯問：「你從哪裡弄來這些？」福克斯回答：「我在機場有門路。」蓋柯回答：「你有什麼想法？老朋友？」這個時候，福克斯坐下來，肩膀顯得緊繃，**細微表情**透露出緊張與焦慮。福克斯咳嗽了幾聲，講話之前，先低下頭，這又透露了一些非語言訊息。福克斯講話的時候，聲音顯得躊躇、猶豫，他說：「我只想告訴你，蓋柯先生，我在紐約大學商學院讀書的時候，看過所有關於你的報導，我認為你是個不凡的天才，夢想著可以和你這樣的人做生意。」蓋柯聽著福克斯的奉承，表情顯得厭煩、不耐。福克斯就像被強光照射的鹿，幾乎完全嚇傻了，不知道自己在幹嘛。當蓋柯詢問他的公司在做些

什麼，福克斯看起來似乎不知所措。

蓋柯結束寒暄，直接了當地說：「你的來意是什麼？你為什麼到這裡？」福克斯站起來，拍著手上的紙張，開始推銷。他的聲音突然變得自信、有力，他說：「懷楊工業股票的走勢圖在這裡向上突破。本益比偏低，盈餘爆發成長。股價低於帳面價值的幅度達到30%，現金流量充裕，管理完善，有幾位持有 5%股權的股東。」

這一幕代表圖 12.8 的會面最初三個階段。甚至在實際碰面之前，蓋柯對於福克斯的最初印象，就是這個小鬼很年輕、態度堅持、很有野心。可是，等到和蓋柯實際碰面，福克斯的表現並不好。他的頭髮往後梳，臉上掛著傻笑，穿著便宜的西服，還有他的肢體語言，在在都顯示他很不自在，不得其所。福克斯和蓋柯寒暄時，講話聲調猶豫、缺乏自信。在**潛意識**層面上，蓋柯吸收了所有的資訊，大多屬於非語言的形式，而且和福克斯實際想要傳遞的投資概念無關。可是，等到福克斯真的開始推銷想法，他又顯得非常有把握、有自信，而蓋柯所取得的資訊也開始從非語言溝通，轉移到實際資訊的口頭內容。

其他的潛在溝通障礙

此外，還有幾種潛在的障礙，或許值得我們簡短地討論。這些障礙雖然都和實際傳遞的訊息無關，而且**不侷限於分析師**，但還是需要克服，因為這可能阻礙投資組合經理人實際聽取你的訊息。

最明顯的障礙，是**實體**的吵雜聲。例如，當你準備推薦投資構想時，外面街道上出現石鑽機的巨響，很可能嚴重干擾投資組合經

理人聽取你的簡報。另外，在某個商務聚餐場合，你與投資組合經理人之間可能還坐著旁人，導致經理人難以清楚聽取你的簡報，因為你們兩人之間隔著相當距離。還有，餐廳的環境吵雜聲也可能造成明顯干擾，即使投資組合經理人就坐在你旁邊，也很難聽清楚你的話。[17]這類問題如何解決？另外找時間推薦你的構想，或安排經理人前往其他比較安靜或更方便講話的地點。這些例子可能有些誇大，但可以凸顯外部因素可能干擾投資組合經理人**接受**你的建議。

經理人的**情緒**也可能造成障礙。經理人如果心有旁騖，或者覺得憤怒、感受到壓力，自然也就難以專心聽取你的簡報。簡報的時間如果安排在市場剛開盤之後，投資組合經理人不免會受到各方面傳入的訊息所影響而分心，所以這樣的時間安排顯然不恰當。同樣的，投資組合經理人如果剛和妻子吵架，或者因為某個大客戶要贖回投資而承受龐大壓力，他就很難專心聽取你的簡報。如何補救？另外安排更恰當的時間。

語言也可能成為另一種溝通障礙。這種障礙可能有幾種不同的形式。如果你和投資組合經理人使用不同的語言，溝通顯然會有問題。可是，即使你們使用相同的語言，但分析師如果被迫使用非母語傳遞資訊，溝通上也可能受到限制，難以靈活運用意義精確的字眼。另外，口音也可能造成障礙，就像房間裡的吵雜聲一樣，投資組合經理人可能聽不懂或聽不清楚你在講什麼。還有一種與語言有關的障礙——產業術語或許能夠更精準傳遞你想溝通的訊息，但經

---

17 基於這個緣故，桑金經常把午餐約會安排在曼哈頓市中心一家叫提奧多拉（Teodora）的小餐館。這家餐廳還有二樓，但很少人知道，那裡的燈光較暗，環境也更安靜。反之，桑金絕對會避免到西格拉姆大樓（Seagram Building）的百事麗餐廳（Brasserie），因為那裡的木質與玻璃裝潢造成的回音，會嚴重干擾談話，即使和身旁的人談話也聽不清楚。

理人未必瞭解。[18]

　　雖然這三個例子所提及的情況看起來都相當瑣碎，卻可能嚴重妨礙我們的事業發展。這三種潛在障礙都很容易克服，但年輕分析師卻經常疏忽其中的重要性，也很少著手直接處理這些問題。

如何進入卡內基名人堂？

　　每個人都知道這個老笑話的答案。這個答案也適用於推薦投資構想，不論是面對一起共事多年的投資組合經理人推薦，或是參加股票推薦競賽，或是你工作上的第一次股票推薦，或是參加求職面試。[19]練習、練習，再練習。推薦簡報是一種需要時間和經驗磨練的技巧。分析師需要持續練習，直到相關論證變得理所當然，各種證據在他的腦海裡一目了然。至於如何演練這方面的技巧，周詳的討論雖然已經超出本書的內容範圍，但我們鼓勵任何有志從事投資事業的人，認真學習如何傳遞資訊。就像這本書的導論裡說的：任何再好的投資點子，如果不能被投資組合採納，就等於這個點子從來沒有存在過。

---

18 年輕分析師經常觸犯這類錯誤，他們任意使用各種術語，尤其是簡稱，譬如 NOPLAT、常態化 CASM、OLED 技術、SSSG 等等。本書兩位作者的執教與工作經驗加起來總共有 65 年，但我們仍然必須查詢 NOPLAT 代表的意義，因為我們不知道「L」代表什麼。順便說明，NOPLAT 是 net operating profit less adjusted taxes（淨營業利潤扣減調整後稅金）的簡稱。

19 務必體認一項事實：整個投資產業的所有求職面試，基本上都是股票推薦。投資組合經理人唯一關心的事情，就是分析師如何做好他的工作。他們都不是專業的面試主持者。我們經常聽說這類的面試，經理人手上玩弄著履歷表，提出一些有關分析師教育背景與先前工作經驗的莫名其妙問題，譬如：「你喜歡幫某某人工作嗎？」直到他停下來說：「你有什麼最棒的構想？」

重點摘要

- 永遠要交給投資組合經理人「推薦懶人包」。這個懶人包的內容包括你的投影片、你所準備的任何報告，還有公司的財務文件，譬如年度報告、最近的 10Q 報告，還有最近公布的盈餘報告。會議過程或結束之後，投資組合經理人或許希望手頭上隨時有相關資料可供翻閱，不必到處搜尋公司的基本資料。你必須讓他們方便做事。你應該把這些資料擺在銀盤上，然後繫上大大的紅色蝴蝶結。

- 投資組合經理人需要知道相關企業的背景，瞭解業者的主要業務。因此，分析師必須簡單、扼要地介紹公司業務。業務如果很複雜，就使用圖片。如俗語所說的：「一圖勝千言。」

- 預期經理人可能提出的各種問題，務必要知道論證的弱點所在，瞭解問答階段最有可能被攻擊的部分：證據、正當理由或後盾。

- 我們的目標在於盡可能消除或至少降低外部因素造成的干擾，所以需要辨識那些你能夠改變的事件，盡量避免讓投資組合經理人的注意力跳脫你的簡報內容。不妨設想你正在參加獨輪手推車搬磚塊的競賽。你搬走的磚塊愈多，就愈有可能贏得比賽。

- 請注意，細微表情會向別人透露重要的**非語言**資訊，並因此影響他們對你的回應。不幸的是，你基本上無法控制這類情緒，以及臉部表情所傳遞的資訊。想要阻止這些行為發生，

唯一可靠的方法，就是不要讓自己落入預期之外的處境。這個結論更凸顯了為什麼分析師必須瞭解投資組合經理人的準則，預先掌握重要的議題，以及對方在簡報過程中可能提出的問題。換言之，做好準備！

謝詞 Acknowledgments

如果不是受惠於許多人的合力貢獻,這本書就不可能完成;因此,我們希望藉此機會向他們致意。

首先,我們希望感謝布魯斯‧格林沃德教授(Professor Bruce Greenwald)。關於兩位作者對投資程序的領會,沒有任何人的影響力更甚於格林沃德教授。他是我們兩人的啟蒙導師,隨時指點我們所犯的思想錯誤。[1]格林沃德教授幫助我們踏入這個行業,而且持續挑戰我們,促使我們持續成長,後來成為投資人與教授。這些年來,他的友誼與指引,不論我們如何感謝也不為過。

我們也感謝麥可‧莫布新(Michael Mauboussin)。年輕的時候,麥可與保羅‧喬森曾經一起在第一波士頓公司服務,擔任研究分析師工作。當時,麥可負責追蹤食品產業,喬森負責科技公司。兩個人的研究領域雖然不同,但他們在很多方面都有共同興趣,包括價值評估、策略、創造股東價值,以及無數其他投資議題。在這些領域裡,麥可始終是個多產的作家,而且熟悉期刊文章、書籍和相關刊物,幾乎像是一套百科全書。每當我們在思考或概念上碰到瓶頸,他總是我們尋找資料的對象之一。

兩位作者也要感謝下列幾位,他們都曾經耐心閱讀本書早期的草稿,並且花費很多時間和我們通過電話討論各種議題和概念,促

---

1 如果你不認識布魯斯,我告訴你,他非常熱衷於指出每個人的思想錯誤。

使我們更進一步釐清我們的論述，他們是：Jennifer Gallagher、Nick Gogerty、Pamela Johnson、Timir Karia、Marc Roston，以及 Michael Shearn。

兩位作者要感謝下列幾位，他們為本書提供了一些案例：Leigh Drogen、Ian Haft、Noah Snyder、Dan Krueger、Scott Page，以及 Ned Smith。

我們向以下幾位致上謝意，他們都曾經閱讀本書早期草稿的部分內容，並提供重要而深入的回饋：Chris Allwin、Vince Amabile、Jimmy Baker、Eric Ball、Charlie Dreifus、[2]Nick Galluccio、Michael Greiber、Ron Gustein、Jeff Halis、Victoria Hart、Judd Kahn、James Kelly 以及他在嘉百利商學院投資課程的學生們、Michael Mauboussin、Joe Meyerink、Scott Page、Brian Pellegrini、Steve Shaffer、Matt Teller、Liz Tikhonravova，以及 Arnie Ursaner。

另外，兩位作者也感謝下列幾位，他們對本書的特定部分有所貢獻：Nadia Alfridi、Nolan Dalla、Omar Dessouky、Chris Goulakis、Shane Heitzman、Sanjay Jain、Bradford Kirby、Evan Lustig、Amelia Manderscheid、Kyle Moran、Catherine Noble、Al Palombo、James Pan、Shane Parish、Regina Pitaro、Scott Powell、Bob Schneider、David Smith、Michael Steinhardt，以及 David Trainer。

由於這些人的貢獻，讓這本書以更好的樣貌呈現給讀者。

兩位作者也希望感謝這本書的插畫藝術家查理・潘德葛拉福

2　我們也要感謝查理，他給我們有關「智慧結晶」的點子。查理不僅是成功的基金經理人，主管銳思特殊股票基金（Royce Special Equity Fund），他也是華爾街的大好人，而這個行業很少有好人。

（Charlie Pendergraft），他在相當緊迫的期限內工作，並且經常得因應我們的要求而修改。他的才華和創造力，協助我們的想法付諸實現。我們也要感謝法律顧問 Richard Stim，他針對這本書的版權與使用權，提供各種建議和協助。

我們也要感謝一位幾乎無所不知卻收費合理的律師 Paul Sennott，他果決提供我們各種建議。他的專業與細心、他的指引，以及他的迅速回應，完全無與倫比。我們更要感謝出版商 John Wiley & Sons 的組稿編輯 Bill Falloon，他曾經多次幫我們代打，因為我們再度延遲截稿時間而忍受挫折。我們也要特別感謝 David Pugh，他在整個出版過程中始終相信、支持我們。我們也感謝 Wiley 公司的其他人，包括 Michael Henton（協助設計英文版封面、Steven Kyritz、Kathryn Hancox、Judy Howarth、Nick Wehrkamp，以及所有其他幕後工作的無名英雄，他們協助這本書的文稿編輯、影像編輯與排版。

保羅‧桑金要感謝以下幾位，如果沒有他們的協助，這本書就不可能完成，他們是：Glen Brooks、Paul Condzal、Susan Elliot、Jennifer Gallagher、Dan Iosifescu，以及 Alejandra Salaverria。他還想要感謝提供特殊協助的馬里歐‧嘉百利（Mario Gabelli）與麥可‧普萊斯（Michael Price）。

保羅‧喬森則想要感謝這幾位：Pamela Johnson、William Kaplanidis、Timir Karia、Mary Lou La Pierre、Claire LeJuez、Jamie Lewis、Elizabeth Pappadopulos、Robert Siroka，以及 Myles Thompson，他們在這本書寫作的三年期間，提供最需要的幫助。這個世界上雖然沒有所謂的完美關係，但這些人都各自透過他們自己的方式展現完美。謝謝各位。喬森也要感謝 Elizabeth 向他推薦星巴克的綠茶

拿鐵，如果沒有這種飲料，這本書也可能完成不了。

最後，桑金與喬森互相感謝彼此的智慧、好奇心、靈活、堅韌、奉獻精神，以及友誼。我們相互挑戰，過程中展延我們各自的極限，這是我們收穫最豐碩的經驗。我們永遠感謝彼此給予的禮物。

謝詞　Acknowledgments　特別針對美術呈現的謝詞

　　這本書的封面設計，靈感來自插圖畫家安東尼奧・「湯尼」・派特魯切利（Antonio "Tony" Petruccelli, 1907-1994）為 1937 年 6 月號《財富雜誌》設計的封面。

　　派特魯切利是一位多產、成就斐然、受到高度推崇的美國插畫家。他曾經為《財富雜誌》設計 26 個封面，最早一份是在 1933 年 9 月，最後一份則出版於 1945 年。派特魯切利也為該雜誌繪製走勢圖、解說圖、地圖、插畫、卡通等等。有意思的是，1957 年美國鋼鐵產業成立 100 年的紀念郵票，就是他設計的。

　　1993 年，保羅・桑金在跳蚤市場閒逛，正好翻開某個裝著舊雜誌封面的桶子，結果看到一份幾十年前的《財富雜誌》封面，立刻就愛上了。他花了$30 買下這張封面，並且裝框，此後就掛在牆上。當我們考慮這本書的封面設計時，自然就想到這個圖像。

　　想要取得這個插圖作為封面的授權，過程並不容易。桑金聯絡最近曾經舉辦派特魯切利作品展覽會的紐澤西莫里斯博物館（Morris Museum）。通過博物館館長的介紹，最後接觸到派特魯切利的兒子麥可，而且得到授權。我們感謝麥可（以及派特魯切利家

Acknowledgments　謝詞

533

族）慷慨允許我們使用原始插圖。

　　2015 年 3 月，為了封面設計的問題，兩位作者正在腦力激盪，桑金從網路上尋找各種他喜歡的設計元素，展示給珍‧蓋拉格（Jennifer Gallagher）參考，其中包括安東尼奧‧派特魯切利的《財富雜誌》封面。珍一輩子始終對藝術設計抱著熱忱。她曾就讀於紐約視覺藝術學院，並且前往希臘研究建築學。她目前雖然在投資銀行產業服務，但過去 11 年來也經營一家相當成功的客製化請柬設計公司。

　　作者描述這本書的內容，珍記錄一些細節，並開始她自己的腦力激盪。她只採用微軟的文字編輯軟體 Word，以及在網路上蒐集的影像，在幾個小時之內設計了三個封面的實體模型。2015 年 4 月 4 日，她出乎意料之外，迅速提供下列影像給兩位作者：

桑金三者都喜歡，但他自然偏向派特魯切利的報價紙帶封面。喬森則主張舉行一場設計競賽來決定，但這場競賽卻始終辦不成。在這個過程中，出版商 John Wiley 的插畫家也嘗試更改封面設計，也就是下圖左側的封面。經過往來討論，我們最後決定採用下圖右側的封面，這跟珍當初的設計僅有稍微差異。

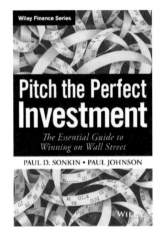
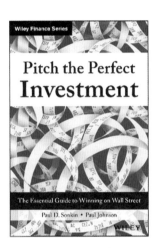

　　至於書中採用的解說圖形，雖然都是我們自己的構想，但我們兩人都不是藝術家，因此出現了一個大麻煩。我們認為書中使用的所有影像，應該要看起來或感覺上具有一致性。因此，我們覺得，如果想達到這個目標，唯一的方法就是找到某個專業的插圖藝術家。2016 年 3 月，桑金碰巧在 Instagram（@drawmecharlie）認識了插圖家查理‧潘德葛拉福（Charlie Pendergraft），他很有創意，收費也合理。所以，在隨後一年內，查理幫這本書繪製了超過 300 張插圖。

查理是來自美國科羅拉多州司普林斯（Springs）的獨立插畫家。當我們要求他描述自己，他說：「花太多時間畫漫畫、喝太多咖啡。」查理不僅是專業藝術家，也是撫養三個男孩的父親，更是一位頗具才華的鋼琴演奏家。讀者如果想要進一步認識查理，請到他的網站 www.charlietheillustrator.com，或者上網搜尋「draw me Charlie」。書中的插圖顯然不同於他平常的創作：撩人的美女圖。我們認為，查理很享受那段時間在金融的世界裡工作；然而，我們使用的圖像，顯然不同於標準投資教科書的插圖。

 保羅‧桑金（Paul D. Sonkin）是分析師與投
資組合經理人，服務於 GAMCO 投資人／嘉百
利基金（GAMCO Investors / Gabelli Funds）。他
也是 TETON Westwood Mighty Mites Fund 的共
同投資組合經理人，該基金屬於價值型基金，主
要投資於微型股證券。桑金擁有 25 年以上的小
型股、微型股、奈米股企業的研究經驗。在
GAMCO 專門研究拆分與微型股公司之前，桑金曾經擔任蜂鳥價值
基金（The Hummingbird Value Fund）與塔西亞奈米股價值基金
（Tarsier Nanocap Value Fund）的投資組合經理人。

他持有哥倫比亞商學院 MBA 學位，以及艾德菲大學（Adelphi
University）經濟學學士學位。桑金擔任哥倫比亞大學副教授長達
16 年，開設證券分析與價值投資課程。他也是哥倫比亞大學商學
院「海爾布朗葛拉漢與陶德投資中心」（The Heilbrunn Center for
Graham and Dodd Investing）管理顧問委員會
的成員，擔任時間長達十餘年。桑金擁有廣泛
的公司管理經驗，曾經擔任六家上市公司的董
事，並且是 *Value Investing: From Graham to
Buffett and Beyond*（2001）一書的共同作者。

保羅‧喬森（Paul Johnson）擔任投資學
教授超過 35 年，目前經營 Nicusa 投資顧問公

司（Nicusa Investment Advisors）。在他的事業生涯裡，喬森始終是最頂尖的賣方分析師、避險基金經理人與投資銀行家。身為投資組合經理人，他幾乎涉足整個經濟的每個部門，參與超過 50 個創業資本投資活動。喬森曾經在商學研究院任教 40 個學期，開設證券分析與價值投資課程，學生人數超過 2,000 人，來自哥倫比亞商學院與福坦莫大學嘉百利商學院。喬森獲得哥倫比亞商學院 EMBA 課程 2016 年和 2017 年的「致力追求卓越獎」，以及 2017 年的哥倫比亞商學院「教學卓越院長獎」。同時，他也獲得 2017 年的嘉百利商學研究院的「教學卓越院長獎」。喬森是霍華・馬克斯（Howard Marks）所著《投資最重要的事》（*The Most Important Thing Illuminated*）一書的註釋作者；價值投資史著作《哥倫比亞商學院：一世紀的概念》（*Columbia Business School: A Century of Ideas*）的共同作者；《大猩猩賽局，高科技挑選贏家》（*The Gorilla Game, Picking Winners in High Technology*）一書的共同作者。

　　喬森擁有賓州大學華頓學院的 MBA 學位，以及加州大學柏克萊分校的經濟學學士學位。

寰宇圖書分類

技 術 分 析 (續)					技 術 分 析 (續)		
分類號	書名	書號	定價	分類號	書名	書號	定價
81	技術分析精論第五版 (下)	F396	500				
82	不說謊的價量	F416	420				
83	K線理論 2: 蝴蝶 K 線台股實戰法	F417	380				
84	關鍵買賣點：突破實戰交易的科學與藝術	F433	650				

智 慧 投 資					智 慧 投 資		
分類號	書名	書號	定價	分類號	書名	書號	定價
1	股市大亨	F013	280	33	兩岸股市大探索 (下)	F302	350
2	新股市大亨	F014	280	34	專業投機原理 I	F303	480
3	新金融怪傑 (上)	F022	280	35	專業投機原理 II	F304	400
4	新金融怪傑 (下)	F023	280	36	探金實戰・李佛摩手稿解密 (系列 3)	F308	480
5	金融煉金術	F032	600	37	證券分析第六增訂版 (上冊)	F316	700
6	智慧型股票投資人	F046	500	38	證券分析第六增訂版 (下冊)	F317	700
7	瘋狂、恐慌與崩盤	F056	450	39	探金實戰・李佛摩資金情緒管理 (系列 4)	F319	350
8	股票作手回憶錄 (經典版)	F062	380	40	探金實戰・李佛摩18堂課 (系列 5)	F325	250
9	超級強勢股	F076	420	41	交易贏家的 21 週全紀錄	F330	460
10	約翰・聶夫談投資	F144	400	42	量子盤感	F339	480
11	與操盤贏家共舞	F174	300	43	探金實戰・作手談股市內幕 (系列 6)	F345	380
12	掌握股票群眾心理	F184	350	44	柏格頭投資指南	F346	500
13	掌握巴菲特選股絕技	F189	390	45	股票作手回憶錄 - 註解版 (上冊)	F349	600
14	高勝算操盤 (上)	F196	320	46	股票作手回憶錄 - 註解版 (下冊)	F350	600
15	高勝算操盤 (下)	F197	270	47	探金實戰・作手從錯中學習	F354	380
16	透視避險基金	F209	440	48	投資悍客	F356	400
17	倪德厚夫的投機術 (上)	F239	300	49	王力群談股市心理學	F358	420
18	倪德厚夫的投機術 (下)	F240	300	50	新世紀金融怪傑 (上冊)	F359	450
19	圖風勢─股票交易心法	F242	300	51	新世紀金融怪傑 (下冊)	F360	450
20	從躺椅上操作：交易心理學	F247	550	52	金融怪傑 (全新修訂版)(上冊)	F371	350
21	華爾街傳奇：我的生存之道	F248	280	53	金融怪傑 (全新修訂版)(下冊)	F372	350
22	金融投資理論史	F252	600	54	股票作手回憶錄 (完整版)	F374	650
23	華爾街一九○一	F264	300	55	超越大盤的獲利公式	F380	300
24	費雪・布萊克回憶錄	F265	480	56	智慧型股票投資人 (全新增訂版)	F389	800
25	歐尼爾投資的 24 堂課	F268	300	57	非常潛力股 (經典新譯版)	F393	420
26	探金實戰・李佛摩投機技巧 (系列 2)	F274	320	58	股海奇兵之散戶語錄	F398	380
27	金融風暴求勝術	F278	400	59	投資進化論：揭開 "投腦" 不理性的真相	F400	500
28	交易・創造自己的聖盃 (第二版)	F282	600	60	擊敗群眾的逆向思維	F401	450
29	索羅斯傳奇	F290	450	61	投資檢查表：基金經理人的選股秘訣	F407	580
30	華爾街怪傑巴魯克傳	F292	500	62	魔球投資學 (全新增訂版)	F408	500
31	交易者的 101 堂心理訓練課	F294	500	63	操盤快思 X 投資慢想	F409	420
32	兩岸股市大探索 (上)	F301	450	64	文化衝突：投資，還是投機？	F410	550

智 慧 投 資 （續）

投 資 策 略

程　式　交　易

分類號	書名	書號	定價	分類號	書名	書號	定價
1	高勝算操盤 (上)	F196	320	9	交易策略評估與最佳化 (第二版)	F299	500
2	高勝算操盤 (下)	F197	270	10	全民貨幣戰爭首部曲	F307	450
3	狙擊手操作法	F199	380	11	HSP 計量操盤策略	F309	400
4	計量技術操盤策略 (上)	F201	300	12	MultiCharts 快易通	F312	280
5	計量技術操盤策略 (下)	F202	270	13	計量交易	F322	380
6	《交易大師》操盤密碼	F208	380	14	策略大師談程式密碼	F336	450
7	TS 程式交易全攻略	F275	430	15	分析師關鍵報告 2—張林忠教你程式交易	F364	580
8	PowerLanguage 程式交易語法大全	F298	480	16	三週學會程式交易	F415	550

期　　貨

分類號	書名	書號	定價	分類號	書名	書號	定價
1	高績效期貨操作	F141	580	5	期指格鬥法	F295	350
2	期貨賽局 (上)	F231	460	6	分析師關鍵報告 (期貨交易篇)	F328	450
3	期貨賽局 (下)	F232	520	7	期貨交易策略	F381	360
4	雷達導航期股技術 (期貨篇)	F267	420	8	期貨市場全書 (全新增訂版)	F421	1200

選　　擇　　權

分類號	書名	書號	定價	分類號	書名	書號	定價
1	技術分析 & 選擇權策略	F097	380	6	選擇權安心賺	F340	420
2	交易，選擇權	F210	480	7	選擇權 36 計	F357	360
3	選擇權策略王	F217	330	8	技術指標帶你進入選擇權交易	F385	500
4	活用數學 · 交易選擇權	F246	600	9	台指選擇權攻略手冊	F404	380
5	選擇權賣方交易總覽 (第二版)	F320	480	10	選擇權價格波動率與訂價理論	F406	1080

共　同　基　金

分類號	書名	書號	定價	分類號	書名	書號	定價
1	柏格談共同基金	F178	420	4	理財贏家 16 問	F318	28
2	基金趨勢戰略	F272	300	5	共同基金必勝法則 - 十年典藏版 (上)	F326	42
3	定期定值投資策略	F279	350	6	共同基金必勝法則 - 十年典藏版 (下)	F327	38

債 券 貨 幣				債 券 貨 幣			
分類號	書名	書號	定價	分類號	書名	書號	定價
1	賺遍全球：貨幣投資全攻略	F260	300	3	外匯套利 I	F311	450
2	外匯交易精論	F281	300	4	外匯套利 II	F388	580

財 務 教 育				財 務 教 育			
分類號	書名	書號	定價	分類號	書名	書號	定價
1	點時成金	F237	260	6	就是要好運	F288	350
2	蘇黎士投機定律	F280	250	7	財報編製與財報分析	F331	320
3	投資心理學 (漫畫版)	F284	200	8	交易駭客任務	F365	600
4	歐丹尼成長型股票投資課 (漫畫版)	F285	200	9	舉債致富	F427	450
5	貴族・騙子・華爾街	F287	250				

財 務 工 程				財 務 工 程			
分類號	書名	書號	定價	分類號	書名	書號	定價
1	固定收益商品	F226	850	3	可轉換套利交易策略	F238	520
2	信用衍生性 & 結構性商品	F234	520	4	我如何成為華爾街計量金融家	F259	500

國家圖書館出版品預行編目(CIP)資料

哥倫比亞商學院必修投資課 / 保羅‧桑金（Paul D. Sonkin）、保羅‧喬森（Paul Johnson）著；黃嘉斌譯. -- 初版. -- 臺北市：寰宇, 2019.07-- (寰宇智慧投資；437）
　面；　公分
譯自：Pitch the Perfect Investment: The Essential Guide to Winning on Wall Street
　　ISBN 978-986-97985-1-8(平裝)

　1.投資　2.證券投資

　563.5　　　　　　　　　　　　　　　　　　　　108012046

寰宇智慧投資 437

哥倫比亞商學院必修投資課

Pitch the Perfect Investment: The Essential Guide to Winning on Wall Street /
Paul D. Sonkin and Paul Johnson
Published by John Wiley & Sons, Inc., Hoboken, New Jersey.
No part of this publication may be reproduced in any form or by any means,
without the prior written permission of the publisher.
Copyright © 2017 by Paul D. Sonkin and Paul Johnson . All rights reserved.

作　　　者　保羅‧桑金（Paul D. Sonkin）、保羅‧喬森（Paul Johnson）
譯　　　者　黃嘉斌
編　　　輯　陳民傑
責任編輯　陳律婷
排　　　版　菩薩蠻電腦科技有限公司
封面設計　萬勝安

發 行 人　江聰亮
出 版 者　寰宇出版股份有限公司
　　　　　臺北市仁愛路四段 109 號 13 樓
　　　　　TEL：(02) 27218138　FAX：(02)27113270
　　　　　劃撥帳號：1146743-9
　　　　　E-mail：service@ipci.com.tw
　　　　　http：www.ipci.com.tw
登 記 證　局版台省字第 3917 號
定　　　價　700 元
出　　　版　2019 年 7 月初版一刷
　　　　　2019 年 9 月初版二刷

ISBN　　978-986-97985-1-8